国家社会科学基金西部项目（项目编号：11XZW008）

终南文化书院

中华文化传承学术丛书

明清时期关中士人生存境遇与文学生态

常 新 著

中国社会科学出版社

图书在版编目（CIP）数据

明清时期关中士人生存境遇与文学生态/常新著．—北京：中国社会科学出版社，2017.5

ISBN 978－7－5203－0483－2

Ⅰ．①明… Ⅱ．①常… Ⅲ．①士—研究—关中—明清时代 Ⅳ．①D691.2

中国版本图书馆 CIP 数据核字（2017）第 104759 号

出 版 人　赵剑英
责任编辑　王　曦
责任校对　孙洪波
责任印制　戴　宽

出　　版　中国社会科学出版社
社　　址　北京鼓楼西大街甲 158 号
邮　　编　100720
网　　址　http：//www.csspw.cn
发 行 部　010－84083685
门 市 部　010－84029450
经　　销　新华书店及其他书店

印刷装订　北京君升印刷有限公司
版　　次　2017 年 5 月第 1 版
印　　次　2017 年 5 月第 1 次印刷

开　　本　710×1000　1/16
印　　张　24.25
插　　页　2
字　　数　378 千字
定　　价　108.00 元

目　　录

绪 论

当代文学无论是文学的创作还是文学的批评都有别于传统，研究方法和研究领域都发生了深刻的变化，系统论的研究方法是诸多方法之一，它在当代文学研究中被广泛应用。正是基于这样的考虑，本书选择了生态学的研究方法作为文学研究的一种新范式，以期对复杂的文学现象进行宏观的总体把握。

生态学是以生命现象的复杂性为对象，从关系论出发，研究生命自身的整体性，研究生命与其环境的整体性，生态学的基本精神就在于关系论、有机论、整体论①。生态学是德国动物学家赫克尔于1866年在《有机体普通形态学》中首次提出的，他表示生物同有机或无机环境之间存在密切的关系。汉斯·萨克塞指出“生态学的考察方式是一个巨大的进步，它克服了从个体出发的、孤立的思考方法，认识到一切有生命的物体都是某个整体的一部分”②。文学生态是文学生态学隐喻，即用生态学的方法来观察、研究和解释文学以及文学与“文学环境”之间的关系③。“文学生态”概念的内涵可以这样表述：它是把文学视为一个生态系统，即把文学自身的构成因素与影响文学的诸多因素视为一个系统内部的各种因素，这些因素相互制衡、衍生循环，共同构成一个“文学生态链”，用这个生态链来考察与判断文学作品、文学史、文学理论以及作家生平与创作、读者接受与批评等诸多方面。本书拟将文学生态链分为文学的政治生态、文学的经济生态、文学的文化生态、文

---

① 余晓明：《文学生态学研究》，博士学位论文，南京师范大学，2004年，第18页。

② ［德］汉斯·萨克塞：《生态哲学》，东方出版社2005年版，序第2页。

③ 余晓明：《文学生态学研究》，第15页（在后文注释中，同一文献重复出现，现代作品只标明作者、著作名和页码；古籍只标明作者、析出文献、原著及卷数，有页码的影印本亦标出页码）。

学的学术生态等方面来进行研究，以期揭示明清关中文学发展的复杂性。

从宏观的角度来看，生态学研究视角的确立必须立足于系统论，需要研究者具备相应的知识结构与思维方式。从地域文化的角度探讨中国古代文学的诸多问题，要求研究者融会贯通自然地理学、文化地理学、文学、文艺学、美学、历史学甚至政治学、经济学、民俗学、宗教学、伦理学、考古学等学科的相关知识，建立起一个具有内在一致性的跨学科研究框架，找准文学与地理的契合点，从空间维度重新审视研究对象，包括揭示自然地理、政治地理、经济地理、民族地理、宗教地理等物质或非物质的文化要素对古代作家的物质生活环境、基本生存状态、心理结构、性格气质、审美趣味、价值取向以及创作能力的综合影响。将文学创作的多样性和不平衡性与地域差异现象联系起来进行探讨，有助于我们进一步把握古代文学发展的民族性和地域性特征，以及文学文本所包蕴的更深层次的意义内涵①。

就文学发展演变的历史进程来看，任何时期的文学及其表现仅仅是文学史中的一个片段，文学演变和发展的纵向连续和横向的空间分布共同构成整体的文学时空图景，而“版图”概念的引进是实现这一目的的有效手段和途径。从历史学的角度考察，版图的形成既是一个历史的过程，它在特定的时期又具有相对的空间稳定性。中国历史上的王朝非常重视版图，古代版图之“版”意为户籍，《周礼·夏官·司土》有“掌群臣之版”云云，即为户籍之意。版图之“图”意为地图。现代人将版与图组合为版图，即可通指一国的疆域，同时又可分指经济、政治、文化的地域分布状态，如政治版图、经济版图、文化版图等，而文学版图的复原，即是通过文学家的籍贯与流向还原为时空并置交融的立体文学图景②。

20 世纪 80 年代以来，随着文化研究热的出现和西方研究方法逐渐引进，中国古代文学研究者运用人文地理学相关理论把握古代文学的地

① 周晓琳：《古代文学地域性研究的回顾与前瞻》，《文学遗产》2006 年第 1 期。

② 梅新林：《中国古代文学地理形态与演变》，复旦大学出版社 2006 年版，导论第 13 页。

域特色逐渐成为一个热点，梅新林《中国文学地理学导论》一文，首次明确提出建立“文学地理学”，将其性质和内涵概括为“融合文学与地理学研究，以文学为本位，以文学空间研究为重心的新兴交叉学科或跨学科研究方法，其发展方向是成长为相对独立的综合性学科”①。文学地理学以文学空间研究为重心，其目的首先在于克服中国传统文学研究重文献轻方法，或研究方法单一的不足，充分认识当代文学研究方法多元化的必要性和趋势；其次在于从文学发展的横向和纵向着手，重视影响文学发展的各种因素，重新阐释与领悟文学的内在意义，进而重新构建一种时空并置交融的新型文学史范式，在方法论上能够和国际文学研究接轨和对话。

区域文化研究在中国有着悠久的历史，当代地域文化研究无论是内容还是方法较传统研究都得到了很大的丰富。地域文化的构成包括地理因素和人文因素。地理因素主要是自然方面的因素，是区域文化的浅层次方面，而包括历史沿革、人口迁徙、教育状况、风俗、语言、信仰等。内在的人文因素是更为重要的方面。可以这样说，地域文化应该是由现实空间的自然条件和绵延于这个空间的历史文化积淀构成的，前者是看得见的、具体的、物质性的，后者则是抽象的、精神性的②。文学与地域关系的研究，本身就是这样一个具有多层次、多侧面的系统工程，从任何一点切入，都可能会有新的发现。观照视野扩大之后，地域与家族文学、地域与民俗特征、地域与审美趣味、地域与文学流派以及地域与政治、地域与民族、地域与经济等均已成为当代学者的探讨对象，由此派生出不同系列的诸多子课题，从而带来了古代文学研究成果内容的丰富性与多样性③。明清关中文学遥接《诗经》中“秦风”的传统，续接“汉唐雄风”，历经千余年的演变形成特色鲜明的地域性特征，这些特征积淀于关中士人文学创作的内容和形式中，成为明代文学复古运动中“七子”树帜立复古旗的主要内容，同时对明清文学的整体发展产生了深远的影响。

---

① 梅新林：《中国文学地理学导论》，《文艺报》2006 年 6 月 1 日。

② 景遐东：《江南文化与唐代文学研究》，人民文学出版社 2005 年版，第 9 页。

③ 周晓琳：《古代文学地域性研究的回顾与前瞻》，《文学遗产》2006 年第 1 期。

政治与文学

相较于文化，文学的形式更为规范和精致，其产生与发展过程更为复杂，往往受到政治、经济、历史、文化等诸多因素的影响。无论是《诗源》中的诗歌，还是《诗经》中的诗歌，都反映了这一态势，而其中政治对文学的影响广泛而深刻，《文心雕龙》就指出“时序”“通变”影响到文学题材和形式。

政治总是和利益集团的概念纠缠在一起（广义的政治在原始社会就已存在），其内部充满着相互合纵连横的利益集团，这些利益集团为统治的合法性寻找依据，往往会借助外部势力或文化因素，此时的文学往往成为他们的不二选择。他们通过一定的方式控制文学的话语系统和话语权，往往拒斥文学的复杂性，总想把文学简化为一种实用性的工具，或者变为建构自身的砖瓦，或者作为解构他人的工具。而文学作为一种意识形态，具有自己相对的独立性，文学家有时往往会把政治视为权力集团对自己进行压制的怪兽利维坦，于是在政治家和文学家之间也往往会进行一种“平行游戏”，他们都假设没有看到对方，对方也不是游戏的一部分①。

当代中国关于文学与政治关系的研究深受西方政治文化学的影响，在研究的视角和方法方面都有一定的突破。作为社会学的分支学科，文化/文学社会学形成于19世纪中叶，它主要从社会因素角度切入文化/文艺研究，即研究文学的社会起源，文学的社会组织结构及其变迁，作家和读者之间的互动和沟通方式等领域。文学社会学主要是把文学的这种社会过程及各个因素之间的相互关系视为其研究重点，如法国学者皮埃尔·布迪厄的《艺术法则：文学场的生成和结构》，德国学者彼得·比格尔的《先锋派理论》和《文学体制与现代化》，美国学者杰弗里·威廉斯的《文学体制》，等等，他们结合现当代文学发展的新动向，分别从社会、政治等因素来探讨文学作品的生产、传播以及再生产。其中布迪厄的“文学场”观念近年来颇受关注，他通过探寻文学价值与意义得以形成的社会机制，认为“文学场”也就是文学的产生机制，艺术是体制构建的结果。他还描述和探讨了限制与规约艺术生产的体制力

① 余晓明：《文学生态学研究》，第29页。

量，如批评家、艺术史家、出版商、学院、沙龙、艺术主管机构、行政机构以及国家与政党的文学观念、文学政策、审查制度等。直接为文化体制的研究提供了许多具有价值的参考理论和方法。埃斯卡尔皮认为作家、书籍和读者是一个循环系统，并把文学的生产、传播和消费等文艺社会过程作为文学社会学的研究对象。另外，西方学界以“文化/文学体制/制度”研究推进了这一课题的研究，如法国学者斯达尔夫人的《从文学与社会制度的关系论文学》、丹纳的《艺术哲学》、罗贝尔·埃斯卡尔皮的《文学社会学》、吕西安·戈德曼的《文学社会学方法论》、俄国学者弗里契的《艺术社会学》、德国学者阿尔方斯·西尔伯曼的《文学社会学引论》、匈牙利学者阿诺德·豪泽尔的《艺术社会学》、美国学者约翰·R. 霍尔和玛丽·乔·尼兹的《文化社会学》等成果关注社会、政治、权力等因素对文学发展过程的影响。这些方法对当代中国文学研究的范式提供新的思路和方法，促进了学者对中国古代文学中政治与文学之间的相互影响和制约关系进行深入细致的研究。本书就明清关中文学发展中诸多政治事件，如弘治、正德的右文政策、刘瑾事件，康熙朝的博学鸿词科等政治事件对文学的影响及士人所作出的反应进行研究，以期说明政治与文学的复杂关系，解释明清关中文学兴衰的政治原因。

经济与文学

文学的发展与繁荣需要良好的外部环境，在外部环境诸因素中，特定时空内的生产方式及经济发展水平以不同的方式影响和制约作家的写作行为与作品风格。区域性文化地理学的重要特征之一就是区域之间不同的经济类型以及经济发展水平的差异对文学发展的影响巨大而深远。从宏观层面进行考察，不同的地域环境自然地形成不同的生产方式，经由人们的生产方式而形成不同类型的经济形态，为人类提供不同的生产资料与生活资料。区域经济通常以不同的形式，通过影响区域政治地位、区域中主要政治人物来调控和影响作家的行为方式及其文学创作。从微观角度分析，经济的区域性特点对文学创作领域的辐射，绝非仅限于为作家的生活提供物质保障和生活场景，为作家提供文学创作的素材，更为重要的是，经济发展水平制约着文学实力的消长。文学创作的繁盛中心通常出现在经济发达地区，良好的经济环境为士人提供良好的生活与成长环境（其中包括教育条件、文化氛围），决定士人的空间分布与流动取向的基本状态，甚至使中国古代文学发展空间的走向产生巨大变化。同时，各地区经济发展的不平衡将直接影响到文学的传播方式与传播范围，一般而言，经济发达的地区图书的刊刻数量和传播速度较经济落后地区要好得多，这更加剧了由于经济状况不同而导致的文学实力的差距。中国历代古都虽不是出产作家最多的地方，但这些地方往往既是政治中心，也是经济中心，因此也成为文学家群居之地。从历史上考察，首都作为一国政治活动的神经中枢，地址的选择必须考虑自然地理和政治经济地理条件，我国长安、洛阳、南京、开封、杭州、北京六大古都大致经历了自西向东、由南向北的迁移过程，其空间演变总体上体现了因利乘便以及随经济开发和政治斗争形势变化而变迁的规律①，关中文学自中古以来至明清的变迁正体现出这一情况。文学地缘性的基本因素包括空间的地域和活动于其间的人，明清文人分布的地域不平衡倾向是文学地缘格局的一个重要前提，由于政治、文化、经济三大因素的差异导致各地区的文学差异几乎贯串了六百年封建王朝的漫长历史，从而产生了一部非平衡发展的、特色鲜明的地域文学史，明清关中文学的发展，同样暗合了这一趋势。

士人的身份与文学

士人是对中国古代文人知识分子的统称，士人群体在中国古代文学地理中起到“灵魂”的作用。一般而言，士人有民间和官宦之分，其中官宦阶层的士人具有集官员、作家、学者于一身的综合特征，他们文学创作的空间存在公私之分，不同的身份，表现出不同的文学态度，其文学作品由于这一区分在内容和形式上存在一定的差异。在官方场合（政治场合），他们的主导身份是官员；在公共场合（社交场合），他们的主导身份是社会名流。在这一身份主导下，他们文学作品的内容和形式具有庙堂性的特征；在私人场合，他们的主导身份是作家、是学者、是家庭成员，其文学作品的内容更加注重自身生活私人化的方面，文学作品的形式相较庙堂文化也略显随意。当然士人身份的这种区分是相对

① 周晓琳、刘玉平：《空间与审美——文化地理视域中的中国古代文学》，人民出版社 2009 年版，第 13 页。

的，随着政治事件和时间的流逝，这种民间和官宦阶层的区分往往会流转，其文学作品的内容和形式也会发生相应变化。另外，士人作品的内容和形式受士人身份影响的变化同样是相对的，在官方场合中，官员行为并非是纯然的政治行为，也有大量的文学创作，只不过在某些既定的场景下，留给作家的政治空间，要大于文学空间；同理，在私人场合，也不只是风花雪月的吟咏，同样有一些说教、论理、颂美的成分①。

作为文学活动与创作的主体，士人群体的流动随时都在改变，并最终决定着中国文学版图的整体格局，决定着文学区域系统运动的方向与节律。作为一个流动着的群体，士人的社会交往也深刻地影响着文学的生态。关于士人的社会交往，从活动内容来看，应该包括政治交往、经济交往、文化交往等活动。士人作为一个社会等级或阶层，其交往大体有群体交往与个体交往两种形式。社会生活中的交往行为，往往既表现为与其他阶层的交往行为，又表现为士人之间结成各种团体，诸如党、社等形式；士人的个体交往是指士人个体在社会生活中与他人发生的各种有意识的、主动的社会联系，如交游、讲学等，其虽然属于个体行为，但由于士人的文化属性使得个人行为已经打上了深深的社会文化烙印，所以个体行为也能充分地反映士人群体的特质，而且能生动地展示士人这一群体的精神面貌②。士人这种空间的流动性暗示他们在不同场景下创作身份的内部整合，这种整合使得聚合在他们身上的文学元素自然不同，这些元素既有利于作家体验不同的生活状态，丰富自己的文学理念和创作手法，也有利于诸多文学形态之间的交流。明清关中文学发展实力的消长，在某种程度上讲，士人身份的变迁是直接的诱因。明代文学复古运动中关中士人步入郎署，为纠正以台阁体为代表的“萎靡”文风提供了平台，关中士人走到了文坛的中心位置。相反，由于刘瑾事件，涉事关中大部分士人的身份由仕宦阶层变为平民，文坛的中心地位逐渐被边缘化，导致关中文学实力的衰落。同时通过考察发现，明清关中文学的家族化现象是士人身份仕宦化的结果，而清代文学实力的整体

---

① 叶晔：《明代中央文官制度与文学》，浙江大学出版社2011年版，第1页。

② 徐林：《明代中晚期江南士人社会交往研究》，上海古籍出版社2006年版，引言第3—4页。

不彰，主要是缺乏处于文坛中心位置的仕宦阶层，无法产生名人文学的效应，这种身份的置换对明清关中文学的影响十分明显。

明清关中[①]文学的地域性

文学与地域有着“血缘”关系，同一地域文学家有着相近的审美情趣和创作风格，进而形成较为稳定的文学流派。美国人类学家 C. 恩伯曾说过：“在一个特定的社会里，人们对一定环境的反应却有着严密的一致性，这是因为他们共同享有相同的态度、价值观和行为，这些便构成文化。”[②] C. 恩伯的这种文化概念对于我们理解地域文化的形成具有一定的启示作用，而地域文学是地域文化的一个表现方面。明清文学发展特点之一就是地域文学的发展改变了传统的以思潮和时尚为主导的文学格局，这一现象的出现与明清文化重心的下移及地域文化蓬勃发展有直接的关系。中国的地域文学有着极其深厚的传统文化基础，《诗经》中的《国风》已具有明显的地域性文学特征，在以后文学发展过程中，这一特征更为明显。秦汉的文人对人、地关系，地域与文学的关系都有较为系统的论述，诸如《孔子家语》、司马迁的《史记》、班固的《汉书·地理志》、曹丕的《典论·论文》等都述及这一问题，这一时期阐述的主要问题集中在文学风格的地域性特征方面。创作者的地域性作为一种客观存在毋庸置疑，但作为一种理论尚未明确提出，这一传统直至宋代。祝尚书先生的《论文学的东西差异》一文，立足中国古代文学中经常论及的文学南北差异（诸如王鸣盛《蛾术编》卷二《南北学尚不同》、刘师培《南北文学不同论》），对南宋文学的东西差异进行了研究，提出“南宋四川与东南部地区，在文学内涵、文风及体裁、

---

① 在明清人的观念中，“关中”基本与“陕西”同义，康海曾云：“己卯乡试。提学大复何子景明试竣西归。语余曰：‘关中吾得二人，陇州阎倬、延安董珊，子幸识之，后关中称名士者必二人也’。”此处之“陇州”、“延安”分别在今之甘肃、陕北。明代陕西布政使司（陕西行省）自洪武二年（1369）初置以来，共领八府，分别是西安、凤翔、汉中、延安、庆阳、平凉、巩昌、临洮。清代康熙六年（1667）陕甘分省始，至光绪元年（1875）时任陕甘总督的左宗棠奏请完全分离。1929 年，民国政府又从甘肃分出青海和宁夏两省区。本书之“关中”沿用明清人之观念。

② ［美］C. 恩伯、M. 恩伯：《文化的变异——现代文化人类学通论》，杜杉杉译，辽宁人民出版社 1988 年版，第 49 页。

文学运动等诸多方面，存在着不少差异”、“统治集团排斥蜀士”[①] 的观点，这两个问题分别来看，在中国古代文学史与政治史是一个普通的话题，但统一起来考察，可以看出士人文学地域意识的逐渐觉醒，此后南宋的地域性文学团体也开始逐渐建立，如“江西派”与“江湖派”。明初开国，由越派、吴派、江西派、闽派、五粤派瓜分诗坛的局面，可以视为一个象征性的标志，预示了以地域性为主要特征的文学时代的到来，清代的文坛基本是以星罗棋布的地域文学集团为单位构成的。地域诗派的强大实力，已改变了传统的以思潮和时尚为主导的诗坛格局，出现了以地域性为主的诗坛格局[②]，在关中地区就形成了明代文学复古运动时期的“关中十才子”（见王世懋《康对山集序》），清初的“关中三李”（见吴怀清《关中三李年谱》）、“关中五虎”（见刘绍颁《二南遗音》）、“关中四子”（见徐世昌《晚晴簃诗话》）、“关中四杰”（见《松花庵全集·诗草》）。乾隆时的王鸣盛则明确提出“三秦诗派”的概念（见王鸣盛《刘戒亭诗序》）。这些称谓具有明显的地域性特征，说明关中士人的地域意识明显，文学的创作风格趋于一致。同明清文学地域化的文学发展轨迹相符。

明清关中文学实力限于政治和经济地位的孱弱，同汉唐相较已不可同日而语，但基于历史上厚重的文化积淀和关中士人强烈的历史意识，文学创作过程中无论是风格还是体裁，都尊崇秦汉，首推盛唐，这也是他们能在文学复古运动中异军突起的原因之一，也是他们在和其他地域文学交流和实力角逐的资本。正嘉以后，随着关中士人逐渐远离政治中心和文坛中心，他们之中不再产生一呼百应的文坛领袖，在江南士人主持文坛的情况下，关中文学的特质也逐渐受到冷落，甚至受到情绪化的指责。不过关中文学的“基因”已经深植于关中士人的心灵深处，在同外界文学的交流和互动中，一方面汲取外部文学的营养；另一方面坚守自身文学的特质，使其绵延不绝，现当代陕西文学的发展和文学“陕军东征”所产生的文学效应，正是基于对关中文学“质实”传统的继承和发展。

---

① 祝尚书：《论南宋文学的东西部差异》，《四川大学学报》2000 年第 5 期。

② 蒋寅：《清代诗学与地域文学传统的建构》，《中国社会科学》2003 年第 5 期。

本书的写作正是基于以上诸多原因，对明清关中文学进行一次“长途跋涉”的考察，试图全景展现明清关中士人生活境遇与文学之间的关系，丰富关中明清文学研究的内容。由于研究的领域较为广阔，要精准地把握每一个环节有一定的难度，同时研究过程中未能按照传统文学史以时间顺序为主线，辅之以作家的创作背景及对文学作品分析的研究方法来进行，主要围绕士人生活的场景和生活的方式展开，突破时间主线，跨时空进行研究。这种研究方法的优点在于问题意识明显，研究问题比较集中，是当前文学史研究经常采用的研究方法，但这种研究方法也存在一个问题，那就是相较于传统文学史研究过程中时间的连续性和结构逻辑的严密性方面略显不足。两种研究方法各有优劣，仁者见仁，智者见智。研究者在研究过程中尽管竭力追求完美，但总感挂一漏万。作为一次有益的尝试，我期待来自方家的赐教。

第一章　文学实力的消长与文学的地域性

文学版图，是近年文学研究引进的一个新概念，意在说明文学家的分布状况及其作品的数量和影响力。在中国文学史上，文学版图一直处于变换之中，文学的中心发生着位移。大致而言，中古以前文学的中心在北方，尤其是长安附近；中古以后文学中心沿黄河下移，且逐渐南折，最后形成以江南为中心的格局，这一趋势一直延续到近代。就明清而言，明初文人几乎集中于南方；就东西分布而言，东部占绝对优势，由此构成了明代文学地缘结构“地倾东南”的格局。关中文学在明清文学版图中相较东南大为衰落，虽出现了明代文学复古运动中关中士人和文学的崛起，但这只是昙花一现，随着他们远离政治中心和文学中心，关中文学整体实力没有发生实质性的变化。

第一节　明清关中文学版图

关中地区作为中华民族和文化发源地之一，经历过辉煌，作为周、秦、汉、唐时期国家的政治、经济和文化中心，在中国历史上扮演着极其重要的角色。唐中后期以来，这种优势逐渐丧失，经济日渐衰落，文化的中心地位不再，文学的氛围和实力江河日下。从纵向考察明清关中的文学版图可以看出这一景象，其实力已无法与江南文学的实力相抗衡；从横向考察可以看出其地域性的特征更加显豁，成为明清地域文学中的一部分。

一 明清关中的经济与文运

经济环境对文学家的分布有很大的制约作用。经济富庶的地方，不仅可以满足文学家的衣食住行等最基本的生存需要，更为文学人才的发展，诸如读书、旅行和写作等提供必要的生存之需。一般而言，经济落后的地区，本土文学的整体水平也相对偏低（具体体现为作家、作品数量少），这是中国古代文学发展规律之一，哪怕是最优秀的作家，单凭个人力量也难以在短期从根本上改变落后地区文学创作的整体状况[①]。

当代学者关于文学地理的研究表明，由经济原因所导致文化中心的转移，使文学家的分布中心也随之发生变化，这成为文化中心地位确立与转移的重要因素。20 世纪初，刘师培曾对南北文学之变进行了阐述："古代之时，北方之地水利普兴，殷富之地多沿河水，故交通日启，文学易输。后世以降，北方水道淤为民田，而荆、吴、楚、蜀之间，得长江之灌输，人文蔚起。"[②] 21 世纪初，沛然等也撰文指出，从先秦到隋唐五代前，中国文学中心基本上定位于以中原为核心的黄河流域；从五代十国一直到近代，中国文学中心转移到以江浙为核心的长江流域，并长期稳定下来[③]。从中国古代作家的分布图上不难看出，中原地区、江南地区和广东地区在历史上先后属于作家的多产地[④]。

关中地区在周、秦、汉、唐时期的大部分时间一直是作为中国的政治、经济、文化中心区域而存在，司马迁在其《史记》中就已概括出这一点："关中之地，于天下三分之一，而人众不过什三，然量其富，什居其六"[⑤]；"关中左崤函、右陇蜀，沃野千里；南有巴蜀之饶，北有胡苑之利；阻三面而守，独以一面东制诸侯。诸侯安定，河渭漕挽天下，西给京师。诸侯有变，顺流而下，足以委输，此所谓金城千里，天府之国也。"[⑥] 尤其是唐代初期，由于社会安定，水陆交通发达及西域

① 周晓琳、刘玉平：《空间与审美——文化地理视域中的中国古代文学》，第 279 页。

② 刘师培：《刘师培史学论著选集》，邬国义、吴修艺点校，上海古籍出版社 2006 年版，第 178 页。

③ 沛然、春寰：《中国古代文学中心南北移位通览》，《四川师范学院学报》2000 年第 2 期，第 34 页。

④ 周晓琳、刘玉平：《空间与审美——文化地理视域中的中国古代文学》，第 269 页。

⑤ （汉）司马迁：《货殖列传》，《史记》卷一二十九，中华书局 1982 年版，第 3262 页。

⑥ （汉）司马迁：《留侯世家》，《史记》卷五十五，第 2044 页。

商路通畅，关中地区社会经济发展。武则天时的崔融描述当时水路交通时说："天下诸津，舟航所聚，旁通巴汉，前指闽越，七泽十薮，三江五湖，控引河洛，兼包淮海，弘舸巨舰千舳万艘，交贸往还，昧旦永日。"① 长安成为全国政治、经济和文化中心，商业达到了空前繁荣的程度，"秦川雄帝宅，函谷壮皇居"②，李世民《帝京篇》中的这两句诗，无疑是对长安地理和政治作用的正确描写。这一状况也促使关中地区成为当时文学的中心，文学总体实力和氛围盛于江南。

唐中期"安史之乱"以后，关中地区由于屡遭战争破坏，逐渐走向衰落，国家的政治中心移向黄河下游洛阳、开封一带，经济中心开始向南方转移，北方士人也大批向南方迁移，这就使得中唐以后南方文学家开始增多，同时也为两宋时期中国文化重心向南转移奠定了基础。元代由于蒙古贵族的统治，关中地区遭到了更为严重的摧残，不少州县"村人尽死于兵，庐室尽毁"③。唐龙在《正学书院续记》中也指出："陕西，古雍州也。自昔冯翼之贤，生于王国，冠带之士，环诸桥门，名物肆陈，典彝丰郁，彬彬乎，蔼蔼乎，不可尚记已。既元孽窃运，雄据百二之形。戎寇穴于门厅，兵刃接于原野，诗书煨烬，贤献逋逸，菁莪朴棫之化，蒿焉亡矣。"④

明代关中地区作为国土的防御前沿，承担着繁重的军资供应与运输任务，"陕西为天下重地，西安一府又为陕西根本重地，三边仰给，多系于此。兵荒之后，民穷财尽，加以边防多事，粮草催征，势不可缓。不幸亢阳为虐，雨泽愆期，夏麦既已不登，秋田又失播种，百姓嗷嗷，流离载道"⑤，这对本已凋敝的经济无疑是雪上加霜。杨一清巡抚陕西，初入关看到这样的境况："入关之初，……耳目所及，凋敝之状，已不

① （清）董诰等：《谏税关市疏》，《全唐文》卷二一九，上海古籍出版社1990年版，第976页。

② （清）彭定求编：《帝京篇》，《全唐诗》卷一，中华书局1960年版，第1页。

③ （明）韩邦奇：《赠中大夫光禄寺卿马公墓表》，《苑洛集》卷七，四库明人文集丛刊本，上海古籍出版社1993年版，第448页。

④ （明）唐龙：《正学书院续记》，《渔石集》卷一，中华书局1985年版，第12页。

⑤ （明）杨一清：《巡抚类·为旱灾事》，唐景坤、谢玉杰点校，《杨一清集》卷六，中华书局2001年版，第194页。

忍言，而穷边数千里未经耳目者，当复如何？良可忧惧。”① 吕柟根据亲身经历也说：“凡三边之远，皆关陕八府之民所供馈者也。故自潼关以西，未别则男舂粟，曰将以食边也；未寒则女织布，曰将以衣边也。然粟至而或卒无斗釜之入，布至而卒或无寻丈之惠，盖率公以先扣，缘役以预夺矣。”② 梁材《议覆陕西事宜疏》中说：“陕西外供三边，较之他省，已为偏累，近复固原总镇，是以一省之民而供四镇之军饷，况南有洮岷，北有环庆，举皆仰给，其何以堪。以故流离转死，田土日荒，逋负日积。”③

清朝前期，由于政府对西北、西南地区多次用兵，军粮各种物资的运输，陕西首当其冲：“西北用兵，供亿浩繁，稍不慎即偾事祸”，“关西民力已竭，运饷千里之外，兼以蜀道之险，米一石遂费至十二金”④。“回忆康熙十三载，滇水告变，祸延秦凉，荏苒迄今，吾父老子弟负糗粮，而辇刍粟，车牛数十万奔诸道路，而老羸有不归者，少壮且敬而亡他矣。”⑤ 明代对西北边防的积极防御及清朝对西北疆域的奠定，关中地区作出了很大的牺牲，它极大地扰乱了陕西经济发展的正常秩序，消耗了陕西经济赖以生存和发展的物质基础。

明清鼎革之际，关中地区困于兵火，民不聊生，商品经济受到严重的破坏，陕西各地“民化青磷，田鞠茂草，盖无处不有荒田，无户不有绝丁也”⑥，如明中期以来以奢华著称的泾阳，“万历末一尽于焚掠，再困于凶侵，不待挽奢为俭而人力已殚尽矣”⑦。澄城县明万历年间共有10303 户 70685 口，清顺治初，“除节年兵荒，逃亡过半，实有户共一

① （明）杨一清：《再柬内阁诸先生》，唐景坤、谢玉杰点校，《督府稿》，《杨一清集》，第 1080 页。

② （清）李元春：《庄浪篇有序》，《关中两朝文钞》卷五，道光刻本。

③ （清）陈子龙等选辑：《议覆陕西事宜疏》，《皇明经世文编》卷一〇五，中华书局 1962 年版，第 944—945 页。

④ （清）王弘撰：《复施愚山侍讲》，《砥斋集》卷八下，续修四库全书本，第 1404 册，上海古籍出版社 2002 年版，第 487 页。

⑤ （清）李因笃：《为阖邑居民寿献素郭公初度序》，《续刻受祺堂文集》卷二，道光十年杨松林刻本。

⑥ （清）杨应琚：《为目击秦民荒粮之累万不能支恳祈圣恩速赐除豁以全孑民遗疏》，《西宁新志》卷三四，青海人民出版社 1988 年版，第 896 页。

⑦ （清）葛晨纂修：《风俗》，《泾阳县志》卷一，乾隆四十年刻本。

千八百二十有四"[①]，仅为万历户数的17.7%。三水县明末全县共分十二里。明清鼎革之际，"惨遭寇掠，逃亡过半，仅存四里，亦无全家全户"[②]，户口损失三分之二。

除了战争因素，频繁的自然灾害也严重地破坏了关中地区商业资本的原始积累，使商业规模和东南地区之间的差距越来越大。有人做过统计，在明代277年间，陕西共发生自然灾害168次，平均每隔两年一次，有的每年多达数次，更确切地说，每26又半月就会发生一次大的自然灾害[③]。自然灾害发生后，在赈灾活人的大事面前，经商所盈的大部分资产耗散殆尽，这是明代陕商盈利未能大规模转化为工商业投资的一个特殊原因，因此在明代著名商人事迹中，他们的活动莫不同赈灾济荒相联系。耀县乔世宁之父"积粟数万石，岁薄取其息以赈饥人"[④]。高陵刘邦贞为"邑之第一家"，"贷粟散财，多不取利，焚券舍金，亦屡千计"[⑤]。

关中地区经济的衰落在某种程度上可以说同交通的封闭有一定的关系。唐以前统治者考虑到国之首都的关系，曾经对这里的交通路线进行大规模的修筑。唐末以至明前，随着西安国都地位的丧失，交通一度荒废，无人整治。关中士人张治道曾在《太微嘉靖集》卷六《钱议》中指出："关陕偏出西北，阻山带河，号为四塞，舟楫靡通，商贾罕至，帝都则富甲天下，分省则贫守一方，丰年仅足糊口，稍旱坐以待毙……为今计者，有曰开河通舟楫。"[⑥]自元代开通的京杭大运河即成为沟通黄河、长江两河流域直通京杭南北的重要通道，而原本长安—洛阳都城圈与建康—临安都城圈的西北与东南的对角互动即变为京杭南北流动。本时期重心的移动大致可以分为三个阶段：一是元代，重心在原南宋形

① （清）姚钦明增修，路世美增纂：《田赋志·户口》，《澄城县志》卷一，顺治六年刻本。

② （清）林逢泰修，文倬天纂：《请停缓续派粮草》，康熙《三水县志》卷四，康熙十六年刻本。

③ ［法］米里拜尔：《明代地方官吏及文官制度》，陕西人民出版社1994年版，第169—171页。

④ （明）马理：《千金方序》，《谿田文集续补》，关中丛书刊本，。

⑤ 吴钢：《高陵碑石》，三秦出版社1983年版，第157页。

⑥ （明）张治道：《钱议》，《太微嘉靖集》卷六，嘉靖刻本。

成的临安首都圈；二是明代，重心在南京都市圈，其中以苏州为主角，常州、松江、扬州等环绕南京构成强势都城圈（明初）和陪都圈（永乐年间后）；三是清代，重心在苏州与杭州两相对应，两地同为江苏、杭州巡抚驻地，拥有著名文学家不相上下（分别为 178 人、173 人），然后由常州、嘉兴、扬州、松江、绍兴等一系列强势府州环绕之①。

交通发达的地区不一定全是文化发达的地区，但是，凡是文化发达的地区则一定是交通和经济发达的地区，地理上的开放和经济上的丰裕，为文学的交流和建设提供了至少两大优势：一方面为文学的发展提供了物质的保障，另一方面也使文学在内容上呈现出多元化的趋势，同时交通发达地区也是人口较为密集的地区，人口的流动性较大，不断激发新的文学体裁和题材，同时也为文学提供了大量的接受群体。

二　文学力量的倾斜

对明代特定区域范围内经济文化状况与文学的变迁估计，一般有以下几个参照系：一是人口的密度；二是城市的繁荣程度；三是科举的名额及中试的人数；四是文化传统。根据这几个方面的情况，大致可以看出明代各地区城市经济的差异。在人口的分布方面，梁方仲先生根据《明史·地理志》的记载，测算了明洪武二十六年（1393），弘治四年（1491），万历六年（1578）三个时期南北直隶及各布政司的人口密度，统计数据如表 1 –1：②

表 1 –1　　南北直隶及各布政司的人口密度　　单位：人/每平方千米

省份 \ 年份 / 人口密度	1393 年	1491 年	1578 年
北直隶	14. 23	25. 33	31. 49
南直隶	47. 97	35. 61	46. 84
浙江布政司	114. 38	57. 87	56. 20
江西布政司	58. 37	42. 56	38. 07
南直隶布政司	47. 97	36. 61	46. 34
山东布政司	39. 57	50. 89	42. 64

① 梅新林：《中国古代文学地理形态与演变》，第 124 页。

② 梁方仲：《中国历代户口、田地、田赋统计》，上海人民出版社 1980 年版，第 207 页。

续表

省份＼人口密度＼年份	1393 年	1491 年	1578 年
福建布政司	32.41	17.43	14.39
山西布政司	27.81	29.77	36.32
广东布政司	15.19	9.18	10.31
北直隶布政司	14.23	25.33	31.49
河南布政司	13.00	17.77	35.31
湖广布政司	12.98	10.44	12.14
广西布政司	7.00	7.91	5.60
陕西布政司	5.07	8.56	9.85
四川布政司	3.50	6.19	7.93
云南布政司	0.69	0.34	3.95
贵州布政司	*	2.09	2.35
平均密度	19.07	16.15	18.40

*当时贵州未建省，无法统计。

在中国古代，区域经济发展水平与区域人口数量之间，通常呈现正比例关系。经济文化比较发达的地区，人口密度大，数量多，因此产生杰出人才的概率从理论上讲比较大，经济落后地区比较小①。从历史文化版图上来看，中古以前黄河以北中原地区是中华文明的发祥地，学术文化发达，精英阶层萃聚。但这一学术文化的高地同时也是政治集团利益角逐的重地，虏马胡将与汉廷权臣交替作乱，河北关中大好河山竟沦为左衽。自永嘉之乱，出现了重大的文化裂变，开始了中原大家世族避乱南迁的历史过程。后来，在经历了安史之乱和靖康之变的南渡，这一历史过程才大致宣告完成。永嘉衣冠南渡后，北齐颜之推所伤感的“冠冕君子，南方为优；闾里小人，北方为愈”②，这种情况反复轮回，恶性发展，带来的后果不但使政治颓败，经济崩溃，民生潦倒，同时以文明程度较高著称的中原地区社会各阶层，不可避免地出现了文化的分

① 周晓琳、刘玉平：《空间与审美——文化地理视域中的中国古代文学》，第 269 页。

② （清）朱柏庐：《言辞篇》，《颜氏家训·朱子家训》，山西古籍出版社 2004 年版，第 181 页。

化，虽然一部分仍是礼教的坚持与守护者，但也有一部分逐渐“习性于夷而疏于礼”。刘师培在《南北学派不同论》中有“河北关中，沦为左衽，积习既久，民习于夷”[①]之说。南宋初期，随着更大规模的靖康渡江南迁的终结，建炎年间已形成了“平江（治今苏州），常、润、湖、杭、明、越号为士大夫渊薮”[②]的局面。这种文化士族精英在江南的大汇聚，实际上宣告了中国文化中心的大转移。《北齐书》记载江东萧衍“专事衣冠礼乐，中原士大夫望之以为正朔所在”[③]。自南宋迁都杭州，文化中心随之南移，元代北弱南强的局面更为明显。虽然在教育方面，每年国子监生五六百人，北人济济，南人仅数名而已，但江南已成为全国文化昌盛之地。清朝科举自顺治丙戌至乾隆乙卯，共开61科，其中中状元者江苏36人，浙江15人，安徽3人，山东2人，江西、湖北、广东、陕西各1人。中榜眼者江苏19人、浙江19人、安徽6人、江西3人。探花者江苏30人、浙江17人、安徽3人、江西2人，而余省无几[④]。

明清时期，以太湖流域为中心的江南富庶地区，农业生产和手工业生产已经达到很高水平，商品经济十分发达，极大地促进了文化教育的发展。康熙年间郭廷修主修的《松江府志》卷五云：“今文物衣冠蔚为东南之望，经学词章下至书翰咸有师法，各称名家，田野小民，生理咸足，皆知以教子孙读书为事。”[⑤]其他府县也出现了教育兴盛的局面，受教育队伍的扩大无疑是文学队伍壮大的必要前提。在文学创作，尤其是传统文人文学领域，无论是作品数量还是质量，北地都无法和南方分庭抗礼，形成南方文学“一边倒”的局面。繁荣的明清江南城市，是当时极为重要的文化中心，更是江南士人活动的重要场所。士人是舆论的重要制造者和传播媒介，毁誉之间，较一般民众更具影响力。

在文学地域性方面，明代弘治、正德以后，随着北方诗人的兴起，诗人论文多从南北对比的角度着眼。胡应麟论及当时诗坛实况，就从南

---

① 刘师培：《南北学派不同论·总论》，《刘师培史学论著选集》，第177页。

② （宋）李心传：《建炎以来系年要录》卷二〇，中华书局1956年版，第405页。

③ （唐）李百药：《杜传》，《北齐书》卷二四，中华书局1972年版，第347页。

④ 商衍鎏：《清代科举考试述录》，百花文艺出版社2005年版，第188—189页。

⑤ （清）郭廷修主修：《松江府志》卷五，康熙二年刻本。

北地域的不同将诗坛的力量进行对比："当弘、正时，李、何、王号海内三才外，如崔仲凫、康德涵、王子衡、薛君采、高子业、边廷实、孙太初，皆北人也。南中惟昌谷、继之、华玉、升之、士选辈，不能得三之一。嘉、隆则李于麟、谢茂秦、张助父北人，而南自王、汪外，吴、徐、宗、梁不下十数家，亦再倍于北矣。"① 李维桢（1547—1626）论及这一变化，同样从南北对比的角度着眼："盖高庙起淮甸，都金陵，于时诗道之兴自南服始。高、杨、张、徐诸君子皆吴越产也。闽则有十才子应之。文庙起燕甸，一再传，遂定都焉。诗道之兴，在北为盛。何、李、边、薛诸君子，皆关河齐鲁产也。闽则有郑善夫应之。世庙起郢甸，享国最久，制礼作乐，功冠本朝，诗道之盛，复自北而南。"② 在李维桢看来，明代文学、文化的变迁，经历了一个由南而北、由北而南的过程。具体情况虽不能简单地以地域的划分来加以判断，但就总体风尚而言，南北诗风确实存在着很大的差异。文徵明说："吾吴为东南望郡，而山川之秀，亦惟东南之望，其浑沦磅礴之气，钟而为人，形而为文章，为事业，而发之为物产，盖举天下莫之与京。故天下之言人伦、物产、文章、政业者，必首吾吴；而山川之秀，亦必以吴为胜。"③ 归有光说："吴为人才渊薮，文字之盛，甲于天下，其人耻为他业，自髫龀以上，皆能诵习举子应主司之试。居庠校中，有白首不自已者，江之南，其俗尽然。"④ 宋前以长安—洛阳为核心，以黄河流域为主导，逐渐走向以临安为核心，以长江流域为主导，以长安为中心的关中地区再也没有能力恢复汉唐雄风。

清初姚佺编《诗源初集》将全国划分为 15 个区，选吴 204 家、越 92 家、豫章 23 家、楚 42 家、闽 24 家、蜀 18 家、粤东 18 家、滇 16 家、黔 6 家、豫 31 家、齐鲁 22 家、晋 8 家、秦 17 家、燕 27 家，总计

① （明）胡应麟：《国朝下·正德、嘉靖》，《诗薮》续编卷二，上海古籍出版社 1958 年版，第 363 页。

② （明）李维桢：《邓使君诗序》，《大泌山房集》卷十九，四库全书存目丛书本，集部第 105 册，齐鲁书社 1997 年版，第 726 页。

③ （明）文徵明：《记震泽钟灵寿崦西徐公》，周道振辑校，《文徵明集》补辑卷一九，上海古籍出版社 1987 年版，第 1263 页。

④ （明）归有光：《送王汝康会试序》，《震川先生集》卷九，上海古籍出版社 2007 年版，第 191 页。

548 家，其中吴越 296 家，占总数的 54%，关中 17 家，占总数 3%，其力量对比一目了然。面对此种状况，北人自伤之余，常有意强调北方文学的成就，如黄文焕《自课堂集序》云："地有南北之分，北方风气高劲，不坠纤丽，本属诗文之区，空同、于鳞均擅北产。然南方倡和，习所渐染者多，至于以时论之，则宜少宜多又各分焉。"①

从明清关中文学家在全国士人所占比例来分析，也得出同样的结果。曾大兴先生根据谭正璧先生《中国文学家大辞典》所录文学家对中国作家的地域性分布做过研究，其中涉及明代关中作家如表 1－2 所示：②

表 1－2　　明代关中作家人数统计　　单位：人

姓名	籍贯	今址	各县统计	各州府统计	各省统计
金　銮	陇西巩昌（巩昌府）	甘肃陇西	1	1	
赵时春	平凉（平凉府）	甘肃平凉	1	1	
李梦阳	庆阳（庆阳府）	甘肃庆阳		1	4
张凤翔	汉中洵阳（临洮府）	陕西旬阳	1	1	
马汝骥	延安绥德（延安府）	陕西绥德	1		
王邦俊	延安麟州（延安府）	陕西富县	1	2	
韩邦奇	西安朝邑（西安府）	陕西大荔			
韩邦靖	西安朝邑（西安府）	陕西大荔	2		
张　紞	西安富平（西安府）	陕西富平			
杨　爵	西安富平（西安府）	陕西富平	2		
吕　柟	西安高陵（西安府）	陕西高陵	1		
王　异	西安郃阳（西安府）	陕西郃阳	1		
王九思	西安鄠县（西安府）	陕西户县			
黄宏纲	西安鄠县（西安府）	陕西户县	2		
王维桢	西安华州（西安府）	陕西华县			
王庭譔	西安华州（西安府）	陕西华县	2		
赵　统	西安临潼（西安府）	陕西临潼	1		
王　恕	西安三原（西安府）	陕西三原			

① （清）程康庄：《自课堂集序》，《自课堂集》卷首，康熙刻本。

② 曾大兴：《中国历代文学家之地理分布》，湖北教育出版社 1995 年版，第 334—335 页。

续表

姓名	籍贯	今址	各县统计	各州府统计	各省统计
马　理	西安三原（西安府）	陕西三原			
来俨然	西安三原（西安府）	陕西三原	3		
康　海	西安武功（西安府）	陕西武功			
张　炼	西安武功（西安府）	陕西武功			
耿志伟	西安武功（西安府）	陕西武功	3		
冯从吾	西安长安（西安府）	陕西长安	1		
管　楫	西安咸宁（西安府）	陕西西安	1	19	

就谭正璧《中国文学家大辞典》[①] 所录，共1401人，其中有籍贯可考者1340人，分布于当时的114个州府，平均每个府（州）12人，超过这个平均数的有：吉安64人；抚州27人；南昌20人；饶州16人；建昌14人；常州65人；扬州32人；应天20人；苏州195人；松江48人；徽州49人；凤阳14人；杭州72人；绍兴52人；嘉兴49人；湖州41人；宁波40人；金华24人；台州16人；广州33人；福州36人；泉州19人；兴化21人；西安19人；济南21人。

这25个府（州），分别属于当时的江西、南京（南直隶）、浙江、广东、福建、陕西和山东等一京六布政使司[②]。在这1340位有籍贯可考的文学家中，南方占了1165人，北方只占了175人，南北比为8.7∶1.3，整个北方的文学家还不及南方一个苏州府（195人）。根据明代的区域划分，属于本研究的关中地区的作家有23人（西安府19人，巩昌府1人，平凉府1人，庆阳府1，临洮府1人），占北方作家的13.14%，占全国作家的1.71%，二者的比例都相当低。如果不是具体的数字为据，这个分布格局几乎令人难以置信。毫无疑问，中国文学的重心完全转移到南方[③]。《中国文学家大辞典》所录清代关中作家如下页表所示：

① 谭正璧：《中国文学家大辞典》，上海书店1981年版。

② 曾大兴：《中国历代文学家之地理分布》，第341—342页。

③ 同上书，第341页。

表 1－3　　清代关中作家人数统计　　单位：人

姓名	籍贯	今址	各县统计	各州府统计	各省统计
巩建丰	巩昌抚羌（巩昌府）	甘肃甘谷	1		
秦子忱	巩昌陇西（巩昌府）	甘肃陇西	1	2	
张　晋	兰州狄道（兰州府）	甘肃临洮			
吴　镇	兰州狄道（兰州府）	甘肃临洮	2	2	
胡　釴	秦州秦安（秦州府）	甘肃秦安	1		
杨于果	秦州秦安（秦州府）	甘肃秦安	2		
任其昌	秦州（秦州府）	甘肃天水		3	
张　澍	凉州武威（凉州府）	甘肃武威			
谭咏昭	凉州武威（凉州府）	甘肃武威	2		
闪仲侗	凉州永昌（凉州府）	甘肃永昌	1	3	
邢　澍	阶州（直隶州）	甘肃武都		1	11
宋振麟	邠州淳化（直隶州）	陕西淳化	1	1	
孙景烈	乾州武功（凤翔府）	陕西武功	1	1	
李因笃	西安富平（西安府）	陕西富平	1		
王心敬	西安鄠县（西安府）	陕西户县	1		
周　灿	西安临潼（西安府）	陕西临潼	1		
孙枝蔚	西安三原（西安府）	陕西三原			
杜恒灿	西安三原（西安府）	陕西三原	2	2	
王　令	西安渭南（西安府）	陕西渭南	1		
路　德	西安盩厔（西安府）	陕西周至			
李　颙	西安盩厔（西安府）	陕西周至	2		
李念慈	西安泾阳（西安府）	陕西泾阳	1	9	
王宏撰	同州华阴（同州府）	陕西华阴			
史　调	同州华阴（同州府）	陕西华阴	2		
雷　铎	同州蒲城（同州府）	陕西蒲城			
屈　复	同州蒲城（同州府）	陕西蒲城	2		
杨　鸾	同州潼关（同州府）	陕西潼关	1	5	
杨素蕴	鄜州宜君（延安安）	陕西宜君			
张　尔	鄜州宜君（延安府）	陕西宜君	2	2	18①

① 曾大兴：《中国历代文学家之地理分布》，第 424—425 页。

清代的文学家，据谭正璧《中国文学家大辞典》所录，共计 1806 人，其中有籍贯可考的人有 1740 人。在这 1740 人中，南方文学家占了 1479，北方只有 261 人，南北比为 8.5∶1.5，其分布格局和明代一样。这些文学家分布于当时的 158 个州府，平均每个州府占有 11 人。超过这个平均数的有：宁国 15 人；安庆 40 人；徽州 32 人；南昌 25 人；抚州 22 人；建昌 21 人；宁都 12 人；吉安 12 人；苏州 178 人；常州 134 人；扬州 64 人；镇江 27 人；江宁 24 人；太仓 49 人；松江 60 人；杭州 173 人；嘉兴 93 人；绍兴 58 人；湖州 44 人；宁波 16 人；黄州 16 人；长沙 38 人；广州 48 人；福州 44 人；顺天 24 人；济南 35 人；青州 23 人①，这些府州，分别属于当时的安徽、江西、江苏、浙江、湖北、湖南、广东、福建、南直隶和山东等 19 个行省②。按照传统关中地域的划分，关中作家有 23 人［西安府 9 人，巩昌府 2 人，秦州府 3 人，同州府 5 人，凤翔府 1 人，直隶州（邠州淳化）1 人，兰州府 2 人］，占北方作家的 8.81%，占全国作家的 1.32%。再从关中作家在明清两朝占北方作家人数比例（明代为 13.14%）和全国人数（明代为 1.71%）来看，清代关中地区的作家数量呈现出更为衰落的趋势。

三　文学流派中的关中诗派

现代意义上的文学流派必须有明确的宗旨、宗主和共同的风格，这一现象有点类似明代结社的特征，但我们考察明清出现的一些地域性文学团体，未能发现严格符合现代文学流派的特点，许多诗人并未自觉强调文学的理论主张，而对文学创作过程中流派归属和代表诗人的风格在其创作过程中较为重视，这样就可以解释诗人群体的松散性与风格一致性之间的矛盾现象，为地域性文学流派的形成产生实质性的影响。

文学地缘性的基本因素为地域与人物，在明代文人分布的地域不平衡倾向是文学地缘格局的一个重要前提。由于各地区政治、经济、文化三大因素的差异导致的人文差异和文学差异几乎贯穿了这个封建王朝的漫长历史，从而产生了一部地域非平衡发展的、特色鲜明的文学史。明

① 曾大兴：《中国历代文学家之地理分布》，第 435—436 页。

② 同上书，第 436—437 页。

代文学的地域格局或文学地理分布特征奠定于元末明初，是在当时特定的政治地理、经济地理和文化地理的总体框架中形成的，并以文人社团化、群体化、地缘化形式体现①。明初出现了较多以地域为主要特征的诗歌流派，且出现了流派的地域性向全国性过渡的趋势，这是宋代地域文学流派的延续。胡应麟《诗薮》续编卷一就提到明初五个地域的诗派，即吴诗派、越诗派、闽诗派、岭南诗派、江右诗派，这一局面可以视为一个象征性的标志，预示着以地域性为主要特征的文学时代的到来。到前七子的文学复古运动到来之际，这一文学流派突破地域性的局限，形成了尊崇古文的全国性文学流派，文学流派的这一嬗变对关中士人和文学而言是一个机缘。这一时期关中士人初期登上文坛，大显身手。康海于弘治壬午年中进士第一，"时孝宗皇帝拔奇抡才，右文兴治，厌一时文之陋，思得真才雅士，见先生策，谓辅臣曰：'我明百五十年无此文体，是可以变今追古矣'，遂列置第一而天下传诵"②。后康海母亲去世，按照惯例，京官亲属殁时，"持厚币求内阁志铭以为荣"，然而康海不以为然，"独不求内阁文，自为状，以鄠杜王敬夫为志铭，北郡李献吉为墓表，皋兰段德光为传，一时文出，见者无不惊叹，以为汉文复作，可以洗近文之陋也"③。这两件事对于关中士人和关中文学地位而言是标志性的事件，作为郎署官员的关中士人向以李东阳为首的内阁文人发出挑战，打破了内阁文人对文学话语权的垄断，以秦汉文为写作典范所形成的文风具有某种示范性，强化了文人对关中士人及其文风的认同，扩大了"秦风"的影响，为李梦阳、康海之后关中士人和文学地位的确立奠定了一定的基础。

后来的文学复古更强化了关中士人在文坛中的实力，胡缵宗在其《西玄诗集序》中提供了一个这场运动推动者和参与者的关中士人名单，其文曰：

明兴，雍当西徼，先进尚质。弘治间，李按察梦阳谓诗必宗李

① 何宗美：《文人结社与明代文学的演进》，人民出版社 2011 年版，第 44 页。

② （清）黄宗羲：《翰林院修撰对山康先生行状》，《明文海》卷四百三十三，中华书局 1987 年版，第 4545 页。

③ 同上书，第 4547 页。

杜，康殿撰海谓文必祖马迁，天下学士大夫多从之，士类靡然。而空同、对山得罪世之君子矣。则时有若王太史九思、张民部凤翔、苏司寇民、段翰检炅、马太卿理、管中丞楫、吕宗伯柟、韩中丞邦奇、参伯邦靖、王宪使九峰，王翰检元正、南郡守大吉、刘宪使储秀、马太使汝骥、许中丞宗鲁、王佥宪讴、何中丞栋、张比部治道、李佥宪宗枢、王宫谕用宾、吕郡守颛、胡鸿胪侍、赵兵部时春、孙羽士一元，实与李、康同趣，虽言人心殊，而其归则太史公与工部也。①

此次复古运动响应与参与的关中士人可谓实力非凡，足以形成一个关中派的士人群体，但由于政治事件，前七子中关中士人不同程度地受到刘瑾事件的牵连，逐渐远离文坛中心，失去了其早期文学声势赖以存在的政治依靠和群体力量，后来虽有王维桢等人活跃于文坛，但其声势和影响远不及康海和李梦阳等前辈士人，个中原因一是王维桢远离文坛中心地带京城，二是缺乏关中士人群体的支持，这样整个关中士人在文坛逐渐被边缘化，这使得关中文学走到明代文学的中心地带且形成一个具有实力和影响的地域性流派失去了一次绝好的机会。

清代的文坛同明代一样，基本是以星罗棋布的地域文学集团为单位构成的，相较于明代文学的地域单元更为密集，除文学史常提到的桐城、阳湖派古文，常州派骈文，阳羡、浙西派词，吴江派戏曲，诗更有虞山派、河朔诗派、畿辅七名公、江左三布衣、岭南三大家、西泠十子、关中三李、浙西六家、岭南四家、娄江十子、江左十五子、吴会英才十六人、辽东三老、江西四才子、吴门七子、嘉定后四先生、后南园五先生、毗陵四子、越中七子、高密派、湘中五子等，诗社更是不胜枚举。可以说，地域诗派的强大实力，已改变了传统的以思潮和时尚为主导的诗坛格局，出现了以地域性为主的诗坛格局②。在关中士人群体中，也出现了“关中三李”与“关中四杰”“关中五虎”的地域性

① （明）马汝骥：《西玄诗集序》，《西玄集》，四库全书存目丛书本，集部第73册，齐鲁书社1997年版，第654—655页。

② 蒋寅：《清代诗学与地域文学传统的建构》，《中国社会科学》2003年第5期。

诗派。

清初的“关中三李”作为一个文学的流派初次进入诗家的视界缘于王士祯，王士祯在其《居易录》中云，“关中三李，不如一康”。[①] 此处“三李”系指李楷、李柏、李因笃（此种说法见王士祯《居易录》、张骥《关学宗传》及《凤翔府志·儒林》），王士祯等后来的士人都视其为一个诗人团体，且获得了比较广泛的认同，具有了一定的文学声誉。除关中三李之外，乾隆年间还有“关中四杰”之说，李华春先生所撰《湖南沅州知府吴松崖先生传略》云“（吴镇）尝与潼关杨子安、三原刘绍攽、秦安胡静庵，称为关中四杰”[②]。相较“关中三李”，“关中四杰”是晚起的士人群体，且文学的声誉不及“关中三李”。不过作为地域性的诗派，这些士人群体继承了关中文学的传统风格，具有明显的地域性特征。

明代文坛崛起的“秦声”在清代也是被时人经常提及且逐渐视为一个地域性的诗派的本色，杨际昌《国朝诗话》云：“秦中自空同酷拟少陵，万历之季，文太清翔凤复为扬波，海内有秦声之目。”[③] 王鸣盛进一步提出“三秦诗派”，《刘戒亭诗序》云：“三秦诗派，本朝称盛，如李天生、王幼华、王山史、孙豹人，盖未易更仆数矣。予宦游南北，于洮阳得吴子信辰诗，叹其绝伦。归田后复得刘子源深诗，益知三秦诗派之盛也。”[④] 流寓江南的关中士人具有强烈的乡关意识，在文学的创作方面追慕前贤，孙枝蔚曾说：“然予与康侯皆秦人，而东南诸君子颇多观乐采风如吴季子者，能审声而知秦为周之旧；又数年来诗人多宗尚空同，而吾秦之久游于南者，如李叔则、东云雏、雷士俊、韩圣秋、张穉恭诸子，一时旗鼓相当，皆能不辱空同之乡。”[⑤]“关中四杰”鼓扬风雅，领导潮流，再次掀起了关中地区诗文创作的热潮，他们和前辈屈

① （清）钮琇：《秦觚》，《觚剩》卷六，台湾文海出版社 1982 年版，第 112 页。

② 赵越、段平：《吴镇诗词选注》，甘肃人民出版社 1992 年版，第 195 页。

③ 杨际昌：《国朝诗话》卷二，《清诗话续编》，上海古籍出版社 1983 年版，第 1724 页。

④ （清）吴镇：《刘戒亭诗序》，《松花庵全集·诗草》，宣统二年重梓本。

⑤ （清）张晋：《张戒庵诗集序》，赵逵夫点校，《张康侯诗草》卷首，兰州大学出版社 1989 年版。

复、后劲刘壬、李荀、吴承禧等形成了乾隆、嘉庆年间关中诗人群体，备受袁枚、王鸣盛等著名诗人的赞誉。这一时期诗人和明代及清初的士人诗风一致，形成了以“秦风”为标志的关中诗派。

以上三个方面说明，明清时期，文学的中心在江南地区，关中地区的文学实力和文学影响较汉唐已大为衰落。造成这一结果的主要原因与中国自中唐以来的政治、经济、文化中心的南移有直接的关系。但同时，尽管关中地区的经济与文运不及汉唐，但作为曾经的中国政治、经济、文化中心的关中地区文脉不断，在明清的文学史上也写下了浓墨重彩的一笔，产生了一批杰出的文学家。当然造成这一现状的原因绝非仅用政治、经济、文化的中心转移一语所能概括，其间士人的文学气质、文学偏好、对文学革新运动的认知等因素夹杂其中，共同形成关中地区在明清特有的文学生态。

第二节　地域性与文学风格

唐宋之后，随着地域意识的强化和深入，文学的地域性也日益彰显。比如宋元以来众多以地域命名的文学流派，以地域命名的诗文别集、选集、总集，都昭示着地域文化与文学的重要关系。地域文学研究或者文学的地域性研究，其根本目的是要从地域的角度来讨论文学，研究地域及地域文化对文学的影响，研究在地域及地域文化的影响下文学的发展规律，从而丰富、深化文学和文学史的研究。明清以来区域经济的普遍开发，促进了地域文化的多元发展。人们对地域文化差异和地域传统的认识，随着交通和传播的发达而加深，使文学的地域传统日益浮现出来，并在人们的风土和文化比较中得到深化，成为文学批评中重要的参照系①。

一　文学地域性的文化学考察

区域地理赋予地域文学以乡土感，区域的空间不仅仅是一个物理概

① 蒋寅：《清代诗学与地域文学传统的建构》，《中国社会科学》2003 年第 5 期。

念，也是“种种文化现象、政治现象和心理现象的化身”①。地域文学伴随着地域文化的观念会积淀下来，借助传统力量延续和传递下来存在于一定的时空之中，它主要从地理空间、区域景观、环境系统方面来研究文学的发生和发展，文学的题材、体裁、意象、形式、语言等构成地域文学的主体。

地理环境的多样性决定了地域文化的多样性，地域文化的多样性决定了文学的多样性。中国古人也认为人们的风俗习惯乃至性格品质都与其所处的自然环境有着密切的关系，《礼记 · 王制》云：“凡居民材，必因天地寒暖燥湿，广谷大川异制，民生其间者异俗。”② 这就把各地风俗之异与其自然地理风貌和气候联系起来。《礼记 · 中庸》中关于“南方之强”与“北方之强”论述：“南方谓荆扬之南，其地多阳，阳气舒散，人情宽缓和柔”；“北方沙漠之地，其间多阴，阴气坚急，故人情刚猛，恒好斗争”③。宋代庄绰则云：“大抵人性类其土风。西北多山，故其人厚重朴鲁。荆扬多水，其人亦明慧文巧，而患在轻浅。”④李淦《燕翼篇 · 气性》则将天下分为三大区域：

> 地气风土异宜，人性亦因而迥异。以大概论之，天下分三道焉：北直、山东、山西、河南、陕西为一道，通谓之北人；江南、浙江、江西、福建、湖广为一道，谓之东南人；四川、广东、广西、云南、贵州为一道，谓之西南人。北地多陆少水，人性质直，气强壮，习于骑射，惮于乘舟，其俗俭朴而近于好义，其失也鄙，或愚蠢而暴悍。东南多水少陆，人性敏，气弱，工于为文，狎波涛，苦鞍马，其俗繁华而近于好礼，其失也浮，抑轻薄而侈靡。西南多水多陆，人性精巧，气柔脆，与瑶、侗、苗、蛮、黎、蜒等类

① ［英］丹尼 · 卡瓦拉罗：《文化理论关键词》，张卫东等译，凤凰出版传媒集团、江苏人民出版社2006年版，第180页。

② （清）阮元校勘：《王制》，《礼记正义》卷十一，《十三经注疏》，上海古籍出版社1997年版，第1338页。

③ （清）阮元校勘：《礼记 · 中庸》，《十三经注疏》，第1626页。

④ （宋）庄绰：《鸡肋编》卷上，中华书局1983年版，第11页。

杂处，其俗尚鬼，好斗而近于智，其失也狡，或诡谲而善变①。

早期文献史地纵横，文学蕴含其中，“风俗”作为“萃取剂”在其中发挥着重要的纽带作用，由风土出发进行的民俗比较，反映在文学批评中就变成一种由环境决定论出发探讨其地域特征的方法论，它渗透在人们的审美体验与文学创作之中。北齐颜之推《颜氏家训》曾记载南北风俗云：“江南饯送，下泣言离，北间风俗，不屑此事，歧路言离，欢笑分离。”② 显然，北方多豪情，南方多柔情。鲁九皋《书勉哉游草后》曾从古者采诗之典与政治的关系，论及人与地气的关系时说：“后世采诗之典不行，学士大夫有所著述，人自为书，要其声之本于地气者，识者犹能辨之，是故后之论诗者，论其人当亦论其所得之地，而其地气见，其人亦可见。”③ 这种以地域差异为着眼点的比较批评，在文学中似乎也是由南北比较开始的。明代李东阳《麓堂诗话》曾说：

文章固关气运，亦系于习尚。周、召二南，王、豳、曹、卫诸风，商、周、鲁三颂，皆北方之诗，汉、魏、西晋亦然。唐之盛时，称作家在选列者，大抵多秦晋之人也。盖周以诗教民，而唐以诗取士，畿甸之地，王化所先，文轨车书所聚，虽欲其不能，不可得也。荆楚之音，圣人不录，实以要荒之故。六朝所制，则出于偏安僭据之域，君子固有讥焉。然则东南之以文著者，亦鲜矣。本朝定都北方，乃为一统之盛，历百又余年之久。然文章多出东南，能诗之士莫吴越若者，而西北顾鲜其人，何哉?④

① （清）王晫、张潮辑：《燕翼篇·气性》，《檀几丛书二集》卷十一，上海古籍出版社1992年版，第262页。

② （北齐）颜之推：《风操》，《颜氏家训集注》卷二，王利器集注，中华书局2003年版，第91页。

③ （清）鲁九皋：《山木居士文集》卷一，道光十四年桐花书屋重刻本。

④ （明）李东阳：《麓堂诗话》，《历代诗话续编》下册，中华书局1983年版，第1377页。

近代较早认识到地域与文学关系并付之于研究实践者当属梁启超先生，其《近代学风之地理分布》、《中国地理大势论》等论文论及不同的地理环境与学术文化之间具有紧密联系："气候山川之特征，影响于住民之性质；性质累代之蓄积发挥，衍为遗传。此特征又影响于习惯及思想。故同在一国，同在一时，而文化之度相去悬绝；或其度不甚相远，其质极其类不相蒙，则环境之分限使然也。"他深切感叹"环境对于当时此地之支配力，其伟大乃不可思议"①。

关中地区相较东南地区雄厚伟拔，风俗勇而尚朴，《史记·货殖列传》说，"关中自汧、雍以东至河、华，膏壤沃野千里。自虞夏之贡以为上田，而公刘适邠，大王、王季在岐，文王作丰，武王治镐，故其民犹有先王之遗风，好稼穑，殖五谷"②。宋代大理学家朱熹在他的《朱子诗传》里对秦人作了精辟的论述："秦之俗，大抵尚气概，先勇力，忘生轻死，然本其初而论之，岐丰之地，文王用之，以兴《二南》之化，如彼其忠且厚也。秦人用之，未几而一变其俗则已，悍然有招八州，而朝同列之气矣，何哉？雍州土厚水深，其民厚重质直，无郑、卫骄惰浮靡之习，以善导之，则易于兴起，而笃于仁义。以勇驱之，则其强毅果敢之资，亦足以强兵力农，而成富强之业。非山东诸国所及也。"③ 清初屈大均与关中士人李因笃、王弘撰等人交情深厚，往来秦晋间，对关中深有好感，认为"（关中）土厚水深，风俗刚厉，人鲜骄惰。国易富强，为可畏而爱者也。某某王子，自富平来游岭南，出所为诗相示。大抵规矩子美，咳唾梦阳，其慷慨气概，重厚质直之姿，不问而知为秦之风，与予向者相与倡和之人同一，刚毅果敢，为山东诸国所不及。吾尝谓秦人之为诗，当以周之典型，汉之经术为本根，其音乃纯乎诸夏，既不流于浮靡，亦不过乎廉劲，有风人温厚之旨"④，作为文

① （清）梁启超：《近代学风之地理分布》，《梁启超全集》，北京出版社 1999 年版，第 4259 页。

② （汉）司马迁：《货殖列传》，《史记》卷一二九，中华书局 1982 年版，第 753 页。

③ 朱杰人、严佐之、刘永翔主编：《秦风·无衣》，《朱子诗集传》诗卷六，《朱子全书》第 1 册，上海古籍出版社、安徽教育出版社 1999 年版，第 513 页。

④ （清）屈大均：《关中王子诗集序》，欧初、王贵忱主编，李文约点校，《翁山文外》，《屈大均全集》第 3 册，人民文学出版社 1996 年版，第 62—63 页。

化外层和内核的统一，地域的自然条件和风俗习惯对人的心理意识及价值观念的形成具有系统性的特点，对其研究能够描绘出复杂多样的文化场景。关中地区土厚人朴，形成了关中地区人群特定的性格和文学风尚，元好问说："关中风土完厚，人质直而尚义，风声习气，歌谣慷慨。"① 同东南相较，无论是自然景观还是文风，北雄南秀之别更为明显，"诗文之体气相因，岂不以其地哉？西北山川所自起厚重闳深，故硗确湍悍，往往碍舟车害行旅。渐至东南则秀拔涟漪，可游可赏，然峭削漫涣矣。其地之人性行才力，文章各因其山川之气而加之以习，罕相能也"②。刘师培《南北文学不同论》也颇为学者所推崇。他将地理环境对文化的影响置于非常重要的地位。

> 声能成章者谓之言，言之成章者谓之文。古代音分南北，河、济之间，古称中夏，故北音谓之夏声，又谓之雅言。江、汉之间，古称荆楚，故南音谓之楚声，或斥为"南蛮舌"。……声音既殊，故南方之文亦与北方迥别。大抵北方之地，土厚水深，民生其间，多尚实际；南方之地，水势浩洋，民生其际，多尚虚无。民崇实际，故所著之文，不外记事、析理二端；民尚虚无，故所作之文、或为言志、抒情之体③。

以上诸说为关中文学风格的形成从文学的角度进行了论证，认为相对稳定的时间空间对特定文化的形成具有十分重要的影响，也是理解地域文化、地域文学的基点和参照系，为后面进行相关问题论述提供了理论依据。

二　关中士人文学的地域意识

明清文学史一个最大的特征就是地域性更为明显，地域文学传统的意识也清晰地凸显出来。这一特征理论上表现为对以乡贤为代表的地域文学传统的理解和尊崇，创作上体现为对乡里先辈作家的接受和模仿，

---

① （金）元好问：《送秦中诸人引》，《元遗山先生全集》卷三七，读书山房刻本。

② （清）李念慈：《赵秋水近诗序》，《谷口山房文集》卷二，四库全书存目丛书，集部第 232 册，齐鲁书社 1997 年版，第 822 页。

③ 《刘师培史学论著选集》，上海古籍出版社 2006 年版，第 202—203 页。

在批评上则呈现为对地域文学特征的自觉意识和强调。以地域文学为对象的文学选本，也许是明清总集类数量最丰富、最引人注目的文学现象，而其中最主要的部分，是数量庞大的郡邑诗选和诗话，显示出强烈的以地域为视角和单位来搜集、遴选、编集、批评诗歌的自觉意识，明清关中士人文集的命名明显具有这一特性，如孙一元《太白山人集》、胡缵宗诗集《雍音》、李梦阳文集《空同集》、李颙《二曲集》、李念慈《谷口山房集》、刘绍攽《二南遗音》和《关中两朝文（诗）钞》，皆以地域命名。

明代人品评诗文有很强的地域意识，对不同的地域间文学传统及文学风格的差异，也有清楚的认识。如邓原岳（1555—1604）论闽中文学诗派云："余闽中之诗，唐初仅仅已，其在国朝，大较可得而言。洪、永之间，专谈兴趣，则林膳部、王典籍名其家。弘、正之时，气格为宗，则郑吏部擅其誉。至隆、万以来，人操风雅，家掇菁华。"① 与强烈的地域意识相联系，明人进行文学批评还常以南北对比为切入点，表现出强烈的南北意识。如李东阳《麓堂诗话》云："文章固关气运，亦系于习尚。周、召二南，王、豳、曹、卫诸风，商、周、鲁三颂，皆北方之诗，汉、魏、西晋亦然。唐之盛时，称作家在选列者，大抵多秦晋之人也。"对地域文学传统的体认，不只激发乡邦文化的自豪感，更重要的是对传播地域文学史知识，培养地域文学观念产生积极的影响，通过编集某个地域范围内古代和当代的作品，通过序跋、评点和诗话的批评，地域文学传统日益清晰地浮现出来，成为现时文学批评的背景和参照系，无形中营造出一个相当于小传统的价值尺度，在一定程度上影响着当地的创作风气和批评趣味②。胡缵宗在《雍音》中对关中地区从周至元的诗歌进行了钩稽、选编，其云："今观苏、李之淳朴，秦、徐之悽惋，傅、阴之质邃，李、杜之雄浑，王、韦之精湛，益、贺之隽奇，权、窦之冲澹，白、杜之平逸，以至宋元之疏散，大都《三百篇》之余韵而西周之流风也。凡我雍人，所当先天下士，庄诵佩服以羽翼风雅

① （明）邓原岳：《闽诗正声序》，《西楼全集》卷十二，明崇祯刻本。

② 蒋寅：《中国古代文学通论·清代卷》，辽宁人民出版社 2005 年版，第 304 页。

者，缵宗山居颇暇，乃裒而辑之，以与我秦陇士说诗者共之。"①

尽管明清的关中文学实力同江南和京畿无法抗衡，但士人都有强烈的地域意识，往往以秦人自居，"一元，字太初，不知何许人。人问其邑里，曰：'我秦人也。'"② 在许宗鲁刻书的序跋中也常见"关中许宗鲁"、"樊川许宗鲁"、"西京许宗鲁"等字眼，以志籍贯。流寓江南的雷士俊常以秦人自居，"雷伊蒿，吾秦人也，少从先大人筮仕兰陵，遂歌鹿鸣于其邦而为鲁人矣"③。

关中士人对先秦以来所形成的"雍言"和"秦风"都能够自觉地继承和维护，吕柟从本体论的角度写道，"陕西山川之初而天地之首也。故群圣多自产，六经咸自此出"④，其言辞之间充满自豪之感，胡缵宗对"秦声"有所梳理："雍之文肇於伏羲，阐於文、武、周公。《易》，源也，《诗》、《书》、《礼》、《乐》，流也。逮秦焚坑，文几熄矣，至宋而有张子《西铭》，斯文续焉。《三百篇》多出于岐、丰。汉苏、李变为五言，唐李、杜加以七言，虽非风雅颂之基，然亦赋比兴之蕴也。汉诗曰苏、李，唐诗曰李、杜，触物兴怀，出骚入雅，不愧三百篇，雍之文不有余韵乎？"⑤ 尽管李、杜二人并非关中士人，但胡缵宗认为二者文学创作的题材和风格是关中风气之所在。马汝骥在评明代复古思潮所列之关中文人时，同样充满自豪：

明兴，雍当西徼，先进尚质。弘治间，李按察梦阳谓诗必宗李杜，康殿撰海谓文必祖马迁，天下学士大夫多从之，士类靡然。而空同、对山因得罪世之君子矣。时则有若王太史九思、张民部凤翔、苏司寇民、段翰检炅、马太卿理、管中丞楫、吕宗伯柟、韩中

① （明）胡缵宗：《雍音序》，《雍音》卷首，四库全书存目丛书本，集部292册，齐鲁书社1992年版，第233页。

② （清）钱谦益：《太白山人孙一元》，《列朝诗集小传》丙集，上海古籍出版社1983年版，第328页。

③ （清）张心镜纂修：《艺文·艾悔斋诗集序》，《蒲城县志》卷十四，成文出版社有限公司1976年版，第542页。

④ （明）吕柟：《陕西乡试录前序》，《泾野先生文集》卷二，四库全书存目丛书本，集部第60册，齐鲁书社1997年版，第592页。

⑤ （明）马汝骥：《西玄诗集序》，《西玄集》，第654—655页。

> 丞邦奇、参伯邦靖、王宪使九峰、王翰检元正、南郡守大吉、刘宪使储秀、马太史汝骥、许中丞宗鲁、王佥宪诋、何中丞栋、张比部治道、李佥宪宗枢、王宫谕用宾、吕郡守颛、胡鸿胪侍、赵兵部时春、孙羽士一元，实与李、康同趣。虽言人心殊，而其归则太史公与工部也。因文达术，岂无意于十翼、九畴、二南、三帛、五王乎？若缵宗亦窃有志焉，而未能也。而伯循、仲木尤加意于横渠之业。虽未敢与天下学士大夫谭文，然自西方学者观之，不谓之雍音乎？故雍之学得称于弘治、正德间也。仲房自南银台寄一帙曰《西玄集》，视予济上。予观之，殆雍雅也。一日视幼通，幼通曰："固雍文也。风格韵致要不出于少陵，自为秦中一诗品焉。丰镐诸君子，或以缵宗之言为然也。"①

清代文学从地域文学的实力而言，"秦风"和东南诸多文学流派根本无法抗衡，且往往受到一些诗派的诘难和批评，诸如钱谦益在《列朝诗集小传》中对明清关中诗人的评价。作为本地文学领袖都有维护"秦风"的自觉。李因笃才力富赡，在审美风格上尊崇雄放苍莽的"秦风"。他在《康孟谋诗序》中说："孟谋诗数百首，诸体略具，雄姿逸气，不受羁衔，故皆直抒性灵，磊落壮凉，得秦风本色，视工饰皂粉，及依托藩篱者，不啻径庭矣。"② 他对"秦风"充满了自豪感。他推崇李梦阳，也突出其"秦风"本色："沧溟表齐帜，北地本秦风。绝构皆千古，雄才有二公。雪岗尝抱日，金翮久摩空。薄哂看流辈，江河逐渐东"③，所以他对钱谦益以"秦声"贬李梦阳深为不满："关中北地崛起，含宫吐角，其乐府汉人矣。近钱侍郎受之，顾摘其字句微疵，至诋之以秦声。不曰关中丰镐旧畿，二雅之遗音俱存，而诗十五风，如召，如王，如郑，如魏，如豳，皆在城邦之中，不独秦也。"④ 寓居东南的雷士俊、孙枝蔚不忘"秦声"。孙枝蔚虽侨居广陵，其诗风却以"秦声"著称。陈维崧《溉堂诗集序》谓其虽年老为客，"犹时时为秦声，

---

① （明）马汝骥：《西玄集序》，《西玄集》卷首，第654—655页。
② （清）李因笃：《康孟谋诗序》，《受祺堂文集》卷三，道光七年刻本。
③ （清）李因笃：《二李》，《受祺堂诗集》卷五，第493页。
④ （清）李因笃：《元麓堂诗集序》，《受祺堂文集》卷三，道光七年刻本。

其思乡土而怀宗国，若盲者不忘视，痿人不忘起。”[①] 吴嘉纪则曰：“有明风雅推西秦，前有献吉后豹人。”[②] 将其与李梦阳并记。其实，孙枝蔚对李梦阳极为推崇，“借问西陵友，谁如北地才”[③]。而他在创作倾向上颇异于七子，在清初以尊唐主导倾向的北方诗人中，显得十分突出。雷士俊在《送王幼华归秦》中说：“近诗推秦风，高古比驷驖。”[④] “梁鲁望诗在嘉隆间亦一作手，仆生长广陵竟不知前辈有鲁望，非足下表章之，几谓秦无人矣”[⑤]。

三　汉唐气象的遗韵

文学团体的产生及其风格的形成与特定的社会背景和文学文体自身的历史渊源直接相关，梁启超在《中国地理大势论》中指出：“长城饮马，河梁携手，北人之气概。”“江南草长，洞庭始波，南人之情怀。”“散文之长江大河，一泻千里者，北人为优；骈文之镂云刻月，善移我情者，南人为优。”[⑥] 在性格与艺术风格关系上，有些问题仍值得注意。性格对风格形成无疑具有十分重要的影响。宋人庄绰《鸡肋编》卷上云：“大抵人性类其风土，西北多山，故其人重厚朴鲁。”[⑦] 金代元好问《送秦中诸人引》就以为“关中风土完厚，人质直而尚义，风声习气，歌谣慷慨且有秦汉之旧”[⑧]。关中是汉唐文明的故土，风土所系，“有秦汉之旧”，所以文人谈论古文辞，也动辄称“西京”。在此，关中风气与文学创作风貌之间的关联得到了清楚的表达。至嘉靖时，南方文人薛应旂说得更为明白：“关中风声习气，淳厚闳伟，刚毅奋强，莫不有古

① （清）孙枝蔚：《溉堂前集序》，《溉堂集》卷首，上海古籍出版社 1979 年版，第 11 页。

② （清）吴嘉纪：《赠孙豹人》，《吴嘉纪诗笺校》卷一，杨积庆笺校，上海古籍出版社 1980 年版，第 15 页。

③ （清）孙枝蔚：《罗参军留宿衙斋有赠》，《溉堂后集》卷五，《溉堂集》，第 1441 页。

④ （清）雷士俊：《送王幼华归秦》，《艾陵诗钞》上，四库禁毁书丛刊本，集部第 90 册，北京出版社 1997 年版，第 202 页。

⑤ （清）雷士俊：《答陈伯玑书》，《艾陵文钞》卷十一，四库禁毁书丛刊本，北京出版社 1997 年版，第 126 页。

⑥ （清）梁启超：《中国地理大势论》，《饮冰室合集全编》卷三，上海广益书局 1948 年版，第 105 页。

⑦ （宋）庄绰：《鸡肋编》卷上，中华书局 1983 年版，第 11 页。

⑧ （金）元好问：《送秦中诸人引》，《元遗山先生全集》卷三七，读书山房刻本。

之道。然自汉以降，其所谓豪杰者，大都欲以古文辞名世，故至于今，关中士人动称‘西京西京’云。”[①] 康海的《陕西壬午乡举同年会录序》写道：“予览传记至所载，关中风声习气，淳厚闳伟，刚毅奋强，有古之道焉。”[②] 评价吕柟“钟以关中风气，浑厚雄伟，刚毅奋强，而直气将塞乎天地，富贵焉得以淫之，贫贱、威武焉得而移且屈之乎！”[③] 所谓关中风气“淳厚闳伟，刚毅奋强”，无疑是西北文人“重乎气质”的集中表现。“关中风气”与西北文学有着天然的联系，透露出古学复兴的精神渊源与地缘因素。明中叶，李梦阳、康海等关中士人倡导“古学复兴”，实际上是以关中葆有的“秦汉之旧”洗拆举业与台阁文化的庸俗流易，以“古之道”挽救日益浇漓的文心士气。而“淳厚闳伟，刚毅奋强”的关中风气恰恰为明代中叶的文化注入了一股“质直之气”，故能在明代中叶的靡弱习气中，卓然树立，振起一代，对明代文学起到革故鼎新、开源导流的作用[④]。

“淳厚闳伟，刚毅奋强”的关中风气对关中士人的性格乃至个性产生了重要的影响，而作家的个性是形成其创作个性的基础，作家的作品是其个性在创作实践过程的体现。创作个性主要体现在作家独特的感受方式，以及在艺术传达过程中独特的构思与表达方式上[⑤]。钱谦益在给李念慈的《谷口山房诗集》作序时就提及关中士人的创作个性的问题：

> 余观秦人诗，率多伉历用壮，有《车辚》、《驷》之遗声。韩驷驖遗声。屺瞻独行安节和，一唱三叹，殆有得于蒹葭白露，美人一方之音，其诸风雅之余音乎？诗曰“眉吾有先正”，其言明且清。盛名之世，大人君子诒谋善物，皆有温柔敦厚，恺悌易直之风

---

① （明）薛应旂：《泾野先生传》，《方山先生文录》，四库全书存目丛书本，集部第102册，齐鲁书社1997年版，第369页。

② （明）康海：《陕西壬午乡举同年会录序》，《康对山先生集》卷二六，续修四库全书本，集部第1335册，上海古籍出版社2002年版，第310页。

③ （明）李开先著，路工辑校：《泾野先生亚卿传》，《闲居集》卷九，《李开先集》，中华书局1954年版，第573页。

④ 杨遇青：《明嘉靖时期诗文思想研究》，陕西出版集团、三秦出版社2011年版，第126页。

⑤ 吴承学：《中国古典文学风格学》，北京大学出版社2011年版，第21—22页。

流。观于屺瞻之诗，余之颂慕渐庵为不徒也已[①]。

关中士人的这种创作个性是他们独特的生活经验、世界观、政治取向、道德观念、文化素养、性格气质以及创作才能的有机统一体，反映出关中士人性格、气质、兴趣、才能与习惯等诸多方面。

李梦阳“五言古宗法陈思、康乐，然过于雕刻，未极自然。七言古雄浑悲壮，纵横变化。七言近体开合动荡，不拘故方。准之杜陵，几于具体，故当雄视一代，邈焉寡俦”[②]。《皇明诗选》陈子龙曰：“献吉志意高迈，才气沈雄，有笼罩群俊之怀。其诗自汉、魏以至开元，各体见长，然峥嵘清壮，不掩本色。”其源盖出于《秦风》，李舒彰曰：“献吉以雄厚之思，发清刚之气，如华岳秋高，奇云秀彩，变动不竭。古诗、乐府纯法汉、魏，下及阮、谢、无不神合。近体则专宗少陵，然于合处反见其离，于离处反见其合。”[③] 北地（秦）区域文化的特征是多方面的，但尤为突出的方面是性格“质直”，“安定、北地、上郡、陇西、天水、金城、于古为六郡之地，其人性尤质直”[④]，而且汉、唐等朝代的建都之地，其区域文化中渗透着隆汉盛唐的遗风，李梦阳极力攀附汉唐文化及文学，他在《张生诗序》中说：“唐之诗最李、杜，李、杜者，方以北人也。”[⑤] 以汉唐陇西李氏的兴盛为荣。他在《族谱》中说：“至汉则有陇西赵城之李最显着，诸李莫敢称并陇西之后生。唐高祖是后，枝叶愈繁，布遍天下，然无专著姓如陇西赵城者。乃后不知何自有贞义公（李梦阳曾祖父李恩），贞义公有曾孙曰梦阳。”[⑥] 以汉唐陇西李氏的兴盛为荣，将崇尚汉唐时期的文化与秦地区的文化的两种心态融为一体。

---

① （清）李念慈：《谷口山房诗集旧序》，《谷口山房诗集》卷首，四库全书存目丛书本，集部第232册，齐鲁书社1997年版，第512页。

② （清）沈德潜、周准选：《明诗别裁集》卷四，商务印书馆1933年版，第66页。

③ （清）陈子龙等：《古乐府全》，《皇明诗选》卷一，华东师范大学1991年版，第45页。

④ （唐）魏征：《地理志》，《隋书》卷二九，中华书局1973年版，第817页。

⑤ （明）李梦阳：《张生诗序》，《空同集》卷五一，四库明人文集丛刊本，上海古籍出版社1991年版，第470页。

⑥ （明）李梦阳：《族谱·谱序》，《空同集》卷三八，第345页。

康海自少年时就鄙弃浮华不实的文风。早在弘治七年康海还是白衣书生时，就对《上林赋》以来越趋浮靡芜漫的文辞表示不满，其《梦游太白山赋》小序云："余历览载籍所志，古人之辞由屈原、宋玉以来不可胜计，而浮靡侈放之辞，盖托讽寓兴者之所共趋。上林之后益芜益漫，无能尔雅，志士之所贱也。余感风人之意，因梦游太白山，历见奇瑰骇异之状乎于人言。退而作赋，凡若干言。虽极假借，要皆自喻其迹，少有虚谬谀驾凌绝之病。"[①] 作为嘉靖八才子中唯一的西北文人，赵时春的身上同样体现着鲜明的"西北雄俊之气"。所谓"诗有秦声，文有汉骨，朴厚而近古，慷慨而尚义，此三秦风气。"[②] 王九思在《韩五泉诗集》中曰："五泉子七言绝句类杜子美，古词歌浸淫唐初，逼汉魏"[③]，"《鸟鼠山人集》，明胡缵宗撰，其诗激昂悲壮，颇近秦声，无妩媚之态，是其所长，多粗砺之音，是其所短"[④]。

清初关中诗坛对"秦风"有自觉的意识与继承，刘绍攽《二南遗音》中云："先天图坎、艮居于西北，故天下山水之源多在关中。山水者，上应元象，下循地络，郁而为人文，是以《风》始二南，《雅》、《颂》始丰镐，五言始苏、李，皆关中也。代有传人，世所共见。"[⑤] 北方诗坛，李因笃以其渊博奥雅的学问，高古豪宕的节义和雄赡苍莽的诗风为世所称。傅山《为李天生作》曰："南山寒天地，不屑小峰峦。灌薄冥苍翠，神仙谢羽翰。心原滂浩绰，胆岂大江寒。何事亭林老，朝西拟筑坛?"其自注曰："宁人向山人云：今日文章之事，当推天生为宗主。历叙司此任者至牧斋。牧斋死而江南无人胜此矣。"[⑥] 李因笃的好友潘耒说："（李因笃）自负经世大略，无所试其奇，一吐之于诗。其

---

① （明）康海：《梦游太白山赋》，《康对山先生集》卷一，第102页。

② （明）赵时春：《赵浚谷诗文集序》，《赵浚谷文集》，四库全书存目丛刊本，集部第83册，齐鲁书社1997年版，第4页。

③ （清）永瑢等撰：《韩五泉诗集》附录卷二，《四库全书总目提要》卷一七六，中华书局1965年版，第1571页。

④ （清）永瑢等撰：《四库全书总目提要》卷一七六，第1571页。

⑤ （清）刘绍攽：《凡例》，《二南遗音》卷首，四库全书存目丛刊本，齐鲁书社1997年版，第731页。

⑥ （清）傅山：《为李天生作》，《霜红龛集》卷九，续修四库全书本，第1395册，上海古籍出版社2002年版，第502页。

诗原本风骚，出入古歌谣、乐府，而以少陵为宗。意象苍莽，才力雄赡，既与杜冥合，而章法、句法讲之尤精，千锤百炼而出之。此学杜而得其神理，非袭其皮毛者也。”[①] 认为李因笃的诗歌主张和创作风格是对宋元之流弊的矫正，“诚得先生辈数人，主词盟而树之帜，大雅元音，庶几不坠矣乎！”[②] 李因笃崇尚盛唐气象，追求清新蕴藉，他在《复李武曾》中说：“近时作者多以朴胜，试观宋人诗何尝不朴老，究其终逊于盛唐者，失其秀令也。夫秀者清新，令者蕴藉之谓也。合此四字，古人之能事过半矣。”[③] 李因笃生长秦地，深受其文化传统、民风习俗的陶冶，其创作也颇具秦风特色。他的五言长律最为人推重，屈大均《荆山诗集序》曰：“予向交富平李孔德。孔德诸体诗陵轹少陵，而五言长律尤善。曹秋岳使君尝叹为空同以后第一人。”[④] 杨鸾《玉堂诗钞后序》视王又旦、康乃心和李因笃同为“同嗣北地”的作家，云：“往者富平李子德先生，嗣音北地，树帜词坛。郃阳则有王黄湄、康孟谋两先生，风格峻洁，不染恒蹊，卓然成一家之言。文章千古，公论攸存，固非乡曲所能阿好也。”[⑤] 可见清代关中诗人能够自觉继承自身所属的地域诗歌传统。

作为周秦汉唐腹地，关中地区所形成的独特文化对关中地区文学的影响极其深远，尽管明清时关中地区风光不再，但包括诗歌风格在内的文化传统影响典型不坠，关中士人能在文学认识、文学创作及文学评论等方面自觉继承，在明清诗坛曾一试锋芒，在一定范围产生了深远影响，占有明清时期地域文学中之一隅，但“秦风”在明清发展中的地位总体不平衡，清代由于关中士人的政治地位不及明代彰显，“秦风”也呈现出衰弱的趋势，但在文坛仍有一定的影响力。

---

① （清）李因笃：《受祺堂诗集序》，《受祺堂诗集》卷首，第 422 页。

② 同上。

③ （清）李因笃：《复李武曾》，《续刻受祺堂文集》卷三，道光十年杨松林刻本。

④ （清）屈大均著，欧初、王贵忱主编：《翁山文外》卷二，《屈大均全集》第 3 册，第 66 页。

⑤ （明）杨鸾：《玉堂诗钞后序》，《邈云楼文集》卷一，四库未收书辑刊，北京出版社 2000 年版，第 613 页。

第三节　明清关中文学生态

人类的各种活动都是在一定的时间和空间中展开的，运用时间空间理论的思想资源对文学进行研究，从发生学的角度来看并非是一个新问题，但运用当代文学的新范式，尤其从文化地理学的角度对这一问题进行研究，则是一种文学研究的新维度。文学的环境是一个时代文学发展外部条件和内部条件的总和，广义的环境就是文学的系统性，本节从更为狭小的领域，从文学的接受环境、文学的开放程度以及对传统文体继承等三个方面来谈明清关中文学的环境问题。

一　本地文学环境的封闭性

“谈论社会生活，就是谈论人与人之间的交往”①。这种交往是在具体的时空和具体的人物之间所进行的。亨利·列斐伏尔在其空间生产理论中对空间问题曾表述说：作为社会关系生产的空间会对处于其间的个体进行界定，左右着他的心态与行为，同样，处于特定空间中的人也会通过对于空间的感知来表达自己的存在状态②。从文学与空间的关系来理解，特定区域具体生产实践活动对文学的发展和影响是具体和现实的，并由此产生与特定时空相适应的心态，从而生发出通过空间感知来表达个体欲望的要求，文学作品就是这种表达欲望的最高级形式。文化的空间同物理空间有所区别，那就是强调生活空间人们的实践性和流动性，而这一切同交通状况有直接关系。严耕望在《唐代交通图考·序言》中讲道：“交通为空间发展之首要条件。”③ 交通与文学空间没有直接的关系，但是文学空间的生产与延续必须借助交通进行资源补给与交换，尤其是创作主体的流动与配给。

① ［美］彼得·布劳：《社会生活中的交换与权利》，华夏出版社1987年版，第13页。

② ［法］亨利·列斐伏尔：《空间：社会空间与使用价值》，载包亚明主编《现代性与空间的生产》，上海教育出版社2003年版，第47—49页。

③ 严望耕：《序》，《唐代交通图考》，台湾“中研院”历史语言研究所，1985年，第1页。

相较现代，传统社会交通落后，通信不发达，大众传媒缺失，使大多数人终身生活在一个狭小的空间内。作家通过间接交流来了解和认识世界的空间极为有限，他们对家乡之外广阔世界的认识，固然需要借助“读万卷书”的方式，但更重要的是通过“行万里路”的亲身体验来完成，因此由交通条件所导致的文化交流、文学创作具有十分重要的意义。在中国古代社会经济发达的城市，尤其是作为王朝的政治、经济中心的首都往往也是交通枢纽或中心，它虽不一定是出产作家最多的地方，但却是群英荟萃、作家群居之地。首都作为一国政治活动的神经中枢，地址的选择必须考虑自然地理和政治、经济、地理条件等因素。

整个中国北方在宋金对峙期间，由于政治、经济、文化中心的南移及政治势力的角逐，南北文化交流受到一定程度的影响，北方流行的是苏东坡一系的学术，“有宋南渡以后，程学行于南，苏学行于北”①。而北方的统治者“完颜一朝，立国浅陋。金宋分界，习尚不同”②。《宋诗纪事本末》中“北方诸儒条”记载了当时的境况：

> 理宗嘉熙二年（戊戌，一二三八）冬十月，蒙古姚枢建太极书院于燕京。初，蒙古破许州，得金军资库使姚枢，时北庭无汉人士大夫，太祖见之甚喜，特加重焉。及阔端南侵，俾枢从杨惟中即军中求儒、释、道、医、卜之人，枢招致稍众。及拔德安，得赵复，复以儒学见重于世，其徒称为江汉先生。既被获，不欲北行，力求死所。枢止于共宿，譬说百端，曰：“徒死无益，随吾而北，可保无他也。”复从之，枢于是获睹周、程性理之书。至是，惟中与枢谋建太极书院及周子祠，以二程、张、杨、游、朱子六子配食，请赵复为师，选俊秀有识度者为道学生，繇是河朔始知道学③。
>
> “宝祐三年（乙卯，一二五五）二月，蒙古忽必烈征许衡为京

① （清）翁方纲著，陈迩冬点校：《石州诗话》卷五，人民文学出版社1981年版，第82页。

② 吴梅：《吴梅词学通论、吴梅中国戏曲概论》，吉林人民出版社2013年版，第81页。

③ （明）陈邦瞻：《北方诸儒之学》，《宋史纪事本末》卷一百一，中华书局1977年版，第1103页。

兆提学"，"是时，秦人新脱于兵，欲学无师，闻衡来，人人莫不喜幸，于是郡县皆建学，民之大化"[①]。

全祖望认为，"关、洛陷于完颜，百年不闻学统"[②]，元人袁桷也曾对宋金对立时期的北方学术与诗文有过概括，其《真定安敬仲墓表》说："金蹂宋逾南，两帝并立，废道德性命之说，以辩博长雄为词章，发扬称述，率皆诞漫丛杂，理偏而气豪。"[③] 学风呈现"诞谩丛杂"之态，其说虽然带有某些偏见，但对我们思考元初北方学术与诗文发展的背景和基础，还是有所帮助的。在忽必烈中统建元以前，北方"诸路学校久废，无以作成人才"[④]。经历元末战火洗劫后，明初呈现出一派萧条景象："时兵革连年，道路皆榛塞，人烟断绝。"[⑤]

中国古代的文学家，绝少有不外出旅行和漫游的。中国古代的纪游诗词、纪游散文之发达，亦堪称世界之最。"游道广泛"被看作是声望和地位确立的条件之一，也是被称道的美谈，即便是高官显宦也视交游为急务。王世贞著作繁富，"而其地望之高，游道之广，声力气义，足以翕张贤豪，吹嘘才俊。于是天下咸望走其门，若玉锦职贡之会莫敢后至"[⑥]。外出游学和旅游，需要以一定的经济实力为后盾，关中地区经济发展水平与江南地区相比尚有相当差距，因此士人出游的整体水平较低，地域之间的流动性不强，文学环境相对较为封闭。有条件出游的士人大致分为客游、求学、仕宦、从军等。另外，经济利益的驱使也是一个不可忽视的重要因素，士人有由外邑向京城流动、由经济欠发达甚至落后的边远地区向政治、经济、文化中心流动的传统，从而造就了明

① （明）陈邦瞻：《北方诸儒之学》，《宋史纪事本末》卷一百一，中华书局1977年版，第1103—1104页。

② （清）全祖望：《屏山鸣道集说略序录》，《宋元学案》卷一〇〇，中华书局1986年版，第3316页。

③ （元）袁桷：《真定安敬仲墓表》，《清容居士集》卷三十，涵芬楼景印元刻本。

④ 王颋点校：《设提举学校官》，《庙学典礼》卷一，浙江古籍出版社1992年版，第12页。

⑤ （明）胡广等纂修：《洪武元年闰七月条》，《明太祖实录》卷三三，台湾"中研院"历史语言研究所，1962年，第579页。

⑥ （清）钱谦益：《王尚书世贞》，《列朝诗集小传》丁集，第436页。

清关中士人地域流动的同向性和密集性特点，京城与江南经济发达地区是关中流动士人的聚居地，这些出游的士人或商人成为关中和外界沟通的主力，通过对关中有文学成就的士人考察，绝大多数属于上述情形。

二　文学的风气与接受

文学接受是一种以文学文本为对象，以读者为主体，力求把握文本深层意蕴的、具有积极能动性的阅读和再创造活动，它是整个文学活动系统中的一个必不可少的环节。在任何时代，文学接受都绝不仅仅仰仗于朝廷的文化政策，也不仅仅来自文人的思想宣传，它更重要的是借助于传统文化因素和各种社会传播方式。对此王水照先生指出："环境对于学术文化、文学的创作影响，乃是不争的事实。而在构成环境人文的、自然的两种交融的诸要素中，区域的人文性文化对文学活动的影响是最直接的、最显著的。"①

在中国，地理学具有浓郁的人文色彩，"言其地分"，"条其风俗"成为地理学的基本思路，并将之与圣人的学统联系起来②。"凡民函五常之性，而其刚柔缓急，音声不同，系水土之风气，故谓之风；好恶取舍，动静亡常，随君上之情欲，故谓之俗"，③"风者，天气有寒暖，地形有险易，水泉有美恶，草木有刚柔也。俗者，含血之类，像之而生，故言语歌讴异声，鼓舞动作殊形，或直或邪，或善或淫也"④。综上可见，"风"是指因气候、地理、水土、物产等自然条件不同而形成的风尚；"俗"是指由社会条件不同而形成的社会行为习惯、规范和品行等。两者相加即为风俗，它是一个地区和民族长期形成的社会风尚和民众习惯的合称，是人类社会普遍存在而又非常独特的一种文化现象，像一面镜子，生动而具体地反映了一个国家、一个民族、一个地区各个历史时期的社会风貌，具有地缘性、民族性、传承性、社会性和自发性的特征。这一问题在《史记》和《汉书》中已有表述。《史记·货殖列

---

① 王水照：《北宋洛阳文人集团与地域环境的关系》，《文学遗产》1994 年第 3 期。

② 杨义：《文学地理学会通》，中国社会科学出版社 2013 年版，第 8 页。

③ （汉）班固：《地理志》，《汉书》卷二十八，中华书局 1962 年版，第 1640 页。

④ （汉）应劭撰，王利器校注：《风俗通义序》，《风俗通义校注》，中华书局 1981 年版，第 15 页。

传》云："中山地薄人众，犹有沙丘，纣淫地馀民，民俗懁急，仰机利而食。丈夫相聚游戏，悲歌慷慨。"[①] 及于文艺的风格与风土民俗的关系，较之于《史记·货殖列传》，《汉书·地理志》更应引起文学史论家的重视。班固不仅以关中为例更加深入细致地描述风俗与地理环境之间的关系，而且注意到了文学作品的产生与地理环境的关系：

> 故秦地于《禹贡》时跨雍、梁二州，《诗·风》兼秦、豳两国，昔后稷封斄，公刘处豳。大王徙岐，文王作酆，武王治镐，其民有先王遗风，好稼穑，务本业，故《豳诗》言农桑衣食之本甚备。有鄠、杜竹林，南山檀柘，号称陆海。为九州膏腴[②]。

地理环境与文学的关系是双向的，地理环境通过对文学家施加影响，进而形成文学家特定的生活经验、文化积累、生命意识、思维方式和审美追求。在元明时期，当北方文化占主导地位的时候，人们就偏向于接受北方文学传统；当南方文化占主导地位的时候，人们就偏向于接受南方的文学传统；当南方文学传统和北方文学传统处于交流混融状态的时候，人们则偏向于接受南方文学的传统，涵容北方文学传统[③]。这些比较稳定的文化心理经过积累便形成地域性的人文环境，这种人文环境在一定程度上会反过来影响人们的实践活动和生活方式。

另外，一地的文化消费对文学的影响也是一个不可忽视的因素，文化消费对于文学的影响是通过改变作家、读者、文本传播等因素来影响的。消费改变了作家群体和作家的生活方式，改变了读者群体和阅读的方式，改变了传播渠道和传播载体，当这些构成文体选择与文体发展的因素不期而遇时，文体本身也就不由自主地发生变化。关中地区经济在靖康之后陷于凋零，民众生活处于困顿状态。郑刚中曾在南宋陕西收复初期，以秘书少监预参谋的身份由临安府经河洛进入关中，至潼关看到

---

① （汉）司马迁：《货殖列传》，《史记》卷一二九，第 3263 页。

② （汉）班固：《地理志》，《汉书》卷二十八，第 1642 页。

③ 尚学锋、过常宝、郭英德：《中国古典文学接受史》，山东教育出版社 2000 年版，第 236 页。

“山河之壮，俯视他关，独城内芜废”。[①] 发现关中居民多以土洞居之避乱，“今之陕西遗民，多是土洞中生”[②]。明清之际，明末的大饥荒与明清之际的战争，都给关中地区带来了深重的灾难，人口锐减，耕地荒废，据康熙六年编纂的《陕西通志》卷九《贡赋》统计，康熙初年的耕地较万历时减少四分之一[③]，明代关中地区由于经济状况仍以传统的农业为主，因此从基层的士人来看，以耕读传家为主。由于经济实力的整体差异，关中地区的文学风气和江南地区相比较缺乏必要的土壤，保留了中世纪文人的相对封闭的、半耕半读的传统。在各种现存的文献中关于这方面的描述颇多：“士勤诗书，代不乏人。屏绝浮屠，不事工贾。”[④]“永寿人性愚憨，工事惟吏稍识去就，其余莫能知也。士多兼农，择师远游者鲜。农勤作，苦甘淡泊。贫者力佣自资，作奸者少，百工不尚技巧，作无用独椎鲁，不能商贩，故里少素封”[⑤]。同时，士人保留着淳朴敦厚的传统，“永俗士敦礼让，守《诗》、《书》，农无闲工，亦少余粟。工极拙，一无长技，器极质，率多楛窳，商惟麻、缕、菽、麦、铜、铁、瓦、缶，以资民用。妇女粗解缝纫，不娴纺织”[⑥]。清代中后期，长武县儒学训导王维鼎“设铎于兹有年，每与士人接见，其语言质实，服饰鲜华。丧葬虽从时，而情文不敝；馈享虽薄，物而恭敬有加，祭祀燕饷间其不苟有如此，且民勤稼穑，力田之余鲜末作也。士崇孝友，诵读而外绝奔营也，有淳古淡泊之风，而乏晚近侈靡之习”[⑦]，就文学的表现而言，也显得质朴。

文学作品提供的是一个“意义世界”[⑧]，文学接受就是接受作品所传递的“意义”。接受主体的接受能力具有选择性，文学接受者的素

---

① （宋）郑刚中：《西征道里记》，中华书局1985年版，第5页。

② 同上书，第8页。

③ 田培栋：《明代社会经济史研究》，北京燕山出版社2008年版，第206页。

④ （清）郑德枢修，赵奇龄等纂：《性习》，《永寿县志》卷四，成文出版社有限公司1970年版，第158页。

⑤ 同上书，第158—159页。

⑥ （清）郑德枢修，赵奇龄等纂：《性习》，《永寿县志》卷四，第159页。

⑦ （清）沈锡荣修，王锡章等纂：《长武县志跋》，《长武县志》，成文出版社有限公司1969年版，第15页。

⑧ 童庆炳：《文学理论新编》，北京师范大学出版社2010年版，第258页。

质、心境在相当大的程度上决定着文学接受的过程与效果。“对于接受本身来说，当然应该充分地高扬审美性的欣赏或鉴赏的地位，但是与此同时，也不能不有意识地顾及准审美性或非审美性的诸多反应现象”[①]，这些非审美的反应涉及文学的风气、土壤等因素。中国古典文学的接受理论一般注重鉴赏、品评、释义的文学接受方式，文学接受主体的作家群体对文学的文体、内容、审美等都具有趋同的特征。诗歌接受活动中，文学接受者们还总结出“观诗”“用诗”“说诗讲歌”等有独特理论内涵和文化内涵的文学接受方法和接受模式。

文学接受主体的地域性在一定程度上影响了文学作品的地域性。清初，关中士人重视文道和喜好笃实文风的传统被完全保留，时人以“朴实君子”视之,[②] 李因笃“诗本风骚”，在诗学接受方面由于受地域文化影响，遵从七子的诗学主张，在其《钮玉樵明府诗集序》中曾回忆少时接受七子诗学的景象：“予方弱冠，结交皆老苍，时诸公论诗，竞斥钟、谭，左袒中原七子。七子主声调，似近盛唐。”[③] 其诗“出入古歌谣乐府，而以少陵为宗”[④]。同时，明清关中士人对文学的接受同他们“变流靡”为复古运动的目标相一致，与关中士人“质实”论的观点相一致，也与他们对关学思想的持守相一致。翻阅《关学编》《关中两朝文钞》《关中两朝诗钞》可以发现关中理学家绝大部分都是当时文学界的名宿。康海在传统文学史中由于其文学成就，往往掩盖其理学家的本来面目，其实康海一直倾心于有道之文，且与当时关学中坚人物保持非常良好的私人关系，康海对浮丽文风的批判同关学笃实的学渊相一致。马理“少从王恕游，务为笃实之学”，偏好秦汉之文，“其文喜摹《尚书》，似夏侯湛昆弟诰之体，遣词宅句，涂饰琱刻。其为赝古，视李梦阳又甚焉”[⑤]，主张文以实为贵，“若琱镂藻缋，炫奇竞巧，君子奚

① 童庆炳：《文学理论要略》，人民文学出版社 1995 年版，第 221 页。

② （清）吴光酉等撰，诸家伟、张文玲点校：《陆陇其年谱》，中华书局 2003 年版，第 89 页。

③ （清）李因笃：《钮玉樵明府诗集序》，《受祺堂文集》卷三，道光七年刻本。

④ （清）李因笃：《受祺堂诗集序》，《受祺堂诗集》卷首，四库全书存目丛本，集部第 248 册，齐鲁书社 1995 年版，第 422 页。

⑤ （清）永瑢等撰：《谿田文集提要》，《四库全书总目提要》卷一七六，第 1575 页。

取焉”①。至清初，关学殿军人物李颙仍说：“盖必有先于诗文者矣。砥德砺行，养深蓄厚，故见之诗文，犹有源之水，千流万派时出而无穷，浑浩雅健，极作者之致，兼众体，成一家，其言近，其旨远，粹然一出于正。观者流连爱慕，是诗文以人而重也”，“由是，而诗为有本之诗，文为有本之文，人重而诗文亦重矣。”②

三 文学体裁的传统性

作为文学作品形式因素之一的体裁是指文学作品的具体样式，文学的体裁反映着一个时代的文学土壤和人们的审美心理。中国古代文学的发展与西方不尽相同，文体分类的传统也大不一样。在我国，最早产生并得到充分发展的是诗歌，而后产生散文，小说、戏剧产生得较晚。西方一般把文体分为抒情、叙事、戏剧三类。西方文体论的奠基者亚里士多德曾讲道：“假如用同样的媒介模仿同样的对象，既可以像荷马那样，时而用叙述手法，时而让人物说话；可以始终不变，用一个人的口吻叙述下去；也可以使模仿者用动作和活动来模仿。”③ 这是西方最早的对文体进行三分法的范例。我国古人侧重于从文学作品的结构体制、语言特点、表现样式等方面来进行分类。最早分为韵文和散文两大类，将诗、词、歌、赋等讲究节奏韵律的作品归入韵文，而将神话、传说、寓言、论说、游记、书信、小说等无此讲究的作品归入散文。以上诸多文体大致可以归结为诗歌、散文、小说、戏剧四类。这四类文学体裁中小说和诗歌根植于商业社会比较发达且文化的传播和接受有相当社会民众基础的江南地区，关中地区的小说在明清关中士人的文学作品中较为少见，戏曲在曲目的数量、在民众中普及程度等方面也不逮江南，此处姑且不论，就诗歌和散文而言，明清关中士人的文体具有明显的地域性和传统性的特征。

自宋代以来，关中地区失去了政治、经济、文化的中心地位，战乱不止，交通阻塞，在一定程度上加剧了关中士人对秦地文化传统有一种

① （明）马理：《谿田先生文集序》，《谿田文集》，四库全书存目丛书本，集部第69册，齐鲁书社1997年版，第415页。

② （清）李颙：《书继述堂诗文》，《二曲集》，中华书局1996年版，第226页。

③ ［古希腊］亚里士多德、贺拉斯：《诗学·诗艺》，罗念生、杨周翰译，人民文学出版社1962年版，第5页。

本然的认同与继承，孙治《学古堂集序》曾云："北地风气悲凉，土俗劲直，其所长者，皆诗之所通也。其所短者，皆诗之所避也。且山川辽关，津梁疲远，公车制举之言，或终岁弗及于境。士大夫世其学者，惟左、国、班、马，及王、孟、李、杜诸书耳。夫公车之业损，则风雅之事进。志一而性朴，气强而力果。或间气一钟，必为诗之三宗也欤。"①因此，使明清两代关中士人在文学创作中对秦汉与盛唐诗文的钟爱与模仿，"雍之文肇于伏羲，阐于文武、周公。《易》，源也，《诗》、《书》、《礼》、《乐》，流也，逮秦焚坑，文几熄矣，至宋而有张子《西铭》，文斯续焉。《三百篇》多出于岐、丰，汉苏、李变为五言，唐李、杜加以七言，虽非风雅颂之基，然亦赋比兴之阶也。汉诗曰苏、李，唐诗曰李、杜，触物兴怀，出骚入雅，不愧《三百篇》，雍之文不有余响乎?"② 诗歌方面秉承"先秦两汉之风"。金代元好问《送秦中诸人引》就以"关中风土完厚，人质直而尚义，风声习气，歌谣慷慨且有秦汉之旧"③ 言这一传统。薛应旂在谈到关中风声习气与文学关系时更是明确指出："关中风声习气，淳厚闳伟，刚毅强奋，莫不有古之道，然自汉以降，其所谓豪杰者，大都欲以古文辞名世，故至于今。"④ 就诗歌方面而言，继承了汉唐雄浑大气的风格，而不像江南地区那样文学的流派异彩纷呈。何良俊在谈到这一点时也指出："南人喜读书，西北诸公则但凭其迅往之气，便足雄盖一时。"⑤ 以李梦阳为主的复古派在一定程度上是对关中"有古之道"的复兴。"古文"和"古道"在这次活动中有重合之处，黄省曾在致李梦阳的信中指出："不复古文安复古道哉！圣代鸿泽流沛，人文大彰，故河精岳秀，凤彩星华，乃钟萃于先生，由此巴曲塞宇而白雪孤扬，鄙音弥国而黄钟特奏，至勇不摇，大智不惑，灵珠早握，天池独运，主张风雅，深诣堂室，凡正德以后，天下操觚之

① （清）韩诗：《学古堂集序》，《学古堂集》卷首，明崇祯刻本。
② （明）马汝骥：《西玄集序》，《西玄集》卷首，第654页。
③ （金）元好问：《送秦中诸人引》，《元遗山先生全集》卷三七，读书山房刻本。
④ （明）薛应旂：《泾野先生传》，《方山先生文录》卷四，第369页。
⑤ （明）何良俊：《文》，《四友斋丛说》卷二十三，第209页。

士咸闻风翕然而新变，实乃先生倡兴之力，回澜障倾何其雄也。"[①] 黄省曾的观点和元好问、薛应旂对关中士人"风气"的看法完全一致，这也是明代文学复古何以兴起，何以以关中士人为首的原因之一。

李梦阳在文学复古运动中"倡言文必秦汉，诗必盛唐，非是者弗道"[②]，李梦阳提倡此论，其矛头指向当时萎弱卑冗的文风，主张通过学习古代最优秀的作家的作品来达到振兴明代文坛的目的。"诗倡和莫盛于弘治，盖其时古学渐兴，士彬彬乎！盛矣，此一运会也"[③]。"古学渐兴"即学习六经之风气，李梦阳的诗歌复古在明代复古运动中形成了一种学习古代文化思想的风气。李梦阳守法最严。他的诗歌虽因此而带有过于模拟的弊病，但毕竟也因此而不失古典诗歌的本来面目。康海等以带有关中地域文化色彩的"太史公质直之气"和"先秦两汉之风"[④]，反对成化以前及南人纤靡之失，他同薛应旂一样也谈到"关中风声气习"问题，在其《陕西壬午乡举同年会录序》中说："予览传记之所载，关中风声气习，淳厚闳伟，刚毅强奋，有古之道也。"[⑤] 所谓关中风声气习"淳厚闳伟，刚毅强奋"，就是北方诗歌"重乎气质"所特有的情感力量和真挚朴厚。康海"好马迁之史，入对大廷，文制古辩，元老宿儒见而惊服"[⑥]。王维桢诗歌重视法度与格调，极力推崇杜诗，力求以严谨有度的体格章法来铺陈情理，以简古的笔法，创作真情实感的文学作品，"生平所推服者，独杜少陵。其所好谈说，以为独解者，七言律耳。大要贵有照应，有开阖，有关键，有顿挫，其意主兴、主比，其法有正插、有倒插。要之杜诗一二有之耳，不必尽然"[⑦]。到了清初，关中的士人坚持这一传统，李因笃言："夫论诗与古文辞，关中北地崛起，含宫吐角，其乐府骎骎汉人矣。近钱侍郎受之，顾摘其字句而微

---

① （明）黄省曾：《五岳山人集》卷三十，四库全书存目丛书本，集部第94册，齐鲁书社1997年版，第781页。

② （清）张廷玉等撰：《文苑传》，《明史》卷二八六，第7348页。

③ （明）李梦阳：《朝正倡和诗跋》，《空同集》卷五十九，第544页。

④ （明）康海：《对山先生集序》，《康对山先生集》卷首，第68页。

⑤ （明）康海：《陕西壬午乡举同年会录序》，《康对山先生集》卷二十八，第310页。

⑥ （明）崔铣：《胡氏集序》，《洹词》卷十，钦定四库全书本，集部第1267册，台湾商务印书馆1986年版，第60页。

⑦ （明）王世贞著，罗仲鼎校注：《文苑卮言校注》，齐鲁书社1992年版，第350页。

疵，至诋之以秦声，不曰关中丰镐旧畿，二雅之遗音俱存，而诗十五国《风》如《召》、如《王》、如《郑》、如《魏》、如《豳》，皆在邦域之中，不独秦也。"①

简古崇实，淳厚雅健是关中士人质朴厚实的人格特质，这一人格特质在散文中所体现出的特色就是对"质实"语言的运用，它符合关中朴实厚重的文化和敦本好修的学风。明清关中士人多半"耻效章句，皆以通经学古为尚"②，李梦阳"少壮时，振翩云路，尝周旋鹓鸾之末，谓学不的古，苦心无益"③，主张"文贵约而该，约则览者易遍，该则首末弗遗"④，李梦阳为文质实的精神同他崇尚《左传》《战国策》以至《尚书》的句法章法相一致。康海一直致力于对浮丽文风的批判，"《左氏》、《国语》，一时之言，其精粗虽异，而大指无谬于事实，故或微有出入，亦不害其有物之言也"，"学不求诸其心，徒以言语文字之细贸贸焉，终日以为道在是矣，亦不远乎?"⑤ 这一方面体现出康海在文章复古主张上反对靡丽，另一方面强调文道关系中的相依性。王维桢为文依据六经，崇雅黜浮，远追古道。

四 "秦风"与"婉丽清雅"

就整体而言，文学的发展总是处于一个相对开放的环境中，经济的发展、文化的交流、士人的流动和生存的境遇总是能够带来文学内容和形式的某种变化。关中地区所系秦汉风土，以"淳厚闳伟，刚毅奋强"之气在明代中期文学中掀起了文学复古运动，使"秦风"为士人所推崇，但随着文学复古中的关中士人由于"刘瑾事件"退出京畿，"秦风"也就难挽颓势，尽管有"后七子"中李攀龙等人的鼓吹，但风光不再，后来关中士人尽管对"秦风"执着坚守，但随着士人生存境遇的变化，诗风的取向逐渐多元化。

由生活地域的狭小所导致文学交流受限，对士人文学的创作有很大

---

① （清）李因笃：《元麓堂诗集》，《受祺堂文集》卷三，道光七年刻本。

② （清）李元春：《关中人文传》，《关中两朝文钞》卷二十，道光刻本。

③ （明）李梦阳：《答周子书》，《空同集》卷六十二，第569页。

④ （明）李梦阳：《论史答王监察书》，《空同集》卷六十二，第568页。

⑤ （明）康海：《送文谷先生序》，《对山文集》卷四，伟文图书出版社有限公司1976年版，第208—209页。

的影响，这会导致士人文学创作无论风格还是体裁都难有较大突破。考察前七子中李梦阳、康海、王九思活动范围可以看出三者执着于“秦风”的原因同这一现象有一定关系。康海一生中绝大部分时间在关中度过。康海为进士及第第一，时年二十八岁。到正德五年，康海由于“刘瑾伏诛”而被劾罢，时年三十六岁，但八年中康海绝大多数时间在京城度过，被罢黜后康海曾南游江南，只是时间很短。李梦阳和王九思有着和康海大致相同的经历。晚年的康海和王九思在散曲上继承元曲本色，间作南曲，但风格仍近北曲，这也是钱谦益在《列朝诗集小传》中对三人整体评价不高的原因之一。但从另一方面考察，由于当时国家承平日久，地区之间文化交流和士人的流动更加普遍，文化之间的交流也更为便捷，这在一定程度上为关中士人对其他地域文学的接受和汲取创造了条件，使士人文学的风格呈现多样性的趋势。

王九思初入翰林时就受到以李东阳为首的茶陵派影响，“第进士，考选庶吉士，试题乃端阳赐扇诗，翁有‘谁剪巴江，天风吹落’之句，闻者以必膺首选，何也？以其似李西涯之作，已而名出，果然”①，“始为翰林时，诗学靡丽，文体萎弱”②，这正是文学复古运动前夕文坛的真实写照。后来康海和李梦阳等人对这一风气提出批判且着手进行改革时，王九思很快适应了这一趋势，在李梦阳和康海的帮助下改弦更张，诗风大变。王维桢的诗风也经历同样的变迁，“初，王子属辞藻丽，学士往往称之，及其治业益精，去彤敝尚玄素，闻者谔谔”③。同李、康同期的关中士人胡侍、许宗录二人的诗风也有所调整，王维桢在《后答张太谷书》一文中说：“赐来濛溪翁集，读至再周。先是得少华翁集，近并二集更读之，乃皆婉丽俊秀，与太微翁集各立门途，若以名世传来，则一而已，可谓接钱、郎和阴、何者矣。”④ 濛溪翁即胡侍，少华

① （明）李开先著，路工辑校：《渼陂王检讨传》，《闲居集》卷十，《李开先集》，第598页。

② （明）王九思：《渼陂先生集序》，《渼陂集》卷首，伟文图书出版社有限公司1976年版，第3页。

③ （明）王维桢：《王氏存笥稿序》，《王氏存笥稿》卷首，四库全书存目丛书本，集部第103册，齐鲁书社1997年版，第61页。

④ （明）王维桢：《后答张太谷书》，《王氏存笥稿》卷二十，第179页。

翁即许宗鲁，太微翁即张治道，三人中胡侍和许宗鲁对文学复古有好感，张治道则是复古运动的坚定支持者，因此三人中前二人文风“婉丽俊秀”，与张治道文风“各立门途”。二人接近“钱（起）、郎（士元）、阴（坚）、何（逊）”四人，和文学复古运动的理念不甚相合。胡侍和许宗鲁文风接近者，说明关中士人在文风汲取方面具有一定的开放性。稍后的关中士人乔世宁同李梦阳“同产于秦，相距甚近，少即慕效焉”[①]，后何景明督学关中，乔世宁从学两年有余，在律诗上以杜诗为轨范，其论诗曰：“五律有唐人格意，清圆婉转，冠于诸子，与李、何持论稍不同”[②]，“规模沈、苏”，即乔世宁对沈佺期与苏颋二人诗歌的推崇与学习。

明清期间，关中士人群体中有部分由于仕宦或流寓的原因在江南生活时间较长，这部分人在文学的创作方面受江南文风的影响较深，文学创作兼有江南文学委婉迤逦的风格。杨鸾为乾隆四年进士，历官四川犍为，湖南醴陵、长沙、邵阳，“学诗于屈复，初仿西昆，晚益瑰丽苍坚，极中晚之胜”[③]。李念慈宦途不顺，流寓江南多年，其诗兼南北风格，施闰章在《谷口山房诗集旧序》中言：“（李念慈）自秦之晋，南游江淮，所遇山川风物，寄怀属性，情随景移，蔚焉蒸变，其逆旅无聊不平之作，盖秦风而兼乎吴楚者耶。”[④] 相较杨鸾和李念慈，流寓江南的金銮更是“吴音化”。金銮随父宦侨居建康，遂家焉，习歌诗，诗不操秦声，风流婉转，得江左清华之致。流寓广陵的关中士人凌蔚侯同样深受江南诗风影响，魏禧在《容轩诗序》中写道：“凌子蔚侯，秦人也，而家广陵，以能诗名。予尝于曾子止山《过日集》、邓子孝威《诗观》见之。及于客广陵，主其乡人杨子圣藻，又为予道蔚侯近诗之美。介而相见，魁然伟杰，为真秦产。蔚侯折节招予，谈甚欢。出其诗，都雅婉

---

① 转引自陈文新主编《中华大典·明清文学分典·明清文学部二》，凤凰出版社 2005 年版，第 256 页。

② （清）陈田辑撰：《乔世宁》，《明诗纪事》戊签卷二十，第 1809 页。

③ 王钟翰点校：《屈复》，《清史列传》卷七十一，中华书局 1987 年版，第 5875 页。

④ （清）李念慈：《谷口山房诗集旧序》，《谷口山房诗集》卷首，第 509 页。

丽，则多广陵之风焉。夫蔚侯生长广陵，去秦久，故与古人操士风者异邪?"[①] 这说明士人生存地域差异对士人文学创作有决定性影响，凌蔚侯"魁然伟杰"的身材和"都雅婉丽"的诗风是流寓江南的关中部分士人的真实写照（这类士人还有雷士俊、王岩等，孙枝蔚和李念慈等人生长在关中，其诗风对"秦风"的继承更为明显）。

同一作家在不同的场景中聚合其身的文学元素也自然不同，随着作家对生活体验的变化，其情绪的变化也是显而易见，这种变化往往体现在作家的文学作品中。明清关中士人生存境遇由于政治原因发生巨大的变化，尤其是明清之际，中原板荡，致使许多士人远离政治的旋涡，通过山居或乡居来缓解精神的痛楚。因生活环境的变化而"情随景移"，士人文学创作的风格和体裁也发生相应的变化，雄健奔放的"秦声"为典雅婉丽的诗风所代替，追求一种淡雅的致德之境。李柏的诗风，《清朝野史大观》卷九记："所著《槲叶集》冷艳峭刻，如其为人。"[②] 邓之诚先生《清诗纪事初编》中记："诗文皆极险怪通峭。盖伤心故国。歌哭行吟，通天入地，以寄其悲愤无穷之感。"[③] 李柏的诗，做法的确独特，但以"冷艳峭刻"评之却未见中肯，王心敬在《墓碣》中言："盖生平最爱者渊明，故于渊明之诗，嚼咀尤熟，不知不觉风韵逼真耳。"[④] 我们从李柏的许多诗作中可以领略其山水诗清新流丽、简洁古朴的艺术风格，他所反映的是一种遗世而独立的生命意趣，一种与世俗纷扰相对立的超脱境界，一种尚清远浊、全性葆真的品格特征。

总之，明清关中文学中的"秦风"是《诗经》中"秦风"的流风余韵，士人对"秦风"的偏好使其成为中国古典诗歌中具有典型性的一种风格，对中国古代诗歌产生了极其重要的影响。明清关中士人随着文化的交流和士人流动性的扩大，他们在继承"秦风"的基础上汲取江南地区文学创作风格，呈现出文学创作风格的多元化，暗合了文学发展的整体趋势，使关中地域文学成为一种开放的文学样态。

---

① （清）魏禧著，胡守仁、姚品文、王能宪等点校：《魏叔子文集外编》卷九，《魏叔子文集》，中华书局 2003 年版，第 481 页。

② （清）佚名：《清朝野史大观》，上海书店 1981 年版，第 22 页。

③ 邓之诚：《清诗纪事初编》卷二，上海古籍出版社 1984 年版，第 171 页。

④ （清）李柏：《墓碣》，《槲叶集》卷首，光绪重刻本。

第四节 “西北之音”与“东南之音”

宋明以后，随着地域文学的发展，士人对文学的地域性意识也日益强烈，在文学创作和评论中有着明显的文学价值取向，同时在文学的交流和评论中不可避免地形成一些文人的意气之争，这种境况在明清更为明显，这在一定程度上显示出士人对文学话语权的争夺。明代中期的文学复古是由北方士人（尤其是关中士人）主导，南方士人共同参与的一次文学领域的革命，它在明清文学史上有着极其重要的影响，同时也引导南北文学的交流和争鸣。

一 复古运动中的“南”“北”问题

南北问题在明代是个敏感的问题，洪武三十年（1397）朱元璋因南方籍考官刘三吾、白信蹈所取进士皆为南人而诛杀了白信蹈，这就是有名的“南北榜”案，此案在一定程度上体现出朱元璋平衡南北政治实力的政治意图，同时也反映了明代南北之间在政治、文化方面的实力角逐。此后虽对南北取士有所规定，但北人的势力仍无法与南人抗衡，朝中官员仍以南人居多，文坛职事也相应由南人操控，茶陵派领袖“东阳以诗文引后进，海内皆抵掌谈文学，（刘）健若不闻，独教人治经穷理”①。弘治年间，由于刘健等北方官员的提携，一大批北方籍的进士在走上仕途的同时，也走到了文学创作的前沿，他们所代表的郎署文学和台阁体之间的矛盾逐渐凸显出来，其间不无南北之争的痕迹。

文学复古运动前夕，李东阳在文学复古运动中起着承上启下的作用，虽为馆阁体文人代表之一，但其对馆阁体末流的文风持批评态度，主张学习古代诗歌，这一思想对文学复古运动具有一定的引导性作用，且文学复古运动中的南北士人皆受其影响，“长沙公少为诗有声，既得大位，愈自喜，携拔少年轻俊者，一时争慕归之，虽楷模不足，而鼓舞

---

① （清）张廷玉等撰：《列传》，《明史》卷一八一，第4817页。

攸赖。长沙之于李、何也，其陈涉之启汉高乎？"[①] 以李东阳为代表的茶陵派成为当时文学的主流，后李梦阳的崛起则标志文学流派的过渡与演变，文学南北的意识更为明显。

在文学复古期间，南北文学都有自己的代表人物，且彼此都有鲜明的文学主张。前七子中的北方文人以李梦阳为盟主，其文学主张中的汉文唐诗不限于迁、固与少陵，"弘、正之间，有李献吉者，倡为汉文杜诗，以叫号于世，举世皆靡然而从之矣。然其所谓汉文者，献吉之所谓汉而非迁、固之汉也；其所谓杜诗者，献吉之所谓杜，而非少陵之杜也"[②]，是公认的文学领袖。南方形成以"吴中四才子"为代表的文人团体，《明史》之《徐祯卿传》说："祯卿与祝允明、唐寅、文徵明齐名，号'吴中四才子'。"又说其为"吴中诗人之冠"。显然李梦阳和徐祯卿是弘治、正德年间南北诗人的代表人物，"一时李空同、何大复、徐昌谷诸人相与倡始，南北竞爽，而古人之风几遍域中矣"[③]。在任职郎署期间和李梦阳等人"暇则酒食会聚，讨论文史，朋讲群咏，深钩赜剖"[④]。这段时间，南北文人能突破狭隘的南北地域的分歧，在文学交流过程中互有取涉，李梦阳自己在《朝正倡和诗跋》中说：

> 诗倡和莫盛于弘治。盖其时古学渐兴，士彬彬乎盛矣，此一运会也。余时承乏郎署，所与倡和，则扬州储静夫、赵叔鸣，无锡钱世恩、陈嘉言、秦国声，太原乔希大，宜兴杭氏兄弟，郴李贻教、何子元，慈溪杨名父，余姚王伯安，济南边庭实。其后又有丹阳殷文济，苏州都玄敬、徐昌穀，信阳何仲默。其在南都，则顾华玉，朱升之其尤也。诸在翰林者，以人众不叙[⑤]。

① （明）王世贞著，罗仲鼎校注：《艺苑卮言校注》，第300页。

② （清）钱谦益：《答唐训导汝愕论文书》，《牧斋初学集》卷七十九，上海古籍出版社1985年版，第1701页。

③ （明）何良俊：《吴山人后集序》，《何翰林集》卷九，四库全书存目丛书本，集部第142册，齐鲁书社1997年版，第86页。

④ （明）李梦阳：《熊士选诗序》，《空同集》卷五二，第476页。

⑤ （明）李梦阳：《朝正倡和诗跋》，《空同集》卷五十九，第544页。

在上述所列名单中，储巏、赵鹤、乔宇、杭济、杭淮、何孟春、王守仁、边贡、殷云霄、都穆、徐祯卿、何景明、顾璘、朱应登等人都是当时文坛具有重要影响的实力派士人，其中顾璘、朱应登是“江南四大家”成员（另外两人为王韦与陈沂），储巏、乔宇、何孟春等一般被视为茶陵派士人，边贡、徐祯卿、何景明为复古派士人，孝宗皇帝“右文尚儒”的喜好鼓舞了他们，出于急于突破台阁体雍容平稳的风格，这些青年郎署文人意气风发，成为文坛新锐，地域性差异和流派之间的门户之见暂时被打破，储巏对李梦阳和何景明“渐兴古学”尤为支持，《皇明词林人物考》卷三载：“时李梦阳、何景明等倡古文辞，执政者妒才欲摈斥之。巏以文章复古为国家元气，故于李、何及其扶植，得不倾陷。”①

吴中的复古思潮有与其地域相异的生发原因，除过在京城郎署文人之间的文学交流而使得部分南方士人深受北方文风的影响之外，身在南方的士人也对当时推崇汉魏风潮的时风众势没有置身事外，如前七子后期成员黄省曾、王宠也曾直接受到过西北派的启发，如黄省曾之追随李梦阳事便甚为牧斋所讪。上海最早有陆深，弘治间他在京师任庶吉士，与李梦阳论汉魏诗体，梦阳读到的徐祯卿作品，即由陆深介绍②。正德间何良俊“髫年”时，“尝取李空同、康对山文读之，以为当代文章尽在是矣”③。嘉靖初，他与弟弟何良傅及徐献忠、张之象等，结诗社于华亭。他们希风李、何，继踪祯卿，如何良俊《与董子元书》中说：“盖自开元以后，诗道靡靡。至我朝关洛诸公，挺然欲振起之，遂披奇藻于邓林，得玄珠于罔象，炳焉与魏晋同风。而吴楚之间，听采风声，亦彬彬起矣。惟华亭之地，在机、云时，号称俊国。慨自二子沦亡，旧业凋丧。今者正赖足下辈同志三四人，拟志渊沉，希节云亮，参驾前英，对扬时彦。”④

胡氏在吴期间对吴地的秦汉文运动有较大的推动作用（事见胡氏撰《秦汉文序》《王履吉文集序》《鸟鼠山人小集》，王宠撰《送天水胡公

---

① （明）王兆云：《储文懿》，《皇明词林人物考》卷三，明万历刻本。
② （明）李梦阳：《与徐氏论文书》，《空同集》卷六二，第563页。
③ （明）何良俊：《与王槐野先生书》，《何翰林集》卷十九，第152页。
④ （明）何良俊：《与董子元书》，《何翰林集》卷十八，第149页。

序》《四子述寿序》)，在守吴课士时即与黄、王二人切磋甚密，他编《秦汉文》后，即请黄、王二人作序。据此而言，如将整个前七子秦汉派做统一考察的话，那么实际便会形成一个以西北籍成员为核心与中坚，然后渐次向外扩延功能与势力的分布态势。

二　东南文人的地域优越感

有关南北文化、文学的差异经常是历史追溯的内容。明、清两朝，疆域划一，南北沟通和交流的日益普遍，带给人的是对地域文学传统的多样性感知，这些具体感知转而深化人们对自身所属的地域传统的体认，促进自我认同的形成。明初陶安《张景远诗集序》云："在昔作者，江左宫商振越，河朔词义朴厚，当其分裂，各随风气，以专一长。逮其末也，振越者流于轻靡而意浮，朴厚者流于陋率而味寡。今风气相当，无间南北，能诗之士，杰出相望。"[①] 同时，明清由于文学实力南北殊绝，文学界限的南北意识更为明显，北地无法与南方分庭抗礼，南方士人讨论这一问题时轩轾之意甚且。在文学地域风格论中，可能反映出某些地域之间的相轻和偏见，袁宏道《与龚惟学先生书》云：

> 若夫山川之秀丽，人物之色泽，歌喉之婉转，海错之珍奇，百巧之川凑，高士之云集，虽留都亦难之，今吴已饶之矣，洋洋乎大国之风哉！[②]

然而在吴中文人的笔下，谈到西北诸公的"关中风气"时，往往流露出轻蔑和嘲弄的语气。何良俊在《四友斋丛说》中表现得甚为明晰：

> 康、李二公出，极力欲振起之。二公天才既高，加以西北雄俊之气，当时文体，为之一变。然不过为我朝文人之雄耳。且无论韩昌黎，只如欧阳公《丰乐亭记》，中间何等感慨，何等转换，何等

① （明）陶安：《张景远诗集序》，《陶学士先生集》卷十三，弘治十三年刊本。

② （明）袁宏道著，钱伯城笺校：《与龚惟学先生书》，《袁宏道集笺校》卷五，上海古籍出版社1981年版，第239页。

含蓄，何等顿挫，今二公集中要此一篇，尚不可得，何论《史》、《汉》哉！[①]

南人喜读书，西北诸公则但凭其迅往之气，便足雄盖一时。许昌谷之文不本于六朝，似仿佛建安之作，出典雅于藻情之中，若美女之涤去铅华，而丰腴艳冶，天然一国色也。苟以西北诸公比之，彼真一伧夫耳。[②]

何良俊的评价显然是"吴人而吴语也"。在嘉靖后学者的视野中，"西北诸公"、"关中风气"确实存在着"气质"上的缺陷，如薛蕙说"粗豪不解李空同"[③]，王慎中说"何必雄豪亢硬"[④]，陈束则说正嘉之际学杜者"其声粗厉而畔规，不得其神"[⑤]，这种看法在嘉靖前期普遍流行，"清绮"开始超越"气质"，文学风气的转换与其地域性显示出密切的关系。

何良俊在为"前七子"排座位时，从风格论的角度出发，扬边贡而贬李何："世人惟推何、李为当代第一，余以为空同关中人，气稍过劲，未免失之怒张。大复之俊节亮语，出于天性，亦自难到，但工于言句，而乏意外之趣。独边华泉兴象飘逸，而语亦清圆，故当共推此人。"[⑥] 何良俊身为吴人，受地域文化的影响，自然会欣赏"兴象飘逸，而语亦清圆"的诗风，他对边贡的推崇也在情理之中。颇有意味的是，何良俊推出与李梦阳和何景明抗衡的不是徐祯卿，而是身为北方诗人的边贡，从诗学史的角度看，有两层含义：其一，嘉靖前期吴中诗人大多对复古思潮采取抵制态度，与徐祯卿改辙形成鲜明对比；其二，边贡虽为七子之一，但诗风却基本脱离复古轨迹，而与吴中传统接近。正是后一点，在很大程度上影响了边贡在复古运动中的地位。

---

① （明）何良俊：《文》，《四友斋丛说》卷二三，第 208 页。

② 同上书，第 208—209 页。

③ 丁福宝辑：《士品》，《国雅品》，《历代诗话续编》，中华书局 1983 年版，第 1100 页。

④ （明）李开先著，路工辑校：《荆川唐都御史传》，《闲居集》卷十，《李开先集》，第 622 页。

⑤ （明）陈束：《苏门集原序》，《陈后冈文集》楚集，四库全书存目丛书本，第 90 册，齐鲁书社 1997 年版，第 527 页。

⑥ （明）何良俊：《诗》，《四友斋丛说》卷二六，第 234 页。

钱谦益曾说："余之评诗，于当世抵牾者，莫甚于二李及弇州。"[①]对明初的诗派，钱谦益并非等量齐观，他对吴派诗评价最高，除了对"四杰""十才子"等人的诗评外，从选诗的数目上也可以看出。高启诗入选多，达864首，为明朝诗人之冠，杨基选327首，张羽选240首，徐贲选110首，而闽派之首林鸿选诗108首，越派刘基在钱谦益《牧斋有学集》甲前集选诗较多，为432首，入明后甲集选了127首。岭南派的孙贲选357首，江右的刘崧选了378首[②]。对关中士人在文坛的崛起也予以不公的评价，"国家休明之运，萃于成、弘，公以金钟玉衡之质，振朱弦清庙之音，含咀宫商，吐纳和雅，沨沨乎，洋洋乎，长离之和鸣，共命之交响也。北地李梦阳，一旦崛起，侈谈复古，攻窜剽窃贼之学，诋諆先正，以劫持一世；关陇之士，坎壈失职者，群起附和，以击排长沙为能事"[③]。其又云："敬夫之再谪，以及永锢，皆长沙秉国时。盛年屏弃，无所发怒，作为歌谣，及《杜甫游春》杂剧，力诋西涯，流传腾涌，关陇之士，杂然和之"[④]，"关陇之士，附北地而排长沙，党同伐异，不惜公是，未有如孟独之力者也"[⑤]。他在《列朝诗集小传》中评王维桢诗曰："允宁论诗，服膺少陵，自谓独得神解。尤深于七言近体，以为有照应开阖，关键顿挫。其意主兴、主比；其法有正插，有倒插，而善用顿挫、倒插之法者，宋、元以来，惟李崆峒一人。及其运，则粗笨棘涩，滓秽满纸，如潦倒措大，经书讲义，填塞腹笥，拈题竖义，十指便如悬椎，累人捧腹，良可一笑也。"[⑥] 以上对关中士人的指责带有明显的情绪性，对后世认识关中士人在明清的影响和地位产生了相当多的负面作用。

江南诸位文人对关中诸士人的文学批评，陈田和王士祯站在一个较为公正的立场对此问题有所陈述，王士祯《古夫于亭杂录》云：

---

① （清）钱谦益：《题徐季白诗卷后》，《牧斋有学集》卷四十七，上海古籍出版社1996年版，第1562页。

② 孙之梅：《钱谦益与明末清初的文学》，山东大学出版社2010年版，第329页。

③ （清）钱谦益：《李少师东阳》，《列朝诗集小传》丙集，第245—246页。

④ （清）钱谦益：《王寿州九思》，《列朝诗集小传》丙集，第314页。

⑤ （清）钱谦益：《张主事凤翔》，《列朝诗集小传》丙集，第318页。

⑥ （清）钱谦益：《王祭酒维桢》，《列朝诗集小传》丁集，第384页。

钱牧斋翁撰列朝诗，大旨在尊西涯，贬李空同、李沧溟。又因空同而及大复，因沧溟而及弇州，索垢指瘢，不遗余力。夫其驳沧溟拟古乐府，拟古诗是也，并空同《东山草堂歌》而亦疵之，则妄也，所录《空同集》诗，亦多汲其杰作。黄省曾吴人，以其北学于空同，则摈之，于朱凌溪应登，顾东桥璘辈亦然，予窃非之《明诗别裁》。空同五言古宗法陈思、康乐，然过于雕刻，未极自然。七言古雄浑悲壮，纵横变化。七言近体开合动荡，不拘故方，准之杜陵。几于具体，故当雄视一代。钱氏之诋其模拟剽贼，等于婴儿之学语。至谓“读书种子从此断绝”，吾不知其何心也①。

常熟冯班，字定远，著《钝吟杂录》，多拾钱宗伯牙慧，极诋空同、沧溟，于弘、正、嘉靖诸名家多所訾警②。

王士祯在明诗批评方面持论与钱谦益有别，对徐祯卿诗歌评价云：“徐昌谷少年诗所称警句，如‘文章江左家家玉，烟月扬州树树花’，与唐子畏‘杜曲梨花杯上雪，灞陵芳草梦中烟’仲伯之间耳，较之自定《迪功集》不啻霄壤。微空同师资之功，不能超凡入圣如此。”③ 王士祯《池北偶谈》卷一四：“空同、大复皆及西涯之门。虞山撰《列朝选》，乃力分左右袒，长沙、何、李，界若鸿沟。后生小子，竟不知源流所自，误后学不浅。”④ 在王士祯看来，徐祯卿在明诗地位的确立，凭借的是他改辙复古以后所作的《迪功集》，而不是那些少年时期带有浓厚吴中地域色彩的诗作。由此考察吴中诗风与李梦阳、李攀龙为代表的北方诗风的关系，两者之间不但不是对立、对抗的关系，而且复古诗风对吴中诗风起到了补救和改造的作用，如《居易录》卷一九云：

---

① （清）陈田辑撰：《李梦阳》，《明诗纪事》丁签卷，第 1135 页。

② （清）王士祯著，张宗柟纂集，戴鸿森点校：《评驳类》，《带经堂诗话》卷二，人民文学出版社 1982 年版，第 65 页。

③ （清）王士祯：《徐祯卿少年诗》，《分甘余话》卷二，中华书局 1989 年版，第 82—83 页。

④ （清）王士祯：《徐丰涯论诗》，《池北偶谈》卷一四，中华书局 1982 年版，第 671 页。

牧斋贬空同、沧溟二李先生至矣。吴人之师友二李者，如徐迪功、黄五岳以及弇州，皆绝之于吴。且夷迪功于文璧、唐寅之列，比之明妃远嫁。一日阅冯时可《元成集》，辩徐太室《二罗集序》云："吴诗清浅而靡弱，不以二李剂之而何以诗哉?"元成吴人也，其言如此，天下后世又可欺乎？牧斋翁称文征仲诗，近同年汪钝翁注归熙甫诗，人之嗜好实有不可解者，付之一笑可矣①。

作为复古论者，胡应麟将李梦阳的诗歌创作和文学批评二者予以区别对待，坚持两点论：作为文学家，李梦阳开启了一代诗风；作为文学批评家，李梦阳的眼光不够独特，也是对李梦阳言徐祯卿之所"守而未化"之论予以否定：

李献吉诗文山斗一代，其手辟秦汉、盛唐之派，可谓达磨（摩）西来，独阐禅教，又如曹溪卓锡，万众归依。至品藻人伦，则尚有不惬人意者。如序徐昌谷集云："大而未化，故蹊径存焉。"何元朗谓献吉诗比昌谷，蹊径尤甚。王长公谓昌谷所未至者，大也，非化也。世以王、何为笃论，则献吉非至言②。

面对钱谦益等人的抵牾，关中士人也进行了辩解和反击，李因笃在《元林麓堂诗集序》中云："夫论诗与古文辞，关中北地崛起，含宫吐角，其乐府骎骎汉人矣。近钱侍郎受之，顾摘其字句而微疵，至诋之以秦声，不曰关中丰镐旧畿，《二雅》之遗音俱存。而《诗》十五国《风》如《召》、如《王》、如《郑》、如《魏》、如《豳》，皆在邦域之中，不独秦也。即以《小戎》俴收，所言者武勇，而终之曰'其人如玉'，'蒹葭霜露'；所感者节序，而承之曰'所谓伊人'，其情悱恻而缠绵，其词光明而峻洁，殆超然诸国之上也。"③ 此处李因笃从《诗经》中秦风的风格的多样性来反驳钱谦益多对秦风的偏见。屈复也对钱

① （清）王士禛：《居易录》卷一九，文渊阁四库全书本（电子版），上海人民出版社1999年版。

② （明）胡应麟：《续编》卷一，《诗薮》，中华书局1958年版，第346页。

③ （清）李因笃：《元林麓堂诗集序》，《受祺堂文集》卷三，道光七年刻本。

谦益之褊狭之论深表不满，其《论诗绝句》云：“三四年来碧海中，钱郎弹射一空同。青蝇白玉蚍蜉树，稍喜渔阳许劲弓。”又云：“三代而还尽好名，文人自古善相轻。钟谭死后虞山出，从此前贤畏后生。”[①] 屈复从文人相轻、党同伐异的角度批评钱氏在文学批评中的偏执和狭隘。

三 服膺“西北之音”的东南文人

以钱谦益和何元良为代表的士人只代表了部分南方士人的地域偏见，其间也不乏其他对南北文学持公允的态度的南方士人。黄宗羲《二卢先生诗集序》云：“夫大江南北，其谣俗之不相为用，岂不称较然哉！其发之为声，大都北主迅爽，而南人则诮其粗；南主婉丽，北人则短其弱。而要之不诡于率然应敢之情，即仲尼而在，均有取焉，南北人亦何相笑之哉？”[②] 徐学谟站在更为宏阔的高度审视南北地域文学问题。

吴中文学与李、何为首的北方文学在明代几乎同时崛起，两者在初兴阶段互相并无联系，而文学方向都有惊人的一致性。徐祯卿本江南人，早年与唐寅、文徵明、祝允明齐名，号称“吴中四才子”。钱谦益《列朝诗集小传》评徐祯卿云：“其持论，于唐名家独喜刘宾客、白太傅。沉酣六朝散华流艳文章烟月之句，至今令人口吻犹香。登第之后，与北地李献吉游，悔其少作，改而趋汉魏、盛唐，吴中名士颇有‘邯郸学步’之诮。然而标格清妍，摛词婉约，绝不染中原伧父槎牙奡兀之习，江左风流，故自在也。献吉讥其‘守而未化，蹊径存焉’，斯亦善誉昌谷者瓦全欤。”[③] 吴中继徐祯卿之后，追随李梦阳最为得力的是黄省曾和袁袠。黄于嘉靖初寄书李梦阳，申其仰慕之情与复古之意[④]，后应梦阳之请为《空同集》作序。称梦阳为“天下作者之首冠”，“天下学士大夫莫不趋风而从之”[⑤]。袁袠亦盛颂梦阳：“虎视万古前，鸿冥陋

---

① （清）屈复：《论诗绝句》，《弱水集》卷十四，续修四库全书本，集部第1424册，上海古籍出版社2002年版，第59页。

② （清）黄宗羲：《二卢先生诗集序》，《明文海》卷二六九，第2800—2801页。

③ （清）钱谦益：《徐博士祯卿》，《列朝诗集小传》丙集，第301页。

④ （明）黄省曾：《寄北郡宪副李梦阳书》，《五岳山人集》卷三十，第781页。

⑤ （明）黄省曾：《李先生文集序》，《五岳山人集》卷二六，第743页。

衰季”，“煌煌弘治间，文章准天地”[①]，他于嘉靖七年在河南谒见梦阳，“论文相契，后尊梦阳之嘱，为作《李空同先生传》”[②]。

南京在弘正间新的文学群体代表人物为顾璘、朱应登、陈沂、王韦。《明史·文苑传》：“南都自洪永初，风雅未畅，正德时，稍稍振起。自璘主词坛，士大夫希风附尘，厥道大彰。”[③] 顾与朱于弘治间即与李梦阳一起提倡文学复古，所谓“皆羽翼北地，共立坛墠”[④]。明代吴中的复古思潮除受京城中关中士人影响外，仕宦吴地的关中士人也不可忽略。胡缵宗守吴课士时与黄省曾、王宠过从甚密，胡所编的《秦汉文》即请黄、王二生为序。胡缵宗在吴期间对吴地的秦汉文运动有较大的推动作用。

徐祯卿之后，江浙作家普遍接受了北方文学的影响，大都具有南、北文学融汇的特征[⑤]。浙江人周祚，山阴人，正德十六年（1521 年）进士，后因病归乡。其“自越中走使千里致书”李梦阳，且“称弟子”[⑥]，包括在后来对关中多位文学家不遗余力进行诋毁的钱谦益也在早期深受李梦阳的影响。万历三十八年，钱谦益第一次北上京师参加会试，他拿出自己的文章请同行赴考的李长蘅品评，李长蘅的话让钱谦益大吃一惊，事见《答山阴徐伯调书》，曰：“为举子，偕李长蘅上公车，长蘅见其所作，辄笑曰：‘子他日当李、王辈流。’仆骇曰：‘李王而外，尚有文章乎？’长蘅为言，唐宋大家与俗学迥别，而略指其所以然。仆为之心动，语未竟而散去。浮湛里居又数年，与练川诸宿素游，得闻归熙甫之绪言，与近代剽贼雇赁之病。”[⑦] 通过李长蘅，钱谦益后来又认识了新安程孟阳，昆山归文休等人，三人均出于嘉定学派，强学好古，能诗善画，在古文创作上以归有光为师，尊崇唐宋八大家之文。

---

① （明）袁袠：《四悼四首》其一，《卫藩重刻胥台先生集》卷四，四库全书存目丛书本，集部第 86 册，齐鲁书社 1997 年版，第 464 页。

② （明）袁袠：《李空同先生传》，《卫藩重刻胥台先生集》卷十七，第 628 页。

③ 张廷玉等撰：《文苑》，《明史》卷二八六，第 7356 页。

④ （清）钱谦益：《陈太仆沂》，《列朝诗集小传》丙集，第 344 页。

⑤ 陈建华：《中国江浙地区十四至十七世纪社会意识与文学》，学林出版社 1992 年版，第 152 页。

⑥ （清）钱谦益：《周给事祚》，《列朝诗集小传》丙集，第 320 页。

⑦ （清）钱谦益：《答山阴徐伯调书》，《牧斋有学集》卷三十九，第 1347 页。

钱谦益早在万历年间，受汤显祖和嘉定学派的影响，就已经完成了他的文学思想从推崇七子到批判七子的转变。钱谦益认为茶陵诗学可以昌隆诗道，把茶陵诗学与七子诗学对立起来，钱谦益说："李空同后起，力排西涯，以劫持当世，而争黄池之长。中原少俊，交口訾謷。百有余年，空同之云雾，渐次解驳，后生乃稍知西涯。呜呼唏矣！试取空同之集，汰去其吞剥寻撦吽牙龃齿者，空同之面目，犹有存焉者乎？"① 钱谦益说李梦阳把持文坛而力排李东阳，这样的议论还见于《列朝诗集小传》云："北地李梦阳，一旦崛起，侈谈复古，攻窜剽窃贼之学，诋諆先正，以劫持一世；关陇之士，坎凛失职者，群起附和，以击排长沙为能事。"② 钱谦益此论造成的影响一直延续到现在。

黄省曾，字勉之，举乡试。从王守仁、湛若水游，又学诗于李梦阳，著《五岳山人集》。黄省曾推崇李梦阳，其《李先生文集序》云："我空同先生献吉名曰梦阳，岳降于熙雍之运，鹏骞于平章之朝，夙称八斗之才，遂擅九州之秀，非姬公宣父之书不涉于目，非左、马、班、扬之策不发于笥，非骚、选、李、杜之篇不历于思，由是代方享燹，树独帜于旌墟。"③

后七子中的王世贞为李梦阳文学复古的继承者，对李梦阳及其诗风给予高度评价，在《谢生歌七夕送脱屣老人谢榛》中云："开元以来八百载，少陵诸公竟安在。精爽至然付元气，骨格已见沉沧海。先朝北地复信阳，一柱不障东澜狂。"④ 视李梦阳、何景明为盛唐诗风的继承者，是诗坛的中流砥柱。值得注意的是，清初贰臣群体在诗风倾向上，大多数偏重于七子，"江左三大家"中，吴伟业和龚鼎孳两家都明确有尊崇七子的主张，"京师三大家"则更是直接以宗法七子、改变文学风气为立自家门户坛坫的旗帜，又如曹溶，按谈迁的记载也尊七子，《北游录·纪邮上》记："四月癸亥，过曹太仆所，太仆论及明诗，推李空同

① （清）钱谦益：《书李文正公手书东祀录略卷后》，《牧斋有学集》卷三十八，第1759页。

② （清）钱谦益：《李少师东阳》，《列朝诗集小传》丙集，第245—246页。

③ （明）黄省曾：《李先生文集序》，《五岳山人集》卷二六，第743页。

④ （明）王世贞：《谢生歌七夕送脱屣老人谢榛》，《弇州山人四部稿》卷十六，明代论著丛刊本，伟文图书出版社有限公司1976年版，第1159页。

为杜陵派，且诗之有何李，如禅家南北二宗。”① 这一诗风取向情况较为复杂，一则是复古运动本身在明清文学史所产生的深远影响，二则是清初汉族士人对明清易代中软弱的士风和追逐靡丽诗风的批判和反思。

四　“西北之音”与东南文学的论争

中国地域辽阔，诗风的地域性历来为文人所重视。钱谦益在小传中对诗人及其所居地域对诗风的影响也常常予以揭示，他论各地诗人惯用北方学者、东南文人、南方文学诸语，有时又说闽人、楚人、浙人或豫章诗人等，表明他有明显的文学地域意识。

文学的地域性特征在中国文学批评史上，会引起两种理论倾向，其中之一是片面强调风格审美价值的高下，以某种风格作为终极的固定理想，贬低其风格。这种批评容易把文学创作导向复古，比如从严羽到明代前后七子，就极力推崇盛唐诗风，排斥中晚唐、宋元诗歌，其审美趣味不可谓不高，然嗜好偏向也颇为明显。

南北文化、文学的对立的历史事实并非是靠人为的力量所能抹杀的，同时在以往的有关评论中，往往只注意到李梦阳引导徐祯卿转向复古的轨道，而忽视了二者之间的一场辩论。究其原因，在很大程度上是缘于李梦阳所作的《迪功集序》。正德末、嘉靖初，徐祯卿《迪功集》在诗坛引起广泛关注。李梦阳在《徐迪功集序》中所说徐祯卿的诗文“守而未化，故蹊径存也”，况且“北地自有异人，吴体非必卑卑也”②。序中，李梦阳对徐祯卿的生平创作予以简要评述，并提出了一个在诗坛引起巨大争议的看法。

> 迪功以文赋起吴中，十数年间，鹫翔而虎变，彬彬乎出人士前矣，然竟坎坷夭灭亡也……余曰：《谈艺录》备矣。夫追古者未有不先其体者也，然守而未化，故蹊径存焉。虽然，辞荣而耽寂，浮云富贵，慷慨俯仰，迪功所造诣，予莫之竟究矣。今详其文，温雅以发情，微宛以讽事，爽畅以达其气，比兴以则其义，苍古以蓄其词，议拟以一其格，悲鸣以泄不平，参伍以错其变，该物理人道之

① （清）谈迁：《纪邮上》，《北游录》，中华书局 1960 年版，第 59 页。

② （清）沈德潜、周准选：《明诗别裁》卷六，上海古籍出版社 1979 年版，第 131 页。

懿，阐幽剔奥，纪记名实，即有蹊径，厥偭鲜已，修短细大，又曷论焉。①

李梦阳对徐祯卿诗歌的评价，潜在地以北方诗风为“正体”，而将以吴中为代表的南方诗风作为批评的对象，这一做法无疑会遭到南方尤其是吴中诗人的反对。钱谦益反对复古，对李梦阳“守而未化”的看法极力予以辩驳，《列朝诗集小传》丙集“徐博士祯卿”条云：

其持论，于唐名家独喜刘宾客、白太傅。沉酣六朝散华流艳文章烟月之句，至今令人口吻犹香。登第之后，与北地李献吉游，悔其少作，改而趋汉魏、盛唐，吴中名士颇有“邯郸学步”之诮。然而标格清妍，摛词婉约，绝不染中原伧父槎牙奡兀之习，江左风流，故自在也。献吉讥其“守而未化，蹊径存焉”，斯亦善誉昌谷者欤？

《逸老堂诗话》云“本朝之诗，李、何一出，变而学杜，壮乎伟矣！然正变云扰，而剽袭雷同；比兴渐微而《风》、《骚》稍远”②，“世异习殊，古音渐废，而力弗能振，每叹恨之，且今之缙绅先生，既多南士，渐染流俗，异哉所闻！故率喜南调，而吴越之音靡靡乎不可止矣。间闻北调纵不为厌怪，然非心知其趣，亦莫能鉴赏，其间故信而好者，不多有之。大抵新声之易悦，而古调之难知，所从远来矣”③。

谈到这一问题，钱谦益说：“昌谷专门诗学，究订体裁，上探《骚》、《雅》，下括高岑，融汇折衷，备兹文质。取充栋之草，删存百一，至今海内，奉如圭璧，所谓虽多亦奚以为也”，“献吉乃云‘守而未化，蹊径存焉’，斯亦善誉昌谷者欤?”“昌谷即见献吉，悔其少作”，“然而标格清妍，摛词婉约”，仍不失江南风流。同钱谦益相比，何良

① （明）李梦阳：《迪公集序》，《空同集》卷五一，第476—477页。

② （明）俞弁：《逸老堂诗话》卷下，续修四库全书本，集部第1695册，上海古籍出版社2002年版，第252页。

③ （金）董解元：《古本董解元西厢记序》，《古本董解元西厢记》，上海古籍出版社1984年版，第6—7页。

俊对李梦阳“守化”之论的批评更加直接：“李空同序昌谷之集，讥其‘守而未化，故蹊径存焉’，今观李公，蹊径更甚徐生。则知大复‘舍筏’之言，亦欺人耳”①，何良俊将李梦阳所谓的“蹊径”理解为模拟的痕迹。他的这一看法，在后世的批评家那里得到了广泛的回应。何良俊通过指出李梦阳创作上的弊病，证明其文学批评水准同样不足为据，以此否定李梦阳“守而未化”之论的正确性。

李梦阳说徐祯卿诗“守而未化”，王世贞则认为，徐祯卿所没有达到的，并不是李梦阳所谓的“化”，而是体现复古诗风的基本要素“大”。王世贞认为徐祯卿诗歌的不足并不在于是否融合了复古诗风，而在于它并没有充分体现符合复古理想的诗风。在给吴国伦的信中，王世贞对自己的这一看法予以具体阐述：“李献吉序徐迪功集云：大而未化。吴子辈谓献吉忌昌谷。此非也。昌谷偏工，虽在至境，要不得言具体，何论化乎？吾犹以献吉为浮，未见其忌也。”② 从李梦阳的《与徐氏论文书》和《与李献吉论文书》、《答李献吉》、《重与献吉书》中看到二者之间的论争。这次论争大约发生在徐祯卿举进士的弘治十八年（1505）至李梦阳被谪“西归”的正德元年（1506）③。关于这次文学论争，后学多有论述，且其中不乏误解，如陈文述《书李空同集后三》中说：“梦阳气焰熏灼，一言皮、陆，大受数责。吴俗文弱，诗人温柔，此迪功之包容梦阳耳。”④ 王夫之也曾曰：“居然高寄，自昌谷本色，后苦为北地（李梦阳）抹杀矣。”⑤ 也就是说，吴中“文弱”的风俗形成了徐祯卿“温柔”的性格，使他在辩论中屈服于李梦阳的压力，实际的情况其实并非像二者所言的徐氏向梦阳“屈服”。面对梦阳“今足下忘鹤鸣之训，舍虞周庚和之义弗之试，违孔子反和之旨，而自附于皮、陆数子，又强其所弗入，仆窃谓足下过矣”⑥ 的指责，徐祯卿反驳道：

---

① （明）何良俊：《剪彩集序》，《何翰林集》卷九，第89页。

② （明）王世贞：《吴明卿》，《弇州山人四部稿》卷一二一，第5650页。

③ 陈书录：《明代诗文的演变》，江苏教育出版社1996年版，第243页。

④ （清）陈文述：《书李空同集后》，《颐道堂文钞》卷二，续修四库全书本，集部第1506册，上海古籍出版社2002年版，第562页。

⑤ （清）王夫之评选，李金善点校：《徐祯卿·送士选侍御》，《明诗评选》卷二，河北大学出版社2008年版，第59页。

⑥ （明）李梦阳：《与徐氏论文书》，《空同集》卷六二，第564页。

“今足下责仆以相丽益，此古之道也，今何复见之？仆愚戆，何敢自爱，恐不足以承教，伤知人之明，为足下羞也”①，又曾曰：“我虽甘为李左车，身未交锋心未服。”②

一个流派的诗歌创作一旦形成固定的风格，很容易走向僵化，如果缺乏必要的变化，产生流弊乃是必然之事。以复古诗风中的雄拔刚劲之气，洗去吴中诗风中的柔弱靡丽之音，方能为吴中诗风在新时代背景下继续发展注入活力。李梦阳和徐祯卿的文学论争促成了两个流派、两个地域的文学互补。对于徐祯卿来说，不仅促使他“改而趋汉魏、盛唐”③，走上文学复古的道路，而且使他在吴中缘情文学的基础上吸取了北方尚实、尚质的文学传统，诚如徐祯卿在《与李献吉论文书》中所言：“若徒务琱切之华而不责其实，则恐为扬雄之玄，徒取病于后世耳。楩楠豫章之材，所用后世者，贵其实也。仆虽驽德，窃尝志于是，其必本道德之衷，尊作者之度，以缫茧襚衣生物而已，岂蝉口之所鼓噪乎？”④ 对于李梦阳来说，他带着徐祯卿走上宗汉崇唐的轨道和对徐祯卿“心窃向往久之”⑤ 的双重心态参加论争，从而将北方文学特征的“诗言志”与带有南方（吴中）文学特征的“诗缘情”加以互补，将格调与情感加以互补，使他在难得的清醒与自觉中强调“宣志”与“贵情”，从而促使他摆正情感与格调之间的关系：“夫诗，宣志而道和者也。故贵宛不贵险，贵质不贵靡，贵情不贵繁，贵融洽不贵工巧。”⑥ 由此可见，李、徐之辩的影响有某些积极的方面，这促进了“缘情”与“言志”，“情感”与“格调”之间的融合，为吴中派与前七子创造了一次交流与互补的机会。

另外，吴中诸子与李、何等人相比，虽然在基本方向上一致，但在对待文学态度上存在区别。李、何为切断宋代儒学对文学的影响，提倡

---

① （明）徐祯卿：《与李献吉论文书》，《迪功集》卷六，钦定四库全书本，集部第1268册，台湾商务印书馆1983年版，第769页。

② （清）朱彝尊著，姚祖恩编，黄君坦点校：《静志居诗话》卷十，人民文学出版社1990年版，第263页。

③ （清）张廷玉等撰：《文苑》，《明史》卷二八六，第7351页。

④ （明）徐祯卿：《与李献吉论文书》，《迪功集》卷六，第769页。

⑤ （明）李梦阳：《与徐氏论文书》，《空同集》卷六二，第563页。

⑥ 同上书，第564页。

“读唐以前诗”，完全排斥宋代文学，“吴中四才子”中祝允明坚决反宋，文徵明则从“古文辞”立场接受宋代文学。在理论与创作上显示了自王鏊、吴宽以来的文学发展的某种连续性。另外，李梦阳提出“真诗在民间”，对“文人学子”之诗不满，要求向市井文学学习。而吴中作家普遍重视雅文学传统，尽管唐寅的诗歌创作体现了李梦阳的主张，但对当时浙江文学未产生影响，其革新意义只到晚明才得到肯定。当文学需要首先排除“理学”的障碍而向前推进时，吴中作家对旧传统的这种稳健态度难以适应时代的要求。而李、何文学的“复古”理论对整个文学及江浙文学的进展起到巨大的推动作用，主张反抗旧传统，与整个社会要求打破已经僵化的传统，另找出路的精神意向相一致①。

明清时期诗坛各立门户、党同伐异的诗坛陋习盛行，尤其是钱谦益对李梦阳和关中地域诗风肆意攻击之后，南方学者大多闻风影从，耳食陈言，加剧了文学南北士人之间的罅隙与偏见。在晚明虽有竟陵派和清初许多遗民志士对秦风的赞誉，但在以钱谦益为首的部分东南士人把持文坛话语权的情况下，通过对复古派的攻击与诘难，波及绝大多数关中士人及以“秦风”为风格的关中文学，文学之间的交流和认同退居次要位置，党同伐异、偏离正常的诗学批评成为南北文学交流的主流，这一点加速了关中文学的衰落。另外，明中后期以来对宋诗的推崇与关中士人喜好汉唐诗风的冲突也是秦风受到不公评价的原因之一。

第五节　“西北之文”与河洛文学的互动

弘治、正德间文学的复古主义在一定程度上代表着北方诗学的兴盛，以李梦阳、何景明等人为代表的关洛诗人成为文坛的主流，带动了北方诗坛的整体崛起，正如陈束《刻田深甫诗序》云：“初在弘治间，汴人李献吉、田勤甫，与彰德崔子钟、信阳何仲默诸公，病文之衰，倡

① 陈建华：《中国江浙地区十四至十七世纪社会意识与文学》，第152页。

为古作，号豫州十友。”① 纵观弘治、正德间文人团体的活动，可以窥见西北之文与河洛之文相得益彰，共同推动了复古运动的发展。

一 明清关中与河洛文学的同质性

明初北方盛行朱子学，代表人物有河洛的曹端（1376—1434）和河东的薛瑄（1389—1464），二人对关中和河洛士人的影响颇深，这也是关中士人和河洛士人在理学思想和文学理念上相互认同的原因之一。明代正德朝阁臣刘健为洛阳人，字希贤，得河东大儒薛瑄之传，而关中学派在明代的复兴肇始于薛瑄所创立的河东学派，关学中的三原学派就是由河东学派流变而成，因此刘健为学主践履和关学“躬行礼教”如出一辙。刘健在弘治年间和李东阳、谢迁三人同在内阁，刘健为首辅，李东阳当时以文学诗文提携后进，海内学士“翕然宗之”，而刘健为理学名臣，教人治经穷理。正德年间，刘瑾弄权，刘健和谢迁不附，乞致仕，李东阳和刘瑾关系暧昧，独留内阁。弘治十三年三月，策贡士三百九十九人，赐康海进士及第第一，这一事件中关键人物之一就是刘健。孝宗皇帝和刘健都“追故以变今”，对康海之廷策大为赏识，王九思《明翰林院修撰儒林郎康公神道之碑》云：“壬戌春自礼部入对，大廷策既上，太学士洛阳刘公见而叹曰：‘奇才，奇才，奚啻三百，即千人无以过也。’奏之敬皇帝。帝览曰：‘俞哉！’赐进士及第第一。陕西状元盖自公始。释褐授翰林院修撰。”② 李开先《对山康修撰传》曰：“壬戌举进士第一。敬皇深喜得人。而读卷官刘健等以词意高古，娴于政理，不惟三百人不及，自有制策以来，鲜见其比。天下惊传得真状元。”③

在文学复古运动兴起之前，以康海、李梦阳为代表的关中士人与以何景明为代表的河洛士人对宋以前文风有着共同的认知，“明兴至弘治百有余年，李、何崛起中州，吴有昌谷徐氏为之羽翼，相与力追古作，

① “国立中央”图书馆编：《刻田深甫诗序》，《“国立中央”图书馆善本序跋集录》，集部第3册，“国立中央”图书馆1994年版，第89页。

② （明）王九思：《明翰林院修撰儒林郎康公神道之碑》，《渼陂集续集》卷中，《渼陂集》，第910—911页。

③ （明）李开先著，路工辑校：《对山康修撰传》，《闲居集》卷十，《李开先集》，第594页。

一变宣、正以来流易之习，明音之盛，遂与开元、大历同风”①。弘治以来，“摛辞之士争自奋跃，穆乎有遐古之思，罔不效法《坟》、《典》，追薄《风》、《骚》，体局变矣。李、何发颖于河洛，康、吕高步于关右，咸一时之选也。海内向风，波流寖远，彬彬乎其盛哉!”② 弘治、正德年间的文学复古运动的实质和意义在于：三百年来首次对宋儒重道轻文的观念进行了大张旗鼓的挞伐，大力主张文学的审美特征和本体价值。

对这次文学复古运动进行考察，可以发现在运动的前夕，七子中的关中士人和河洛士人在文学领域就已经隐然形成“统一战线”。李梦阳批评宋儒说：“宋人主理，作理语，于是薄风云月露，一切铲去不为。”③ 何景明也说：“宋之大儒，知乎道而吝乎文，故长于循辙守训，而不能比事联类，开其未发。”④ 作为前七子中的核心人物，李梦阳和何景明对汉魏古诗皆怀尊崇之意，主张古诗宗汉魏，近体诗宗盛唐。何景明在《海叟诗序》中更明确地提出，“学歌行近体，有取于（李白、杜甫）二家，旁及初唐、盛唐诸人，而古作必从汉魏求之”⑤。进一步研究使我们知道，其他一些参加文复秦汉运动的前七子主要成员身上也存在着较为深刻的西北因缘。在京期间的文学活动中，何景明、王廷相等河洛士人如王九思等所云曾得到过李、康的直接指授，李开先记道：“及李崆峒、康对山相继上京，厌一时诗文之弊，相与讲订考正，文非秦汉不以入于目，诗非汉魏不以出诸口，而唐诗间亦仿效之，唐文以下无取焉，故其自叙曰：崆峒为予改诗稿今尚在，而文由对山改者尤多，然亦不止于予，虽何大复、王浚川、徐昌谷、边华泉诸词客，亦二子有

① （清）王士祯著，张宗柟纂集，戴鸿森点校：《纂辑类》，《带经堂诗话》卷四，第98页。

② （明）张时彻：《皇明文选序》，《皇明文选》卷二五，四库全书存目丛书本，集部第302册，齐鲁书社1997年版，第694页。

③ （明）李梦阳：《缶音序》，《空同集》卷五二，第477页。

④ （明）何景明撰，李叔毅等点校：《述归赋》，《何大复集》卷一，中州古籍出版社1989年版，第5页。

⑤ （明）何景明撰，李叔毅等点校：《海叟诗序》，《何大复集》卷三四，第595页。

以成之。"[①] 文中是李开先转引王九思的记载，记述除本人之外，河洛士人何景明与王廷相也在文学活动中受到康海与李梦阳的影响。在何景明的行状中也载其少即"随父宦于陕西会宁驿"[②]，及后来仕陕多年并尝为《雍大记》。朱应登、唐龙、王廷相等均曾有一段在陕西为宦的经历。这使得他们不仅有更多的机会与关中士人接触，而且能够亲身感受深层的关中文化积淀。以何景明的写作来看，其诗文面貌便更多地充满了秦地地域与人文的情调、气格（河洛的因子相对弱一些。当然不仅两地之地气，包括两地之风习也有接近之处）。李梦阳的"雄奇豪放"与何景明的"清俊响亮"，显示了西北的李梦阳与中原的何景明的不同秉性，而中原诗人之最杰出者如薛蕙、高叔嗣左祖何景明，透露出他们对何景明气质的偏好。王廷相对文坛领袖李梦阳极为崇拜。他仅小李梦阳一岁，却以弟子自居。他的《翩翩者鹊》《硕人篇》都为赞颂李梦阳而作，辞气异常谦恭，如前一首诗说："翩翩者鹊，唯鸠从之。我友敬慕，寔维我师"；"瞻企靡及，中心怆而"[③]，后来为《李空同集》作序，甚至说："唐杜子美，词人之雄也，元稹称其'薄《风》、《骚》，吞曹、刘，掩颜、谢，兼昔人之所独尊'。令其集具在，虽云大家，要自成己格尔。乃若《风》、《雅》、曹、刘、颜、谢之调有无哉？固知元氏溢之言矣。其视空同规冶古始，无所不及，当何以云。"[④] "李献吉以恢阔统辩之才，成沈博伟丽之文，厥思超玄，厥词寡和，以游精于秦汉。割正于六朝，执符于雅谟，参变于诸子"，"用成一家之言，遂能掩蔽前贤、命令当世。"[⑤] 也许因王廷相此处有过誉之嫌，钱谦益作《列朝诗集传》，对他大加嘲讽："近代词人，尊今卑古，大言不惭，未有甚于子衡者。"[⑥]

与"江左三大家"在清初文坛之地位声望可相颉颃者，顺治间尚

---

① （明）李开先著，路工辑校：《渼陂王检讨传》，《闲居集》卷十，《李开先集》，第598页。

② （明）何景明撰，李叔毅等点校：《中顺大夫陕西提学副使何大复先生行状》，《何大复集》附录，第678页。

③ （明）王廷相：《翩翩者鹊》，《王廷相集》卷一，中华书局1989年版，第14页。

④ （明）王廷相：《李空同集序》，《王氏家藏集》卷二三，《王廷相集》，第423页。

⑤ 同上。

⑥ （清）钱谦益：《王宫保廷相》，《列朝诗集小传》丙集，第316页。

有“京师三大家”之谓，彭志古《桴庵诗跋》语云：“长安以诗名者，为王先生觉斯，刘先生宪石，暨吾行屋薛夫子，所谓三大家也。”① “京师三大家”虽在文学成就及影响力的持久性方面与“江左三大家”尚难比肩，但仍表现出了和“江左三大家”迥异的自身特色：尊崇七子，倡导格局阔大深厚的庙堂风范。三人皆系北籍，本身对阔大雄壮之风格更为偏好，立场鲜明地主张以“七子为宗”，崇尚本地域之先贤。薛所蕴《刘宪石逋斋诗序》明确标榜：“京师三大家”所崇尚的诗风是“古体非汉魏晋宋不取材，近体自开元大历以还，气必于深，格必于高。”“诗自宋元迨明初而不振实甚，李献吉、何仲默崛起而还之古。自后七子互为鼓吹，而沧溟赤帜，孑孑海内大将之坛。仲默，吾中州人；献吉虽籍庆阳，实生长大梁，亦吾中州人；沧溟山左，与宪石同里。今竞为新声者，非以气格矫之，不能返之正而归于风雅。觉斯先生大昌明此旨，其为空同有余，予固不敢望信阳，宪石集出，其于历下何多让焉？”② 俨然是以王铎、自己与刘正宗为李梦阳、何景明、李攀龙之后身了。

二　复古运动中的关中士人与河洛士人

关中理学与河洛理学长期处于互动式影响的发展中，相互浸淫与推助，竟很难将它们区别开来，其中又包括了对文学复古主义的共同兴趣。

廖可斌先生在其《明代文学复古运动研究》一书中将正德六年（1511）到嘉靖初文学复古运动中的士人分为四个群体：以李梦阳为首，包括左国玑、李濂、郑作、黄省曾、袁袠等人的开封作家群；以何景明为首，包括孟洋、王尚䌹、戴冠、孙继芳等人的信阳作家群；以康海、王九思为首，包括何塘、吕柟、马理、韩邦靖等人的关中作家群；以顾璘为首，包括边贡、朱应登、蒋山卿等人的南京作家群。③ 这些作家群打破地域界线，以李梦阳、何景明、康海、顾璘四人为核心，他们

---

① （清）薛所蕴：《桴庵诗跋》，《桴庵诗》卷首，四库全书存目丛书本，集部第 197 册，齐鲁书社 1997 年版，第 211 页。

② （清）薛所蕴：《刘宪石逋斋诗序》，《澹友轩文集》卷三，四库全书存目丛书本，集部第 197 册，齐鲁书社 1997 年版，第 41 页。

③ 廖可斌：《明代文学复古运动研究》，上海古籍出版社 1994 年版，第 77—80 页。

认同群体的文学创作理念和文学创作风格，成为推动明代文学复古运动的主力。在这四个文学群体中可以看出关中士人和河洛士人的文学交往非常紧密。复古运动中“前七子”关中士人和河洛士人占绝大多数，在某种程度上说他们是此次文学复古运动的灵魂，对明代中后期及清代文学的发展产生了极其深远的影响。

在明代，“七子”之说较早可追溯至嘉靖十一年（1532），康海撰《渼陂先生集序》云：“我明文章之盛，莫极于弘治时。所以反古俗而变流靡者，惟时有六人焉：北郡李献吉、信阳何仲默、鄠杜王敬夫、仪封王子衡、吴兴徐昌谷、济南边廷实。金辉玉映，光照宇内，而予亦窃附于诸公之间。”[①] 康海虽未明确提出“七子”的说法，但是康海在此段论述中提出了七人在文学上“反古俗而变流靡”的宗旨相同，虽自谦在“六人”之后称“予亦窃附于诸公之间”，但明代的许多人对康海在七子的地位都予以肯定，何良俊《四友斋丛说》不仅说康李二公出后，文体为之一变，还说“近时如偃师高苏门（高叔嗣），关中乔三石（乔世宁），其文皆宗康李”。但是，由于康海被诬为瑾党，以致后来人们淡化了对他的印象，在言及“前七子”领袖人物时，只说“李何”，而不是开始的“康李”。如樊鹏于正德十六年（1521）所撰《中顺大夫陕西提学副使何大复先生行状》记有：“初国朝去古益远，诗文至弘治间极矣。先生首与北地李子一变而之古，三代而下，文取诸左马，诗许曹刘，赋赏屈宋，书称颜柳，天下翕然从风。”[②] 实际上何景明是在康海罢归后才产生重大影响的。何虽与康海同年进士，但名在第三甲，年才十九岁，当时的影响自然不及状元康海。何景明的学生乔世宁在《何先生传》中说，何“年十九登壬戌进士，授中书舍人，是时，北地李献吉、武功康德涵、鄠杜王敬夫、历下边廷实皆好古文辞，先生与之论文语合，乃一意诵习古文，而与献吉又骏发齐名”[③]。

从目前所掌握的资料看，何景明、王廷相同康海、王九思、李梦阳、吕柟、韩邦奇、韩邦靖、马理、周惠等人之间多有交游。王世贞为

---

① （明）王九思：《渼陂先生集序》，《渼陂集》卷首，第 3 页。

② （明）何景明撰，李叔毅等点校：《中顺大夫陕西提学副使何大复先生行状》，《何大复集》附录，第 680 页。

③ （明）何景明撰，李叔毅等点校：《何先生传》，《何大复集》附录，第 667 页。

何景明集作序写道："是二君子抉草莽，倡微言，非有父兄师友之素，而夺天下已向之利自为德，于乎难哉！"① 七人已在实际操作层面成为一个以文学相倡和、奖掖的团体，并辉映当世，成为文坛的共识。另外需要注意的是，何景明曾做《六子诗》，其诗序云："六子者，皆当世名士也。予以不类得承契纳，辅志励益者多矣。病归，值秋寤叹中，夜有怀良友，别思缠绵，作《六子诗》。"② "六子"是指王九思、康海、何瑭、李梦阳、边贡、王尚絅，其中就有关中的李梦阳、康海、王九思。但《六子诗》为怀友之作，所写六人的这种联系，还影响到一批河洛地区前七子成员，如崔铣、何瑭等，这些人即是前七子诗文运动的主要参与者，又在理学思想上与西北地区的关中学者或复古人士十分接近（当然也包括他们之间的个人关系），弘治十五年（1502），马理、崔铣、吕柟、秦伟等人未中进士之前在京城明经修行，名震都下，后来"高丽使者慕之，录其文以去"③。由于刘瑾事件，文学复古运动中的关中士人零落，回归乡间。在何景明督学关中时，和关中士人仍多有交往，其中在正德十四年二月何景明初到关中时就和阔别十年的康海聚会，在《康对山集》中有《喜仲默至》《彭麓诗和白坡提学与诸公见过之作》，在这次文人聚会中还有王九思。在后来督学关中时，何景明和其他的关中士人聚会更多，其《大复集》中《登楼观阁时王令明叔邀张用昭、段德光、王敬夫、康德涵四子同游》，其中张用昭即张潜，弘治丙辰进士，正德九年归秦定居华州后，与康海往来甚密，子张之粲为康海的女婿，嘉靖壬午举人；段德光即段炅，和康海、李梦阳、王九思同为文学复古时期关中士人。

高叔嗣任职吏部，"其所交游，皆当世之贤豪长者"④，"与三原马理，武城王道同署，以文艺相磨切"。⑤ 嘉靖十二年，高叔嗣出为山西左参政，马理作序送行，有诗《高苏门擢山西大参之任》云："高子中

① （明）何景明撰，李叔毅等点校：《何大复集序》，《何大复集》卷首，第4页。

② （明）何景明撰，李叔毅等点校：《六子诗并序》，《何大复集》卷八，第85页。

③ （清）张廷玉等撰：《儒林》，《明史》卷二八二，第7249页。

④ （明）焦竑著，吴相湘主编：《湖广按察司按察使弟叔嗣行状》，《国朝献征录》卷八八，台湾学生书局1984年版，第3818页。

⑤ （清）张廷玉等撰：《文苑》，《明史》卷二八七，第7369页。

州杰，文章擅大家。鲸鱼今掣海，鸾凤旧群鸦。征迈心犹壮，盘行路不嗟。干旌忽赵魏，方俗定勋华。”① 马理为正德九年（1514）进士，高叔嗣为嘉靖二年（1523），在官场较马理为晚，作为前辈，马理对高叔嗣极为称赞。

三　李梦阳与何景明的论争

从作家的个性来审视文学思想的变迁，必然要对不同作家的特定精神气质与思想抉择作出判释。何景明和李梦阳在嘉靖文学视野里扮演了不同的角色。王世贞说，李诗源于《风》，何诗源于《雅》，其较为正确地抓住了二者的差异。李梦阳提倡杜诗学，是前七子当之无愧的领袖，但何景明通脱的复古意向对嘉靖文学的影响更为正面和深广。

李梦阳同何景明的初识大致是在弘治十五年（1502）何中进士之后，十七年，何景明被授官中书舍人。其时，官居户部主事的李梦阳先后与在京城为官的何景明、边贡、康海、王廷相、王九思、徐祯卿等人相识，“共相推毂，倡复古道”②，文学复古运动自此开始。后来，李梦阳回忆当时的情景云：“是时少年谁最文，太常边丞（按：边贡）何舍人（按：何景明）。”③ 何景明后来也写诗回忆：“忆年二十当弱冠（按：何中进士时，正当二十岁），结交四海皆豪彦。文章天上借吹嘘，杯酒人中回顾盼。”④ 由以上可以看出李、何二人之交往从这时候开始，此后，李、何二人结为挚友，“稽述往古，式昭远模，摈弃积俗，肇开贤蕴，一时修辞之士，翕然宗之，称曰李何云”⑤。正德三年（1508），李梦阳因为正德元年上疏弹劾宦官刘瑾，被刘瑾矫旨“械致至京，复下锦衣狱”，“内弟左国玉遂上书求救于康（海），而张潜（按：陕人，梦阳乡试同年，弘治九年进士，时官礼部郎中）、何景明共促之往”⑥，让康海以乡党关系游说刘瑾。同时，何景明又上书内阁大学士李东阳，恳

---

① （明）马理：《高苏门擢山西大参之任》，《谿田文集》卷二，第559页。

② （明）何良俊：《诗》，《四友斋丛说》卷二六，第235页。

③ （明）李梦阳：《徐子将适湖湘余实意恋恋难别走笔长句述一代文人之盛兼寓祝望焉耳》，《空同集》卷十九，第452页。

④ （明）何景明撰，李叔毅等点校：《李大夫行》，《何大复集》卷十三，第193页。

⑤ （明）王廷相：《何氏集续》，《王氏家藏集》卷二三，《王廷相集》，第425页。

⑥ （明）李开先著，路工辑校：《李崆峒传》，《闲居集》卷十，《李开先集》，第604页。

求其出面疏通，以救李梦阳出狱。正德十一年（1516），李梦阳妻左氏在开封病逝后，除李本人撰《结肠篇》三首表示悼念外，何景明、崔铣、徐缙等友人还各自撰写诗文以示哀悼，尤其是何景明也撰写了著名的《结肠赋》，以表永悼之意。

正德十三年以后，由于文学观点上的论争分歧，乃至于关系恶化，断绝了交往。再说何景明卒后之嘉靖初年，李梦阳在《答周子书》中，还隐指何景明，如其中有“一二轻俊，自恃其才辨，假舍筏登岸之说，扇破前美，稍稍闻见，便横肆讥评，高下今古，谓文章必开一户，自筑一堂室，谓法古者为蹈袭，式往者为影子，信口落笔者为泯其比拟之迹”①。

李、何之争既有当时政治、文化等外部环境的原因，也是文学复古运动中必然反思的客观结果。从政治方面看，李梦阳和李东阳二人关系经文学复古运动逐渐分裂，后来何景明在李东阳的大力举荐下，官复中书舍人，二人有了更多的接触机会。正德六年（1511）何景明结交了李东阳的得意门生杨慎。杨慎对何景明的影响非常大。何景明有名的《明月篇序》就是在杨慎的启发下，心生感叹而作。这一创作引起李梦阳的不满，李梦阳发现何景明的创作出现一些师心自用、讲究辞藻、一味清俊的茶陵派之创作特点，他急于强化复古运动的势力，想对复古理论和创作进行整合，李、何之争就不可避免。何景明《与李空同论诗书》曰：“追昔为诗，空同子刻意古范，铸形宿镆，而独守尺寸。仆则欲富于材积，领会神情，临景结构，不妨形迹”，“仆观尧、舜、周、孔、子思、孟氏之书，皆不相沿袭，而相发明，是故德日新而道广，此实圣圣传授之心也”，“佛有筏喻，言舍筏则达岸矣，达岸则舍筏矣。”②这里，何景明批评李梦阳“刻意古范，铸形宿镆，而独守尺守”，并喻以舍筏登岸之说，又指出李诗“其高者不能外前人也，下焉者，已践近代矣”③，尤其提出“自筑一堂奥，突开一户牖，而以何急于不朽”之

① （明）李梦阳：《答周子书》，《空同集》卷六二，第569页。

② （明）何景明撰，李叔毅等点校：《与李空同论诗书》，《何大复集》卷三十二，第575—576页。

③ 同上书，第577页。

主张。而且称李梦阳作品的缺陷："为文是古人的影子"[①]，何景明这些看法，当然触伤了李梦阳的自尊之心，于是，李立刻以《驳何氏论文书》、《再与何氏书》进行反驳。李梦阳成名之后，"恃才自负，乏兼容之量"的个性也是导致何、李二人最后绝交的因素之一。正如明代文学家王世贞云"盖何晚出，名遽抗李，李渐不能平耳。"[②] 即二人的交恶在一定程度上是为了争得文坛主导权。

李、何之争极大地削弱了复古群体在诗坛的凝聚力和影响力，邹观光在《洞庭渔人续集序》中对二人由于文学观点而导致的相互攻讦提出委婉的批评："夫文人相轻，习惯若性，即何与李名相高下也，而持议不相上下，其徒各私其绪，若敌国然。"[③] 邹观光提出的"其徒各私其绪，若敌国然"系指李、何二人的争论并非仅在二人之间展开，而是在其各自的追随者那里得到了延续，这大大出乎李、何初衷，因此后来的王世贞对此提出批评："二君子之徒，不能长缘其师所繇得，毛举论难之语，以为好胜；而它工易者，恶津伐者，往往左袒何子而龁李子，则又似乎非何子意也。"[④] 嘉靖前期何、李追随者之间的相互攻伐，使原本受刘瑾事件就已衰弱的复古运动更加走向没落。

四　李梦阳家居时与河洛的文学团体

李梦阳虽为陕西庆阳人，却在14岁即随其父徙家河南开封。因此，他在文中经常以"大梁李某"自称。正德二年（1507）、正德九年（1514）先后两次罢官，前后近二十年，其间李梦阳的文学活动主要在开封一带展开。家居期间，李梦阳"从闾里侠少射猎繁吹二台间，自号空同子，而海内慕重之"，"大梁贾客求文，赍金为寿而已。梦阳得金，复集宾客，治供帐园林，为富贵容，殊骄奢"[⑤]。时常往来游处的河洛士人有左国玑、曹嘉、高叔嗣、李濂、田汝耔等人。左国玑，字舜齐，

---

① （明）李梦阳：《驳何氏论文书》，《空同集》卷六二，第565—566页。

② （明）王世贞著，罗仲鼎校注：《艺苑卮言校注》卷六，第306页。

③ （明）"国立中央"图书馆编：《洞庭渔人续集》卷首，《"国立中央"图书馆善本序跋集录》，集部第3册，"国立中央"图书馆1994年版，第299页。

④ （明）何景明撰，李叔毅等点校：《何大复集序》，《何大复集》卷首，第4页。

⑤ （清）查继佐：《谏议诸臣列传》，《罪惟录》卷十三，浙江古籍出版社1986年版，第2037页。

尉氏人，梦阳内弟。才名籍甚，肆力著作，世称中川先生。田汝耔，字勤甫，祥符人。弘治乙丑（1505）进士，仕至湖广副使。告归，力田养母，以经籍自娱，著述甚富。其弟亦诗文藻丽，与兄并美。据钱谦益《列朝诗集小传》载：田汝耔“少游于李梦阳之门，与左国玑齐名，人呼为‘田、左’。少领乡荐，十三岁试春官不第，乃谒选官，终兵部司务。性不闲拘系，晚登仕途，常怏怏不快意。”[①]《空同集》卷十二有《九子咏》，九子皆梦阳诗文之友。刘大漠、王尚絅、戴冠、孟洋与焉。刘大漠，字远夫，正德戊辰（1508）进士，有《东皋集》。王尚絅，字锦夫，弘治壬戌（1502）进士，有《苍谷集》。

李梦阳对中州后起诸子的影响，最突出的例子当数李濂和高叔嗣了。李濂字川父，号篙诸山人，祥符人。正德甲戌（1514）进士，授河阳知州，迁宁波同知，终山西按察佥事，有《嵩渚集》。李濂十七岁读书吹台之时与左氏相交好，并通过左氏的引见得到李梦阳的赏识。“一日作《理情赋》，友人左国玑持以示李梦阳，梦阳大嗟赏，访之吹台，濂自此声驰河洛间”[②]。梦阳因弹劾刘瑾案刚出狱不久，闲居大梁，这段时间，李濂得梦阳指点，诗艺大增，并以梦阳的诗文理论为依托，形成了自己的诗学观点。何良俊在《四友斋丛说》中直把李濂列为梦阳弟子辈，可见李梦阳对他影响极深。只不过李濂后称其初受知梦阳，后不屑附和。《四库全书总目提要》称李濂于七子之外，挺然自为一格，大抵笔锋凌厉，而裁剪尚疏，不免才多之患。其实，李濂承李梦阳之习，未能自成一格。

高叔嗣，字子业，祥符人。嘉靖癸未（1523）进士，历升吏部郎中、山西左参政。转湖广按察使等职，卒于官。笃学好古，尤工于诗，所著有《苏门集》八卷行于世。兄仲嗣，官广西知府，文词奇古，时称“大梁二俊”[③]。高叔嗣少时即追随李梦阳，深受其奖掖，陈束《苏门集序》称叔嗣“束发就传，受知北郡李生”。[④] 叔嗣自称平生向慕两

① （清）钱谦益：《田司务汝耔》，《列朝诗集小传》丙集，第320页。

② （清）张廷玉等撰：《文苑二》，《明史》卷二百八十六，第7360页。

③ （明）高叔嗣：《读书园稿自序》，《苏门集》卷二，钦定四库全书本，集部第1273册，台湾商务印书馆1986年版，第547页。

④ （明）高叔嗣：《苏门集序》，《苏门集》卷首，第563页。

人，即后渠崔子和空同李子。《苏门集》卷二《读书园稿》自序曰："当是时，李空同先生方盛，邑子之属出其门，撰为文辞，模于古人，若宋苏轼、唐韩愈薄不为也。余私心不能无慨慕，时时窃撰一二篇，庚寅岁所著独多。"① 嘉靖二年，高叔嗣举进士二甲十七名之时，李梦阳对其不为状元深感惋惜。高叔嗣受知于李梦阳，是时风众势，当时高叔嗣和李梦阳同居大梁，慨慕李梦阳的文学地位，自觉模仿其诗作，且不负其望，陈束《苏门集序》："既雅见推重，益自贵珍。谢绝品流，因心师古。涉周秦之委源，酌二京之精秘。会晋余润，契唐本宗，每有属缀，伫兴而就，宁复罢阁，不为浅易之谈。故其篇什往往直举胸情，刮抉浮华，存之隐冥，独妙闲旷，合于风骚。有应物之冲淡，兼曲江之沉雅，体孟、王之清适，具岑、高之悲壮。词质而腴，兴近而远，洋洋乎斯可谓之诗也。"② 可见李梦阳于高叔嗣，不仅是其进入文学殿堂的引领者，更是其明确师古方法的指路人。

嘉靖初，随着复古派代表人物前七子相继谢世，复古派声势渐趋衰落，"嘉靖八才子"开始主导文坛，他们随受复古派"前七子"影响，但在文学复古的重大问题上存在明显歧异，致使"后生英俊，稍稍厌弃李、何"③，高叔嗣认识到模拟所带来的不便，在其《读书园稿》自序中说："本非所长而强力摹之，度必取讪于众"④，言其放弃仿效李梦阳诗作之意，这一戏剧性的变化同高叔嗣同薛蕙的交往不无关系。正、嘉之际的杨慎与薛蕙共同反对李、何所代表的"拆洗少陵"的创作倾向，他们强调六朝、初唐在诗史上的重要地位，薛蕙所坚持的师古范围与"诗必盛唐"有很大不同，其复古不限于盛唐，而兼学魏晋六朝，其创作旨趣以"淡泊为宗"⑤，主神韵说，给高叔嗣以很大启发，高叔嗣渐受其影响，始"迥与梦阳异调"⑥。

---

① （明）高叔嗣：《读书园稿自序》，《苏门集》卷二，第 547 页。

② （明）高叔嗣：《苏门集序》，《苏门集》卷首，第 563 页。

③ （清）朱彝尊著，姚祖恩编，黄君坦点校：《高叔嗣》，《静志居诗话》卷十一，第 321 页。

④ （明）高叔嗣：《读书园稿》，《苏门集》卷首，第 563 页。

⑤ （清）沈德潜：《说诗晬语》卷下，人民文学出版社 1979 年版，第 240 页。

⑥ （清）永瑢等撰：《苏门集提要》，《四库全书总目提要》卷一七二，第 2319 页。

明代文学复古运动中的关中士人和河洛士人由于共同的文学理念和担当意识，使他们相互引以为同类。无论在文学复古运动前夕，还是在文学复古运动中，相互砥砺，在京城的文坛上掀起了一场声势浩大的文学革新运动。文学复古运动标举复古，荡涤文坛，一洗明代前期台阁体文学柔靡粉饰的文风，对明代中后期乃至清代的文学发展产生了深远的影响。

第二章　地域文学发展的文化土壤

文学史就其实质来说是时间维度、空间维度下的一种精神体验，其发展深受时空和人的活动影响。关中文学实力的消长就整体而言与关中地区的经济实力的消长直接相关，文学风格的形成与地域的风土人情直接相关。除此之外，关中地区的文学发展还同本地区的文化土壤直接相关，科举、书院、商业环境、文人之间的延誉与奖掖对士人文学道路的选择和文学成就都起着非常重要的作用，这些因素在一定程度上决定了明清关中文学的地位及其样态。

第一节　科举与文学风气

科举在明清两代关中文学士人的文学活动中扮演着极其重要的角色，作为明清重要的选举制度，科举制度在很大程度上影响到士人的行为、价值观念以及人生道路。同时，作为明清重要的文化现象，科举制度对文学的发展也产生了深远的影响，它影响到士人的创作环境、精神世界以及文学声望，影响到士人的文学交流，文学活动以及文学流派的发展，影响到士人的文学理论建树、文学题材选择以及文学创作的发展。

一　科举与士人的身份

士这一特权阶层是王朝统治力量的塑造者和保护者，如今日学者所记："所谓士庶之别，在明以前还只是观念上而不是制度上的。明代则将科举身份固定化，具有科举身份的人成为官僚集团的直接候选人，享有与官僚集团类似的种种特权，是具有准官僚集团的特征，在士庶之间划了一条明确的界限。”[①] 清人赵翼概论明代文学家，将明代文人分为四类：第一类为进士出身入翰林者，“今历数翰林中以诗文著者，惟程敏政、李东阳、吴宽、王鏊、康海、王九思、陆深、杨慎、焦竑、陈仁锡……”；第二类为进士出身官于郎署、中书舍人、行人、博士及知县者，“一代中赫然以诗文名者，乃皆非词馆。如李梦阳、何景明、王世贞、李攀龙……”；第三类为举人出身者；第四类为不由科举而才倾一时者，“或诸生、或布衣山人，各以诗文书画表见于时，并传之后世”[②]。从赵翼的四个分类中可以看出明代的科举制对中国文学的影响非常深刻，中举入仕为士人创作提供了一定的物质基础，促进了其诗文的传播。

古人谓“十年寒窗无人问，一举成名天下知”[③]，在古代科举社会中，作为一个士人，无论多么有才华，如果没有考中进士，在一般情况下，其生前文学影响始终是地方性的，例如晚明作家徐渭，在诗文、书画、戏曲等方面都有极高的造诣，但由于只是秀才，所以只在他的家乡浙江绍兴小有名气。直到徐渭死后，公安派领袖袁宏道才重新发现了他的诗文集，对他大加揄扬，使他产生了全国性的影响。明代“前七子”、“后七子”、唐宋派作家产生全国性的影响，都是他们中进士以后的一个标志。他们夺魁以后，离开家乡，来到京城，促进了京城与地方文化的交流[④]。

明清许多时文作家出身于翰林，《明史·文苑传》收大约220人，而其中曾经就职翰詹者（包括庶吉士，下同）有52人，占总数的23.6%；《清史稿·文苑传》收大约332人，而其中曾任职翰詹者85人，占总人数的25.6%。两传共计收大约552人，翰詹出身者共137人，占总人数的25.1%，这已经是不小的比例。因为明清仕途显赫而兼有文学声望、成就者如宋濂、杨士奇、王世贞、高士奇等人另有

① 吴宗国：《中国古代官僚政治制度研究》，北京大学出版社2005年版，第439页。

② （清）赵翼著，王树民校正：《明史》，《廿二史札记校正》卷三四，中华书局1984年版，第782—783页。

③ （金）刘祁撰：《归潜志》卷七，中华书局1983年版，第74页。

④ 郭皓政：《明代状元与文学》，齐鲁书社2010年版，第26—27页。

专传[①]。

翰林士人是明清文人的主要组成部分，他们有良好的文化修养和较高的文学声望，加之翰林士人在政治上的优势地位，他们入主词林无疑会扩大翰林院的影响，增强文学创作的氛围，促进文学创作的发展。馆阁为人文荟萃之地，馆阁文人之间的诗文酬唱也很多。明初，这类倡和活动的主题依然是为皇帝歌功颂德，带有浓厚的政治色彩。正统以后，馆阁文人集会倡和的政治色彩渐淡，社交意味渐浓。在这类馆阁文人的倡和活动中，状元往往扮演着十分活跃的角色[②]。明清翰林文人对后辈文人乃至翰林以外士人的引导、提携与帮助，扩大了明清文人队伍。一方面，翰林官员是经过严格的选士制度脱颖而出的文官；另一方面，翰林官员与皇权的密切关系及其对皇权的分享，使其成为皇权的代言者和执行者。因此翰林士人往往"以文章为职业"[③]。

明初，杨士奇论举业以为，"科举须兼取南北，士长才大器，多出北方。第朴钝少文，难与南人并校也"[④]。因而实施了"卷分南北，酌量取士"的政策，以便提携北方士人。及至弘、正之际，北人操觚命世，已然蔚为潮流。进入正德朝之后，陕西文学之士遍起，蔚然成一大观。统计此时的陕西籍进士人数，亦为历史高峰。正德朝共 16 年，开科 5 次，而陕西有 106 人中的，场均取 21.2 人，除天启朝外，为全明之最[⑤]。明代的文学复古运动是在西北文人主导下兴起的，这些士人都是经科举一途席卷文坛的。

弘治年间由于文学领袖李东阳或校文礼部，或充会试考试官、殿试读卷官，逐渐掌控了科举取士权，所以这一时期大量文学之士先后在科场中纷纷涌现出来。其中弘治六年癸丑科（1493）有顾清、何孟春、李梦阳等，九年丙辰科（1496）有王九思、边贡、顾璘，十二年己未

---

① 王红：《明清文化体制与文学关系研究》，巴蜀书社 2010 年版，第 153—154 页。

② 郭皓政：《明代状元与文学》，第 74—75 页。

③ （清）朱轼等：《圣祖仁皇帝实录》，《清实录》第 5 册，中华书局 1985 年版，第 745 页。

④ （明）张朝瑞：《皇明贡举考》卷一，四库全书存目丛书本，史部第 269 册，齐鲁书社 1997 年版，第 463 页。

⑤ 据朱保炯、谢沛霖编著《明清进士题名碑录索引》统计，上海古籍出版社 1980 年版。

科（1499）有都穆、朱应登、王守仁等，十五年壬戌科（1502）有康海、王廷相、何景明等，十年乙丑科（1505）有徐祯卿、郑善夫等。

康海曾在仕宦归来的内乡丞冯寅门下学习三年，受到了良好的启蒙教育，冯寅“惇德好学，教人弗厌，有古昔乡贤之风”①。弘治十一年，康海以《诗经》举乡试第七名。十二年会试不第，乃与同年举人马理等游学国子监，弘治十五年（1502）中壬辰科状元。他在会试之后，曾当众叹曰：“乡试让吉时，会试让鲁铎，若廷试复让一人，则真弃物矣！”②决心考取状元，廷试时果然如愿以偿。弘治十五年，再试京师，其《廷对策》深受读卷官刘健等人的赏识，以为“词意高古，娴于政理，不惟三百人不及，自有制策以来，鲜见其比。”孝宗皇帝亲览，龙心大悦，对辅臣说：“我明百五十年无此文体，是可以变今追古矣”③。

中举或中进士毕竟是少数人的幸运，而大多数士人终身可能与此无缘，但通过科举前期的系统训练，都具有文学的潜质，部分士人成为著名的民间文学家，流寓江南的关中士人雷士俊、王岩就属于这类人：

> 崇祯十五年，天下例当乡试。十四年秋，巡抚张公摄学政将聚所部之士而简拔，其入场者乃先考自府，余以落落不合于扬州知府冯公，为所摈弃不与提学试，王筑夫就试，提学叙第三等。是时张孚聪丧未祥禅，明年六月提学宗公考遗才于江阴，余与筑夫、孚聪赴之，筑夫守正绝干谒，孚聪疾世之奔竞，励以矫枉，余亦素奉二君子教，心窃慕之，皆以疎拙安命为尚，权要请托为贱。而遗才之试大抵公卿所关，说虽有方刚提学执法不回，或于岁科二试较文取士务于严平，而至于录遗则以徇当途者之情，当途者亦明言之④。

从上述资料可见，雷士俊与王岩乡试未能通过的重要原因是没有干谒主考官，自此也就断绝了他们中举和中进士之路，他们的文学地位和

① （明）康海：《南城兵马司指挥冯公墓志铭》，《康对山先生集》卷三八，第430页。

② （明）李开先著，路工辑校：《康、王、王、唐四子补传》，《闲居集》之十，《李开先集》，第533—534页。

③ （清）黄宗羲：《翰林院对山先生行状》，《明文海》卷四三三，第4545页。

④ （清）雷士俊：《壬午试事记》，《艾陵文钞》卷八，第89页。

文学生命也因此而改变，后来二人生活一直困顿，处于颠沛流离的状态中，或以入幕为生，或以典当为生。

二　关中士人的科举状态

明清两代的大部分时期社会安定，社会视科举为唯一正途，是典型的“万般皆下品，唯有读书高”的时代。但读书在当时是绝对的高消费，从书籍、笔墨纸砚到学费、赶考的路费，都是一笔庞大的开支。从状元的地域分布可以看到，凡是科举鼎盛的地方，都具备以下两个条件：一是当地经济比较发达，人民相对比较富裕，能供子弟读书的家庭较多；二是当地的经济繁荣已经至少持续了几代人，有了一定的文化积淀，有浓厚的读书传统。

与经济状况相联系的是教育和科举状况。明代科举分三级进行，第一级是在子、卯、午、酉年八月各省进行的乡试，中试者称“举人”，举人由中央统一规定，如表2－1所示：①

表2－1　　乡试取士名额统计　　单位：人

	洪武三年	洪熙元年	宣德四年	宣德七年	正统五年	景泰四年	成化三年	成化十年	弘治七年	嘉靖十四年	嘉靖十九年	嘉靖二十五年	万历元年
南直隶	100	80	80	80	100	135	135	135	135	135	135	135	135
北直隶	40	50	50	80	100	135	135	135	135	135	135	135	135
浙江	40	45	45	45	60	90	90	90	90	90	90	90	90
江西	40	50	50	50	65	95	95	95	95	95	95	95	95
福建	40	45	45	45	60	90	90	90	90	90	85	85	85
湖广	40	40	40	40	55	85	85	85	85	85	85	85	85
山东	40	30	30	30	45	75	75	75	75	75	75	75	75
山西	40	30	30	30	40	65	65	65	65	65	65	65	65
河南	40	35	35	35	50	80	80	80	80	80	80	80	80
广东	25	40	40	40	50	75	75	75	75	75	75	75	75
广西	25	20	20	20	30	55	55	55	55	55	55	55	55

① 据《大明会典》卷七七，《礼部·科举》统计所得。

续表

	洪武三年	洪熙元年	宣德四年	宣德七年	正统五年	景泰四年	成化三年	成化十年	弘治七年	嘉靖十四年	嘉靖十九年	嘉靖二十五年	万历元年
陕西		30	30	30	40	65	65	65	70	70	70	70	70
四川		35	35	35	45	70	70	70	70	70	70	70	70
云南		10	15	15	20	30	40	45	50	40	40	40	45
贵州										25	25	30	30
交趾		10											
合计	510	550	545	575	740	1145	1155	1160	1165	1180	1175	1180	1185

从上表中可以看出，南北直隶除外，乡试名额最多的是江西，其次是浙江、福建、湖广，都在南方；然后是北方的河南、山东；西部地区的陕西、四川、广西、云南、贵州加上北方的山西，则是名额较少的省份。

如果从上表显示的数字看，乡试取士名额的分配向南方倾斜。但如果参考各地人数，结论却不是这样。以《明史地理志》所载弘治四年各省人口为参数，乡试名额和人口的比例依次是：福建 1∶23401；广东 1∶24232；北直隶 1∶25411；广西 1∶30478；河南 1∶32680；云南（含贵州，云南为正德五年的人口）1∶33376；四川 1∶37120；湖广 1∶42019；浙江 1∶58953；南直隶 1∶59137；陕西 1∶60190；山西 1∶67084；江西1∶68945；山东 1∶90129，排在前 7 位者，南北各 2 省，西部 3 个省。排在后 7 位者，南部 4 个省，北部 3 个省，比例最小，是传统意义上的落后省份；山东、山西及陕西、浙江、南直隶、江西是实际意义上的科举发达区。可见，这种名额的分配，在本质上对先进地区进行控制，对落后地区进行保护。同时两朝科举制度在整体上呈规范化、标准化、程序化之势，应举文人地域流动则经历了先南后北的变化。明初建都南京，应举文人的流向自然以南京为中心。永乐十九年（1421）迁都北京之后，又以南京为陪都，科举同时于北京和南京两都举行。自洪武三十年（1397）南北榜事件后，南北取士变得相当敏感，与此相应的对策是，先以一定比例对北人采取保护政策，然后又分南北中卷，各占比例为 55∶35∶10。具体南卷包括应天府及苏州府、松江府和浙江、江西、福建、湖广、广东等省。北卷包括顺天、山东、山西、河南、陕西等。中卷包括四川、广西、云南、贵州及凤阳、庐州二府，滁州、徐州和州三州。这一规定基本延续到明末，其间只作了一些调整，但从整体看，还是以南方占绝对优势。现按地区排序如表 2－2 所示：①

表 2－2　　　　明清两代进士人数分地区排序

名次	明代		清代	
	地区	进士（人）	地区	进士（人）
1	浙江	3697	江苏	2949
2	江西	3114	浙江	2808
3	江苏	2977	河北	2674
4	福建	2374	山东	2270
5	山东	1763	江西	1919
6	河南	1729	河南	1721
7	河北	1621	山西	1721（并列）
8	四川	1369	福建	1371
9	山西	1194	湖北	1247
10	安徽	1169	安徽	1119
11	湖北	1009	陕西	1043
12	陕西	870	广东	1011
13	广东	857	四川	753
14	湖南	481	湖南	714
15	广西	207	云南	694
16	云南	122	贵州	607
17	甘肃	119	广西	568
18	贵州	32	甘肃	289
19	辽东	23	辽东	186

① 梅新林：《中国古代文学地理形态与演变》，第 469—470 页。

显然，尽管明代采取分地取士的保护性政策，但前四名皆在南方的长江流域，其中浙江、江苏、江西、福建、安徽合占进士总数一半以上，可见南方明显地拥有绝对优势，就应举文人的流向而言，这些进士从其籍贯地出发，然后分别流向北京与南京（明代）两大科举中心，同样，以流向南方密度为大。假如加上未中进士的更大规模的应举文人的群体流向，则其密度更大。① 在明确清代分省取士的制度之后，再来统计各地区进士数额，对它们进行分析，从而总结出清代进士地域分布特点，见表2－3。

表2－3　　清代进士人数分地区统计②　　单位：人

	顺治	康熙	雍正	乾隆	嘉庆	道光	咸丰	同治	光绪
直隶	432	498	161	488	275	313	92	135	307
江苏	436	666	167	644	233	263	69	124	318
安徽	129	142	43	216	164	166	39	76	215
浙江	301	567	183	697	263	300	87	108	302
江西	83	200	115	540	223	265	74	122	273
福建	118	178	99	301	156	150	46	82	269
山东	419	429	105	359	210	268	79	118	273
河南	297	311	81	282	133	169	95	108	217
陕甘	169	190	60	228	121	138	94	95	290
山西	250	268	81	311	141	143	47	58	132
湖北	189	191	69	212	126	135	43	72	184
湖南	30	44	39	128	102	106	31	68	178
四川	15	61	31	159	88	108	49	71	181
广东	34	91	69	252	106	139	36	79	206
广西	2	28	17	102	67	91	27	72	164
云南	0	46	48	129	117	119	36	42	156
贵州	1	31	29	129	98	95	29	44	143
辽东	4	25	10	29	20	26	12	17	40
八旗	156	112	92	179	178	275	61	97	240

① 梅新林：《中国古代文学地理形态与演变》，第470页。

② 李润强：《清代进士的时空分布研究》，《西北师范大学学报》（社会科学版）2005年第1期，第65页。

状元的分布也能说明教育事业发展程度和文人的实力，关于明代状元的地域分布，周腊生《明代状元奇谈·明代状元谱》中有如下统计：

整个明代一共产生了89名状元，大部分集中于东南地区（今福建、浙江、江苏、江西4省），其中：浙江20名，占总数的22.47%；江西17名，占总数的19.10%；江苏16名，占总数的17.98%；福建11名，占总数的12.36%；4省合计64名，占总数的71.91%。若加上上海3名，安徽5名，广东3名，东南一共75名，占总数的84.27%。剩下14名由其他省份分配，其中陕西2名，北京、四川、湖南各1名。从以上分布情况看，就明代的文化教育事业的发展而言，东南大大优于其他地区①。

明清两代关中的进士主要集中在咸宁、三原和泾阳。明代三原县是仅次于咸宁科甲最盛的地方。这里有深厚的儒学传统，三原学术的兴盛与名彦硕德的兴教有很大关系。当时主持弘道书院讲学的主要是王承裕，王恕则优游于西园、东园，潜心于经书传注之中，也偶尔为王承裕的弟子讲学。王氏父子讲学的重点首先在经学，强调读经、治经，如王承裕要求学院诸生每日读经书，并在弘道书院内专门设有“考经堂”，可见考经堂即是弘道书院专门的讲经之所。又因王恕、王承裕分别以《易》、《诗》中进士，故其门人弟子亦多治此二经。从《弘道书院出身题名》著录的42人来看，其中治《易》者16人，治《诗》者11人，两者相加共27人，占总数的一半以上，余者或治《书》（4人）或治《礼记》（7人）或治《春秋》（4人）。总之，弘道书院注重经学的思想，对关中士人产生了很大的影响，杨一清督学关中时曾说：“康（康海）之文辞，马（马理）、吕（吕柟）之经学，皆天下士也!”② 三原学派对经学的重视，与南方的阳明学注重对道德形上本体的体悟形成鲜明的对比，可以说这是明代关学的一个基本特征。

明代的关中士人的科举状况还有一部分值得关注，这就是在两淮经商的关中商人子弟，直到成化中期，山、陕商人的实力一直在徽商之

① 周腊生：《明代状元奇谈·明代状元谱》，紫禁城出版社2004年版，第181—182页。

② （明）冯从吾撰，陈俊民、徐兴海点校：《谿田马先生》，《关学编》卷四，中华书局1987年版，第47页。

上。到成化十年（1474），山、陕商人的子弟中进士举人者17人，徽商子弟中进士举人者18人，不相上下（据嘉庆《两淮盐法志·科第表》统计），据此可以看出陕西盐商子弟在科举考试进士、举人、贡生中占有重要比例，如表2－4所示。

表2－4　　　　明代两淮进士举人贡生数目统计①

	歙人（人）	陕西人（人）	山西人（人）	土著（人）	总数（人）
进士	70	30	6	31	137
举人	162	42	9	73	286
贡生	3	3	1	81	88

根据何秉棣的研究，清代扬州府的进士总数多达348名，还出了“11名第一甲而且1646—1802年仅两淮盐商集团就出了139名进士，成为重要的文化发达地区”②。陕西商贾主要包括关中三原、泾阳、西安、临潼等地，如史载：“扬以流寓入籍者甚多，虽世居扬，而系故籍者亦不少。名开中盐法行，山陕之商麇至，三原之梁，山西之阎、李，科第历二百余年。至于河津、兰州之刘，襄陵之乔、高，泾阳之张、郭，西安之申，临潼之张，兼籍故土，实皆居扬。”③陕西商人在扬州培养的知识分子中，有几位是明朝中央政府中的重要人物，影响较大，如王恕（1416—1508），陕西三原光远里人，正统十三年进士，历任扬州知府、江西布政司，南京兵部尚书、礼部尚书。温纯（1539—1609），三原人，嘉靖四十四年进士，历任知县，都给事中、都御史、两京吏部尚书、工部尚书。万历时为右都御史，屡上奏，力争请罢矿税。《明史·温纯传》评价说：“纯清白奉公，五主南北主考，澄汰悉当，肃百僚，振风纪，时称名臣。”④李世达（1533—1599），泾阳人，

① 李刚：《陕西商帮史》，西北大学出版社1997年版，第123页。

② 王标：《城市知识分子的社会形态——袁枚及其交游网络研究》，生活·读书·新知三联书店2008年版，第40页。

③ （清）黄湘、王格纂修：《杂记》，《嘉庆江都县续志》卷六，江苏古籍出版社1991年版，第635—636页。

④ （清）张廷玉等撰：《温纯传》，《明史》卷二二〇，第5802页。

嘉靖三十五年进士，历官户部主事、南京太仆卿、都御史南京吏部尚书、刑部尚书等，为官清正，屡上书纠正时弊。如表 2－5 所示。

表 2－5　　明代两淮盐商中举的部分关中士人①

科次	公元	人名	籍贯
正统戊辰（十三年）科	1448	王恕	三原
景泰辛未（二年）科	1451	赵谧	泾阳
成化丙戌（二年）科	1466	魏秉	蒲城
成化乙丑（五年）科	1469	梁泽	三原
成化壬辰（八年）科	1472	赵兰	泾阳
成化甲辰（二十年）科	1484	何宗贤	泾阳
弘治癸未（二年）科	1493	王承裕	三原
弘治乙丑（十八年）科	1505	秦伟	三原
嘉靖癸未（二年）科	1523	秦稿　雒昂	三原
嘉靖乙未（十四年）科	1535	来聘	三原
嘉靖辛丑（二十年）科	1541	梁木	三原
嘉靖丙辰（三十五）科	1556	李世达	泾阳
嘉靖乙丑（四十四）科	1565	温纯	三原
万历庚辰（八年）科	1580	闫士达	陕西
万历癸未（十一年）科	1583	牛应元	泾阳
万历丁未（三十五年）科	1607	秦鹏　焦清源	三原
万历癸丑（四十二年）科	1613	韩继恩 马逢皋　焦源博	泾阳 三原
万历丙辰（四十四年）科	1616	来复 韩琳	三原 泾阳
天启壬戌（二年）科	1622	武献哲	临潼
崇祯辛未（四年）科	1631	秦所式　房廷建 闫汝梅	三原 绥德
崇祯癸未（十六年）科	1643	张恂 石巃	泾阳 三原

① 以上材料及观点均引自田培栋《粮货大军——陕西商邦》，台湾万象图书有限公司 1995 年版，第 14—17 页。

陕商殷实的大族在科举考试中最富有竞争力，同时江南地区“未见甲兵，户足里给，百姓和乐，士旦暮诵习而延至博闻强识，采周秦汉唐宋之英华而为制举之文，雄略伟气江南北”。[①] 商人的子弟往往受这种风气的影响，热衷于科举。

三　八股文与文学

明清的科举考试分为文武二科，考试内容虽有变化，但整体变化不大。始以经义，继以论表，终以策问。《明史·选举表》所指出的科举考试“专取四书及《易》、《书》、《诗》、《春秋》、《礼记》五经命题取士的其文略仿宋经文，然代古人语气为之”的规定集中体现了明代标榜的理学庙堂文化。明初虽有“靖难之役”、“土木堡之变”，但整个王朝在总体上处于上升之势，同时理学思想的加强也是颂声不绝于耳。在科举考试的指挥下，在功名利禄的诱惑下，明代文人专意于“代圣贤立言”的八股文。朱彝尊在《静志居诗话》中总结当时文风，认为“成弘间，诗道旁落，杂而多端。台阁诸公，白草黄茅，纷芜靡蔓，其可披沙捡金者，李文正、杨文襄也，理学诸公，‘击壤’‘打油’，筋斗样子”[②]。当平雅中正的台阁体、谈道说理的性理诗横行时，辞赋的创作内容必然不出此牢笼与禁锢，士子由于热衷于科举，对于科举之外的其他知识，诸如自然科学的知识极少涉猎。宣德四年，北京国子监助教王仙言就指出：“近年生员止记诵文字，以备科贡，其于字学、算法，略不晓习。”[③] 弘治六年，考官靳贵则说：“自刻板时文兴，学者往往记诵，鲜以讲究为事。”[④] 科场的八股文体限定了士人的生命情怀，“代古人语气为之”是思想上的镣铐，“体用排偶”，[⑤] 它是文学表达上的枷锁，在这双重的桎梏中，思想文化日益萎缩，陆容《菽园杂记》卷八说：“今吏部每选考试监生作经义，有不能记本题者，任意书平日所记文字塞白，名曰‘请客文章’，亦得除授有司一职云。此风自宣德以

---

① （清）雷士俊：《刘玉少〈雪怀二集〉序》，《艾陵文钞》卷五，第63页。

② （清）朱彝尊著，姚祖恩编，黄君坦点校：《静志居诗话》卷十，第260页。

③ （清）顾炎武著，黄汝成集释，栾保群、吕宗力点校：《经义论策》，《日知录集释》卷十六，上海古籍出版社2006年版，第941页。

④ 同上书，第937页。

⑤ （清）张廷玉等撰：《选举志二》，《明史》卷七〇，第1693页。

来，已有之矣。夫时文与古义，虽大不伦，而姑恤之政，盖无有甚于此者。”① 朗瑛《七修类稿》卷十八说：“今杭之举业之文，可谓盛矣。然究其实，则皆录诸书藻丽之语，或近时泛巧时文，读不过二三册，遂高举而夺魁矣。呜呼！此岂非其衰耶，而于古人读经读史之学何如哉！”② 张大复《梅花草堂笔谈》卷五说：“时文者，撰时之物耳，髻之高下，眉之广纤，娼者之效颦，贾者之贵贱，朝更夕易，而不能以自主，且人亦走其变秀易与者耳。迎世之心急，而独行之思寡，岂惟举业哉！”③

然而，在明清不少著名的学者视八股文为文学的另一表现形态，后七子之一的王世贞认为“谓明以时义试士而不能古，则济之（王鏊）、应德（唐顺之）其于古文无几微间也。”④ 甚至李贽也说，“诗何必古选，文何必先秦。降而为六朝，变而为近体，又变而为传奇，变而为院本，为杂居，为《西厢曲》、为《水浒传》，今为之举子业，皆古今至文”⑤。近代学者钱基博先生在其《明代文学》中赫然将八股文列入文学庙堂。

科场制度一度使得学术思想的发展停滞，但是，迄于弘正之际，“古学”复兴成为蓬勃发展的文化潮流。嘉靖时，唐元荐写信给陈全之说：“弘治间，文明中天，古学焕日。艺苑则李怀麓、张沧州为赤帜，而和之者多失于流易；山林则陈白沙、庄定山称白眉，而识者皆以为傍门。至李空同、何景明二子出，变而学杜，壮乎伟矣。”⑥ 薛蕙《升庵诗序》说：“国朝能诗者盛于弘治、正德之际，其时数君子始尚古学，文体为之一变。至于今日，鸿笔丽藻之士彬彬间出，数君子为有功矣。”⑦

关中虽有重视经术的传统，且以经中举者甚多，但八股取士的趋势

---

① （明）陆容：《菽园杂记》卷八，中华书局 1985 年版，第 94 页。

② （明）朗瑛：《义理类》，《七修类稿》卷十八，中华书局 1959 年版，第 273 页。

③ （明）张大复：《文章独行》，《梅花草堂笔谈》，《笔记小说大观》第 32 册，江苏广陵古籍刻印社 1983 年版，第 243 页。

④ （明）王世贞：《四书文选序》《弇州山人四部稿》卷七十，第 3407 页。

⑤ （明）李贽：《杂述 · 童心说》，《焚书》卷三，中华书局 1974 年版，第 276 页。

⑥ （明）杨慎著，杨文生校笺：《胡、唐论诗》，《杨慎诗话校笺》卷四，四川人民出版社 1990 年版，第 100—101 页。

⑦ 王文才、张锡厚辑：《升庵著述序跋》，云南人民出版社 1985 年版，第 127 页。

得以在关中流行，路德主讲关中书院时就曾主编过多种应试的时文，在广大的士人群体中，习八股文者甚众，王维桢曾记道：

> 仆居燕京时，从书肆中得公举子业一帙，大异之，乃以遗里中士，里中士读其文，依仿而试，高等博声名者多有之。
>
> 谢君自关中来云关中士弟犕犕事记诵，务剽剥，鲜领会之，学文读书不读《朱注》、不求《大全》，《通鉴》、《性理》二集付之乌有，仆闻之骇焉。夫今时举子业为功甚约，望效甚疾，非如前世词赋应科，微夫穷滓溟探龙颔，即不可得珠也，彼奈何莽莽如是？已而闻江南士亦若此。嗟乎，俗之移剧于染丝，今海内士尽菲菲然，务华没本矣。①

从王维桢的记述中可以看出，以他为代表的士人对于理学与八股文之间的选择在心理上有一定的纠结：一方面，举子也有自己“通行”的文体，因此当王维桢在京期间见到有价值的“举子业一帙”，送里中的士人把玩，且通过模仿学习，效果明显，在后来的科考中有多人成功。另一方面，当王维桢获悉士子们为求功名，对理学视为拱璧的《朱注》、《大全》、《通鉴》、《性理》束之高阁时感到惊异和不安，发出“海内士尽菲菲然，务华没本”的感慨。

科举以八股文体为主，使模仿、抄袭成为大多数士人的通病，明清易代，基于对明亡的反思，很多人对八股文的这一文风也进行了批判，顾炎武在《日知录》中称：“近代文章之病全在摹仿，即使逼肖古人，已非极诣，况遗其神理而得其皮毛者乎？”② 雷士俊从功名利禄的角度，对制科之文进行了批评，“余性不喜制科之文，而乐周秦及汉唐宋诸君子之所论著。夫制科之士人无贤愚，莫不心专而口乐道之，且学者求禄利之途焉”③，“程朱养性存心之秘与秦汉以来千百年得失兴亡之迹舍而

---

① （明）王维桢：《与郑少潭提学书》，《槐野先生存笥稿》卷二十五，续修四库全书本，集部第 1344 册，上海古籍出版社 2002 年版，第 290 页。

② （清）顾炎武著，黄汝成集释，栾保群、吕宗力点校：《文人模仿之病》，《日知录集释》卷十九，第 1097 页。

③ （清）雷士俊：《文录》，《艾陵文钞》卷五，第 61 页。

不求，而没齿所守只《四书》一经，又不能考其传注而各持荒谬无稽之说，其发为辞章，佳者剽窃襞积，此今之林艺也。农工商贾既不可责以礼义，彬彬诵法先王者惟士，而柔靡滑泽，诡随浮沉，其峨冠博带视之则士也，而巧为无耻尤甚于农工商贾者，此今之趋操也。儿童八九岁能粗晓句读，则就师闭户讲举业以徼幸于科第，而不肖者奔走公卿，肆通贿赂不以为羞，此今之仕进也。彼之占毕，非冀知而贱之也，作文而已。彼之作文非冀垂而传之也，干禄而已。乡会既售，则弃之恐迟，而朝夕贮货财以肥其身，以娱其妻孥，上无竭忠朝廷之意，下不为苍生计安危者，此今之功名也”①。科举考试由重经义到唯八股一途取士，造成了士人重理论、轻实践的倾向，且在理论方面墨守成规，思想僵化，在雷士俊看来，科举所培养和选拔之人多有不学无术或贪鄙之人，庸才顽劣之人充斥庙堂。

李柏岁试表现不凡，“学使赏其文出性灵，遂拔之。冠一军，食廪饩，而文名藉藉，飏邑庠矣”②。但李柏对这种窒息人性的启蒙教育方式深恶痛绝，其反抗十分激烈，他“三避童试，西渡汧河，东适晋，南如栈。出而复入不敢长往者，以先妣在堂也”③。他志在山林，“避不就，或日暮投古庙，坐达旦不寐；或深入眢井三日夜；或潜走旷野，危坐连宵不归；或出亡于外，西渡汧水，南入云栈，东登首阳，拜夷齐墓”④。这种逃避方式对当时热衷于科举的人来说是不可理喻的。由于对习制举文的厌恶，李柏把学习的兴趣集中到其他方面，《太白山人雪木李先生墓碣》记载：

> 常日率置制举文于其案，而所私读，则经世之书，与陶冶性情之诗。一日，负锄出耘，家人馈之食，则见其依陇树而诵《汉书》。又一日，驱羊出牧，则背日朗读《晋处士集》，亡羊而不知⑤。

① （清）雷士俊：《遗今堂记》，《艾陵文钞》卷八，第91页。
② （清）李柏：《太白山人雪木李先生墓碣》，《槲叶集》附刊。
③ （清）李柏：《答刘孟长先生》，《槲叶集》卷三，清光绪重刻本。
④ （清）李柏：《太白山人传》，《槲叶集》附刊。
⑤ （清）李柏：《太白山人雪木李先生墓碣》，《槲叶集》附刊。

李柏所读之书都是经世之书，是陶冶性情之诗，这些书和科举应试之书大相径庭。母亲去世后再没有人能阻挡他对时文与科举的厌恶，他不在乎时人对他的评头论足，“愤然弃冠服，服法服，结庐太白山，读书学道，粗粝食，蓝缕衣，山僧蒲馔，道人簭冠，人以为陋，而先生安之如也”①。李柏的这种反叛精神是当时部分开明士人反叛八股取试科举制度的一个缩影，这种制度已到穷途末路之时。

明清的科举取士虽然在当时就已受到人们的诟病，对文学的发展造成一定的阻碍，但八股文作为一种问题它确实存在，且朱元璋在确定其程式时也有其合理之处。洪武十五年（1384）十月，刑部奏“内外诸司议刑奏札辄千万言，泛滥无纪，失其本情”时说：“虚词失实，浮文乱真，朕甚厌之，自今以繁文出入人罪者，罪之。”② 洪武二十四年规定科举文式：“一、凡对策须参详题意，明白对答。如问钱粮即言钱粮，如问水利即言水利。孰得孰失，务在典实，不许敷衍繁文。”③ 朱元璋的这项措施从文学的角度考察，具有维护文体纯洁的动机，且这种动机对文学创作过程中文理逻辑的清晰同样具有一定的推动作用，因此清初的王士祯在《池北偶谈》中就曾谈道：“予尝见一布衣有诗名者，其诗多有格格不达。以问汪钝翁编修，云‘此君坐未尝解为时文故耳，时文虽无与诗古文，然不解八股，即理路终不分明’。近见王恽《玉堂嘉话》一条，鹿庵先生曰‘作文字当从科举中来。不然，而汗漫披猖，是出入不由户也。’亦与此意同。”④ 从这段记录可以看出诗文与古文确有相同之处，再结合上面的分析我们大致可以得出这样的结论，文学与科举存在一定的互动关系，明清关中文学兴盛的家族和颇有成就的士人绝大多数是在科举的影响下走向自己文学之路的。

① （清）李柏：《太白山人〈槲叶集〉叙》，《槲叶集》卷首，清光绪重刻本。

② （明）姚广孝等监修：《明太祖实录》卷一四九，上海书店1990年版，第2354页。

③ （明）张朝瑞：《文体》，《皇明贡举考》卷一，第458页。

④ （清）王士祯：《谈艺》，《池北偶谈》卷十三，第301页。

第二节 基层书院与文学

书院是由古代私人讲学而发展起来的一种有组织的教育机构，它在人才培养、移风易俗等方面发挥着重要作用，王恕在《学古书院记》中谈道“书院乃儒生讲学明伦之所，所以化民善俗而成才者也”[①]。书院之所以在唐代以来逐渐兴盛，同中国历史上经济的发展基本同步，白居易《策林四》引孔子之言云：“臣闻仲尼之训也：即庶矣，而后富之；既富矣，而后教之。”[②] 兴办学校、延请教师、建立刻坊、出版图书，这一切都需要经济的支撑，在明清，书院就扮演了这样的角色。良好的教育环境无疑会给文学人才提供浓厚的学习氛围和相应的学习条件，有助于对受教育者奠定坚实的知识基础。宋、元、明三朝，凡书院发达的地区，也就是文化繁荣的地区；而大凡学术文化繁荣的地区，其刻书事业也颇兴盛[③]。书院的建设与发展有赖于文人学者的倡导与推动，反过来，书院的建设与发展又培养了一代代文人才俊。这就使我们研究书院与文学的关系有了一个基本的立足点。

一 明清关中地区书院的复兴

自宋代开始，中国的私学教育发生了重大的变化，这便是书院教育的蓬勃兴起。宋朝及以后的元、明、清各朝，中国的经济重心稳定在南方，中国的书院也以南方为最多，据统计，宋朝有书院 397 所，其中江苏、安徽、湖南、湖北、四川、江西、浙江、福建、广东、广西就占了 383 所，为总数的 96.5%。元朝有书院 277 所，上述十省占了 181 所，为总数的 80%。明朝有书院 1239 所，上述十省加上云南、贵州二省占了 1007 所，为总数的 81%。清朝的书院有 1902 所，上述十二省占了

① （清）焦云龙修，贺瑞麟纂：《学古书院记》，《三原新志》卷四，第 168 页。

② （唐）白居易撰，顾学颉点校：《白居易集》，中华书局 1979 年版，第 1355 页。

③ 曾大兴：《中国历代文学家之地理分布》，第 359 页。

1580 所，为总数的 83%。[①] 具体来讲，宋元时期，南方经济最富庶的地方在长江中下游地区，因而这一阶段，以江西、湖南、浙江等地为最多；明清时期，南方经济最富庶的地方，除了长江中下游地区，还有新崛起的珠江流域，因而这一阶段的书院，则以江西、湖南、浙江、安徽、江苏、福建和广东等地为最多[②]。

明清时期，随着君主专制统治的加强，统治者更深刻地领会到文教管理的作用，把发展文教视为其治国之本，“治国之要，教化为先；教化之道，学校为本”[③]。明代初沿元旧制，立洙泗、泥山书院，后因竭力兴办学校，书院便趋于沉寂。明初重视兴学，《明史·选举志一》中说：“迄明天下府、州、县、卫、所，皆建儒学。教官四千二百余员，弟子无算。教养之法备矣”，“盖无地而不设之学，无人而不纳之教，庠声序音，重规叠矩，无间于下邑荒徼、山陬海涯。此明代学校之盛，唐宋以来所不及也。”[④] “惟我明皇，自国都至于郡邑，咸建庙学，群士之秀，专官列职而教育之，其于学校之制，可谓详而备矣，而明区胜地，往往复有书院之设，何哉？所以匡翼学校之不逮也。”[⑤] 据有关学者统计，洪武年间所设立的府学、州学、县学等在地方多达 1311 所，平均设学率高达 91.49%[⑥]。洪武到天顺 90 年间，新建书院 58 所，修复 74 所。[⑦] 到明朝末期，全国各地的生员人数，据顾炎武统计，达 50 万人之多[⑧]。

明清关中地区书院的发展同全国大致保持一致，自洪武至成化将近 100 年间，书院发展一直处于沉寂状态。成化以后，陕西书院逐渐兴

---

① 曹松叶：《宋元明清书院概况》，《中山大学语言历史研究所周刊》，1929 年 12 月—1930 年 1 月，第 10 辑第 111—115 期。

② 曾大兴：《中国历代文学家之地理分布》，第 458 页。

③ （明）姚广孝等监修：《太祖实录》，台湾“中研院”历史语言研究所校印《明实录》，1962 年，第 924 页。

④ （清）张廷玉等撰：《明史·选举志一》，《明史》卷六十九，第 1686 页。

⑤ （明）王守仁撰，吴光等编校：《万松书院记》，《王阳明全集》卷七，上海古籍出版社 2011 年版，第 282 页。

⑥ 郭贵培：《明史选举志考论》，中华书局 2006 年版，第 104 页。

⑦ 白新良：《中国古代书院发展史》，天津大学出版社 1995 年版，第 56—57 页。

⑧ （清）顾炎武：《生员论上》，《亭林文集》卷一，《顾亭林诗文集》，中华书局 1983 年版，第 22 页。

起，“洎乎我朝，列圣相传，屡诏天下以兴学为首务，而又兼立书院以广教育人材之地。当此之时，自京师及各都会莫不建学延师，以承明诏，郡县之大者亦力为之，惟僻小之区经始为难，往往侨于祠宇，若官舍以收其地之俊秀者，督课而已。呜呼，惜哉，余行部至耀，适如此”①。关中书院弘治（1488—1505）、嘉靖（1522—1566）、隆庆（1567—1572）年间最为兴盛。根据陕西各地方志资料统计，明朝时期陕西书院计有 50 多所，其中新建书院 47 所，重修、重建的书院 3 所。明朝陕西书院的地理分布比元朝有了进一步的扩展。原来没有书院之设的陕北、陕南，在这一时期，均有书院的出现，但依然体现出地理分布上不均衡的特点。其中，关中地区书院数为 34 所。清朝关中地区书院进入繁荣发展阶段，有书院 71 所②，这些书院既有官办，也有私人创办，且出现民间化的趋势，这对关中地区文化的普及和士人的培养发挥了巨大作用。

相对东南，关中地区由于政治、经济、文化中心的转移和战乱等原因，书院的发展相对滞后，有些曾经文教较为发达的地区在明初书院发展也颇为落后。朝邑曾为文化较为发达之地，到明朝连试院也“独缺”，“试院与学校为终始，学校以育人才，试院以取人才。然自学校既设，无论都省郡县皆有而邑独缺”③。白水县的情况大致同样，“考试，大典也，考试地求肃静，则典试者所宜尽心也。白水向无考院。遇岁课试，或即官衙，或假书院，搬运饰置，上下均劳，终难严谧”④，同时试院的规模相对较小，质量相对较差。临近的朝邑县情况大致一样，“朝邑，人文地，向先君子作宰数岁亟称之，亦亟培之。今予复奉檄承乏，思以次修举废坠而文教为首。值试期，士千五六百人聚署中，房舍实不能容，有据阶为几者，风雨猝至则茫然失措，且邑试多在隆

① （清）汪灏修，钟研齐纂：《重建文正书院碑记》，《续耀州志》卷九，成文出版社有限公司 1976 年版，第 284—285 页。

② 高叶青：《关中地区古代书院概况及其功能探微》，《宝鸡文理学院学报》2013 年第 2 期，第 42 页。

③ （清）饶应祺修，马先登纂：《朝邑县新建试院记》，《同州府续志》卷十四，成文出版社有限公司 1970 年版，第 874 页。

④ （清）饶应祺修，马先登纂：《白水创修考院记》，《同州府续志》卷十五，第 1069 页。

冬，霜晨雪夜方呵冻不暇，而何文之”[①]。甚至有的地方学宫毁于战乱，“永邑七罹寇烽，学宫灰烬，士生其间，何异农之失耕，工贾之废业”[②]。明代李东阳《重建正学书院记》载云：“正学书院为道学而作也，院在陕之西安，盖宋横渠张子倡道之地，门人吕大钧辈皆得其法。元鲁斋许公来主学事，亦多造就。后省臣建议为书院，合祀横渠、鲁斋及其乡贤杨元甫，而聚徒讲学其间。入明百余年。”[③] 此外，杨一清还在凤翔府陇州（今陕西陇县）创建岍山书院，在武功建绿野书院。这些书院的建立与三原弘道书院共同推动了明朝关中理学的发展。

明清的统治者通过对学校、科举以及翰林的管理来加强对文教制度的控制，此时的教育制度、科举制度与翰林制度也因此逐步发展、完善，并成为明清时期三种联系密切且影响深远的文化制度，而这三种制度在很大程度上影响到文人的教育发展、价值观念以及文学创作。具体来说，通过对学校、书院的管理来规范士人学习的标准，通过以科举为代表的选士制度的实施为士人提供入仕的机会，提高文学如诗词的地位以及丰富士人的创作素材，同时也禁锢了士人的思想，限制了士人的创作。通过科举制度选拔出来的士人，其中大批翰林士人以“文学侍从”的身份参与到政治活动中，特别是明朝中后期，一些入阁翰林士人凭借其政治地位成为文学领袖，并以其作品形成典范性的创作标准，影响到当时的文人活动、文学创作以及文学理论的发展[④]。

明清学校教育的发展和普及培养了大量的文人，为当时士人从事文学创作奠定了基础，促进了文学创作的发展。学校教育是文人文学创作的重要起点和基础，是文学创作的准备阶段和启蒙阶段。学校教育不仅使士人获得读书写字的基本技能，还可以使他们获得儒家文化和传统诗歌的熏陶，而这些技能和知识也使文人的思想修养和文学修养得到提高，是士人日后从事文学创作的重要基础，学校教育的发展促进了明清

① （清）饶应祺修，马先登纂：《朝邑县新建试院记》《同州府续志》卷十四，第875页。

② （清）郑德枢修，赵奇龄等纂：《记》，《永寿县志》卷九，第393页。

③ （明）李东阳著，周寅宾点校：《重建正学书院记》，《李东阳集》卷三，岳麓书社1984年版，第77页。

④ 王红：《明清文化体制与文学关系研究》，第65—66页。

文学创作的繁荣。明清时期，学校教育的发展提高了文人的文学修养，推动了文学创作的发展，使得包括文学作品在内的文化典籍的品种和数量不断增长。据近人杨家骆统计，明朝著作有14024部、218029卷，清朝著作有126649部，1700000卷[①]。

何宗美《明末清初文人结社研究》论及明朝书院在时间和地域分布以及活动方式上与文人结社有一致的地方[②]。书院最兴盛的成化至万历间，正是结社风气最为活跃的时期；书院最为集中的江西、南直、湖广、广东、福建诸省，也是文人结社较为多见的地方。

二　书院的学术

自宋元以来，书院与理学呈现出逐渐结合之势，早在北宋时周敦颐创建的濂溪书堂就已成为其传播理学思想的场所，南宋时的朱熹大部分时间都在书院度过，其理学思想体系的建构和完善与其书院生涯直接相关，书院自此以后成为士人聚集结合的机会和聚集的场所，到明清随着书院的增多以及书院活动的频繁开展，士人的交往、结社变得更加频繁，文人群体的声势也日益壮大。

正德以后，阳明之学和甘泉之学兴起，学风为之一变，二人以昌明圣学为己任，积极开展学术活动，所到之处，莫不致力于修建书院，进行讲学。三原王承裕告归后创立弘道书院，亲自讲学十余年。在弘道书院建立以后不久，关中地区以书院为基础的讲学之风亦逐渐流行开来。弘治八年，提学杨一清建立武功绿野书院，“择士子充于其中以训导，赵文杰为之师，规约大率与白鹿、睢阳类，时西安、凤翔诸生，闻风踵至，公时坐堂上督劝之，飒飒乎道学之流行也”[③]。弘治九年，提学王云凤修复陕西西安正学书院，“建书楼于正学书院，广收书籍，以资诸生诵览。嘉靖中唐龙督学，时士学趋诡异，乃兴正学书院，选士群肄之。”[④] 蓝田秦关书院，是知县梁一道为博士王之士建，因王之士号秦关而得名。万历十三年（1609），陕西布政使汪可受、按察使李天麟等

---

① 杨家骆：《中国古今著作名数之统计》，《新中华》1946年第7期。

② 何宗美：《明末清初文人结社研究》，南开大学出版社2003年版，第23—25页。

③ （清）沈青崖、吴廷锡等：《陕西通志》卷二十七，华文书局股份有限公司1969年版，第30页。

④ （清）沈青崖、吴廷锡等：《学校》，《陕西通志》卷二十七，第772页。

一批官员同冯从吾在宝庆寺东边的“小悉园”建关中书院为明代关中书院最为有名者，书院首请冯从吾、周淑远等名流主讲，冯从吾任山长。关中书院一时“同志川至云集”，从学者达五千余人，在讲学之余，诸生“愿歌诗者，歌诗数首，以畅涤襟怀”①。后来关中士人中杰出者主讲书院，阐扬经史，表彰文章，致力于传习儒家经典。李因笃后经岐山令及淳化宋振麟等邀请讲学于朝阳书院。“因笃首发横渠以礼教人之旨，次论有守有为之义，而断之于审几，以著思诚之体。其论学必绾以经，说经必贯以史，使表里参伍，互相发明”②；“孙景烈，字孟扬，陕西武功人，乾隆四年进士，改翰林院庶吉士，散馆受检讨，以言事放归”，“及放归，陈宏谋、尹继善先后延主关中书院，后主户县明道书院。日与生徒讲性命之学，虽盛暑必肃衣冠。有《酉麓山房存稿》、《可园集》”③；“王巡泰，字岱宗，陕西临潼人。乾隆三十三年进士，历官山西五寨，广东兴业、陆川知县。所至以经术饰吏治，有惠政，擢吏部主事。先后主讲临潼、渭南、华阴、望都、解州诸书院，多所成就。著《零川日记》、《诗文集》”④；“刘绍攽，字继贡，陕西三原人，雍正十一年拔贡生。时交河王兰生以李光地高弟视学关中，举绍攽博学鸿词，亲老未就。兰生谓：‘关中人士，其刊落浮华，切实用力者，惟绍攽一人而已。’寻以朝考第一，出为四川知县，补什邡县，调南充，以艰归。归里主讲兰山书院。著《九畹文集》”⑤；“李元春，字时斋，陕西朝邑人，嘉庆三年进士。曾主潼川华原书院，有《文集》，《关中诗文钞》四十七卷，《青照楼丛书》三编”⑥；“贺瑞麟，字角生，陕西三原人，恩贡生。同治元年，关中乱，避地绛州，颠沛之中，仍与于瑛、树椿讲学不辍。乱定归里，知县余赓扬请主讲学古书院。著《清麓文钞》、《语录》”⑦；“路德，字闰生，陕西周至人，嘉庆十四年进士，

---

① （明）冯从吾：《学会约》，《少墟集》卷六，四库明人文集丛刊本，上海古籍出版社1991年版，第124页。

② 王钟翰点校：《儒林传》，《清史列传》卷六十六，第5303页。

③ 王钟翰点校：《儒林传》，《清史列传》卷六十七，第5381页。

④ 同上书，第5382页。

⑤ 同上。

⑥ 同上书，第5406页。

⑦ 同上书，第5408页。

改翰林院庶吉士，散馆授户部主事。历主关中、宏道、向峰、对峰各书院，教人以自反身心，讲求实用为主。著有《柽华馆诗文集》、《杂录》十余卷"[①]；"柏景伟，字子俊，陕西长安人，咸丰五年举人，主泾干、味经、关中各书院，思造士以济时艰。著《沣西草堂集》"[②]。上述诸人大都有仕宦经历，都有强烈的经世意识，归里后主讲书院，作育人才，教化民众，这实际上是士人对现实关切的一种表现。

关中的书院大都以读经为主要课程，置科举诗文为辅。弘道书院建成后，受众弟子之请，王承裕为书院立教条二十，"自明德、学道、游艺，以及会食、归宁，咸有矩矱"[③]，此二十条对前来就学学生的学习内容进行了规定。冯从吾在关中书院宝庆寺讲学时就立了《宝庆寺学会约》，其所列书目"当以《四书》、《五经》、《性理》、《通鉴》、《小学》、《近思录》为主，其相与以崇真尚简为主。务戒空谈"，"一坐久兴到，愿歌诗者，歌诗数首，以畅涤襟怀。子与人歌而善，必使反之而后和之，气象何等从容，诚意何等恳至，即此是学"[④]。清初李二曲主讲关中书院所立《关中书院会约》与冯从吾所定之约相仿，所读之书为《四书》、《四书注》、《四书大全》、《大学衍义》、《大学衍义补》，在"申酉之交，遇精神懒散，择诗文之痛快醒发者，汉魏古风，《出师表》、《归去来辞》、《正气歌》、《却聘书》，从容朗诵，以鼓昏惰"[⑤]。书院成员群居共学，融洽相处，质疑问难，共进于道，增强了他们的凝聚力与认同感，为科举人才的培养和营造文学环境创造了条件，成为明清文学发展不可或缺的一环。

除读经之外，弘道书院还非常重视礼教。以礼教人自北宋张载开始，一直以来都是关中的传统学风。如明末刘宗周说："关学世有渊源，皆以躬行礼教为本。"[⑥] 清初张履祥也说："礼为立身之干"，"关中之

---

① 王钟翰点校：《儒林传》，《清史列传》卷六十七，第 5410 页。

② 同上书，第 5411 页。

③ （清）焦云龙修，贺瑞麟纂：《祠祀》，《三原县新志》卷四，第 171 页。

④ （清）高廷法修，陆耀遹等纂：《学校志》，《咸宁县志》卷十三，成文出版社有限公司 1976 年版，第 632—633 页。

⑤ （清）李二曲撰，陈俊民点校：《关中书院会约》，《二曲集》卷十三，中华书局 1996 年版，第 116 页。

⑥ （清）黄宗羲著，沈之盈点校：《师说》，《明儒学案》，第 11 页。

学，以此为先。”① 王承裕在弘道书院的讲学也继承了关学的这一学风。他为弘道书院所定学规中就有“学礼”一项，“凡弟子家冠、婚、丧、祭，必令率礼而行”②。可见王承裕对礼教的重视，他不仅要求诸生学礼，他本人也“自始学好礼，终身由之”③，并刊布《蓝田吕氏乡约》、《乡仪》等书，以礼教化乡人。据说，正是由于王承裕对礼教的重视，“三原士风民俗为之一变”，受其影响，弟子马理亦“特好古《仪礼》，时自习其节度”，并“执礼如横渠”④。“（蒲城学宫）经始于壬午之夏，告成于乙酉之秋，是岁邑士之举于乡者九人，邑人归功于是举，余蹙然曰：‘建学非仅教人寻章句，衒科名之谓也。’礼仪之不可不知，彝论之不可不笃，而致泽之道不可不讲也”⑤。

弘道书院为关中地区培养了大量的理学人才。《弘道书院出身题名》著录有42人，其中以马理、秦伟、雒昂、张原、李伸、赵瀛等人尤为有名。而在王承裕之后，马理与高陵吕柟的往来讲学，则成就了明代关学发展的第一次高峰。冯从吾在《关学编·自序》中说：“光禄（马理）与宗伯（吕柟）司马金石相宜，钧天并奏，一时学者歙然向风，而关中之学益大显明于天下。”⑥

三　书院与科举

明人主张圣学、举业合一，在书院大谈科举之学，甚至有人将书院比作农夫耕田：“夫学，士之田也，有庠序以职之，有科举以劝之，而又为书院以课督之，与催耕促织何异？”⑦ 凡此种种，说明将书院视为谈经课士、准备科举的教学机关，已是明朝的一种普遍共识。根据师海军等统计，杨一清在陕期间，关陇地区新建和修复书院的数量为16所，仅次于江西、福建、湖北三省，在全国排列第四。而在关陇文人崛起的

① （清）张履祥：《备忘》，《杨园先生全集》卷四二，中华书局2002年版，第1190、1196页。

② （明）冯从吾撰，陈俊民、徐兴海点校：《平川王先生》，《关学编》卷三，第39页。

③ 同上。

④ （明）冯从吾撰，陈俊民、徐兴海点校：《谿田马先生》，《关学编》卷四，第47页。

⑤ （清）张心镜纂修：《重修学宫记》，《蒲城县志》卷十四，第532页。

⑥ （明）冯从吾撰，陈俊民、徐兴海点校：《自序》，《关学编》卷首，第1页。

⑦ （清）张毓碧修，谢俨等纂：《修建五华书院记》，康熙《云南府志》卷二十一，成文出版社有限公司1976年版，第549页。

弘治时期，陕西新建与修复书院数量是 14 所，与江西并列全国第一。弘治、正德年间关陇地区进士占全国比例 5.07%，远高于弘治之前的 3.30%，也高于其后的 4.34%①。从上述统计数据中可以看出书院的发展与科举的兴盛呈正比关系，明朝的弘道书院和关中书院在应举士人的培养方面发挥了关键的作用。

王恕在《弘道书院箴》中曰："维兹书院，实萃群英，隆师亲友，讲道穷经。工夫既到，义理自明，匪徒知之，尤贵力行。乡举里选，荐其贤能，进于宗伯，达于大廷。牧民守宰，辅政公卿，皆由此出，千载垂名。"② 王恕作为当时关中理学大家，在强调书院的"明纲常之道，知修齐之理"的同时，也不否认书院的"乡举里选，荐其贤能"的职责。关中书院规制曰："院长一人，掌教事；监院一人，掌庶务；斋长二人。教法以经史子集，考课以诗、古文、词、八股、试帖、策论、杂著。"③ 弘治九年（1496）李东阳应杨一清之请，为关中正学书院作记曰：

> 杨君（杨一清）受命分省，任兴教作人之寄，其督学州郡有成效矣。兹又聚徒置院，为养蒙储俊之计，为之标的绳准以示之，使趋向有途，跻攀有等，以求至于圣贤之域。其教之不厌乎详如此，为之学者，尚一志百力，明从而丽泽；居必于此，而他业不迁；学必于此，而旁歧不惑，则为黉校之良材，科场之杰士，廊庙藩郡之名臣循吏，可计日以俟。而古之所为正学者，将暴白于天下无疑矣。苟视为美观文具，而莫知所以学，则州县之余亦安用此为哉?④

① 师海军、张坤：《教育、科举的发展与关陇作家群的兴起》，《西北大学学报》2011 年年第 1 期。

② （明）王恕：《弘道书院箴》，《王端毅公文集》卷四，四库全书存目丛书本，集部第 36 册，齐鲁书社 1997 年版，第 192 页。

③ （清）宋伯鲁等撰：《关中书院》，《续修陕西通志稿》卷三十六，华文书局股份有限公司 1969 年版，第 3539 页。

④ （清）高廷法修，陆耀遹等纂：《学校志》，《咸宁县志》卷十三，第 657 页。

李东阳在该记中指出，书院在培养人才方面的两大职责："至于圣贤之域"和"黉校之良材，科场之杰士，廊庙藩郡之名臣循吏"，即强调培养人才方面要德业和功业并重。

当讲会盛行之世，书院除了"升堂会讲"，根据分定课程进行"讲解"、学习之外，还组织诸如文会、诗会、酒会、茶会、舫会、会课、课艺、考课、作文、经史会、史学会、理学会、古文词会、昭代典故会等与教学活动相关的各种会事。三原学古书院于弘治元年复建，"济南马君龙以名进士来吾邑，盖有为有守之士，必能体二君之心，以兴起斯文为己任，择师选士加意教养，俾吾乡为诗书礼乐之区，措斯民于平康仁寿之域，成其卓异之才，以为邦家他日之用"①。

万历二十七年（1592），冯从吾因抗疏谏诤，得罪明神宗，罢官归陕，与朋友萧茂才诸人在长安城南门内的宝庆寺讲学，从者如流，门下士有千余人，一时称"关西夫子"。万历三十七年（1609）陕西布政使汪可受，按察使李天麟，参正熊应占、关洪学等慕名来宝庆寺参加会讲，见数千人挤在狭小的寺院内十分拥挤，当即商定把寺东的小悉园作为冯从吾讲学的学堂，并取名关中书院。冯从吾十分注重书院的建设与发展，他聘请名流学者共执教席，发扬务实的教学风格，制定严格的学规校纪，使关中书院很快成为全国闻名的学术传播中心和人才培养机构之一。《徽州府志》记载，明清"海内书院最盛者四，东林、江右、关中、徽州，南北主盟，互相雄长"②。

冯从吾在建关中书院之初就明确提出书院职能有二，即讲明理学与支持科举，"虽然书院之讲，固不专为科第，而即科第亦足见书院讲学之益。惟诸君不以一时科第自多而以圣贤有本之学自勉，使鄠坞子厚、蓝田四吕、高陵仲木再见于今日，则业与名世争流，而名与天壤俱敝。宁直诸君不负科名，即关中书院亦当与白鹿、岳麓并名不朽矣。余不与有荣施也哉！"③ 明代关中书院的科举教学水平比较高，从关中书院产生许多进士，如焦源溥、祝万龄、党还醇等。清代"（乾隆）三十六

① （清）焦云龙修，贺瑞麟纂：《学古书院记》，《三原县新志》卷四，第169页。

② （清）丁廷楗修，赵吉士纂：《人物·余懋衡》，《徽州府志》卷十二，成文出版社有限公司1976年版，第1636页。

③ （明）冯从吾：《关中书院科第题名记》，《少墟集》卷十五，第252页。

年，巡抚毕沅莅位伊始，即念移风易俗教化为先，因重事修建，延致经师，江宁戴进士祖启主席其间。复于通省生徒中选其有德造者，俾潜心教学，共获观摩。旬有试，日有课，不数载，关中乡试中式膺馆选者大半皆书院之士，一时称盛事焉”①，产生的进士有：王杰，字伟人，号惺园，别号畏堂，陕西韩城人。乾隆二十六年，会试中进士，殿试中魁首，为清王朝开国后陕西的第一个状元。阎敬铭（1817—1892），字丹初，清代陕西朝邑县（今属大荔县）人，清光绪皇帝时东阁大学士，为官清廉耿介，是我国历史上为数不多的理财专家，有“救时宰相”之称。道光二十五年（1845）中进士，历任户部主事，湖北按察使，署布政使，署山东盐运使、山东巡抚等。1882 年调任户部尚书，1883 年充军机大臣，总理各国事务衙门大臣，晋协办大学士，1885 年授东阁大学士。1892 年卒后追赠太子少保，谥“文介”。吴锡岱，咸丰二年壬子恩科（1852）进士，陕西乾县人。路德（1784—1851），字润生，号鹭洲。清嘉庆十四年中二甲进士七十七名，选翰林院庶吉士。著有《柽华馆诗文集》、《仁在堂时艺》等。路慎庄，路德长子，字子端，号筱洲。道光十六年二甲进士二十六名，授翰林院编修，任福建乡试副考官，后迁御史、淮海道。著有《蒲编堂书目》、《唾余稿》等。路德与其子孙路慎庄、路慎皋、路桓、路岵五人先后皆中进士。

书院中以科举文体八股文为教学主要内容，撰写特定资料。八股文程序中成股的文字一般以八股为例程，亦可有变化，根据题意和文章内容可写成四股或六股。路德历主关中、宏道、象峰、对峰各书院。“教人专以自反身心，讲求实用为主。尤以不外求，不嗜利，为治心立身为本。生平研经耽道，不事偏倚。尤以制举业名于时，博学能文”，在八股文、试帖诗、律赋等方面，具有专门名家之学，“弟子著录千数百人，所选时艺一时风行，俗师奉为圭臬”②，他所编的《训蒙草》多用以对士子进行严格的八股文训练。路德的课试类著作还有：《关中课士诗赋注》，包括《关中课士试帖（诗）详注》2 册、《关中课士律赋笺注》3 册、《时艺引》3 册。另有《文艺金针》1 册、《试帖准绳》2 册、《试

① （清）宋伯鲁等撰：《学校》，《续修陕西通志稿》卷三十六，第 3539 页。

② 王钟翰点校：《儒林传》，《清史列传》卷六十七，第 5410 页。

赋准绳》2册，主要是针对门人完成的科举考试文本进行详注、点评和指导。柏景伟为士子选编《关中书院课艺》，李应台、谷逢钧等撰稿的《关中书院课士赋》，吴锡岱等辑《关中书院课士诗》，都是道光年间关中书院选辑优秀应举诗刊行的，以帮助学子们学习律诗之做法。此外，关中书院还自己刊刻考试类书籍，如孙景烈撰《四书讲义》，顾南雅评选《律赋必以集》，史祐撰《论文枕秘》等，这些科举工具书对书院士子的应试和推动关中科举发展发挥了巨大的作用。

四　书院与文人之风气

儒者的经世实践包括推行教化、兴起人才。宋、元以降的理学之士，以善俗与基层社会生活的组织作为自己的责任，自宋以来，民间儒者通过书院来实现自己的这一抱负。主持书院的儒者历来重视对士人精神的塑造和士风的培养，不论是官方还是民间士绅修复与创建书院都与他们施行教化、化民成俗的理想与追求理想不可分割。清末的张之洞在《请颁广雅书院匾额折》中表达了书院的宗旨，“设立书院，窃欲鼓舞士类，维持世风。上者阐明圣道，砥砺名节，博古通今，明习时务，期于体用兼备，储为国家桢干之才，次者亦能圭璧饬躬，恂恂乡党，不染浮嚣近利习气，足以淑身化俗”①。士风既受制于既有模式，也受制于一定时期士人群体的存在方式、生存状态、士人生活的组织方式等影响。

士风关乎世运，《明史·选举志》曾记述明中后期士风的变化：“弘、正、嘉、隆间，士大夫廉耻自重，以挂察典为终身之玷。至万历时，阁臣有所徇庇，间留一二以挠察典，而群臣水火之争，莫盛于辛亥。”② 顾炎武考察清初士风时也说，“三十年之间而世道弥衰，人品弥下”③。结合明清世风日下的现实，书院的这一职能尤显重要。

关中士人大都砥砺节操，黄宗羲在《明儒学案》中曾说，“关学大概宗薛氏，三原又其别派。其门下多以气节著，风气之厚，而又加之学

① （清）张之洞著，苑书义等编：《请颁广雅书院匾额折》，《张之洞全集》卷二六，河北人民出版社1988年版，第695页，

② （清）张廷玉等撰：《选举志》，《明史》卷七一，第1724页。

③ （清）顾炎武：《常熟陈君墓志铭》，《亭林余集》，《顾亭林诗文集》，第161页。

问也”①。关中士人这种崇尚节操的精神在张载身上就已有体现。张载和王安石政见不合，为不卷入新旧党派之争，毅然辞官归里，以素位隐居穷乡僻壤，“有田数百亩以供岁计，约而能足，人不堪其忧，而先生处之益安”②。弘治六年（1493），王恕由吏部尚书致仕，而其子王承裕也于这一年中进士，未出仕，便陪王恕返乡。回乡后，王承裕先是在僧舍讲学，取名为“学道书堂”，马理（谿田，1474—1555）、秦伟（字世观，号西涧）、雒昂（字仲俛，号三谷）等人皆从之游，从而开创了三原学派。后来由于学者众多，僧舍容纳不下，遂建弘道书院。王恕、王承裕父子的讲学，崇尚气节，不为空谈，故“其门下多以气节著”，如马理、雒昂与张原（字士元，1473—1524）等人，皆因上疏谏议而遭受廷杖，雒、张二人并因此丧身。后来，富平的杨爵（斛山，1493—1549）更是以气节闻名。冯从吾说杨爵“险夷如一，初终不贰；磨礲精光，展拓胸次，其所涵养者诚深，故鼎镬汤火，百折不回，完名全杰，铿鍧一代不偶也。彼世之浅衷寡蓄，耽耽以气节自多者，视先生当愧死矣”③，因而，重气节也是明代关学的一个特征。

冯从吾在讲学和著述过程中，非常重视士风，他认为，“世道污隆，系士风厚薄，而反薄还厚，倡之者当自士大夫始”④，针对当时关中士人的不端提出严厉批评，“世间最有功德事，莫大于成人之美。南人每见人行一好事，大家必称赞之，羽翼之务底于成。秦俗则争讥笑之，诵毁之务底于败，如此则师复受其益，而弟子多受其损”⑤，“秦俗明知敬之是，而百方嫉忌之，百方吹求之，使敬者必至于无所容。明知肆之非，而百方押溺之，百方左袒之，使肆者益，至于无忌惮”⑥。针对这一形势，冯从吾认为“讲学全要砥节厉行，切不可同流合污，以蹈乡原之弊”⑦，他把关学“经世致用，笃行践履”的精神贯彻于讲学之中，

---

① （清）黄宗羲撰，沈之盈点校：《三原学案》，《明儒学案》卷九，第158页。

② （宋）张载：《吕大临横渠先生行状》，《张载集》附录，中华书局1978年版，第383页。

③ （明）冯从吾：《斛山杨先生》，《关学编》卷四，第55页。

④ （明）冯从吾：《关中士大夫会约原序》，《少墟集》卷五，第119页。

⑤ （明）冯从吾：《正俗俗言》，《续集》卷二，《冯恭定全书》，光绪刻本。

⑥ 同上。

⑦ （明）冯从吾：《都门语录》，《续集》卷一，《冯恭定全书》，光绪刻本。

"讲学原为躬行，而非学者多借躬行为口实"，"讲学而不躬行，不如不讲"①，书院在关中士人这一风气的形成过程中发挥了极其重要的作用。

明清易代，关中士人面临是否和新朝合作出现分化，一部分士人走上和清朝合作道路，如李念慈、王又旦等人，同时以"关中三李"为代表的士人成为遗民，他们对士人的气节尤为重视，认为讲学为培养士人元气的重要途径，李二曲说："教化必自学校始，未有教化不行于学校，而可以言教化者也。然教化不在空谈义理，惟在明此心，体此理。人人有此心，即有此理。"② 在《匡时要务》中讲道："立人达人，全在讲学；移风易俗，全在讲学；拨乱返治，全在讲学；旋乾转坤，全在讲学。为上为德，为下为民，莫不由此。此生人之命脉，宇宙之元气，不可一日息焉者也，息则元气索而生机漓矣！"③ 二曲的讲学反对空谈，继承关学躬行实践的学风，认为"人患不着实躬行，诚肯着实躬行，则不可一日不讲"④，又说："学之不讲固可忧，讲而不行尤可忧。盖讲学本为躬行，如欲往长安，不容不讲明路程，若口讲路程而身不起程，自欺欺人，其病更甚于不讲，岂不尤为可忧？"⑤ 李二曲把自己的这些讲学主张落实到关中书院的讲学过程中，在其拟定的《关中书院会约》中的《儒行》《会约》《学程》诸条都有明确的规定。二曲讲学的宗旨和实践活动对改良清初关中士风民风起了重大的作用，主讲关中书院时"阿抚军席熙暨三司迎候于书院之翼室"，"德绅、名贤、进士、举贡、文学、子衿之众，环阶席而侍听者几千"，"三月之内，一再举行，鼓荡摩砺，士习丕变"⑥。

关中地区明代书院具有承上启下的作用，在士人培养、文化普及方面具有十分重要的地位，到清代已有相当的发展，明初的关中书院由于具有官学相结合的特点，书院内部主要以程朱理学为教学内容，培养了

① （明）冯从吾：《都门语录》，《续集》卷一，《冯恭定全书》，光绪刻本。

② （清）李颙撰，陈俊民点校：《两庠语要》，《二曲集》卷三，第24页。

③ （清）李颙撰，陈俊民点校：《匡时要务》，《二曲集》卷十二，第105页。

④ （清）李颙撰，陈俊民点校：《常州府武进县两庠汇语》，《二曲集》卷三，第29页。

⑤ （清）李颙撰，陈俊民点校：《四书反身录·论语上·述尔篇》，《二曲集》卷三十四，第456页。

⑥ （清）李颙撰，陈俊民点校：《年谱》，《二曲集》附录三，第667页。

明中期的许多理学名臣，诸如王恕、王承裕父子、马理、吕柟、秦伟、杨爵等人。到清代由于平民化趋势，书院在理学人才培养和科举应试方面发挥了巨大作用，同时在士风民风的培养和移风易俗方面也产生了深远的影响，成为明清关中地区文化发展不可或缺的一个环节。

第三节　刻书、藏书与文学

图书的出版既是一种文化行为，同时也是一种经济行为；图书的出版和传播既能整合一定的文化信息，传承一定的文化遗产，又能在一定程度上对文化资源形成控制力，对文化生态产生一些实质性的影响。中国明清两代随着经济发展、文化繁荣和印刷技术的进步，具有文字阅读能力的文化受众数量激增。同时官府的文禁逐渐放松，使得图书的出版规模和质量都得到相应提升，文化传播的权力逐渐下移，加剧了社会商业化、消费化与文化的世俗化和功利化。关中地区由于失去汉唐时期政治、经济、文化的中心地位，图书的出版和文学活动较江南地区明显滞后。

一　经济、阅读与刻书的宏观考察

明初由于文禁甚严，文人只言片语便可带来杀身之祸，私家著述寥然可寻。仁、宣以后，文禁渐弛，加上农业和手工业的发展，不但构成了明朝政权巩固的社会经济基础，同时也是其他一些事业，如文化、教育、科学以及图书出版事业的发展前提。明朝非常重视文治的作用，大兴学校。读书成为明朝士人入仕最宽广的大道，入学读书的人非常多，出现“家有弦诵之声，人有青云之志”① 的景象。明代中后叶消费文化刺激和推动了时文刊刻业的繁兴，大量文学书籍的出版，在明中叶以后的出版史上占有重要地位。明代文人大多数有文集行世，“尝闻王遵岩、唐荆川两先生相谓曰：数十年读书人，能中一榜，必有一部刻稿；屠沽小儿，身衣饱暖，殁时必有一篇墓志。此等板籍，幸不久即灭；假使尽

① （明）田汝成：《委巷丛谈》，《西湖游览志余》卷二十二，浙江人民出版社 1980 年版，第 356 页。

存，则虽以大地为架子，亦贮不下矣”。[①] 据统计，现存唐文集 278 种，宋文集 347 种，辽金文集 100 余种，元文集 324 集，而明文集就有 2000 多种，几乎是唐、宋、辽、金、元诸代总和的两倍[②]。文学书籍的大量出版，为文学接受提供了极大的便利。当然，能买得起书，尤其是余赀购买诗词、曲赋、小说等文学书籍的，主要是皇家贵族、达官贵人、土豪富商或文人学士，一般老百姓是买不起这些书籍的[③]。

出版集中地的形成与政治、经济关系密切，但又不是简单的正比关系，其他诸如物资供应、水陆交通、社会风气、文化氛围、历史因素等和出版业的兴衰也有密切关系。个人因素也很重要，具有强烈事业精神的出版家往往促使一个地区出版事业的繁荣。嘉靖后，江南地区大量时文选家以及大量优秀时文的出现，颇有力地说明了时文体写作在江南地区的发展态势，江南选家之多，选择之精，坊间翻刻之快，流布之广，成为时文大本营，顾炎武曾感慨江南时文刊刻盛势云：“至一科旁稿之刻，有数百部，皆出苏杭。而中原北方之贾人，市买以去”[④]，“雕版盛行，煤烟塞眼，挟资入贾肆，可立致数万卷。于中求未见籍，如采玉深崖，旦夕莫凯。”[⑤] 便利的购求渠道，亦使阅读变得稀松平常，而非特权阶层所特有。诚如顾炎武所谓“田间里巷自好之士，目不涉史传，而与两汉、三国、东西晋、隋唐等书，每喜搜揽，于一代之治乱兴衰、贤佞得失，多能津津称述”[⑥]。

明清统治者大都以“稽古右文”自恃，往往都能认识到书籍的重要性，如朱元璋就谈到积书之利有甚于积金玉之利：“凡人积金玉皆欲遗子孙，朕积书亦欲遗子孙。金玉之利有限，书籍之利岂有穷也?”[⑦]

---

① （清）叶德辉著，李庆西标校：《书林清话》，复旦大学出版社 2010 年版，第 161 页。

② 曹之：《中国古籍版本学》，武汉大学出版社 1992 年版，第 302 页。

③ 尚学锋、过常宝、郭英德：《中国古典文学接受史》，第 357 页。

④ （清）顾炎武著，黄汝成集释，栾保群、吕宗力点校：《十八房》，《日知录集释》卷十六，第 936 页。

⑤ （清）曹溶：《流通古书约》，《丛书集成初编》第 58 册，中华书局 1991 年版，第 1 页。

⑥ （明）丁锡根：《云合奇踪序》，《中国历代小说序跋集》，人民文学出版社 1996 年版，第 1005 页。

⑦ （明）杨士奇等：《太宗实录》，台湾“中研院”历史语言研究所，1962 年，第 794 页。

藏书家对文学发展的影响是直接的、巨大的。一方面，藏书家积累，继承大量的历代文学典籍，传承和发展了中国文学的优良传统，特别是官府藏书历经战乱、水火浩劫，藏书散失或损毁，文学典籍必依赖私家藏书的传承，这样藏书和出版互相支持，形成了清代文学事业的显著特色。另一方面，清代文学的发展与出版业的繁荣和藏书家的兴盛，有着非常直接的关系，这是明显的事实①，“大抵收藏书籍之家，惟吴中苏郡、虞山、昆山，浙中嘉、湖、杭、宁、绍最多。金陵、新安、宁国、安庆及河南、北直、山东、闽中、山西、关中、江西、湖广、蜀中亦不少藏书之家”②。

二　明清关中的刻书状况

明代的刻书，也是沿袭宋元习惯，有官刻、私刻和坊刻三种类型。明代前期的官方刻书主要有“南监本”“北监本”“经厂本”“藩府本”和“书院本”。官刻本着重刻经史典籍；私家刻本以名家诗文为多；坊间的刻本，除经史读本和诗文外，为了满足民间文化生活的需要，还大量地刻印了一些小说、戏曲、酬世便览、百科大全之类的民间读物③。明代刻书的地区分布极不平衡，经济发达的江浙占据绝对优势，地域辽阔的中西部刻书虽有发展，但和江南地区存在很大的差距，如表 2 –6 所示。

表 2 –6　　明代书坊区域分布④　　单位：个

时期／地区	洪武	永乐	宣德	正统	成化	弘治	正德	嘉靖	万历	天启	崇祯	合计
建阳	1		2	1	2	5	1	13	26		5	56
杭州	1							4	6	2	1	13
金陵	2		1		1	1		10	34	3	3	55
苏州							1	9	12	6	7	35
北京					2	4		1	1			8
徽州									2			2
其他	3	1		3	2	4	3	19	31	5	6	77

① 蒋寅：《中国古代文学通论 · 清代卷》，辽宁人民出版社 2005 年版，第 352 页。

② （清）孙从添：《鉴别》，《藏书纪要》，《澹生堂藏书约》，古典文学出版社 1957 年版，第 35 页。

③ 魏隐儒：《中国古籍印刷史》，印刷工业出版社 1984 年版，第 94 页。

④ 戚福康：《中国古代书坊研究》，商务印书馆 2007 年版，第 168 页。

从上页表的统计数字可以看出，明代关中的刻书在全国范围内显得微不足道，这同关中地区相对落后的经济和文化状况相吻合，反过来这一状况又严重制约着明清时关中地区的文化与教育，不利于文学的发展。

关中地区在中唐以后经济开始衰落，元时更加萧条，明代并无大的变化，只是比北方其他一些地方略胜一筹罢了。这里的经济无足称道，书院、藏书相较江南也并不可观，但是仍保持着一定数量的文学家，或许主要是由于传统的力量在发生作用。图书的刊刻和销售也有一定的规模，明人胡应麟《经籍会通》一书中有："今海内书，凡聚之地有四：燕京也，金陵也，阊阖也，临安也。闽、楚、滇、黔则余间得其梓。秦、晋、川、洛则余时友其人。"① 又云："凡刻之地有三：吴也、越也、闽也。……燕、越、秦、楚今皆有刻，类自可观。"② 由此可知，明代陕西地方刻书已自成一系。

明代关中刻书有3000余种，现在能见到的刻书仅1000余种，有著录而不见刻刊者众多。又由于关中地理环境与交通不便等限制，故其刻书史实鲜为外界知晓。陕西明代的刻书，洪武至弘治年间（1368—1505）所出版的书籍较少见，弘治后渐多。明中期正德至隆庆时（1506—1572）出现了明代陕西雕版史的黄金时期。明后期万历至崇祯年间（1573—1644），社会动荡，刻书业受到影响而逐渐衰落，这一状况同当时明代整体的刻书状况大致相同，书籍的刊刻同样由官刻和私刻构成。

陕西的官方刻书在出版业方面占重要地位。官方的刻书主要有藩府刻书和地方政府的刻书两种形式。藩府的书籍刊刻与文学创作，是明代宗室的一大亮点，有明一代，关中的藩府较多，除秦王府外，还有永兴郡王府、保安郡王府、兴平郡王府等六七所。如上所述，明代有许多藩王喜刻书、藏书、好文学。如嘉靖十三年（1534）秦藩定王朱惟焯于封地西安刻《史记集结索引正义》，刻印极精，为藩本中的代表，其祖

① （明）胡应麟：《经籍会通》卷四，《少室山房笔丛》甲部，中华书局1959年版，第55页。

② 同上书，第56页。

朱诚泳、其孙朱敬镃，都是藩王中颇有影响的文学家[①]。明代各藩王刻书约四百三十种，比南北两国子监刻书还要多。[②] 明陕西省包有今天陕西、甘肃、宁夏三省区之地，藩府刻书一百余种，与湖广相近。[③]

明藩王除出版不少古代文学及诗文总集外，自然更喜欢刊行自己的著作，又有其子孙或臣僚刊行的。秦王府有秦王诗集、成祖《神僧传》、《史记》等。[④] 藩府出版古书，有内务府赐宋、元本作底本，又经过名士校雠，错误较少。秦府本《史记》与晋府本《初学记》，讹字最少，清人均认为是善本。又府库富裕，不惜工本，不但请本地刻手，还请苏州良工去刻[⑤]。秦藩定王朱惟焯以为"《史记》关中地僻，难得善本，乃于嘉靖甲午捐资登梓，与宗藩共览"，其所据为宋建安黄善夫本。过了十六年，他的侄子怀埢又重刻[⑥]。其他藩府刻还有强晟《罗川剪雪诗》一卷（秦简王弘治七年刻）；秦简王诚泳《经进宾竹小鸣稿》十卷（强晟校刊，弘治十一年）；《秦藩世德录》三种，（内诚泳《宾竹遗稿》三卷）；朱志《默庵稿》三卷（见《秦藩世德录》）；朱谊漶《大业堂诗草》十一卷；《史记》（秦藩定王惟焯刻，嘉靖十三年，宣王怀埢重刻，嘉靖二十九年）；宋鲍云《天原发微》五卷（嘉靖二十九年）；宋蔡沈《至书》一卷（嘉靖三十六年）；成祖《神僧转》九卷秦府重刻；秦藩秦阳子《注吟押易览》三卷；秦藩永寿王《东轩诗集》一卷；《永寿王诗韵》一卷；秦藩永兴王《吟咏详注》五卷和《秦王妃荣哀录》[⑦]，陕西布政司刻书三十五种，西安府刻有《洪武礼制》、《三辅黄图》、《西安地理图》、《千金宝要》、《史学指南》（俱咸阳）、《文章规范》（朝邑）、《五色线》（同州）、《启札青线》（邠州）等二十一种。西安府城内秦王府也刻有十四种。庆阳府有《梁氏策要》《金璧故事》，平凉府有崔豹《古今注》。凤翔府有《诸司职掌》《军政条例》《出行

① 曾大兴：《中国历代文学家之地理分布》，第 362 页。

② 张秀民：《中国印刷史》，上海人民出版社 1989 年版，第 337 页。

③ 同上书，第 339—340 页。

④ 同上书，第 408 页。

⑤ 同上书，第 415 页。

⑥ 同上书，第 409 页。

⑦ 同上书，第 417—418 页。

宝鉴》《诏告表彰机要》等[①]。小说在明代的关中也有少量刊刻，如关中公署张百川于嘉靖三十年刻晋葛洪撰《西京杂记》六卷。

明代地方文官制度与文学的联系，如省一级的提学副使、提学佥事对地方科场文风的引导和拨正，府一级行政官员对地域性诗文集会的支持和参与也促进了图书的刊刻。明代关中官员们在位当政时，刻书动机多样，有的附庸风雅，有的关注地方文化，有的宣扬文治政绩，如嘉靖年间武功县令姜恩刊刻《焦氏易林》二卷，万历年间咸阳县令王家瑞刊刻了《咸阳金石遗文》及《李长吉诗歌》四卷，富平县令刘兑刻了《频阳四先生集》四卷，天启年间蒲城县令李烨然刊行《径山寺志》十四卷等。陕西凤县在明代没有官方刻书，但隆庆六年（1572）凤县紫柏山云岩禅寺主持和尚了玄刊刻了一部《王味法忏》，是不多见的单刻本。在这卷经文上还保留了刻工的姓名："铁笔匠苏孟宜"。

关中籍的仕宦士人刻书也有一定的社会影响，其中以许宗鲁为代表，毛春翔的《古书版本常谈》中谈到许宗鲁刻本时说："陕西刻的，有一种用很多古体字的，所见有许宗鲁本，其僵硬之态真如斩钉截铁，粗野之极。"[②] 许宗鲁刻书地虽不一定在关中，但其刻书的风格和当时文学复古的风气及许宗鲁个性气质相契合。

明代关中书院刻书不少。正德五年（1510）三原弘道书院刻《吕氏乡约》、《乡议》各一卷。嘉靖五年（1526）西安正学书院刻《国语》一卷，嘉靖二十七（1548）华阴太华书院刻《韦刺史诗集》十卷，校勘精审，被推为善本。在私家刻书中，许宗鲁（1490—1560）致力藏书，刻印了大量书籍，有《吕氏春秋》《左传》《六子全书》《太白山人诗集》《玉坡奏议》等。王承裕（1464—1538）主讲三原弘道书院多年，他在三原刊刻了《忠愍公诗集》《李卫公通纂》《太师王端毅公奏议》等。明万历间周至人赵崡是著名的金石学家，自行刊刻了《石墨镌华》八卷，《植品》二卷，前者是有关金石学的著作，后者则介绍了洋姜、西红柿等植物最早传入中国的情况。

王九思《渼陂集》十六卷，《渼陂续集》三卷于嘉靖年间刊刻行

---

① 张秀民：《中国印刷史》，上海人民出版社1989年版，第399—400页。

② 毛春翔：《古书版本常谈》，上海古籍出版社2002年版，第64页。

世，是明代陕西民间刻书的精品，可称善本。崇祯时张孟宗于眉县衙署重刊《渼陂全集》，又收录《碧山乐府》《碧山诗余》《南曲次韵》《杜子美游春记》《中山狼院本》等共八卷，合为全帙。嘉靖至万历年间，陕西终南山内的寺庙道观，收集前朝及本朝文人吟咏终南胜境之诗文，辑录为《终南仙境志》《外志》，这些明代陕西留存下来的古籍文献，都反映了明代关中刻书的整体实力和水平。

明末陕西地区天主教会的刻书，几乎都与泾阳人王徵有关。王徵（1571—1644），字良甫，号了一道人，天启年进士。他接受西方科学，推崇西学，精通西方语言和机械发明，家中有刻书的场所，条件齐全。王徵的许多著作都是在家中刊刻而成的，如《两理略》《奇器图说》《诸器图说》《了心丹》《士约》《兵约》《元真人传》《历代发蒙辩道识》等。天启六年（1625），法国传教士金尼阁来到陕西传教，与王徵共同编撰了中国第一部罗马字拼音的汉语韵典《西儒耳目资》，在西安刊行。金尼阁还与陕西岐山人张赓合译了《况义》，即《伊索寓言》，这是中国最早翻译的西方文学作品。在金尼阁的主持下，西安天主教会还刊印过《推历年瞻礼法》《宗徒祷文》等不少书籍。

明末农民起义政权的刻书是陕西雕版印刷史的一大特色。明崇祯十七年（1644）李自成在西安建立大顺政权，年号永昌。陕西华阴县令曹士抡，重新补修刊行了明嘉靖年间李时芳纂修、万历间张维新续修的著名山志《华岳全集》。这部书是中国现存唯一的一部农民起义政权的刻书。

明亡清兴，三辅依旧，清代关中刻书业更加发达，省城西安，附近三原、泾阳、朝邑、华县和陕南的安康都是雕版刻书的重镇。西安刻书业在清代非常繁荣，从康熙六年（1667）刊刻李楷编纂的《陕西通志》开始，到光绪年间，仅官方刻书的版片就保存了60多种，1200余卷，几万片雕版。这些版片过去都保存在西安府学的明伦堂，即今西安碑林博物馆内。主要有《康熙陕西通志》《雍正陕西通志》《钦定诗经传说汇纂》《性理精义》《朱子全书》《明夷待访录》《汉魏三百名家集》《吕泾野因问》《唐律》《养正遗规》《大学》《中庸》《论语》《孟子》《补注洗冤录集证》《近儒读书法》《列女传》《钦定礼部则例》《廿一史弹词》《微积溯源》等。其中有不少大部头的书籍，可见清代陕西省城西安的刻书风格和源流，更能体现陕西地方文化学术的流传发展状况。至 1949 年新中国成立时，仅剩下雍正刊本《陕西通志》的书版。乾隆年间，陕西巡抚毕沅校注并主持刊刻了《长安志》二十卷，《长安志图》三卷，为《经训堂丛书》之一种。毕沅抚陕期间，勘查了关中的名胜古迹，详细记录为三十卷，六十余万字，并绘有地图，撰写了《关中胜迹图志》这部经典著作。

西安关中书院、三原弘道书院、泾阳味经书院是陕西著名的三大书院，清代二百余年讲学授业，刻书不少。关中书院于道光十年（1830）刊刻了清代富平李因笃的著作《受祺堂文集》四卷，咸丰七年（1857）刊刻了清杨江所撰《河套图考》，光绪十七年（1891）刊行明冯从吾编撰《关学编》三卷附续编。明代高陵温日知撰，咸丰年间刊行了《屿浮阁诗赋集》十四卷。味经刊书处于光绪二十年（1894）刊刻《四书章句集注》十八卷。味经书院于光绪十七年设立刊书处，由书院山长刘光蕡主持工作，是陕西官方刊书编辑校雠之重要机构，此《集注》可见陕西官书精审精刊一斑。

三原自明代以来经济和文化一直比较发达，遂成为陕西雕版业的重要场所。三原的弘道书院于道光二十六年（1846）刊刻了清代李锡龄所辑的《惜阴轩丛书》。李锡龄，字孟熙，三原人，著名的藏书家和刻书家。选善本汇刻成《惜阴轩丛书》40 种，316 卷，内容遍及四部，偏重于经学、金石等方面，皆为《四库全书》中未收录或版本不同者。《丛书》尚未刻完，李锡龄病故，其表弟张树续刻完成。这部书学术价值很高，是陕西地方所刻丛书中的名品。

同治、光绪时期，陕西著名学者贺瑞麟对三原、泾阳地区刻书产生了重要的影响。贺瑞麟（1823—1893），字角生，号复斋，三原人。在他的启发影响下，三原东里的富户刘氏，以“传经堂”之名在光绪年间刊刻了很多书籍，内容包含濂、洛、关、闽学派的著作，总称为《刘氏传经堂丛书》。三原、泾阳地区的私家、坊间刻书为数不少，如述荆堂、履诚堂、同文斋、三友堂、三省堂、柏经正堂、九畹书屋等，都刊刻过不少书籍。贺瑞麟和陕西蓝田学者牛兆濂又编纂了一部大型的《清麓丛书》，由三原清麓书院雕版刊行。这部丛书大多是理学内容，也有不少陕西先贤的著作，对关中学派的理念和精义有重要的表述，对研究陕西文化史有着很大的参考价值。

清代陕西朝邑，即今天的韩城、大荔一带，也是文化发达地区。清道光十五年（1835）朝邑人李元春、刘际清编纂刊刻了《青照堂丛书》和《关中两朝文钞》及《关中两朝诗钞》等几种大部头的书籍。《青照堂丛书》共89种，232卷，辑选常见丛书所不收者，同时收录陕西乡贤著作，在陕西影响较大，流传甚广。大荔马氏敦伦堂在同治、光绪时期刊刻了不少书籍，如《关西马氏世行录》《勿待轩诗文集》等。

茂陵杨氏刊刻了著名的《豳风广义》三卷，乾隆七年雕版，清杨屾撰。此书图文并茂，雕版精细，黄绵纸印刷，是一部陕西民间种桑养蚕的经济类农书。嘉庆时临潼宝俭斋刻《南园杂咏》《新丰吟稿》《商于吟稿》《从戎草》等书，白纸精刻，内容丰富，可谓地方文献中的精品。清光绪年间凤翔周正谊堂刻《旧雨集》，武功县衙藏版刊《新刊康对山先生武功县志》，岐山武氏刻《论书偶存》，渭南严氏孝义家塾刻《关中金石记》，长安沣西草堂刻《关学编》，述信堂刻《二曲集》，也是陕西地方刻书的一些代表之作。民间刻书另有蒲城味经堂、瑞鹤堂，韩城王氏铁琴山馆，文元堂，武功党氏迁善堂，岐山慎德堂，临潼王氏花雨山房，渭南焦氏醇敬堂等。

历数陕西明、清两代，出版著述3000余种，现在能见到的地方刻书仅千种左右，有著录而不见书刊者众多。仅据此尚存有限的实物与资料，我们可以对陕西明清刻书得出一些初步的认识。从全国同一时期的刻书发展史来看，京城、江南、福建等地区文化进步迅速，藏书人群众多，刻书规模庞大。陕西由于受地域环境与交通不便等因素限制，故其刻书史实鲜为外界知晓，现存刻本数量亦有限，成为中国明清刻书史中默默无闻的荒野僻壤。虽然如此，陕西地方所刻的一些好书依然被世人所珍视，如弘治十七年所刻《延安府志》，为海内孤本，极其罕见，原本今藏于美国国会图书馆。

从刻书的内容与质量来看，陕西明代刻书多以诗歌、散文、方志、理学、自然科学等内容为主，清代刻书尤其突出诗文、关学、方志、戏曲、医学等方面，均以官方衙署、书院刻书为主，类似江南一带的藏书楼刻书、私家刻书、坊间刻书相对较少。这也是造成陕西明代至清中叶这一时期刻书数量少，影响小，未能形成较大规模刻书的原因之一。

三　官宦士人与民间士人作品的刊刻形式

明清由于社会经济的发展和文化重心的下移，士人从事文学创作的范围逐渐扩大，在官宦阶层之外，平民也逐渐加入文学创作的队伍。随着身份和地位的不同，士人文学作品题材和内容的不同，其刊刻的形式相对也呈现出较为复杂的情形。

大部分官宦士人的文学作品由于其经济实力较为雄厚，因此自己付费刊刻，能使其流传。王幼华宦海较顺，自己付费刊刻文集，“幼华生长秦中，少登进士，发愤治诗。至广陵，以其甲辰、乙巳两年诗授梓而丙午春诗附之”[①]。部分官宦士人不一定具有相应的经济实力，自己的作品往往被友人或自己文学作品的爱好者所刊刻，李念慈宦海浮沉，经济一直较为窘迫，无力刊刻自己的文集，为了使其得到保存，以手抄本的形式分送他人，“谷口旧刻乃前此不自知何时所为，至今每自检一过，芒背汗颜，悔没能及，舟中自删削去十之六，存者二，改而存之者又二，益以新作通为一帙，分体而虚其后，渐次增入约四百余首。念携持行间恐有亾失，写成三本，一本寄存家中，一本自携，一本存孙豹人家”[②]，后来其姻亲杨退庵助其刊刻，“所作无几大端，不越世俗应接，所为尤不足存，独念毕世阅历精神之所寄，不敢听其散失，而无力授梓，时携行笈中，愀然念之，会退庵杨中丞谬相许可，慨然蠲资为付剞劂，今而后亾失之患可以免矣，中丞之厚意良可感也已”[③]。王维桢的作品被自己的友人刊刻，得以流布。韩邦靖夫人屈淑诗文的刊刻也颇费周折，据康海《韩安人遗诗序》载：“（韩异）痛其父母继亡，身为女子，不能发扬休光，以书贻余张氏女，荼毒匍匐之状，残不忍闻。谓父集已刻而母有遗诗若干首，乞余序之刻焉。”[④] 韩异，即韩邦靖与屈淑之女，屈淑卒后，其女搜得母亲遗诗若干首，向康海乞序，准备为母亲刊刻诗集，但未果。据屈淑侄孙屈受善《韩安人遗诗跋》载：“安人全集表姑异携刻长安未果。甲辰不肖读《礼》山中，念安人集久湮，搜之仅得数首，暨康太史德涵序，虽不成帙，然隋珠和璧得一，亦称宝

① （清）雷士俊：《王幼华诗序》，《艾陵文钞》卷五，第65页。

② （清）李念慈：《寄施愚山先生书》，《谷口山房文集》卷一，第813—814页。

③ （清）李念慈：《自序》，《谷口山房诗集》卷首，第514页。

④ （明）韩邦靖：《韩安人遗诗序》，《韩五泉诗》附，清刻本。

矣。爰付剞劂，俟大方君子采焉。”① 可知，当时韩异未能刻成母集，屈淑侄孙屈受善将搜得的屈淑数首诗附在《韩五泉诗》之后付刻。《韩安人遗诗》无单行本，存世版本均为韩邦靖《韩五泉诗》之附录，共收诗20首。康海《对山集》嘉靖元年刊印时仅一卷，康海去世后经张治道及其子康栫数次刊刻才到四十六卷，此后重刻本无出其右者。

对于那些既没有仕宦的经历，又没有相应经济实力的士人，其文学作品的刊刻和流布难度更大，孙枝蔚在扬州经商初期获利颇丰，“旧拥厚赀，有眄柯园在淮扬埂上，后以刻书结客”，后家道中落，“所蓄散尽，园并售与他人，移居东门曲巷，后又移大东关”②。由于经济无能为力，致使自己的《溉堂集》无法全部刊刻，康熙十六年，仅《溉堂前集》九卷得以刊刻，“旧选有《诗志》一书，贫不能梓”，后赖“赵玉峰中丞代为剞劂行世”③，此次刊刻具有一定的偶然性，得益于孙枝蔚应博学鸿词之征，遇到挚友赵玉峰，在赵玉峰的资助下孙枝蔚的诗文得以刊刻。其子孙匡在《溉堂后集》序云：“先中翰公生于前明万历庚申，年六十有八，生平著述甚富。己未岁以六科书云李公等疏名公荐，应上博学鸿词之召，携所作稿本入都。会少宰玉峰赵公时为考功郎，相见甚欢，倾筥倒箧，校雠付梓。其刻于京邸者，《溉堂前集》九卷、《续集集》六卷、《文集》五卷，《诗馀》二卷，久已流传海内矣。”④从此次图书刊刻来看，孙枝蔚有备而去。和孙枝蔚同样流寓江南的雷士俊生计维艰，去世后，“其子雷毅日持其父之诗文求人以为之剞劂行世，而贠子庸庵则当今慷慨好义之士也，曰：‘雷子名噪于世已久，而文章未得传后，譬珠玉于湖海’，爰出橐金梓之”⑤。宋振麟之《中岩集》也由其曾外孙在闽任官期间所刻，廖必琦在《中岩集》中记道：“邑侯为中岩先生之外曾孙，以拔进士特恩试用闽中。濒行，母太夫人念祖中岩公之文集泯灭不彰，有辜先人积学之苦，因命公余之暇分别序次，急付

① （明）韩邦靖：《韩安人遗诗序》，《韩五泉诗》附，清刻本。

② （清）李念慈：《挽孙豹人中翰四首》其三自述，《皖江集》，《谷口山房诗集》卷三十一，第792页。

③ 同上书，第793页。

④ （清）孙枝蔚：《溉堂后序》，《溉堂集》卷二十八，第1211页。

⑤ （清）雷士俊：《艾陵诗钞序》，《艾陵文钞》卷首，第192页。

之梓，欲得闽中之学士大夫以如椽之笔显潜德之幽光，留名山于不朽”，“王邑侯汇编付之剞劂，剋期告竣，从此流播四方。”① 可见宋振麟文集通过其外曾孙的刊刻，在闽得以流布，空间跨度较大。

还有部分士人的作品由于自身经济原因无法刊刻，为避免散落，经由门生和后学整理刊刻得以流布。李颙（1627—1705）与黄宗羲、孙奇峰齐称“明末三大儒”，其著录《四书反身录》八卷，康熙二十五年初刻，后刻有《二曲集》二十六卷。这两种著作均为门生王心敬所辑录，在本地让人刊行，“岁辛未，高子嵩侣视学秦关，究心理学，因式庐而请见焉。适先生及门高第王尔缉心敬汇先生散稿成集，遂捐俸付剞劂，癸酉冬刊成”②。有些作品由于兵燹离乱，后学恐有失传之虞，也解囊刊刻，光绪时陕西石泉人彭懋谦“少时即喜读先生（李颙）书，笃修之士，类亦各有藏本，迨关中遭回逆蹂躏，坊版无存，每思重刻，以广其传，有志未逮。去冬始勉强将箧存全帙，谋付手民”③。“关中三李”之一的李柏在隐居太白山期间物质条件极其艰苦，山中缺纸，其许多作品写在槲叶之上，其《槲叶集自题》云：“山中乏纸，采幽岩之肥绿，浥心血之余沥，积久盈箧，遂为集名。”④ 康熙三十四年，地方官骆文资助刊刻《槲叶集》，康熙三十四年乙亥，“骆简庵邑侯闻而招之，馆于南禅，为序梓《槲叶集》”⑤，乾隆四十六年六月二十五日，陕西巡抚毕沅奏缴应毁图书四种，其中就有《槲叶集》，禁毁理由是“诗文有悖谬处”⑥，由于文网严密，致使传世绝少。到同治时，全集极为罕见，辛亥年王仙洲在《重刻槲叶集序》中载：

> 同治甲子，余年十三随诸兄谒先生墓，读王丰川先生所为《墓碣记》，知关中三李齐名为不诬。既读先资政手抄先生诗一卷，求

① （清）宋振麟：《中岩文介先生文集序》，《中岩文介先生文集》卷首，四库全书存目丛书本，集部第233册，齐鲁书社1997年版，第84—85页。

② （清）李颙撰，陈俊民点校：《序跋》，《二曲集》附录四，第706页。

③ 同上书，第714页。

④ （清）李柏：《太白山人传》，《槲叶集》附刊，光绪重刻本。

⑤ （清）吴怀清编著，陈俊民点校：《雪木先生年谱》，《关中三李年谱》卷五，第240页。

⑥ 雷梦辰：《清代各省禁书汇考》，书目文献出版社1989年版，第18页。

其文不可得，久之，琴溪六弟始从友人处借录一通，又久之，乃以重值搜得全集，旋为三原贺复斋先生借去。复斋没，书遂佚。闻昔年《槲叶集》刻甫成，文网严密，故传世绝少云。忆壬辰岁，先兄松亭约同志创建先生祠宇，置祭田，乞复斋先生作记，彼时先兄即议重刻斯集以广其传，复斋先生亟赞成，卒以人事不果。今先兄下世，忽忽三年矣，兄子谦枢，乃与先生后裔象先及同学诸友谋醵金重锓板，遂乃父志。余闻之，欣然寄三十金促其成。刻将竣，象先书来问序①。

从上面的记述中可以看出，由于文网严密，清中后期以后，李柏的《槲叶集》主要以手抄本的形式在民间流传，且内容不全，关中后学为搜集整理该集也颇费周折，后来在李柏的后裔和同学共同筹措之下，使得该集能存留下来。这说明普通士人文学作品的传播和保存同仕宦士人相比较难度更大，当然其间还应包含其他方面的因素，诸如政治因素、作品的影响力等。同《槲叶集》命运相同的关中士人文学作品还有雷士俊《艾陵文集》、东荫商《东云雏诗》、屈复《弱水集》等。在乾隆年间兴修四库全书期间由于四库馆臣喜欢“温柔敦厚”的清正诗风，致使“秦风”不被看好，关中士人的文学作品少有入选者，即使入选，也往往以存目的形式出现。据《四库全书总目提要》记载，列入存目的士人作品有孙枝蔚《溉堂集》、李因笃《受祺堂诗集》、李念慈《谷口山房诗集》、杜恒灿《春树草堂集》、王心敬《丰川全集》、杨素蕴《见山楼诗集》、张晋《张康侯诗草》等，没有提及的有李楷《雾堂全书》、王孙蔚《韬香集》、张恂《樵山堂集》、王又旦《黄湄诗选》、王弘撰《砥斋集》、曹玉珂《缓斋诗文集》、康乃心《莘野遗书》、南廷铉《南鼎甫诗集》等②，这些原因导致清代诗人选诗难以涵盖关中士人作品，使关中文学地位不彰，严重影响了关中文学的传播。另外，这类士人的文集由于经济原因，即使曾被刊刻，但重刻的概率不是很高，这在

① （清）吴怀清编著，陈俊民点校：《雪木先生年谱》附录，《关中三李年谱》卷五，第262页。

② 冉耀斌：《清代三秦士人群体研究》，南京大学，博士学位论文，2012年。

一定程度上也危及文集的流传。李因笃《受祺堂诗集》、《受祺堂文集》，王又旦《黄湄诗选》，李念慈《谷口山房诗集》，李楷《河滨诗钞》、《河滨文钞》，屈复《弱水集》，杨鸾《邈云楼集》等都只刊刻过一次，流传不广。刊刻最多的是吴镇的《松花庵诗集》，有单行本和《松花庵全集》本几种。由于他们的诗文集流传不广，所以很多研究者很难见到，自然无法置评①。

士人在宴集、聚会或书信倡和的诗文也会被刊刻，这不是个人的作品总集，而是多人的合集，王维桢和孙季泉二人的倡和诗文被孙刊刻，"《孙王倡和集》者，乃大宗伯季泉孙先生与祭酒槐野王先生倡和之作也"②，"《谈秇集》者，往大司成槐野王公与今大宗伯季泉孙公并游翰林署交订秇文、其所往来之简牍也。顷槐野先生遭关中地震陨去，季泉公伤之，既裦其遗文及所倡和诗序而传矣，再检箧中得谈秇旧牍若干，恐其放矢复萃而刻之。盖彰雅道，存交谊云"③。王士祯司理扬州时和诸多士人常有倡和，部分倡和诗文以文集的形式刊刻传播，"西樵先生旅于扬州者十有五月，将告归，置酒城北之墅，前期遍诫于交游"，"取江文通之别赋三十六字，人各□之体五言古，限于十韵，遂酣醉尽欢而退。翼日群致其所为诗者，江南22人，浙江7人，江西1人，湖广2人，福建2人，山东1人，陕西2人（王筑夫、雷士俊），另有二人籍贯不详。诗录为《北归录》"④。《带经堂诗话》卷七引王阮亭言曰："丙辰、丁巳间，商丘宋（荦）牧仲（巡抚江西右副都御史）、郃阳王（又旦）幼华（后官户科给事中）、安邱曹（贞吉）升六（徽州府同知）、曲阜颜（光敏）修来（礼部考功郎中）、黄冈叶（封）井叔（后工部主事）、德州田（雯）子纶（巡抚贵州右佥都御史）、谢（重辉）千仞（刑部员外郎）、晋江丁（炜）雁水（湖广按察使）及门人江阴曹（禾）颂嘉（国子祭酒）、江都汪（懋麟）季角（刑部主事）

① 冉耀斌：《清代三秦诗人群体研究》，第8页。
② （明）王维桢：《孙王倡和集序》，《槐野先生存笥稿》卷首，第12页。
③ （明）王维桢：《谈秇集序》，《槐野先生存笥稿》，第12页。
④ （清）雷士俊：《北归录别诗序》，《艾陵文钞》卷六，第73页。

皆来谈艺，予为定《十子诗》刻之。”[1] 在以上两则记录中，参与宴集且留有诗文的关中士人有王岩、雷士俊、王又旦，他们的宴集赋诗被录于《北归录》与《十子诗》，且被刊刻，得以流行。

明清的官宦阶层绝大多数为进士出身，因此有较高的文化素养，对诗文有着近乎本能的喜爱，因此在力所能及的情况下慷慨解囊，为一般诗文的刊刻付赀，王维桢《槐野先生存笥稿》为渭南令王某“捐赀募工，付之剞劂”[2]，李因笃“有《受祺堂诗集》，学使者许公荃镂之板，文集藏于家”[3] 的记述。王维桢也曾为好友谢与槐刊刻《河垣稿》，寻求华州守备，“《河垣稿》者，今关中提学宪使与槐谢君参议河南时作也，谢君入关时，属余归在华下，得见谢君，谢君遂出今稿示余，余又以观华州守胡子，胡子好词，重有慕于当世之作者，乃辄取而刻之，胡子可谓识词之美矣”，“谢君白下豪隽人也，往在翰林恒与余相朝夕甚笃”[4]。

四 刻书与文学作品的传播

麦克卢汉曾经说过，任何一种新媒介的出现将会给人类社会带来深刻的影响。文学的传播与文学的内在形式、审美趣味的变化虽是精神性的表现，然而支配其变化的东西则是书商与出版商之盈利动机。因为，文学传播的必经之路是文本的刊刻，不刊刻则不能广泛流传（手抄本流传下来的毕竟是少数），而刊刻则是商业活动，受到商业交换规则、规律的支配。而盈利则须有读者市场，须满足读者阅读兴趣的需要。正是读者的好奇心与审美意趣的导引，最终支配着书商、出版商乃至作者的活动[5]。文化发展脉络明确表明，文化变迁与传播技术的发展息息相关，各个历史时期的传播技术都存在对应的文化发展形态。传统文化传播的路径是非线性的，随机性很强，传播速度慢，效率低下。士人的文

---

① （清）王士祯著，张宗柟纂集，戴鸿森点校：《总集类》，《带经堂诗话》卷七，第173—174页。

② （明）王维桢：《槐野先生存笥稿叙》，《槐野先生存笥稿》卷首，第2页。

③ （清）钱仪吉纂：《关中人文传》，《碑传集》卷一三九，中华书局1993年版，第4145页。

④ （明）王维桢：《刻河垣稿序》，《槐野先生存笥稿》卷二，第27页。

⑤ 许建平、祁志祥主编：《中国传统文学与经济生活》，河南人民出版社2006年版，第22页。

学作品相对于科举时文和日常生活所需的书籍，其商业价值有限，由此刊刻的难度和流传的范围有一定的限度，并且往往有失传的危险。

书籍在民间的借阅和传抄活动与文学接受的互动关系至少表现在两个方面；第一，强化了经典著作的流传；第二，促进了文学秘籍的流传。[①] 王维桢的《存笥稿》在生前逝后几经刊刻，使得其作品得以保存和流传，但这一过程颇为曲折：

> 《槐野文集》旧名《存笥稿》，初刻之长安者，乃嘉靖乙卯地震后，得于散裹中仅十之三四，盖惜其遗者多矣，故未加选也。无何刻之吴下，虽少加裒益，顾其时遗者尚未尽出也。无何复刻之建宁，即吴版而翻之已耳。观者率叹非其全书云。隆庆庚午，余养疴里中，遍咨姻旧，得遗文若干卷，爰令季男师仲编次成衰。顾媿趑趄尘溷，无能广厥传焉。万历乙亥，余读《礼》里中，会大中丞右坡董公嘉惠斯文，表扬前哲，固雅珍兹集者，乃遣书议梓事，且谓文贵精不贵多，盍选焉以传，盖诚慎之也。余不自揆，辄取前数刻并遗文谬加刊订，总得若干卷以往，未及锓梓而中丞陟三边总督，寻且逝矣。嗟乎，文不易传若是哉！戊寅会督学翼轩李君行部过余谈文事，慨然欲成中丞公志，余辄更加订正，因纪岁月于末简，嗟乎，立言之道岂易语哉！曩读书中秘，得侍大宗伯季泉翁教，闻其尝与槐野公约为拟古著述，未就而槐野公溘为修文郎矣。假令至今，存世笥中所收诼不止此，或又自加润削未可知也。余于是旷然有感于作者之志焉，是故阅其文若诗卓关化理当于世教者录之，不则词调虽古雅，姑置之以俟大方君子订焉，或究其所诣。[②]

从上段文字可以看出，王维桢的作品在其生前以《存笥稿》为名已经在长安刊刻，在地震中散佚，仅存十之三四，所存的部分在吴下和建宁曾两次刊刻，渭上南轩为了使《存笥稿》散佚部分也能刊刻，“遍咨姻旧，得遗文若干卷，爰令季男师仲编次成衰”，所编的东西可能是

① 尚学锋、过常宝、郭英德：《中国古典文学接受史》，第352页。

② （明）王维桢：《槐野先生存笥稿原序》，《槐野先生存笥稿》卷首，第11页。

手抄本，后几经周折，终使《存笥稿》刊行，不过从中看出这一过程的曲折和艰辛，渭上南轩不得不发出“文不易传若是哉”的感慨。

士人的诗文虽然有时能保存下来，但由于交通不变，致使传播的范围有限，甚至由于印刷数量有限，诗文可能又面临失传的危险：“余自有识以来，即闻海内有王槐野氏玄览博辨，善为古文，而其人奇伟不群，慷慨有大节。”槐野先生去世后，“顷之滥役关中，过华山存闻其家，亟索其文读之，果与昔闻不异，因信槐野人品不群，当如其文之不几也，携入省把玩，不忍释去。方事校录，适李翁先生自数千里外以其善本至，繁祛类析，益复精粹矣，遂檄督学李子校之，西安留守刻之焉。”[①] 在上段记述中可以看出王氏的诗文在当时有相当的影响，只是由于刊刻数量和传播的范围有限，致使喜欢其文的郑立本在到陕西之前未能读其文，来陕后至其家才能阅读。阅读的版本也可能不是最好的，或者是手抄本，“适李翁先生自数千里外以其善本至”，使得郑立本能一窥其文，“繁祛类析，益复精粹矣”，并且郑立本本人也有意使王维桢的诗文流布更广，“遂檄督学校之，让西安留守刻之”，这反映出文人诗文的刊刻和传播充满了偶然性。

同时虽然士人文集已被刊刻，但由于刊刻数量较少或空间距离较远，其流播范围也非常有限，即使像“关中三李”（李颙、李因笃、李柏）与“关中五虎”（“三李”加李楷和王弘撰）的文集时人也以难见为憾。清代道光年间，张维屏在编选《国朝诗人徵略》时也慨叹：“二百年来陕西名人，如李楷、孙枝蔚、李念慈、王弘撰、李因笃、王又旦、康乃心全集皆未见，岂道远莫致耶，抑无人刊行耶？可见者惟《邈云集》耳。”[②] 而谢章铤在《答石生廉夫书》中对李因笃、李柏、王弘撰、李颙、王心敬、康乃心等清代关中学人诗文集不易得而感到遗憾[③]。乾隆年间沈德潜在编《清诗别裁集》时由于无法找到王又旦《黄

① （明）王维桢：《刻存笥稿叙》，《王氏存笥稿》卷首，集63页。

② （清）张维屏：《国朝诗人徵略二编》卷二十九，续修四库全书本，集部第1713册，上海古籍出版社2002年版，第201页。

③ （清）谢章铤：《答石生廉夫书》，《赌棋山庄文集》卷四，清光绪十年刻本。

湄集》，只能从王士祯《感旧集》中选录几首①。造成这一境况的另外一个不易觉察的原因就是，当时关中士人的政治地位不高，大都以平民终其身。

同明代关中士人的政治地位相比较，清代关中仕宦士人的宦途命运多舛，没有仕宦的士人大都远离权力的中心，乾隆年间所编《四库全书》时的馆阁文人绝大多数心仪“温柔敦厚”的诗风，因此在选编的时候极少有关中士人的文集被选中，这对他们文学声誉及其作品的传播影响极大。

综上所述，唐末随着经济中心的转移，关中地区的文化中心地位也失去昔日的辉煌，明清两代或作为战争的前沿，或多遭兵燹，文化境域远逊于江南地区。士人的文事活动受经济状况的影响也逐渐衰弱。但从纵向比较来看，图书的刊刻和流通较前代都有所发展，藩府、地方官和私家刻书都有一定的规模，主要士人的文学作品通过各种途径能得以刊刻和流播，使得关中文脉不绝，典型不坠，造就了明清时的关中文学生态。

第四节 商业活动与文学

在中国文学史上，明清商业经济的发展对文学的影响远远超过以前的朝代。经济的繁荣与发展从物质方面为士人的衣、食、住、行及从事文学活动所必需的笔、墨、纸、砚，为图书的印刷与流通提供了便利，同时经济的发展极大地改变了人们的生活方式和伦理观念，而这些正是文学所表现的主要内容。

一 明清关中的商业与民俗状况

马克思说：“商业依赖于城市的发展，而城市的发展也要以商业为

---

① （清）沈德潜选编，李克和等点校：《王又旦》，《清诗别裁集》卷五，中华书局1975年版，第92页。

条件。这是不言而喻的。”① 总体来说，明清时关中商业性质的城镇发展程度十分有限。明代西安城市的商业职能没有随着政治与军事功能的加强而提高。一方面，由于明代西安的政治与军事色彩过于浓重，限制了城市商业职能的扩展，高城深池阻碍了商品经济的渗透；另一方面，政治上的衙门、王府过于集中，盘剥苛重，使商人视此为畏途，故而退避三舍，也使城市商业无法发展。这两点是限制明代西安城市商业发展的主要因素②。但从另一方面考察，明清关中这一政治情景为关中经济的发展也提供了一些便利条件，《五杂俎》卷四《地部二》认为明代实行开中法及茶马法，给陕西商人提供了从事盐业和茶业经营的机会，关中地处东南与西北两大地区之间，为两地的交通枢纽，也是两地货物交换的中转地，陕西商人利用这一有利条件大力进行各地货物的贩运③。明代超省域商业中心有三原与泾阳，清代又转回省城西安。这一点也足以证明西安在整个西北地区具有商业发展的绝对优势。排除政治、军事等因素的干扰，商业中心地位舍此莫属。清代三原、泾阳商业地位有所下降，但仍未退出历史舞台，构成西安商业中心的卫星城镇带，这应是清代陕西商品经济发展总体水平的一个反映。

就整个社会经济而言，明代的关中地区较为落后，陆容《菽园杂记》由这里的城镇萧条叹及北方人才的匮乏：“（陕西）庆阳西北行二百五十里为环县，县城北枕山麓，周围三里许，编民余四百户，而城居者仅数十家。戍兵僦屋，闾巷不能容，至假学宫居之”，“居数日，校官率举业弟子五六人执经请益，咸谨朴。使之析义理，皆颇能之；与谈古今及他文事类莫能知。尝与索韵书，遍城中不可得。盖其地僻陋，无贤师友。校官来师者，各以所通经授弟子。或不久去，则贸贸焉无能成其终者。无惑乎人才之难也。”④ 《续耀州志》也载：“自明季兵燹后，

① ［德］马克思：《资本论》，《马克思恩格斯全集》卷二五，人民出版社1975年版，第371页。

② 张萍：《明清陕西商业地理研究》，陕西师范大学，博士学位论文，2004年，第114页。

③ 田培栋：《明清时代陕西社会经济史》，首都师范大学出版社2000年版，第364页。

④ （明）陆容：《菽园杂记》卷一，第7页。

率为饥驱，舌耕糊口甚，或逐末不得肆志攻书故。国朝成进士者仅一见”,① “而乡荐亦寥寥十数人。居民务稼穑，尚蓄积，近又能种木棉，事纺织，然为布无多，不能出村落也。”②

明清陕西本地商业发展有限，但在外从事商业活动的人不少，张瀚说其地“自昔多贾”③，顾炎武说“关中故多豪杰之士，其起家商贾为权利者，大抵崇孝义，尚节概，有古君子之风”④。对照司马迁《史记·货殖列传》，秦地多富商大贾，流风遗韵，看来陕西出商帮有其风俗传统根基。关于陕西商人的贸易活动状况，张瀚在《松窗梦语》中的一段记载被广泛引用：

> （陕西）山河四塞，昔称天府，西安为会城。地多驴、马、牛、羊、旃、裘、筋、骨。自昔多贾，西入陇蜀，东走齐鲁，往来交易，莫不得其所欲。至今西北贾多秦人。然皆聚于汧、雍以东，至河、华沃野千里，而三原为最。若汉中、西川、巩、凤，犹为孔道，至凉、庆、甘、宁之墟，丰草平野，沙苇萧条，昔为边商之利途，今称边戍之绝塞矣。关中之地，当九州三分之一，而人众不过什一。量其厚福，什居其二，闾阎贫窭，甚于他省。而生理殷繁，则贾人所聚也⑤。

从张瀚的描述中可以看出，陕西整体经济相较他省不算发达，“昔为边商之利途，今称边戍之绝塞矣”。昔日实行纳粮边地、支盐运销的开中法，在张瀚所处的时代已经衰落，“闾阎贫窭，盛于他省”，但贸易活动以西安为贸易中心，向东南西北辐射，仍有一定的规模。从张瀚的描述中也透露出陕西商人从事商业活动的另一个原因——人口的激增。

---

① （清）汪灏修，钟研齐纂：《选举志》，《续耀州志》卷七，第207—211页。

② （清）汪灏修，钟研齐纂：《田赋志·风俗》，《续耀州志》卷四，第134页。

③ （明）张瀚：《商贾纪》，《松窗梦语》卷四，上海古籍出版社1986年版，第73页。

④ （清）顾炎武：《富平李君墓志铭》，《顾亭林文集》卷五，《顾亭林诗文集》，第118页。

⑤ （明）张瀚：《商贾纪》，《松窗梦语》卷四，第82页。

明代陕西人口增长过快，所谓秦人家贫子多则出赘，即可见他们面临人口膨胀所带来的问题，除农业而外，“韩城士尚廉耻，农务桑麻，至逐末者众，则以地狭人稠故也”①，他们还必须从事农业以外的活动，就给商业创造了一个前提条件，所以他们都以农商起家：

鸿胪少卿子充李公，讳尽心……以农商起家②。

公讳仲迪……自扶风徙邑（三原）焦村，又徙邑留坊里，占籍焉。……初从故业力田，已贾蜀。

君姓石氏，讳象，朝邑县履泽里人。其先从景延寿乡徙居大庆乡为上石氏，家世耕商，不习文献③。

由上所述，我们当可知道陕商参加商业活动的动机，有政治方面的因素，也有受着封建制度下相对人口过剩的压力，故在这个地区中民从商者十居七八。

除过人口的原因之外，有些地区土地不宜耕种，为了生计，居民不得不从事商贾，如朝邑地不宜农，以商起家者为数不少。另外，有些地区诸如三原、泾阳等地有经商的传统，正因为如此，这些地区商业发展程度一度超过西安。“泾阳为西安巨县，政繁而道卫，俗美而习敝，民逐末于外者八九”④，“三原士勤学问，民多商贾，……至今士能敬业，城邑乡井类多弦诵，科目甲于诸邑，农勤力作，工不事淫巧，惟商贾远出，每数年不归，劝令买地耕种，多以为累，思欲转移，令务本轻末，其道良难”⑤，三原“俗十七服贾，贾稍起，即同产，辄析箸，不然，亦争自予”⑥。韩邦奇在其《苑洛集》中描述其家乡陕西同州朝邑八里庄，“庄虽数百家，俗兢艺黍稷，远服贾，鲜修文学”⑦，又称同县大庆

① （清）饶应祺修，马先登纂：《风俗》，《同州府续志》卷九，第346页。
② （清）李因笃：《重葺县北门石桥募缘疏》，《受祺堂文集》卷四，道光七年刻本。
③ （明）温纯：《明耆宾石君墓志铭》，《温恭毅公文集》卷十一，明崇祯刻本。
④ （清）沈青崖、吴廷锡等：《风俗》，《陕西通志》卷五十四，第1287页。
⑤ 同上书，第1288页。
⑥ （明）温纯：《明寿官峨东王君墓志铭》，《温恭毅公文集》卷十二，明崇祯刻本。
⑦ （明）韩邦奇：《处士权公暨配党孺人合葬墓志铭》，《苑洛集》卷六，第436页。

关一带“万余家，皆习商贾”①，韩邦奇为正德、嘉靖时人，可知当时朝邑人经商已蔚然成风。

商业发展状况还可以通过民俗反映出来，明清时期，虽然总的情景是“民间风俗，大都江南侈于江北，而江南之侈尤莫过于三吴”②，但奢靡之风随着经济的发展和起落在关中地区时有出现。

明初，因商品经济滞后，生活水平低下，陕西各地保持着敦让淳厚的民风，渭南的风俗“耻游惰奢靡，非礼会不聚饮听乐”，并且在日常生活中表现出森严的封建等级，“尊卑贵贱，衣服器用，品式森然，莫敢僭逾”③，近于文人理想中的社会习尚。岐山县也是风俗淳朴，以礼让为先，故当地百姓可以“足不履县，目不识长吏”④，词讼极少。关中西部的凤翔府及邺州地区，商品经济依然落后，故长期保持俭朴敦厚的民风。乾隆时陇州依然“俗尚淳朴，不染奢华”⑤。陕甘边界处的汧阳因境内“北乡一带尽系土山，山内居民皆属土著，并无外来客户，垦种地亩，亦无木厢、铁厂、纸厂、煤窑”，故居民“务农为多，自安生业，讼狱甚少，极称安静朴实”⑥。道光年间长武县“居无外来客，户民性质朴，不尚奢靡，亦无诡诈桀骜之习，颇知敬官畏法，安分守业”⑦。邠州“地居平原，民皆土著，知耕读，俗尚勤俭，其俗质而厚，其人朴而易，野无惰农，家无余积，摒绝浮奢，不事工贾”⑧，地处黄土高原的同官之所以“能蓄积节用，不事华靡”，也是因为当地人“专务稼穑，不事织纺，不习商贾，民少生业，故贫者居多”⑨。扶风县的习尚代表了关中那些商品经济尚未波及地区的风俗特点：“西南三乡俱在平原，风俗颇为近古，乡党相与崇尚齿让，服食俭素，忠厚质直，绝

① （明）韩邦奇：《国子生西河赵子墓表》，《苑洛集》卷七，第447页。

② （明）张瀚：《百工纪》，《松窗梦语》卷四，第70页。

③ （清）沈青崖、吴廷锡等：《风俗》，《陕西通志》卷四五，第1288页。

④ 同上。

⑤ （清）吴炳纂辑：《风俗》，乾隆《陇州续志》卷一，成文出版社有限公司1976年版，第115页。

⑥ （清）卢坤辑：《汧阳县》，《秦疆治略》，成文出版社有限公司1970年版，第97页。

⑦ （清）卢坤辑：《长武县》，《秦疆治略》，第83页。

⑧ （清）卢坤辑：《邠州直隶州》，《秦疆治略》，第77页。

⑨ （清）卢坤辑：《同官县》，《秦疆治略》，第37页。

无机巧变作之习。小民畏官法，以不入公堂为高。”①

从各种文献记载中可以明显地发现，商品经济落后的地区民风淳朴。伴随着商业的勃兴，重商崇奢之风不断冲击陕西原本淳朴的农业社会，因此也引起了当地社会风气的变迁，使得俭朴之习渐失，崇奢之风随之而起，传统的等级、身份制度受到了一定的冲击。不过，由于商品经济发展的地区不平衡性，陕西各地社会风气的转变表现出较强的时空差异。嘉靖以后，情况则完全不同，渭南“嘉隆以降，其俗渐敝，无复恭俭敦朴之遗”②。其时进士王维桢云“关中故俗，其人质直尚气，鲜俨黠诡位之习。乃今渐浇古朴，阎间构讼，百伪朋兴”③。

在商品经济的冲击下，士人也逐渐改变了儒家经典的生活方式，“吴中缙绅士大夫多以货殖为急”④，何良俊明确指出，“由今日而观之，吴淞士大夫不商，不可谓不众矣”。不仅社会风气由俭入奢，这种重商的社会风尚甚至使传统社会尊卑有序的纲常被打破。明人杨用晦《冠约》云，“衣服先辈止取质朴，居不过白布，直身见有服罗緞者则以为刺眼。今俗不遵古制，日服绫罗彩缎，时兴花样，日新月盛，甚至袒衣皆用绫绮，竖子皆服织锦招摇市肆，以夸耀闾里，至妇人女子服花袍、蟒袍，犹以为非时尚也，有时而服五彩绣花袍者矣，有时而服织金大红袍者矣，富效贵，贫效富，日盛一日，恬不知耻，世道江湖砥柱属谁，良可浩叹”⑤，完全无视封建等级。

弘治初始，关中部分地区社会“渐入于奢”，正德年间，社会风气丕变。“弘治初，渐入于奢，至正德，华靡倍昔，乡邑无老少，习为浮伪”，以致社会上“不论德行，论富、论势力，遂至凌竟成风”⑥。与其相邻的武功县，弘治时同样“习善飨，民风浮敝”，“无丰俭之节，日日击鼓聚会，靡有厌饫，少年得分银尺布，则弗计蔬馔，置酒弹弦，不

① （清）卢坤辑：《扶风县》，《秦疆治略》，第91页。

② （清）沈青崖、吴廷锡等：《风俗》，《陕西通志》卷四五，第1268页。

③ 同上书，第1286页。

④ （清）曹溶辑，陶樾增：《吴风录》，《学海类编》第114册，上海涵芬楼影印本，1920年版，第100页。

⑤ （清）沈青崖、吴廷锡等：《风俗》，《陕西通志》卷四五，第1304页。

⑥ 同上书，第1287页。

避长老，时节游衍，男女率冶容袨服，佔佔自见”，“送死奢靡，拟诸王侯，奠妇翁，至于倾产”[①]。北部的耀州民风渐奢稍晚，但正德以后“里俗乃日日异者，乃布帛则日短，器物日硗，市井日欺，衣冠日变”[②]，与往日敦厚淳朴之风大为不同，此时西安府基本上转变为习俗尚奢、风气凌嚣的地区了，农业社会那种急公近义、安贫乐道的风尚已为商品社会急功近利、违礼逾制的风气所取代。同时，先前的鸡犬之声相闻、至老死不相往来的田园生活，也为商业兴盛、人际交往增多后的事繁讼剧所取代。因此西安府淳朴渐失，风气渐漓，及至明末，竟然附郭县咸宁也是“裘马绵绮充填衢巷，罗袴云履得僭于娼优，卒隶之辈而雕墙峻宇在在有之，至菜佣舆卒，率以号行，非礼称呼无贵贱”[③]。东部的渭南自“嘉隆以降，其俗渐敝，无复恭俭敦朴之遗”[④] 的古风。清雍、乾之际，由于生产恢复，经济形势渐趋改善，手工业生产与商业活动逐步兴盛。关中西安府与同州府一带侈靡之风复燃，风气再度变为奢侈。从当时陕西巡抚卢坤的记录中看出道光年间陕西尤其是关中、东部地区风俗变迁的一个转折时期，省城所在的咸宁此时亦“渐染浮嚣习气”[⑤]，临潼地区“嗜利轻义，尺布斗粟，辄兴雀角”[⑥]，澄城县“近渐浇漓”[⑦]，蒲城“颇尚靡丽”[⑧]，商贾众多的三原更是不能例外，“惟民俗浇漓，究缘多商贩，惮于农业，有力之家无不出外经营谋利，以致传染南方风气，竞尚浮华，继因伙账不清，彼吞此欠，从此讼狱烦兴，此内即有文武生监嗜利滋事。妇女亦多习于安逸，不事女红”[⑨]，唯有乾州因境内“并无富商大贾豪猾之辈，尚称易治”[⑩]，成为仅有的例外。当然，与江南相比，这里的生活方式受到物质条件的制约，仍然较为

① （明）康海：《建制第一》，《武功县志》卷一，成文出版社有限公司1976年版，第32页。

② （明）李廷宝修，乔世宁纂：《田赋志》，《耀州志》卷四，第126页。

③ （清）沈青崖、吴廷锡等：《咸宁志》，《陕西通志》卷四五，第1287页。

④ （清）沈青崖、吴廷锡等：《渭南志》，《陕西通志》卷四五，第1288页。

⑤ （清）卢坤辑：《咸宁县》，《秦疆治略》，第12页。

⑥ （清）卢坤辑：《临潼县》，《秦疆治略》，第17页。

⑦ （清）卢坤辑：《澄城县》，《秦疆治略》，第59页。

⑧ （清）卢坤辑：《蒲城县》，《秦疆治略》，第69页。

⑨ （清）卢坤辑：《三原县》，《秦疆治略》，第23—24页。

⑩ （清）卢坤辑：《乾州》，《秦疆治略》，第71页。

简约。

二 士人对待商业的态度

清代沈垚（1798—1840）在其《费席山先生七十双寿序》中曾有一段关于宋代以来商人社会变迁的记述：

> 宋太宗乃尽收天下之利，劝归于官，于是士大夫始必兼农桑之业，方得赡家，一切与古异矣。仕者即与小民争利，未仕者又必先有农桑之业方得给朝夕，以专事进取，于是货殖之事益急，商贾之势益重。非父兄先营事业于前，子弟即无由读书以致身通显。是古者四民分，后世四民不分。古者士之子恒为士，后世商之子方能为士。此宋、元、明以来变迁之大较也。天下之士多出于商，则纤啬之风益甚。然而睦姻任恤之风往往难见于士大夫，而转见于商贾，何也？则以天下之势偏重在商，凡豪杰洞悉天下之物情，故能为人所不为，忍人所不忍。是故为士者转益纤啬，为商者转敦古谊。此又世道风俗之大较也①。

这段文字被近人曾屡次征引，以说明宋元以后商人地位的变化，或科举制度的经济基础。上引的文字中包含了两个主要的论点：其一，宋以后的士多出于商人的家庭，以致士与商的界限已经不能清楚划分；其二，由于商业在中国社会上的比重日益增加，有才智的人便渐渐被商业界所吸引。又由于商人拥有财富，许多有关社会公益事业也逐渐从士大夫的手中转移到商人的身上。沈垚的用语略显过重，且统宋、元、明、清而言之，也过于笼统，但若把这一段文字看作是对 16 世纪至 18 世纪中国社会的描写，则大致可以成立。他在此《序》的结尾处又写道：“元、明以来，士之能致通显者大概借资于祖、父，而立言者或略之。则祖、父治生之瘁，与为善之效皆不可得见。”②

明代的中国商业经济发展已经达到一个新的水平，由商品经济所带来的士商关系也出现了新趋势，“政治变迁曾在一定程度上加速了‘弃

① （清）沈垚：《费席山先生七十双寿序》，《落帆楼文集》卷二十四，道光刻本。

② 同上书。

儒就贾’的趋势，更重要的是这一变迁也大大有助于消除传统四民论的偏见，使士不再毫无分别地对商人抱着鄙视的态度”①。随着商品经济的发展，商品流通的发达，社会其他阶层对商人的看法也在发生变化，成化、弘治时注重经世之策的大学士丘浚说：“今天下之人不为商者寡矣。士之读书将以商禄，农之力作将以商食，而工、而隶、而释氏、而老子之徒，孰非商乎？吾见天下之人，不商其身，而商其志者，比比而然。”② 把当时社会各界的行为比作商人，虽不商其身但已商其志，这是经商已成风气、商人社会地位实际并不低下的反映。全社会行为无异于商人，商人经营自然最是名正言顺、光明正大的了。韩邦奇《国子生西河赵子墓表》中云：

> 古之人惟求得其本心，初不拘于形迹。生民之业无问崇卑，无必清浊，介在义利之间耳。庠序之中，诵习之际，宁无义利之分耶？市廛之上，货殖之际，宁无义利之分耶？非法无言也，非法无行也，隐于干禄，藉以沽名，是诵习之际，利在其中矣。非其义也，非其道也。一介不以与人，一介不以取人，是货殖之际，义在其中矣。利义之别，亦心而已矣③。

韩邦奇在这里扩大了义利之辨的社会含义，承认“孳孳为利”的商人也同样可以合乎“义”，这显然是对传统的义利观予以新的诠释。王阳明《节庵方公墓表》略云：“古者四民异业而同道，其尽心焉一也。士以修治，农以具养，工以利器，商以通货，各就其资之所近，力之所及者而业焉，以求尽其心。其归要在于有益于生人之道，则一而已”，“自王道熄而学术乖，人失其心，交骛于利，以相驱轶，于是始有歆士而卑农，荣宦游而耻工贾。夷考其实，射时罔利有甚焉，特异其名耳。”④ 这篇《墓表》写于王阳明卒前三年，可以代表他最后的见解。

① 余英时：《士与中国文化》，上海人民出版社 2003 年版，第 463 页。

② （明）丘浚：《江湖胜游诗序》，《丘文庄公集》卷三，康熙刻本。

③ （明）韩邦奇：《国子生西河赵子墓表》，《苑洛集》卷七，第 447 页。

④ （明）王守仁原著，施邦曜辑评，王晓整理：《节庵方公墓表》文章编卷三，《阳明先生辑要》，中华书局 2008 年版，第 928 页。

王阳明以儒学宗师的身份对商人的社会价值给予这样明确的肯定，这不能不说是新儒家伦理史上的一件大事。李维桢在《乡祭酒王公墓表》中记载了陕西商人王来聘诫子孙语曰："四民之业，惟士为尊，然无成则不若农贾。"① 何心隐在《答作主》中说："商贾大于农工，士大于商贾，圣贤大于士。"② 在明清文人的作品中，这一现实往往在有意无意之间流露出来。

此时的关中士人对商业的态度同时代基本保持一致。李梦阳《故王文献墓志铭》记山西王现"故利以义制，名以清修，各守其业"③，康海在《扶风耆宾樊翁墓志铭》中记商人樊显语显示经商行为与天道的一致性："谁谓天道难信哉！吾南至江淮，北进边塞，寇溺之患独不一与者，天监吾不欺尔！贸易之际，人以欺为计，予以不欺为计，故吾日益而彼日损。谁谓天道难信哉！"④ 韩邦奇《席君墓志铭》记山西商人席铭"幼时学举子业不成，又不喜农耕，曰：'丈夫苟不能立功名于世，抑岂为汗粒之偶，不能树基业于家哉'"⑤。而对于当时的商业之风，李梦阳曾言："夫商与士，异术而同心，故善商者，处财货之场而修高明之行，是故虽利而不污。"⑥ 在明清"走西口"从事西部边境贸易的陕西商人中还有许多是"弃儒经商"的士人君子，如三原大贾胡汝宽"罢学就贾……公即隐市贾，然独喜儒，暇则阅古图书吟咏诗章，对客谈古今事类……有白乐天风"⑦，梁选椽"罢儒服贾江南，用盐筴起，先垂四十年，公智识过人，诸贸迁赢拙一经筹划，率奇中"⑧，王绩"充县学诸生，业侵侵向成，顾君母杨老家曰，若无从供朝夕，乃弃

① （明）李维桢：《乡祭酒王公墓表》，《大泌山房集》卷一〇六，第 154 页。

② （明）何心隐著，容肇祖整理：《答作主》，《何心隐集》卷三，中华书局 1960 年版，第 53 页。

③ （明）李梦阳：《故王文献墓志铭》，《空同先生集》卷四六，明代论著丛刊本，伟文出版社有限公司 1976 年版，第 420 页。

④ （明）康海：《扶风耆宾樊翁墓志铭》，《康对山先生集》卷三九，第 438 页。

⑤ （明）韩邦奇：《席君墓志铭》，《苑洛集》卷六，第 438 页。

⑥ （明）李梦阳：《故王文献墓志铭》，《空同先生集》卷四六，第 420 页。

⑦ （明）温纯：《明寿官胡公墓志铭》，《温恭毅公文集》卷十，明崇祯刻本。

⑧ （明）来俨然：《明徽仕槐轩梁公行状》，《自喻堂集》卷二，上海古籍出版社 1987 年版，第 23—24 页。

去业商”①。

16世纪以后著名士人学人的文集中充满了商人的墓志铭、传记、寿序，以明、清与唐、宋、元的文集、笔记等相比较，这种差异是极其明显的，这是长期“士商相杂”的结果。

三　士人与商人的交往

士人的社会交往生活纷繁复杂，其动机因个体差异而不同，其中功利性的目的和娱情性消遣是主要且具体的原因。然而作为一个最具有文化特质的阶层，士人文化心理、社会风尚、群体情感的爱憎，也是影响士人社会交往活动不可缺少的因素。

在我们所考察的诸多关中士人中，大都出身仕宦家庭，同时这些家庭也具有商业背景。早期的王恕父子就是出身“两淮商籍”，最终成为有明一代的名宦。李梦阳也出身商贾家庭，在其祖父的传记中记道：“是时母氏改为他氏室，而公乃因不之他氏食，零零偈偈往来邠、宁间学贾，为小贾能自活，乃后十余岁而至中贾云。”② 李梦阳之兄李梦和是著名大商人，“北墅公（李孟和）始自庆阳徙开封，当成化之十八年。盖为儒无所成，有弟曰梦阳，世称空同先生。幼异才，公勖之颛学，登进士以文章名。公乃称曰：‘士而贵蓄道德，若庶人，则惟居积不多之患。’于是习猗顿、陶公之术，遂以财雄，第宅、田园极膏沃，子孙皆与开封人婚”③，李梦阳革官之后蛰居开封，就住在其兄家，后并无稳定的经济来源，应该与其兄的经济帮助有关。康海出身商贾世家，其曾叔祖即善贾，叔父康銮“初欲以《戴礼》举乡试，后服贾，为家业，即号善贾。弘治末，助金于边，为义官”④，后康銮父子在扬州经商，以贩盐而大富，成为关中著名的商业家族。许宗鲁也是出身于商人家庭，《都察院右副都御史许公宗鲁墓志铭》记载：“公名宗鲁，字东侯，号少华，咸宁人也。父赠太仆公鋐者，商维扬，尝祷茅山祠下，后生公客

① （明）来俨然：《明菊斋君暨醅硕人崔氏墓志铭》，《自喻堂集》卷二，第6—7页。
② （明）李梦阳：《族谱》，《空同集》卷三十八，第337页。
③ （明）高叔嗣：《大明北墅李公墓表》，《苏门集》卷七，第636页。
④ （明）康海：《明故康氏第四府君义官墓碑》，《康对山先生集》卷三五，第399页。

邸。"[①] 而《太微张公墓碑》载张治道年少时，"父命之商，公顾好书不好商，乃就乡校师学书，始授读即颖记绝人，已乃就偶山田先生，受《朱氏诗》，未几，即又善说《诗》"[②]。关中文人家庭的这种儒、商结合的特点，使得家境殷实的大族在科举考试中具有竞争优势，同时为子弟的学术交流提供物质保障，如康海于弘治十二年会试不第，乃与同年举人马理同游国子监，弘治十五年再试京师，一举成名，游学的背后没有强大的物质保证，这种游学活动就基本无法完成，应该说这是一种普遍的现象，它从侧面也反映出明清时商业、仕途与文学之间的紧密关系。

因为关中士人浓厚的商业背景，因此在和商人的交往中不存在任何障碍和偏见，在他们的文集中，与商人酬唱赠答的文字随处可见，为商人作了大量墓志铭，完全没有先前士人对于商人的鄙薄和轻视。如王九思为商人张佾所作的墓志铭中就云："祖讳鹏，乃隐于贾"，"盖常侍父游宦于南北，寻乃挟赀出贾于汴，……踰十年庚申，南贾于江浙间"，"其后君复贾于陇西"，"又别六年甲戌，予已在林下，君跃马相访。庚辰秋，将东归故里，过别予，予为作一卷，武功康太史德涵题曰《沣桥饯别》，以诗赠之而序诸首，余若三原马光禄伯循、高陵吕太史仲木、岐山杨中丞宗文，洎予皆以诗赠而予复序其后云"[③]。张佾可以说是商人世家，其经商的范围遍及大江南北，但并不妨碍与士人的交往，在他离别时，关中士人康海、马理、吕柟、杨武、王九思均有赠别诗歌相送。李梦阳也曾为商人鲍弼、丘琥、王现、余育、郑作、余存修、鲍辅、汪昂、鲍允亨等做过墓志铭[④]，且能正视商人，如在《贾隐》序中称松崕子"是隐而贾者也"[⑤]，为商人辩护，在《贾论》中说："贾之术恶，人必以为谬，然不知贾深刻取赢羡。深刻则心易残，取赢羡则戕

---

① 吴相湘主编：《都察院右副都御史许公宗鲁墓志铭》，《国朝征献录》卷六二，学生书局1965年版，第2653页。

② （明）乔世宁：《太微张公墓碑》，《国朝征献录》卷四七，第1984页。

③ （明）王九思：《明故七品散官秋泉张君墓志铭》，《渼陂续集》卷下，第949页。

④ 见李梦阳《空同集》卷四十五《梅山先生墓志铭》、《处士松山先生墓志铭》，卷四十六《明故王文显墓志铭》，卷四十八《潜虬山人记》，卷五十一《方山子集序》，卷五十二《缶音序》，卷五十六《赠豫斋子序》，卷五十七《汪子年六十鲍郑二生绘图寿之序》，卷五十八《鲍允亨传》等。

⑤ （明）李梦阳：《贾隐》，《空同集》卷五十九，第535页。

物，故非大奸巧不能踰等夷，然贾亦不尽尔，若尔常十七八，亦其术使然也。夫心，神舍也，深刻则耗神，耗则昏眊而形不和，形不和则不能修于身行，此非术之罪哉?”“夫贾，编户之民也，而一旦音乐、妓女之奉，肥甘、绮丽、车马、珍玩诸属与诸大贵人等，则淫侈而易为邪。夫入深谷翳林而能得材者，择木者也；处奢靡踰躐而能制心者，择行者也。是以陶朱公居置千金而显名天下，传于后世。故不务仁义之行而徒以机利相高者，非为欲喜，生之道也。”[①] 他在给商人王现作的墓志铭中借王现之口说：“夫商与士异术而同心。”[②] 把商人提到与士人完全相同的地位上。

当李梦阳于正德初罢官家居后，“以著作倾当世士”，汪道昆曾记乡人淮商之子王寅求学李梦阳一事。王寅曾“驰一骑，谒献吉大梁，会献吉至关中不至”，回家后“攻读古文词，不喜举子业”并“从献吉受诗，诗名大起”[③]，同时又与郡中文学少年共结诗社。向李梦阳请教文学的有几个商人，如郑作是“歙人，读书方山之上，自号方山子，已弃去为商，往来梁、宋间”，“初见空同，空同规其诗率易，乃沈思苦吟，不复放笔涂抹。诗数千篇，空同选得二百余，序而传之”[④]。另有余存修，梦阳为其诗集作《缶音序》。其子余育，亦在河南一代经商，梦阳为之作《潜虬山人记》：“山人商宋梁时，犹学宋人诗。会李子客梁，谓之曰：宋无诗。山人于是遂弃宋而学唐。”[⑤] 郑作，字宜述，歙县人，有《方山子集》，亦属最初从梦阳学诗者。

四　作品的种类、风格与商业的关系

文学的样式也与经济的发展紧密相连。瓦特指出，小说的兴起是资本主义经济发展的结果之一，清教主义也有着重要的影响，甚至现代小说与资本主义的、现实主义的认识论也有密切的关系[⑥]。一般来说，城

---

① （明）李梦阳：《贾论》，《空同集》卷五十九，第538页。

② （明）李梦阳：《故王文献墓志铭》，《空同先生集》卷四六，第420页。

③ （明）汪道昆：《王仲房传》，《太函集》卷二八，四库全书存目丛书本，集部第117册，齐鲁书社1997年版，第369页。

④ （清）钱谦益：《方山子郑作》，《列朝诗集小传》丙集，第322页。

⑤ （明）李梦阳：《潜虬山人记》，《空同集》卷四八，第466页。

⑥ ［美］伊恩·瓦特：《小说的兴起·译者序》，高原等译，生活·读书·新知三联书店1992年版，第2页。

市的繁荣必然产生与其相适应的市民文学，但地区间的经济文化差异也必然从文学的品种和作品的风格中表现出来。如在文化教育较为发达且政治气氛相对淡薄的东南地区，市民文学的创作和传播往往以文本的方式和口头的方式并重，而在北方特别是北方的边镇，则以口头的方式为主[①]。市民社会是戏曲、评书等艺术生长繁衍的肥沃土壤。市民社会越发达，百戏伎艺越兴盛，民间艺人的境遇也渐次得到改善[②]。到了晚明，商品经济和各地城市空前繁荣，市民阶层空前活跃，知识分子特别是受市民文化影响较深的文人逐渐由雅入俗，在思想观念和生活方式上带有不同程度的俗化痕迹，俗化在士林中已经形成了一种时尚："士大夫膏肓之病，只是一俗，世有稍自脱者，即共命为迂、为疏、为腐。于是一入仕途，则相师相仿，以求入乎俗而已，如相率饮狂泉，亦可悲矣。"[③] 为了适应这一需求，社会上出现了大量日常实用的刻本以及戏曲、小说等文化娱乐书籍，并广泛流传。"今书坊相传射利之徒伪为小说杂书，南人喜谈如汉小王（光武）、蔡伯喈（邕）、杨六使（文广），北人喜谈如继母大贤等事甚多。农工商贩，抄写绘画，家蓄而人有之；痴呆女妇，尤所酷好"，"作为戏曲，以为佐酒乐客之具，有官者不以为禁，士大夫不以为非；或者以为警世之为，而忍为推波助澜者，亦有之矣"[④]。

关中地区文化的娱乐状况和城市商业的发展状况基本一致，城镇数量增多，规模扩大，普通民众生活状态发生变化，由俭入奢，逾越常礼，娱乐的形式和内容也发生了变化。"顾余见儿时侍先君，每称述先高祖为保约正，里中少年偶不驯，辄走匿，不敢见。当时风气敦古，后生见尊长，必肃揖，若弟子遇先师，衣冠言动率谨朴。近乃尚奇袤，饮食征逐，好枯中腴外甚，且钻利吸烟不相非。俨然儒者口不道诗书，闻人言圣贤，若相戒，不敢近见绳规，士群訾笑之，或笑曰理学先生，盖鄙夷之也。乡间自遭兵燹，人民聊生，救死不暇。土地荒芜，无力耕作，而城市益贪利，务诈伪。妇女华饰倍于前，无所畏避。演戏赌博犹

① 方志远：《明代城市与市民文学》，中华书局 2004 年版，第 89 页。

② 余晓明：《文学生态学研究》，第 25 页。

③ （明）陶奭龄：《小柴桑喃喃录》卷下，明崇祯八年刻本。

④ （明）叶盛撰，魏中平点校：《水东日记》卷二十一，中华书局 1980 年版，第 213—214 页。

未知止，又甚焉。噫，是可忧已！”①《志》的作者站在保守的立场看待城市商业行为和演戏，但从文化发展的趋势来看，随着社会经济的发展，社会下层接受文化的可能性越来越大，虽然他们不能直接经营文化，但作为文化消费者，这些粗通文墨的田夫野老是通俗演义小说得以在明中叶后大肆崛起的最广大的群众基础，因此钱大昕感慨云：“古有儒、释、道三教，自明以来，又多一教，曰小说、演义之书，士大夫、农工商贾无不习闻之，以至儿童妇女不识字者，亦皆闻而如见之，是其教较之儒、释、道而更广也。”② 钱大昕从小说与演艺之书普及说起，言其又有与儒、释、道并驾齐驱之势，足见这种艺术形式影响之广。

在明代，作者撰写白话小说的目的一般十分明确，即为了出版、为了进入市场，在获取经济利益的同时，将作品推向读者，即写作的目的在于向大众传播。戏剧则不同，除了教坊和艺人自编自演外，许多作者编写剧本的首要目的是自娱及在同人中交流，而且自备戏班，进行观赏，如李开先、何良俊、阮大铖、张岱等人的作品即是，或者是为发泄胸中的情绪，如康海的《中山狼》与王九思的《沽酒迎春》即是。对于这些作者来说，出版倒不是第一目的。

这一时期最值得关注的市民文学品种是民歌时调即时曲。民歌时调的发展，也带动了文人散曲的创作。康海、王九思、金銮等人运用散曲的形式，写尽社会的真情，正是向民歌时调学习的结果。沈德潜《万历野获编》说明了明代散曲高手均在成弘时并没有夸张：

> 元人俱娴北调，而不及南音。今南曲如《四时欢》、《窥青眼》、《人别后》诸套最古，或以为元人笔亦未必然。即申青门（仕）、陈大声（铎）辈南词宗匠，皆本朝成弘间人。又同时如康对山（海）、王渼陂（九思）二太史，俱以北擅场，并不染指于南。渼陂初学填词，先延名师，闭门学唱三年，而后出手。其专精不泛及如此。章邱李中麓太常（开先）亦以填词名，与康、王俱

---

① （清）焦云龙修，贺瑞麟纂：《风俗》，《三原县新志》卷四，第202页。

② （清）顾炎武著，黄汝成集释，栾保群、吕宗力点校：《厚重》，《日知录集释》卷一三，第777—778页。

石友，不娴度曲，即如《宝剑记》，生硬不谐，且不知南曲之有入声，自以中原音韵叶之，以至吴侬见诮①。

从上述资料来看，明代市民文学的各类创作中，最值得关注的阶层是举人、诸生、山人，他们有一个共同的特点，即对仕途无望，因此有一批人投身于市民文学的创作、整理、研究，他们在明代市民文学发展中起着至关重要的作用。还有一批与市民文学有着密切联系的士大夫，如李梦阳、康海、王九思等，无论是出仕之前还是罢官之后，甚至在任期间，也一直从事市民文学的创作，或者为市民文学鼓吹。正是因为这一批人的加入，才使得明代市民文学的艺术品位得以提高，得以流传后世。当然，他们的加入，同时也使得某些市民文学的市井气逐渐淡化。

明代诗文大量地描写商人，体现了一种文学的进步：首先，不管文人出于什么目的为商人写诗文，也不论诗文本身是如何缺乏文学价值，这类诗文的大量出现已经说明，商人势力增长使得他们有足够的财力来购买有益于自身的文学作品，使得关于商业和商人的文学作品逐渐为世人所接受；其次，通过文学变现，商人的心理世界和生活世界为世人所了解，在潜移默化的作用下，对文人和社会风气产生一定程度的影响，对于他们的文学观念和文学创作提供素材和灵感，进而推动文学形式和内容的多元化。

第五节　文学领袖对士人的奖掖

文人的结合往往是具有较多共同特点的作家同声相应、同气相求而成，且多围绕着一时的文学大家或权势人物组成一个圈子。夏允彝《岳起堂稿序》云："唐宋之时，文章之贵贱操之在上，其权在贤公卿；其起也以多延奖，其合也或贽文以献，挟笔舌权而随其后，殆有如战国纵横之士之为者。至国朝而操之在下，其权在能自立，其起也以同声相引

① （明）沈德符：《词曲》，《万历野获编》卷二五，中华书局1959年版，第640页。

重，其成也以悬书示人而人莫之能非。故前之贵于时也以骤，而今之贵于时以必久而后行。"① 夏允彝这一观点说明到了明代文学权力下移和士人"自立"这一史实，但其间也透露出一个信息，"其起也以同声相引重"这一文学现实，这说明文学领袖在一般士人成长和成名的过程中仍然发挥着巨大作用。

一　明清与关中士人相关的文学领袖

明初文坛先后以"三杨"（杨士奇、杨溥、杨荣）和李东阳等台阁士人为核心，其他士人也以趣味相投，自相结合，他们或窗下切磋以攻文，或林下逍遥以娱老，各士人集团之间尚未形成相互攻讦的风气。以弘治、正德年间的"前七子"（李梦阳、何景明、康海、边贡、王九思、王廷相、徐祯卿）为代表，士人的集合改变了过去以兴趣相结合的模式，形成了以主张相结合的风气，这标志着明人流派观念的自觉。但这种情况也往往由此而造成了各立门庭、其议如讼的局面。到了明清之际，文学门派之间的争执更为激烈，且门派中的文学领袖在臧否人物方面发挥着非常重要的作用，这使关中士人纵横文坛的气势已经烟消云散。

明代同关中士人有关的文坛领袖主要有李东阳和杨一清二人。李东阳在明"三杨"之后主文坛职事多年，《明史》说："自明兴以来，宰臣以文章领袖缙绅者，杨士奇后，东阳而已"②，"弘治时，宰相李东阳主文柄，天下翕然宗之"③，"盖操文柄四十余年"④。"前七子"是在李东阳茶陵派羽翼下成长起来的，后来自立门户。基于对文坛话语权的争夺，李东阳和关中士人后来交恶，并利用刘瑾事件，把关中士人排挤于文坛中心之外，对明清关中文学的发展产生了一定的负面影响。杨一清视事业文章为人生两大事，"留得文章兼节义，不知曾汗几人颜"⑤，其政治影响力掩盖了他的文学实力，他一生先后历仕成化、弘治、正德、

① （清）陈子龙：《岳起堂稿序》，《陈忠裕公全集》，嘉庆八年簳山草堂刻本。

② （清）张廷玉等撰：《列传》，《明史》卷一八一，第4825页。

③ （清）张廷玉等撰：《列传》，《明史》卷二八六，第7348页。

④ （明）靳贵：《怀麓堂文集后序》，《戒庵文集》卷六，四库全书存目丛书本，集部第45册，齐鲁书社1997年版，第522页。

⑤ （明）杨一清：《谒王忠文祠》，《石淙诗稿》卷二，四库全书存目丛书本，第383页。

嘉靖四朝，凭借“其才一时无两”或“比之姚崇”[①]的能力，在明中期的政坛上独树一帜。在文学方面后世对其评价甚高，朱彝尊在《静志居诗话》中说：“及观《石淙集》，实有高出李（东阳）者，乃知文士以千秋自命，类不轻许人也。”[②]杨一清不仅亲身参与了以李东阳为领袖的茶陵一派的诗文活动，而且见证了“前七子”文学复古运动的高潮。杨一清为陕西提学时，创建书院，奖掖后学，提携关中文士，是“前七子”文学流派的积极促成者。

清代同关中士人有关的文学领袖主要有钱谦益、龚鼎孳、吴伟业和王士祯等人，成书于道光二十四年的陆鎣《问花楼诗话》云：“江右诗人，自昔虞山称首。而才情焕发，声律绵丽，合肥、娄东、鼎足而三。虞山早附东林，喜声华，好讥弹文字。合肥直谏，娄东晚出，虽云同调，进取或殊。”[③]钱谦益“四海宗盟五十年”[④]、“（钱谦益）主文章坛墠者五十年，几与弇州不相上下”[⑤]，董含说：“海虞钱宗伯谦益，一代伟人，操宇内文章之柄，一时名流奔走翕集。”[⑥]这种意见几乎是清初人的共识。他的片言可以为人轻重，“凡四方从游之士，不远千里，行縢修贽，乞其文，刻系牲石，为先世荣光者，络绎门外。至王弇州、李大泌以还，此事殆希见也”[⑦]。钱谦益《绛云楼书目》附曹溶题词，海内文人墨卿联袂而游谒虞山，不可胜数，形成了以钱谦益为中心而辐射江浙、燕赵、齐楚、岭南、八闽的清初诗歌局面。钱谦益对自己海内文坛盟主的地位毫不隐讳：“古之文人才士，当其隐鳞戢羽，名闻未彰，必有文章矩公，以片言只字，定其声价，然后可以及时成名。”他自豪地承认，自己虽然语言文字不能使人轩轾，“然海内之俊民，掉鞅词坛

---

① （清）张廷玉等撰：《列传》，《明史》卷一九八，第5230页。

② （清）朱彝尊著，姚祖恩编，黄君坦点校：《杨一清》，《静志居诗话》卷八，第219页。

③ 郭绍虞选编，富寿荪校点：《问花楼诗话》，《清诗话续编》，上海古籍出版社1983年版，第2312页。

④ （清）黄宗羲：《钱宗伯牧斋》，《南雷诗历》卷二，《黄梨洲诗集》，中华书局1959年版，第49页。

⑤ （清）黄宗羲：《思旧录》，《黄宗羲全集》第1册，浙江古籍出版社1985年版，第374页。

⑥ （清）董含：《诗风》，《三冈识略》，辽宁教育出版社2000年版，第135页。

⑦ （清）钱谦益：《题辞》，《绛云楼书目》卷首，上海商务印书馆1935年版，第1页。

者，往往过而问焉"[①]。

吴伟业在鼎革后几与钱谦益齐名："钱吴声名，奔走一世，片言可以为人轻重。"[②] 终明一朝，吴伟业并未能成为真正的文坛巨擘。他虽自崇祯四年高捷科第后即声名鹊起，但他的名声主要来自少年高第和复社骨干的双重身份，诗名并不显赫。吴伟业真正的崛起，是在易代以后直到其仕清前十年。这段时间是他创作的高峰期，其所独创的以人系事的叙事诗"梅村体"在这一段时间也趋于成熟。在文学创作之外，吴伟业也有着诸多成为文坛领袖人物的优势。当时他尚未仕清，身为大节未改之前朝遗老，"清修重得，不肯随时俯仰，为海内贤士大夫领袖"[③]，其声望亦远远强于因降清而声名狼藉的钱谦益。他为当时文人所推崇，并在文坛上渐渐取代钱谦益的地位，也就成为顺理成章之事。

龚鼎孳成名较晚，后世颇多以其不足能和钱谦益、吴伟业相匹配之议，朱庭珍《筱园诗话》中认为，"国初江左三家，钱、吴、龚并称于世，岭南三家，屈、梁、陈亦齐名当代。然江左以牧斋为冠，梅村次之，芝麓非二家匹"[④]，龚鼎孳也是京师之诗坛职志，"合肥声望与钱、吴相近，又真能爱材。有以诗文见者必欲使其名流布于时。又因其才品之高下，而次第之士之归往者遍宇。时有合钱、吴为三家选者，人无遗辞。唯宴饮酬酢之篇多于登临凭吊，似应少逊一筹"[⑤]。言外之意是说龚能跻身于三家诗选是因为"真能爱材"而与诗歌本身关系不大，有意无意之中就把龚诗与钱、吴之诗拉开档次。细品沈德潜之评语，龚诗之所以较钱、吴稍逊一筹是因为"唯宴饮酬酢之篇多于登临凭吊"，以至"康熙初，士人挟诗文游京师，必谒龚端毅公"[⑥]，这足以说明龚鼎孳在康熙初年"前渔洋时代"的诗坛职志地位，而其时钱谦益已于康熙三年去世，吴伟业亦隐居故里，不问文坛，甚至还要托龚鼎孳提携其后辈学人。龚鼎孳利用人处庙堂所占据的政治、经济、文化各方面的优

① （清）钱谦益：《牧斋有学集》卷三十二，第941页。
② 邓之诚：《邢昉》，《清诗纪事初编》卷一，第98页。
③ （清）侯方域：《与吴骏公》，《壮悔堂文集》卷三，商务印书馆1937年版，第78页。
④ 郭绍虞编选，富寿荪校点：《筱园诗话》卷二，《清诗话续编》，第2355页。
⑤ （清）沈德潜等编：《龚鼎孳》，《清诗别裁集》卷一，第20页。
⑥ （清）王士祯：《香祖笔记》卷八，上海古籍出版社1982年版，第150页。

势地位，也使其能够对一般草野寒士进行援引推荐，以此起到直接引导文风的作用。尤侗在为龚鼎孳诗集所作之序中，即指出这一耐人寻味的文学现象。他称龚鼎孳“落落然参错庙堂，为词坛领袖，既有才如李社，不过应教门下，敛衽称述已耳，安能扬眉吐舌，以长城自雄哉?”[①]这实际上是指出龚鼎孳这类身处庙堂的贰臣诗人对文坛的把持和引导，甚至于一部分以节操自矢，在内心深处与贰臣划清界限的遗民士人，亦不得不借助在文坛处于强势地位的贰臣的力量。邓之诚《清诗纪事初编》中遗民邢昉传记即指出：“时钱、吴声名，奔走一世，片言可以为人轻重。独有不肯随之俯仰者，则昉与嘉纪二人，集中无一投赠诗可证。”[②] 后起的士人如王士祯等都受到“江左三大家”的提携沾溉。在政治文化方面占优势的清初贰臣群体，在主张坫坛、提携后辈文人，引导乃至形成一种诗风方面的力量和影响亦不可忽视。

在清初三十年间，由于政权尚未稳固，其时整个社会风云诡谲，整个诗坛基本没有新的建树，随着“江左三大家”的先后谢世，继起的文学领袖周亮工和曹溶也先后谢世，文坛的新贵为山东新城的王士祯。

王士祯出身于山东新城的仕宦望族，科举鼎盛，高祖、曾祖、祖父和几位叔伯俱在明朝官位显赫，王士祯无论是在家族谱系还是地域文化圈方面都与身历两朝的清初贰臣群体有着极为复杂的渊源。王士祯之叔祖王象春（字季木）与钱谦益是同榜进士。新城王氏与江南太仓王氏联宗，王士祯与吴伟业门下“太仓十子”的王摅、王揆兄弟亦称本家。顺治八年王士祯赴乡试中举，十二年中进士，明亡时十一岁。年龄较轻，辈分亦晚。他继京师“诗界职志”龚鼎孳之后主掌文坛（笔者按：龚氏卒于康熙十三年，而王士祯系康熙十九年升为国子监祭酒，正式主掌文坛，时间上有相当明显的衔接性），而且，他还是在钱谦益、吴伟业、龚鼎孳三位文坛耆宿之后，清王朝首位以本朝新贵而非前朝旧臣身份主掌坫坛的诗人。以王士祯个人经历而言，他从顺治八年开始即与兄长王士禄多次入京应试。以他的家世和才气，很快在京城文坛初露头角，得以结识许多京城名流，其中就包括吴伟业、龚鼎孳。到了康熙四

① （清）龚鼎孳：《小序》，《定山堂诗集》卷首，康熙刻本。

② 邓之诚：《邢昉》，《清诗纪事初编》卷一，第98页。

年，王士祯自扬州推官上任回京以来，长期在礼部任职，所能结交的京师大僚、文坛名流更多，如孙承泽、梁清标、王崇简等都与王士祯交往过密。王士祯对扬州遗民的表彰、提携，形成康熙初年扬州风雅极盛的氛围，填词蔚然成风，诗咏殆无虚日。门人陈鹏年后来在《楼邨诗集序》中说："江左之诗轻圆便利，略如其人。国初虞山，娄东遗响编珠缀玉，人尚风流。其后我师新城尚书司礼扬州，以诗倡率天下，其时隽契云合，缙绅耆旧、布衣寓公，履错觞飞，江左之诗一时大盛。"①

二　关中士人与文学领袖的交往

明清的关中士人在文坛总体处于势弱地位，往往被轻视，但是他们并没有退出文坛，而是和当时的文坛的领袖都保持不同程度的交往。

明代的文坛领袖李东阳、刘健、杨一清和关中士人有一定的交集，在某种程度上可以说是这些文坛的领袖成就了关中士人的文学地位。复古运动中的关中士人虽和李东阳为首的茶陵派在文学观念上根本对立，但在复古运动之前和复古运动中的关中士人李梦阳、王九思原出李东阳一门，分别受到李东阳的影响，《国雅品》云，"文正公以大雅之宗，尤能推毂后进，而李、何、徐诸公作矣"②。王士祯在《池北偶谈》卷十四中云："空同、大复皆及西涯之门。"③ 王九思"馆试端阳赐扇诗，效李西涯体，遂得首选，有名史馆中"④。当时二人与茶陵派有着密切的关系，在校正台阁体平庸肤廓的诗风方面他们有着共同的目标，后来康海、李梦阳不满茶陵派靡丽萎弱的诗风，"慨然奋复古之意"，"敬夫（王九思）舍所学而从之"⑤，关中士人和李东阳分道扬镳，这也为他们仕途的多舛埋下了隐患。杨一清提学关中，康海、李梦阳、吕柟、马理等关中士人深受器重，"康生之文章、马生、吕生之经学，皆天下士也"⑥，后来康海、吕柟成为明代关中仅有的两名状元，马理也成为一代理学名臣，声震朝鲜。康海在弘治十五年进士及第时的《廷对策》

① （清）王式丹：《楼邨诗集序》，《楼邨诗集》卷首，雍正四年刻本。
② （明）丁福保辑：《士品二》，《国雅品》，《历代诗话续编》，第1099页。
③ （清）王士祯：《徐丰厓论诗》，《池北偶谈》卷十四，第345页。
④ （清）钱谦益：《王寿州九思》，《列朝诗集小传》丙集，第314页。
⑤ （明）崔铣：《江西安察司副使李君墓志铭》，《洹词》卷六，第515页。
⑥ （清）张廷玉等撰：《儒林传》，《明史》卷二八二，第7350页。

深受读卷官刘健的赏识，以为“词意高古，娴于理政，不惟三百人不及，自有制策以来，鲜见其比”，孝宗皇帝也认为“我明百五十年无此文体，是可以变古追今矣”。明代文学复古运动前夕的关中士人由于和当时的文学领袖同处国家权力中心，其文学影响力相对较大，为他们成为后来文学复古运动的中坚奠定了基础。

考察清代关中士人的仕宦状况可以发现，他们少有处于国家权力的中心，这在一定程度上影响了他们的文坛地位，他们在同文学领袖交往的过程中处于被动地位。关中文坛领袖李因笃在其《续刻受祺堂文集》卷三保留着写给翰林院编修、明史馆总裁徐乾学，刑部尚书魏象枢，翰林院编修陈维崧和乔莱的信。在致乔莱的信尾，他逐一提及京师诸友：“钝翁先生闻已南旋，愚山、阮亭两先生，舟次年兄暨同谱诸兄弟匆次不及专候，恳年兄一一叱名代致。”[①] 信中提及的钝翁先生、愚山、阮亭分别是汪琬、施闰章、王士祯。康熙六年，尚未归陕的李因笃和屈大均曾经先后离代入京，与京师文坛诸名人相交游。李因笃于康熙七年作《寄怀大司马芝麓先生》，诗中自注曰：“旧年同伯紫、翁山雨中集公宅。”[②] 据此可知，两人曾和诗人纪映钟等人聚会于时为京师诗坛盟主的龚鼎孳府上。另有李因笃《酬程五周量二首》其一曰：“夙昔倾程盖，乾坤判楚才（自注：屈翁山大均）。迷方良夜雨，薄禄故人怀。旅舍逢汤沐，离宫入草莱。前秋合欢扇，一仿明目开（自注：周量赋二诗《秋日书扇见寄》）。”[③]

康熙七年，屈大均思乡心切，决意南归，携家离开代州经京师南下，适逢李因笃从陕西入京。两人应龚鼎孳之邀同饮西园，随后又过纪映钟宅，李因笃作《夏日芝麓先生招同伯紫、翁山诸君饮西园，别后追忆前游奉寄五十韵》[④]。康熙七年至八年，据李因笃诗文可知，在此期间，他结识了河北清苑名士陈僖，并和清初诗坛大家宋琬，“海内八家”之一的王士禄两人在山东相交游，并为浙江秀水籍诗人李良年题其

① （清）李因笃：《与乔石琳》，《续刻受祺堂文集》卷三，道光七年刻本。

② （清）李因笃：《寄怀大司马芝麓先生》，《受祺堂诗集》卷十一，第565页。

③ （清）李因笃：《酬程五周量二首》，《受祺堂诗集》卷十一，第562页。

④ （清）李因笃：《夏日芝麓先生招同伯紫、翁山诸君饮西园，别后追忆前游奉寄五十韵》，《受祺堂诗集》卷十一，第563页。

藏画《灌园图》，此图前后共得刘体仁、王士祯、龚鼎孳、纪映钟、周亮工、朱彝尊等人近二十家名人题跋。

关中士人李念慈和龚鼎孳也保持着良好关系，在龚鼎孳去世后，他写了情真意切的悼亡诗："渐老思朋友，凋零半九原。感怀惟痛苦，知己倍深恩。典礼道风古，文章生气存。梦醒残泪在，落月想来魂。"[①]孙承泽也是清初一位活跃于京城文坛职位较高的官员，他同时也是一位收藏家，王弘撰与孙承泽友善，"京师收藏之富，无有过于孙少宰退谷者。盖大内之物，经乱后皆散逸民间，退谷家京师，又善鉴，故奇迹秘玩咸归焉。予每诣之，退谷必出示数物，留坐竟日"[②]，同时王弘撰和吴伟业交往密切，在其《山志》和《砥斋集》中关于二人的交往记述颇多，"辛卯，余与梅村同寓虎丘，尝相聚谈"[③]，王弘撰和二人的交往对于其声名的传播有一定的推动作用。

后期的文坛领袖王士祯在京城和江南期间与许多关中士人保持良好的关系，他们之间经常进行倡和，或有诗作往来，《居易录》记载："关中名士，余生平友善者，如孙豹人（按：孙枝蔚），韩圣秋（按：韩诗），王无异（按：王弘撰），李子德（按：李因笃），王幼华（按：王又旦），曹陆海（按：曹玉珂），皆一时人豪。"[④] 顺治十七年，王士祯初抵不久，侨寓扬州的陕西诗人孙枝蔚（1620—1681）将游河南，临行来访。他还和了王士祯与彭孙遹的《无题》诗，这可以看作是主动来修好的表示。"孙豹人，三原人，侨居扬州，高不见之节，予访之，先以诗云：'焦获奇人孙豹人，新诗雅健出风尘。王弘不见陶潜迹，端木宁知原宪贫。'遂为莫逆之交。"[⑤] 康熙十六年丁巳（1677），王士祯44岁，编定《十子诗略》，是年，宋牧仲（荦），王幼华（又旦），曹

---

① （清）李念慈：《梦龚芝麓宗伯痛哭觉而率笔纪之》，《留滞续集》，《谷口山房诗集》卷二十四，第741页。

② （清）王弘撰撰，何本方点校：《孙少宰》，《初集》卷一，《山志》，中华书局1999年版，第21—22页。

③ （清）王弘撰撰，何本方点校：《吴司业》，《二集》卷三，《山志》，第228页。

④ （清）王士祯：《居易录》卷十一，文渊阁四库全书本，上海人民出版社（电子版）1999年版。

⑤ （清）王士祯著，张宗柟纂集，戴鸿森点校：《自述类》，《带经堂诗话》卷八，第190页。

六升（贞吉），颜修来（光敏），叶井叔（封），田子纶（雯），谢千仞（重辉），丁雁水（炜），曹颂嘉（禾），汪季角（懋麟），皆来记艺，先生订为《十子诗略》，刻之。康熙十八年（1679）春二月四日，时任翰林院侍读的王士祯在府中招饮，李因笃因应“博学鸿词”滞留京师，应邀参加这一诗会，参加者有潘耒、邵长蘅、梅庚、董俞等诗文名家。此时王士祯是众望所归的诗坛盟主。他们以“积素广庭闲”分韵赋诗[①]，李因笃作《二月四日雪后王侍读阮亭招同诸子集饮属赋古体五章，即景拈“积素广庭闲”之句为韵》。

流寓江南的关中士人雷士俊和王士祯也有交往，“阮亭司理扬州六载，弟未尝一识面，及擢理部乃见于安定书院。出其诗数千篇，滔滔汩汩，未有津涯。考之于古长短无不合度，汪洋惊叹而已。去年夏西樵来游扬州，所居相违咫尺，至今朝夕会聚，诗之多且工，与阮亭等”[②]。

三　文学领袖对关中文人的延誉与奖掖

在宋季游士的漫游干谒活动中，有两点现象值得注意：其一，在干谒活动中，除要人的介绍信即“阔匾”外，诗文也成了必备的条件。大概是因为干谒的权贵在物质上富有，普通的财物不能让他们动心，而一封声情并茂的文字往往能满足他们精神上的附庸风雅的需要和激发他们的同情心。在明代，科举体制十分严密，国家所需的各种人才都要经过科举获得，以干谒方式得到提拔只是官员的私下活动，非科举出身的人才被排斥在国家机器之外，之后出现了一些干谒活动，如士子向官员投赠，投赠对象是县令、知府、提学使、科考官以及当代名公，这些活动得到了人们的认可。陆培云：“今天下成学制古文制义者，欲广布风流，传宣方国，执非附青云之士不可。”[③] 陈继儒亦云：“今诗人集满天下，其投赠寄怀，率辇上君子，凡通显有位望者，辄字之，几于无等。至问其交情始末，或彼此不相识，即彼亦不复省记，而必欲胪次其姓

① 蒋寅：《王渔阳事迹政略》，人民文学出版社 2001 年版，第 244 页。

② （清）雷士俊：《与施愚山书》，《艾陵文钞》卷十，第 121 页。

③ （明）卫泳编评：《丽京威凤堂集序》，《晚明百家小品》，中央书店 1935 年版，第 36 页。

名，以为行卷羔雁之贽，大部一仕籍而已。”① 士人的这种干谒活动目的是得到赏识，提高其社会声望，但其中有些评价或行为的真实性不足为信。

李因笃与龚鼎孳的交游即与龚鼎孳的文坛地位紧密相关。二人交往始于康熙六年。康熙六年，李因笃第二次来到京师（第一次是在康熙四年，他随陈上年入京展觐，其间拜祭了明十三陵），夏天，他和屈大均一起拜见龚鼎孳，希望得到龚的提携，其《先母田孺人行实》曰：“偶之京邸，合肥大宗伯龚公讳鼎孳一见称布衣之友，怜不孝行役四方，数分俸为养母资。”② 最终如愿，得到了赏识。对此，朱树滋《李文孝先生形状》专有一段叙述曹溶和龚鼎孳对李因笃的赏识：“故总宪秋岳曹公溶、大宗伯芝麓龚公鼎孳，皆以巨公主文坛，不轻许可人，曹公在大同一见公，爽然曰：‘李君才气无双，吾心为之折矣。’龚公在京师，闻公至，倒履相迎，待以国士，赠堂匾曰‘西京文章领袖’。至今悬之。公别去，龚公宴客，有赋《熊掌》诗至七十韵者颇自负，笑曰：‘君辈恨未见李天生’，其为前辈推服如此。”③ 李因笃对龚鼎孳的知遇之恩终身感念。康熙二十三年，他致信许孙荃曰：“自念生平密友顾、傅、陈、曹、龚、张先后告殂。”④ 康熙二十四年，李因笃作《答许学宪用元韵二首》，系赠答陕西督学许学荃的诗歌。其二曰：“武陵宾客倾京洛（原注：公座主龚大宗伯与公同里，故举其诗言之龚与予善），座有狂夫醉赋诗。每忆驱车下无忌，犹怜置驿似当时。蛟龙盘蠼书重睹（原注：宗伯遥题草堂有‘西京文章领袖’之字，归失于水，公补赠之），猿鹤悲吟泪不辞。非仗春晖酬寂寞，悠悠吾道定何之。”⑤

王幼华也受到龚鼎孳和王士祯的提携和赞誉，“顺治己亥，予在京师，始与幼华相见。其冬，予之官扬州，合肥龚端毅公集诸词人，赋诗

① （清）胡绍棠选注：《芙蓉庄诗序》，《陈眉公小品》，文化艺术出版社1996年版，第8页。

② （清）李因笃：《先母田孺人行实》，《续刻受祺堂文集》卷四，道光十年杨松林刻本。

③ （清）吴怀清编著，陈俊民点校：《李文孝先生行状》，《关中三李年谱》附录，第421页。

④ （清）李因笃：《复许学宪》，《续刻受祺堂文集》卷三，道光十年杨松林刻本。

⑤ （清）李因笃：《答许学宪用元韵二首》，《受祺堂诗集》，第731页。

祖道，推幼华诗最工”①。《渔洋诗话》曰：“郃阳王幼华（又旦）才最高，初为诗趋古澹，后变之而雄放。自潜江令入为给事中，乃敛才就法，七言古、五言今体多可传，《游太华》、《罗浮诗》尤为警策。”②王又旦于康熙十五年从潜江征拜给事中。王士祯《黄湄诗选序》：“又十年丙辰，幼华自潜江以治行第一，征拜给事中，益朝夕就予论诗。”③一年之后，王又旦因父丧还乡守制。康熙二十年，王又旦服除，擢户科掌印给事中，从此他真正融入了京师诗坛，并和王士祯获得了同样高的声誉。姜宸英曾说：“今京师以诗名家者，称两王先生，其一为新成王阮亭少詹，一为郃阳王黄湄给事也。”④ 王士祯还将他与当时著名诗人汪懋麟、曹贞吉、宋荦、曹禾、颜光敏等的诗选为“十子诗选”，得到进一步褒扬。

王士祯还对孙枝蔚、康乃心在诗文方面进行过延誉，“（孙枝蔚）古诗能发源十九首汉魏乐府，兼有温储之体，以少陵为尾者，今惟先生一人。其为诗沉雄奇古，兴至即书，不饰雕饰，而意致洒如，自命在杜、韩、苏、陆诸公间。”⑤ 康乃心在文坛的跃起，王士祯在其中发挥了决定性作用，《清诗别裁集》中载：“王尚书新城登慈恩寺塔，见康孟谋题《题秦襄王墓》诗于壁云：‘园庙衣冠此内藏，野花岁岁上陵香。邯郸鼓瑟应如旧，赢得佳儿毕六王。’大加赞赏，入都为众公卿道之，一时名满辇下。”⑥ 对王士祯这一褒誉，钮琇在其《觚剩》卷六《秦剩》云：“王少司农士祯奉使祭告西岳，遍访明胜，偶游荐福寺，见乃心题壁数绝句，嘉叹久之。曰：‘关中三李，不如一康。’录其《吊秦庄襄王》二首而去。康誉大播。其明年学使者贡其名于太学，蜚英词藻，望重三雍。乙卯归试，以第五或隽。观乎晏元献之于王琪，杨铁崖之于袁凯，以今进昔，事有同符，盖具天下才者，未有不爱天下才

① （清）王士祯著，张宗柟纂集，戴鸿森点校：《序论类》，《带经堂诗话》卷五，第117页。

② （清）王士祯：《渔洋诗话》，《清诗话》中册，上海古籍出版社1999年版，第190页。

③ （清）王又旦：《卷首》，《黄湄诗选》康熙刻本。

④ 同上。

⑤ （清）焦云龙修，贺瑞麟纂：《文学》，《三原县新志》卷六，第347页。

⑥ （清）沈德潜编：《康乃心》，《清诗别裁集》卷二十二，第397页。

者也。”[①] 康乃心当时家境贫困，又屡试不第，突然得到王士祯的赞赏，使他在文坛声名鹊起。后康乃心给王士祯寓书表达感谢之情，其书云：“郃阳民康乃心，奉新城老先生阁下：往二十年前，曾于册友之处读先生近体数首，玉振金声，仰止深切，而以云泥异势，请教无由，岁月蹉跎，不学墙面，老作咸阳布衣，亦复何恨。不意前秋偶客长安，雁塔雅涂，谬为海内大君子所见赏。尔时伏首山谷，一字弗知，竟未获负笈追随。久之，友人有书来具言始末，而拙句遍传都人士口矣。秋中应试，青门敏之上人始谆为语，乃知枫落吴江，流播不虚也。私念老先生海岳宗工，握风雅之权者已数十年，十五国内外，高士鸿文。光焰万丈，收之囊中，为龙为凤，亦复何恨。奚取于穷乡僻壤，贫贱落拓，孤陋寡闻，庸庸碌碌之一老儒下士乎?”[②] 对于诸如康乃心还未成名的落魄士人，文坛旗帜人物王士祯对其诗文的褒奖无疑是雪中送炭，时人及后世的士人往往以此为据认识康乃心的文学成就。

文坛名宿周元亮对李念慈的诗文颇为赏识，称其诗词“真实朴老，中声情尤胜”，李念慈对此也身怀感激之情：“念慈自顾岂真能是，盖先生以此汲引后学，念慈一蒙奖借，不知何以不自量其愚劣？勃勃乎思自奋励，则自此傥获少益，皆先生成之，又乌能无感耶?”[③]

明清文化中心的下移和士人文学地位的形成具有相对的独立性，士人之间的相互认同和相互交往也相对容易，士人不再像唐代那样通过干谒权贵去达到直通仕途的目的，他们在和文学领袖的交往中能彼此尊重。在相互的文学活动中士人能取长补短，形成良好的文学氛围，成为明清文学发展的一个有利因素。同时一般的士人经由文学领袖的延誉、引进与资助，能较为容易地为其他士人认知和接受。由于明清关中地区特殊的地理环境和文化环境，文学领袖在关中士人文学成长过程中发挥着重要作用。

---

① （清）钮琇：《秦觚》，《觚剩》，第940页。

② （清）王士祯：《居易录》卷二十九，1999年。

③ （清）李念慈：《济南上分巡青州道周元亮先生书》，《谷口山房文集》卷一，第812页。

第六节　地方官员与文学

《大明会典》卷九对地方官员的职责作了详尽的规定，其中第二一条、第二二条、第二五条对生员、耆宿、境内儒者等方面规定有：“培养生员，所以作成人才，以资任用”，“时加考试勉励、劝勤惩怠”，“不遵教养者，随即黜退、罚充令典”，“考试勉励。务求实效、以称善俗良才之意”，“设耆宿、以其年高有德、谙知土俗、习闻典故。凡民之疾苦、事之易难、皆可访问”，“所属境内之民、贤愚不等。其间儒者、或有精通经典。或有长于文章。或有牧民驭众之能。或有干办小才之用。皆当察其能否、记其姓名。一可访问以补政治。二可充贡以资任用”[①]。清代地方官员大致沿袭了明代官员的职责，这些仕宦的官员绝大多数是经过科举一途，一般都有较高的文学修养，在任职地方时他们扮演着多重角色，如省一级的提学副使、提学佥使对地方科场文风的引导和拨正，府一级行政官员对地域性诗文集会的支持和参与都促进了地域文学的发展，他们在发掘、奖掖文学士人方面尤为突出，明清关中三名状元康海、吕柟与王杰同杨一清与宫献瑶二人的发掘与提携直接相关。

一　振兴文学的自觉意识

中国历代统治者大都以“稽古右文”自恃，通过科举制度脱颖而出的文官都有良好的文学修养，他们从身份方面讲集儒生与官员于一体，他们对儒学保持高度的认同与尊崇，对于传播儒家思想的文学具有天然的亲近感。他们主政地方时会刻意营造一种文学的氛围，促进文学创作的发展，引导提携当地的士子。明清关中文学的兴起同地方官对关中地区文学振兴意识不无关系，这些人在一定程度上成就了弘正之间关中士人的文学地位。

---

① （明）申时行等修，赵用贤等纂：《行役堪合》，《大明会典》卷九，续修四库全书本，上海古籍出版社 2002 年版，第 159 页。

从文学的角度讲，书院作为师生致力于研究、传习儒家思想的机构在培养科举人才、发掘潜在文学才俊方面具有不可替代的作用，因此明清诸多官员莅临地方时十分重视书院的建设。明清两代关中地区兵燹之后书院和士风遭到严重破坏，书院数量、生员数量和科举数量同江南不可同日而语，且科举状况在关中地区不同州县之间也存在较大的差异，在《陕西志辑要》中多有县学未设的记载，诸如汧阳、永寿、邠州、三水、淳化、长武等，这些州县地处关中西北，文教相对落后。在明清关中相关史书中关于地方官员兴建书院的记载很多，关于正学书院兴废有如下记载："弘治九年，学使杨一清卜地建立。中为祠，左为提学分司，右为书院，名曰'正学'。李东阳为之记。弘治中，提学王云凤重建书院。嘉靖初，巡抚御史王翊、行部侍御史喻茂坚、杨子泰新之，提学唐龙记之。"[①] "马君碁为巡按，益严督劝，再易地以益之"[②]。唐龙，字虞左，兰溪人，为陕西提学副使时，"学趋诡异，乃新正学书院，选士群肄之，刬其奇靡而约诸理，其所登进皆一时夙望，后悉为名臣"[③]。何景明于正德十三年至十六年任陕西提学副使，"其教诸生，专以经术世务。遴秀者于正学书院，亲为说经，不用诸家训诂，士始知有经学"[④]。高俦，字宗伊，四川泸州人，弘治三年举人，任教谕："亲于教诲，《五经》轮日讲解，士子课业无长少。"[⑤] 吴之翰，湖广人，"加意学校，培养人才"[⑥]。陆敏学，大同人，"课农训士，文风丕变"[⑦]。

李攀龙于嘉靖三十六年视学关中，出发前夕，王世贞有《赠李于鳞视学关中序》，他念念不忘让李攀龙学习杨一清，宏奖关中人才，云："然吾闻孝庙时，北地有李献吉者，一旦为古文词，而关中士人云合景

① （清）张存贤修，董曾臣等纂，《学校》，《长安县志》卷十七，成文出版社有限公司影印本1976年版，第476页。

② （清）高廷法修，陆耀谲等纂：《学校》，《咸宁县志》卷十三，第656页。

③ （清）王志沂：《省志·宦绩》，《陕西志辑要》卷首，成文出版社有限公司1970年版，第39页。

④ （清）张廷玉等撰：《文苑》，《明史》卷二八六，第7350页。

⑤ （明）吕柟：《官师传》，《高陵县志》卷四，成文出版社有限公司1976年版，第201页。

⑥ （清）颜伯焘撰，王志沂辑：《三水县·宦绩》，《陕西志辑要》卷四，第453页。

⑦ 同上。

附，驰骋张揭，盖庶几囊古焉。父老言故相杨文襄公实为之，师倡之，献吉与诸君子时时慕称杨公不衰也。”① 李攀龙任陕西提学副使近一年，任职期间勤于政事，以培养学生为己任，“到任以来，所历西、延、平、庆等处，往还四千余里，考府、卫、州、县生童六十余处”②。《沧溟先生集》中仅存三篇公文，其中两篇是关于对关中学子的策问：《问西安三学诸生策》和《问华渭诸生策》，前者略仿《天问》，涉及内容广泛，包括天文地理、民生政策、个人修养等，以期促进诸生拓宽视野，博闻强识。后者不谈科举制义，只提出重大社会问题让学生思考，注重学生实践能力的培养。李攀龙督学关中尽管时间较短，但对关中文风与士风的影响深远，“关中士素为古文词，得于鳞为师，又猬然勃兴矣”③，诸如此类的振兴文风之事，地方官员扮演着十分重要的角色。

在明中后期及清代，关中书院不断得到地方官员的修缮和管理，“明万历三十七年，布政使汪可受、按察使李天麟、参政杜应占、闵洪学、副使陈宁、段猷显为工部尚书冯从吾讲学建”④。“同治十二年，布政使谭钟麟整顿书院，订有课程。光绪七年，巡抚冯誉骥于院内立志学斋，选高材生为上舍，督课之，而实无其地。越数年，按察使黄彭年商之布政使曾和，建立斋舍，广购珍籍储庋其中，以饷多士，院中规模一扩新焉”⑤。即使不兴修书院，在文风兴起方面，地方官员也不遗余力。耀州地区在明代文化比较发达，“晋唐宋明，代有显宦，多名士，未尝不焜耀寰区也。自明季兵燹后，士风寖衰，岂生才之不古若哉，亦鼓舞之未神其方耳。乾隆己卯岁，旌德汪公以江南世族来守吾耀，慨然有振兴文教意。朔望恭谒文庙，勤宣圣谕，更选士之秀者，月有课，季有考，士风蒸蒸丕变矣。”⑥ “吴曹直，字以逊，江南宜兴举人，康熙庚子知邑。邑故多妓，子弟每沉溺荡产，立驱之境外。性严正，诸生偶履公

① （清）沈青崖、吴廷锡等：《赠李于麟视学关中序》，《陕西通志》卷九十三，第2688页。

② （明）李攀龙：《乞归公移》，《李攀龙集》卷二五，齐鲁书社1993年版，第564页。

③ （明）殷士儋：《诰封赠中宪大夫顺德知府李公合葬墓志铭》，《金舆山房稿》卷九，明万历邵升刻本。

④ （清）宋伯鲁等撰：《关中书院》，《续陕西通志稿》卷三十六，第3538页。

⑤ 同上书，第3539页。

⑥ （清）汪灏修，钟研齐纂：《汪公重整书院记》，《续耀州志》卷九，第291页。

廷，辄面加斥责，潜心读书者则力掖之。勤季考，设敦行学古社，月必三课，手定甲乙丙，夜少不倦”①。“钱万选，字子华，长兴例贡生，康熙四十年知郃阳县事，政尚宽，以教养为众，而性喜结纳。莅位初，招集海内知名士吴青霞启元、王昆绳源辈日夕讲论。为育才计，立社学数十处，按季课之，自华云叶公后，郃邑文风丕振者万选之力也”②。“宋学通，字文渊，湖广永州人，弘治四年除”，“公事简约省易，止责诸直年”，“又喜劝励学校，日自督责诸生，诸生即有所毁誉，心不以易也，曰：我职盖若此。后稷祠、绿野书院皆所创建”③。

文学发展需要相应的物质条件，地方官员捐俸修学，对地方科场文风的引导和拨正起到非常关键的作用，杨一清提学陕西前后七年（弘治四年至弘治十一年），任陕西巡抚兼理马政三年（弘治十五年至弘治十八年），总制陕西前后四年（正德元年至正德二年，正德五年，嘉靖三年至嘉靖四年），其中在历时七年的陕西按察司副使任上，他创办书院，亲自督教。《陕西通志》记曰：“（杨一清）善于其职事。有博记诵者，有修文辞者，有攻举业者，有志道德者，虽所学不一，皆以为美，诱而进之，曲成不遗。每试八府三边，学多士广，必岁一小试，虽僻壤不遗。其莅士也，愈久愈严，士惟见有不测之威，夏楚之用，若无虚日。方试时，咸凛凛守法，弗敢左右一顾一交言者。及课诸所业所诵，又刑以发蒙，略无姑息。及巡历去任，士追忆往事，凡中才以上、可贡可举之士，未尝一扑其身。又令郡邑制诸礼乐之器，俾诸生肄习诸礼，久之，弦歌盈于西土。”④ 汪灏曰：“（乾隆）己卯余奉简命来守是邦，莅任后，即与诸绅士有捐田治艺之约，而土瘠民贫，图始为难，乃先引俸，倡输开馆督课，文风浸浸盛已。”⑤ 王翰，四川德阳人，号锦江，由岁贡嘉靖二十二年任韩城，“时韩科第旷然，士弃举业不肄也，先生慨然爰聚英才而督课之，时则有若知府薛承范（嘉靖三十一年举人）

① （清）毕沅、傅应奎纂修：《循吏》，《韩城县志》卷四，成文出版社有限公司 1976 年版，第 225 页。

② （清）饶应祺修，马先登纂：《良吏》，《同州府续志》卷十，第 419 页。

③ （明）康海修纂：《官师志》，《武功县志》卷二，第 64 页。

④ （明）马理等纂，董健桥等校注：《陕西通志》卷十九，第 889 页。

⑤ （清）汪灏修，钟研齐纂：《书院田租记》，《续耀州志》卷十，第 337 页。

焉，张元善（嘉靖三十四年举人）焉，有若同知贾缘（嘉靖三十七年举人）焉，有若知州薛同术（嘉靖三十七年举人）焉，有若通判孙从教（嘉靖四十年举人）焉，张元宾（嘉靖四十年举人）焉，张九思（嘉靖四十三年举人）焉，有若知县程舆（嘉靖四十三年举人）焉，有若司徒张士佩（嘉靖三十五年进士）焉，沙列庠中，先生顾金淘之，藻鉴不既精欤"，"先生去后，风教犹然"①。"孝义厅在秦岭万山之中，土瘠民贫，文教之振兴匪易。山遥路远，风化之培植尤艰。自道光七年前任钟君于城南隅建立义川书院，人文蔚起，科第连绵，士习民情大有蒸蒸日上之势"②。左懋第，字次公，一字萝石，莱阳人，辛未进士，崇正五年任，"癸酉分试，乡闱韩售者止一人。公归，为尊经社，日率都人士讲义读书，令广文程君云翰、张君继载司之，朔望日，亲至明伦堂课其勤惰，如严师然，韩人知通经学古实自公始，丙子登科者八人，皆社中士"③。

对于经济困难的县份，莅任者多方筹措资金。明秦藩简王诚泳"性孝友恭谨，尝铭冠服以自警。秦川多赐地，军民佃以为业，供租税，岁歉辄蠲之。长安有鲁斋书院，久废，故址半为民居，诚泳别易地建正学书院。又旁建小学，择军校子弟秀慧者，延儒生教之，亲临课试。王府护卫得入学，自诚泳始"④。耀州"兵荒以后，官课膏火全无，历任微捐奖赏不足以资鼓励，余禀请上宪，每年于里局盈余生息项下提用钱一百串，以作每月官课膏火。奉批立案。本任尊行有年。除捐奖外，取文生超等四名，特等十名；童生超等三名，特等八名给膏火"⑤。

二　文学人才的发掘与培养

人们一般将杨一清视为茶陵派李东阳的羽翼，但他在明代正宗文坛上的影响并不亚于李东阳，钱谦益在《列朝诗集小传》丙集《杨少师一清》中云："公生而隐宫，貌类寺人，才情敏给，汲引士类，海内争

① （清）毕沅、傅应奎纂修：《循吏》，《韩城县志》卷四，第215页。

② （清）常毓坤修，李开甲等纂：《重修书院记》，《孝义厅志》卷十一，成文出版社有限公司1976年版，第364—365页。

③ （清）毕沅、傅应奎纂修：《循吏》，《韩城县志》卷四，第221页。

④ （清）张廷玉等撰：《列传》第四，《明史》卷一一六，第3561页。

⑤ （清）汪灏修，钟研齐纂：《书院田租记》，《续耀州志》卷十，第339页。

去其门。提学陕西，赏识李献吉，召置门下，故《石淙类稿》属献吉评点行世，而献吉亦亟称公之诗笔与长沙并驾，盖当成、弘时长沙为一世宗匠，献吉并举杨、李，不欲使专主齐盟，轩杨正所以轻李也。”① 杨一清在明中叶文坛上对关中士人的影响深远，无论在基层教育方面还是士人发掘、提携方面都不遗余力，尤其对李梦阳、康海二人的提携不遗余力，使二人成为关中进士领袖，在文坛上形成了一个新的文学流派，直接促成“前七子”这个文学流派的形成。杨一清督学关中对人才的培养从基层做起，其范围广大，《陕西通志》记曰：

> 善于其职事。有博记诵者，有修文辞者，有攻举业者，有志道德者，虽所学不一，皆以为美，诱而进之，曲成不遗。每试八府三边，学多士广，必岁一小试，虽僻壤不遗。其莅士也，愈久愈严，士惟见有不测之威，夏楚之用，若无虚日。方试时，咸凛凛守法，弗敢左右一顾一交言者。及课诸所业所诵，又刑以发蒙，略无姑息。及巡历去任，士追忆往事，凡中才以上、可贡可举之士，未尝一扑其身。又令郡邑制诸礼乐之器，俾诸生肄习诸礼，久之，弦歌盈于西土。又以朱子白鹿洞规及程、董学则诲诸可以语上之士，又拔诸髦士于贡院。继于正学书院躬授经传，使转相传受，故退方之士咸如亲炙。明于知人，如一邑品第十人为优，或乡举五人，率不出七人、八人之外。凡所取诸处冠英之士，恒中式四十或五十余人。方进之士，或许以将来科第及冠世名世，必卒如所言。其所造士出而佐理五十余年，用之未尽。故当其时，虽宗室不能多生员之婚，虽抚按缙绅不能挠课试之权，为国朝提学之最②。

关于杨一清对关陇作家群产生的影响，王世贞《弇州山人四部稿》卷五十七《赠李于鳞视关中学政序》云：“然吾闻孝庙时，北地有李献吉者，一旦为古文辞，而关中士人云合景附，驰骋张揭，盖庶几曩古焉。父老言故相杨文襄公寔为之，师倡之，献吉与诸君子时时慕称杨公

① （明）钱谦益：《杨少师一清》，《列朝诗集小传》丙集，第 257 页。
② （明）马理等纂，董健桥等校注：《全陕名宦》，《陕西通志》卷十九，第 889 页。

不衰也。"① "弘治辛亥，石淙先生提学陕西"②，时年李梦阳偕妻归庆阳，从杨一清游。王九思《康公神道之碑》记康海："年十八，入为县学弟子员，受《毛诗》。读书惟求大义，不寻章摘句若版刻时文之为者，喜唐宋韩、苏诸作，尤喜《嘉祐集》。伸纸为文，滚滚千余言可立就。当是时，杨邃庵督学陕西，亟以状元许之，然公实以此自负也。"③康海《怀远将军西安右护卫指挥使陈公淑人曹氏合葬墓志铭》："予为诸生时，邃庵先生提学关内，以予就正学书院。"④ "马理，字伯循，三原人，同里尚书王恕家居，讲学著书，理从之游，得其指授。杨一清督学政，见理与吕柟、康海文，大奇之，曰：'康生之文章、马生、吕生之经学，皆天下士也'"，"登乡荐，入国学，与柟及林虑马卿，榆次寇天叙，安阳崔铣、张士隆，同县秦伟，日切劘于学，名震都下。高丽使者慕之，录其文以去"⑤。"张潜，字用昭，生而颖秀，日记数千言，弘治壬子杨邃庵督学关中，以庆阳李献吉，旬阳张光世与潜为三才子，秋试三人同举，丙辰入对大廷，俱登高第"⑥。吕柟曾受地方官员的多人提携和培养，"郎中高选见而奇之，曰：'此子他日必成大器'"⑦，"不但以科第先人，提学东田马中锡异其文，收入县学"，"既详受《尚书》于高教谕俦、孙行人昂，既又远从渭南薛思庵，充然有得。相继督学者杨邃庵、王虎谷屡试首，多士拔入正学书院，授以所学，而闻见益博"⑧。

唐龙和王邦瑞督学关中时对王维桢多有培养和提携。王邦瑞

① （清）沈青崖、吴廷锡等：《赠李于麟视学关中序》，《陕西通志》卷九十三，第2688页。

② （明）康海：《奉政大夫光禄寺少卿进朝列大夫孙君墓表》，《康对山先生集》卷三六，第467页。

③ （明）王九思：《明翰林院修撰儒林郎康公神道之碑》，《渼陂集续集》卷中，第910页。

④ （明）康海：《怀远将军西安右护卫指挥使陈公淑人曹氏合葬墓志铭》，《康对山先生集》卷四一，第450页。

⑤ （清）张廷玉等撰：《儒林一》，《明史》卷二八二，第7249页。

⑥ （清）佚名：《耆旧》，《华州乡土志》卷中，成文出版社有限公司1969年版，第45页。

⑦ （明）吕柟纂修：《吕泾野先生续传》，《高陵县志》，第372页。

⑧ 同上。

(1495—1561)，字惟贤（或作维贤），号凤泉，河南宜阳人，正德十二年进士，改庶吉士，嘉靖五年之前，王邦瑞已是陕西提学佥事。唐龙(1477—1546)，字虞佐，浙江溪县人，嘉靖丙戌提学陕西，二人督学关中期间王维桢正值弱冠之年，八岁从师，"甫十岁即善举子业"，正德十三年，唐龙取公充学官弟子员，王维桢"复多博习古文辞，为文疏宕爽朗"，"以国士期之"[①]，着力培养，使王维桢成为嘉靖期间活跃于文坛为数不多的关中士人。朱应登（1477—1526），字升之，扬州府宝应县人，弘治十二年进士，正德六年升为陕西按察副使，督学关中。朱应登督学三年后"秦士翕然奋起，其所成就，视一清时尤为盛"[②]，与杨一清、王云凤在关中并称"三先生"。

嘉靖前期，孙宜之外，乔世宁被认为是受何景明提携的又一位较有影响的诗人。乔世宁，字敬叔，一作景叔，号三石，陕西耀州（今耀县）人。为诸生时曾受学何景明，《静志居诗话》卷十二："何仲默视学秦中，景叔亲受诗法，谭必移日。故其诗整而不浮，或与许少华肩并，余蔑有过焉者。"[③] 孙鳌在《丘隅集序》中说："明兴，当弘治、正德间，文治郁起，是时北地空同李子、信阳大复何子为之宗。三石子与空同子同产于秦，相距甚迩，少即慕效焉。稍长为诸生，适大复子来秦为督学使，首目三石子必且鸣世，必且耀后，于是立召前立，与语无常时，口授三石子意义，谈必移日。自是三石子文思益伟，拔迈流俗，遂赫然以诗文雄关中。斯师承之正辙也。"[④] 王杰是清代关中唯一的状元，乾隆十二年，宫献瑶（字瑜卿，福建安溪人）"复提督陕甘学政"，"识韩城王杰于诸生时，以为大器"[⑤]，这些士人在杨一清及其他官员的提携和荐举下纷纷加入进士的行列，成为明代文坛的中流砥柱。杨一清对关中士人的发掘和培养受到关中士人的高度评价和爱戴，李梦阳在《邃

---

① （明）王维桢：《附录·行状》，《槐野先生存笥稿》卷三八附录，明万历三十四年刻本。

② （明）欧大任：《广陵十先生传》，北京图书馆珍本古籍丛刊本，书目文献出版社1998年版，第276页。

③ （清）朱彝尊：《乔世宁》，《静志居诗话》卷十二，第350页。

④ 转引自陈文新主编《中华大典·明清文学分典·明文学部二》，第256页。

⑤ 王钟翰点校：《儒林传》，《清史列传》卷六七，第5383—5384页。

庵辞有序》《奉邃庵先生书十首》等诗中即表达了这一情谊，尤其是表现在李梦阳诗中有："我师崛起杨（一清）与李（东阳），力挽一发回千钧。"[①] 弘治十六年癸亥（1503）康海二十九岁。七月撰《送邃庵先生序》，文中表达了对恩师杨一清的感激依恋之情。《序》云："于戏，某所以为某，皆先生之为也。某惰不知学，先生勉之，使有所造；既稍知方向，为乡试，又深发其所秘，率之急进于理。先生被诏来京师，闻之私心固甚幸，而又乃去也。……今乃远别于先生者，子于父母之怀也。其少违必哇然而啼。"[②] 以李梦阳和康海为代表的关中士人对杨一清的感念之情溢于言表。

三 地方官员与地方士人的交往

明清的地方官员一般与当地的士绅保持一定的良性互动关系，这种互动可以帮助官员营造一定的关系网，以期获得社会的认同。地方官员与地方士人的交往具有一定的选择性，致仕或罢黜的官员、耆儒、隐逸等是他们交往的首选。

致仕或罢黜官员既有一定的社会声誉、文学素养，又有比较广泛的社会关系网，在地方具有一定的影响力，地方官员往往和这些士人保持着良好的互动关系，明代的康海具有一定的典型性，他在被罢黜后和地方官员来往频繁，相与倡和，诗酒不断。正德五年至七年，和康海同为文学复古士人王廷相出按陕西，数与康海游，其中正德七年九、十月间康海与王廷相同游华山，王廷相也到康海的浒西草堂造访，在和康海交往的过程中讨论时事，咏歌作诗，康海有《与王子衡》《与王秉衡》（王廷相字子衡、秉衡），并为王廷相《浚川集》作序。王廷相也为康海的浒西草堂作记（《浒西记》），在分别后写有多首回忆康海的诗作，诸如《别后再赠德涵》《又怀德涵》《望康子浒西草堂》《讯康德涵状元》《古意寄德涵》等。在《四友斋丛说》卷十五引吕光洵（1508—1580）（字信卿，号沃洲，浙江绍兴人）嘉靖十一年进士的话说："吾巡按陕西，到武功日，公事毕，命县中携酒夜造康对山。对山以吾持

① （明）李梦阳：《徐子将适湖湘，余实恋恋难别，走笔长句，述一代文人之盛，兼寓祝望焉》，《空同集》卷一九，第452页。

② （明）康海：《送邃庵先生序》，《康对山先生集》卷二九，第330页。

宪，不设乐，相与论文，因及时事，殊慷慨可听。乃知此公志业不遂，其抑郁之抱，寓之词曲，将无以掩之也。”①

何景明在陕西任职时，韩邦靖正赋闲在家，二人时有往来，从二人诗集来看，何景明与韩邦靖多有倡和之作。《韩五泉诗》卷三中有《红菊同何大复席上分韵》《中秋同何大复望月》，《大复集》卷二十二中也有《汝庆宅红菊二首》，卷二十有《与韩汝庆行归长安望月》，此外，何景明遗作有《送韩汝庆还关中二首》。孟洋（1483—1534），字望之，号无涯，河南信阳人，弘治十八年乙丑（1505）进士，曾任陕西参政，基本和何景明同在关中。孟洋在陕期间和韩邦奇、韩邦靖兄弟也常有倡和，《韩五泉诗》卷三有《送二兄赴平阳席上同何仲默孟望之刘子静分韵》，卷四有《陈真人院牡丹同何仲默孟望之分韵》，卷五有《四月陈山人院内牡丹》。孟洋的《孟涯集》卷五有《秋夜过韩汝庆》《韩汝庆宅对雪忆马君卿》，诗中的马君卿即马录，字君卿，号百愚，今浙江绍兴人，正德三年戊辰（1508）与韩邦奇、韩邦靖同年进士，巡按陕西期间和韩氏兄弟多有倡和，《韩五泉诗》卷三有《忆马百愚》《席上分韵送马百愚》。

毕沅于乾隆三十六年（1771）被任命为陕西按察使，开始了在陕西长达 14 年的官宦生涯。毕沅于政务、军书旁午之余，常和幕宾诗酒宴会，联句吟咏，相携访古，共赏碑拓，可谓极一时之盛会。据史善长编《弇山毕公年谱》记，乾隆三十七年壬辰 43 岁条称：“公以苏东坡先生曾任凤翔道通判，故于十二月十九日生辰设祀，招宾客赋诗始于是年。公先成七古一篇，和者十有四人。自此岁以为常，凡知名之士来幕中者，皆续咏焉。”又据乾隆四十八年癸卯 54 岁条称：“公以去冬（乾隆四十七年——引者注）关中年丰人乐，因与吴舍人泰来，及幕中文士为消寒之会。自壬寅十一月十七日始，每九日一集，至癸卯二月二日止，分题拈韵，成《官阁围炉诗》二卷”②，其《上元灯词》描写在陕西时期幕府诗酒倡和的场面：“十年持节驻秦关，梦断蓬瀛供奉班。记得披香频侍宴，红云万朵驾鳌山。”③

① （明）何良俊：《史》，《四友斋丛说》卷十五，第 128 页。
② （清）史善长：《弇山毕公年谱》，同治十一年刻本。
③ （清）袁枚：《随园诗话》卷十一，人民文学出版社 1982 年版，第 389 页。

从这些诗文中可以看出地方官员和驻地士人的文事活动相当频繁，他们和当地士人的这种交往往往会产生一些交游的记录以及彼此回忆的诗文，这些内容在士人的文集中占有相当的比重，成为中国古代文学的一大特征。

地方官员主政地方，其婚丧嫁娶等事件也为士人的聚会提供一定的平台，在士人的文集中，《寿序》《祭文》及其他的贺序也很多，在有些场合会产生一些即时性的文学作品，诸如王维桢的《荣寿录》记述了这一盛况：

> 《荣寿录》者，录寿赵母太淑人言也，太淑人有子曰洪洋先生，为御史中丞晋少司马，镇抚关中。在关中而会太淑人七十寿，于是关中游君子暨诸乡君子咸有言称庆，垒垒数百章，大要谓厥母厥子域中无两且祝之。王生之至长安也，先生出以示王生，王生曰："夫录有诸君子至言矣，然非诸君子之私也，语出民间，词者采之，被以华缋，著之篇什，宣之咏歌，奏之堂下。"凡在录者，咸真放实吐，公唱直和，匪昵于比周，匪倚于欢爱，嗟乎，难哉！夫齐民之言可畏，词人之言本乎齐民者可感。夫民无饰情，不善伪口，德我则悦，悦则欲久，欲久则祝，而又欲久其所亲，不者反是①。

这类诗作属应酬性的题材，又由于其即时性，因此其文学典雅性方面比较欠缺，但这些作品是"真放实吐"，是士人真性情的流露，具有质朴性的一面。同时这类场合和作品是地方官员了解民意、融入士林的一个主要平台。

清初士人的出处是中国历史上"夷夏问题"的延续，一方面使部分士人不仕新朝，但另一方面这些士人同清朝的大员保持良好的互动关系。其中的原因就在于在文化的认同上清朝的官员同汉族官员保持高度一致，而满族的官员也逐渐接受儒家文化，且以振兴纲纪、传承儒家文化为己任，逐渐被遗民士人所接受。考察清初的关中士人，大都和地方

---

① （明）王维桢：《荣寿录序》，《槐野先生存笥稿》卷二，第29页。

官员有这种互动关系。

李二曲是关中遗民的典型，在博学鸿词科征召中至死不赴，声动天下，他和满汉地方官员有着较为良好的互动关系，常州知府骆钟麟官陕西时，"偿师事颙"，"康熙十二年，陕督鄂善以隐逸荐，有诏起之，固辞以疾"①，康熙三十六年，"无锡倪大令雝梧摄邑篆，来谒，先生出示十九年前所辑《司牧宝鉴》，倪即序而梓行"②。在《二曲集》中有许多李二曲写给地方官员的书信，讨论的问题也十分广泛，足见地方官员对二曲的尊崇。考察李因笃晚年踪迹，文学活动一直贯穿于他的生活中。他平常时间多和各种人物诗友往来，经常受邀参加聚会，赓歌相和。从交游的朋侣来看，除顾炎武、王弘撰、宋振麟、张迟恭、李柏、康乃心等故交外，新增的文友有陕西督学许孙奎、岐山县令茹仪凤、咸宁县令李翔凤以及白水县令钮琇等政府官员，皆是当时陕西文坛的活跃人物。他们诗文往来，不时有聚会，较为重要的交游倡和活动有：康熙十九年秋，李因笃来西安与众官员相倡和。康熙二十二年（1683）夏，李翔凤擢升为兴安府（今安康市）知府，邀李因笃游玩数月。康熙二十四年（1685）春，李因笃出游泾阳、三原，与当地文人相唱酬。康熙二十四年（1685）春夏，他两度应邀来岐山，与岐山县令茹仪凤、凤翔知府曹鼎望以及当时数位文人同游凤翔东湖、五丈原，诗酒倡和。在李柏的《槲叶集》中也不乏和地方官员倡和的诗作和书信，陕督鄂善、西安将军佛尼埒和李柏有交往，李柏在《赠冯大将军》（冯大将军即佛尼埒，冯为佛之音转）对佛不惜笔墨地给予赞扬，在《凿山开渠赠梅明府品章》、《为梅侯种柳叙》等文中对地方官梅遇给予高度评价。

王弘撰作为关中士人"声气领袖"③，"恬淡寡营，不以私干公，不事请谒，士大夫式庐造访，则修宾主礼，或坐久则供园蔬，泊素之风不异古人。督抚如白公（白公讳如梅）、贾公、周公（周公讳有德）、鄂公（鄂公讳善）、希公（希公讳福）、布公（布公讳哈）、贝公（贝公讳和诺）皆敦布衣之交，而监司守令诸公尤多所往还，问学相长，则如

---

① （清）吴怀清编著，陈俊民点校：《二曲年谱》，《关中三李年谱》卷三，第112页。

② 同上书，第100页。

③ （清）顾炎武：《送韵谱帖子》，《亭林佚文辑补》，《顾亭林诗文集》，第244页。

汤公（汤公讳斌）、狄公（狄公讳敬）、贾公其最著者，盖先生不为矫矫之行，而人见之亦自忘其贵势，常慕卓子康、郭林宗之处世”①。上述官员基本包括了当时主政陕西的大员，他们屈尊向学，既有现实的政治考量，也出于对王弘撰道德人格的敬慕，在一定程度上维护了传统社会的声教。

地方官员由于对士人的尊敬，往往在士人生活困顿之时在物质上给予帮助，骆钟麟曾为二曲“捐俸构屋，俾蔽风雨；时继粟肉，以资侍养”②。其时富平令郭云中、督学许孙荃对二曲均有资助。李柏同二曲一样，生计维艰，长期受官员资助，靖逆后张勇之弟张幼男主政汉中时，对避难汉中的李柏给予帮助。茹仪凤康熙十八年任岐山令，数次接济李柏以度时艰，在《槲叶集》中李柏写给茹仪凤的书信颇多，从中可以看出二人之间的情谊远远超出官民之间的关系，而是一种亲密的知己关系。

地方官员代表中央对地方进行治理，他们和士人保持良好互动关系非常关键，他们对地方文化设施的改善、士风的培养、文学氛围的形成等都发挥着重要作用，有作为的地方官员往往以这些方面为施政内容，在施政过程中和士人保持良好互动关系使各项政策得以贯彻与执行，在和士人交往的过程中风雅之事也往往成为地方文学兴盛的一个方面，大大丰富了地域文学的内容。同时地方官员关心民瘼，尊崇士人，为士人获得相应的社会地位提供保障，为他们的包括文学互动在内的文化活动提供良好的社会平台，有力地促进了地域文化和文学的发展。

① （清）康乃心：《王贞文先生遗事》，《王山史先生年谱》，清光绪华阴王敬义堂刊藏本。

② （清）李颙撰，陈俊民点校：《历年纪略》，《二曲集》卷四五，第563页。

第三章　士人活动的空间与文学

任何文学活动都是在一定空间场域中发生，这种场域或较为稳定，或为即时性的，它们是特定时代士人生存境遇的一个环节或组成部分。诸如盛行于明清士人的结社，文人即时的宴饮都是士人从事文学活动的主要场所，它们对士人之间文学的交流、文学风格和流派的形成具有十分重要的影响。同时，明清时期，随着经济的发展，士人的空间流动变得更为便捷，京畿和江南形成了士人汇聚的情形，形成两大文学中心。士人的空间迁移，强化了他们的生命感受和体验，其价值观念、思维方式、审美倾向等都会相应地发生一些变化，其间所产生的文学作品反映士人流动时心灵对外界的感触，具有特定的文学气息。

第一节　结社与文学

朱彝尊指出："诗流结社，自宋元以来，代有之，迨明庆、历间，白门再会，称极盛矣。"[①] 文人集会涉及时代风尚、文人交往、心理表现、传播接受等多个层面，它既是精英生活的集合，也是沟通哲学思想、政治理念、编制人际网络、进行文学创作、游戏娱乐和交流情感的场合，因而有较大的包容性。考察文人集会，更关注集会中的诗歌创作，将文化活动与文学创作紧密地联系起来，既立足文学本位，又赋予其广阔的文化视角，尤其是把结社作为诗歌发展史上一种传统性的文学

---

① （清）朱彝尊著，姚祖恩编，黄君坦点校：《孙淳》，《静志居诗话》卷二一，第649页。

现象予以重视，是文学史研究的一个新领域。

一 明清的文学结社

明代三百年来京城诗文集会活动作为一种普遍的社会存在和文化现象，成为当时文学创作环境的重要组成部分，整个京城诗文集会风气的变化，不仅从一个侧面反映出明代诗文的发展变化历程，也对地方的文人集会有着风向标的作用。李东阳《怀麓堂诗话》称："元季国初，东南士人重诗社。每一有力者为主，聘诗人为考官。隔岁封题于诸郡之能诗者，期以明春集卷，私试开榜次名，乃刻其优者，略如科举之法。"① 这是元初东南士人的诗文结社。

文社以作文为主，尤以作科举文为主。它的起源可以追溯到南宋。孝宗乾道八年（1172）进士舒璘有《请汪解元书》略云："窃以学之不讲，士失趋向，则知道者鲜矣。国有学，郡有庠，邑有序，正所以讲明此道，使人不昧，某也不才，岂宜滥居斯职？然自壮岁游学，蒙师友之启发，粗知途径，亦希文会之开，朝夕切偲，不负讲明之意。"② 可知文社之起，实与书院讲学之兴关系密切。文社的真正盛行，是明代万历之后的事，陆世仪《复社纪略》卷一云："令甲以科目取人，而制举艺始重。士既重于其事，咸思厚自濯磨，以求副功令。因共尊师取友，多者数十人，少者数人，谓之文社，即此'以文会友'，'以友辅仁'之遗则也。好修之士，以是为学问之地，驰骛之徒，亦以是为功名之门，所从来旧矣。"③ 这就清楚地说明，文社兴盛的主要社会原因就是基于文人士子研究八股时文，谋取科举功名的迫切需要，当然也有不求科举功名，专以读书作文为务的文社。

元代诗社的组织形式，比之宋代更为严密。《明史·张简传》云："当元季，浙东、西士大夫以文墨相尚，每岁必联诗社。聘一二文章巨公主之，四方名士毕至，宴赏穷日夜，诗胜者则有厚赠。"④ 明代是文人结社的鼎盛时期，明代的诗社特征有三：第一，文人结社除了娱情悦

---

① （明）丁福保辑：《怀麓堂诗话》，《历代诗话续编》，第1380页。

② （宋）舒璘：《请汪解元书》，《舒文靖公类稿》卷一，清同治刻本。

③ （清）陆世仪：《复社纪略》卷一，续修四库全书本，史部第438册，上海古籍出版社2002年版，第473页。

④ （清）张廷玉等撰：《文苑》，《明史》卷二八五，第7321页。

性、诗酒酬和之外，往往有着鲜明的实用性。明以前的文人结社，多为诗词吟咏，文酒风流，或怡老崇雅。而明代崛起的文社，在结社之始，每每只为制举业的关系，以仕进为目的。第二，明代文人结社的活动方式，较之前代更为丰富多彩。第三，明代文人结社的纷争繁剧，也为前代所罕见。范景文《范文忠公文集》卷六《葛震甫诗叙》云："往者代生数人，相继以起，其议如波；今则各在户庭，同时并角，其议如讼。拟古造新，入途非一。尊吴右楚，我法坚持。彼此纷嚣，莫辨谁是。"①

文社在弘治间的出现，是明代文人结社史上值得关注的新迹象。陆世仪《复社纪略》将明末复社崛起归因于文社之兴，而文社之兴则追溯到弘治间昆山顾鼎臣等人的邑社，曰："粤稽三吴文社最盛者，莫如顾文康之邑社，社友十一人，如方奉常、魏恭简辈，后皆为名臣，可谓彬彬者矣。"② 因此，邑社往往被视为明代文社之始，弘治间兴起的文社，一开始就在科场获得佳绩，华亭之钱福、昆山之顾鼎臣皆成为状元，顾清、李希颜、方鹏、魏校等无不扬名科场，一时传诵。而两地本来就是人文昌明之邑，故文社所带来的影响不仅进一步促进了当地文人结社的风气，对整个明代中后期各地特别是东南一带文社兴盛也产生极大的刺激作用。据顾炎武的记载："万历末，士人相会课文，各立名号，亦曰某社某社。"③ 时人杜登春亦有过描述："盖社之始，始于一乡，继而一国，继而暨于天下。各立一名以自标榜，或数千人，或数百人；或课才艺于一堂，或征诗文于千里。齐年者砥节砺行，后起者观型取法。一卷之书，家弦户诵；一师之学，灯续薪传"④。

明清易代之后，社会政治发生很大变化，士子暂时中断了科举的路子，吟诗倡和，抒发亡国之痛成为甲申以后文社活动内容之一，杨凤苞《秋室集》卷一《书南山草堂遗集后》说："明社既屋，士之憔悴失职，

---

① 转引自郭英德：《中国古代文人集团与文学风貌》，北京师范大学出版社 1998 年版，第 153 页。

② （清）李季：《复社纪略》卷一，《中国内乱外祸历史丛书》第 10 册，神州国光出版社 1936 年版，第 171 页。

③ （清）顾炎武著，黄汝成集释，栾保群、吕宗力点校：《社》，《日知录集释》卷二二，第 1261 页。

④ （清）杜登春：《社事始末》，丛书集成初编本，中华书局 1991 年版，第 1—2 页。

高蹈而能文者，相率结为诗社，以抒写其旧国旧君之感，大江以南，无地无之，其最盛者，东越则甬上，三吴则松陵。”① 其时，不仅大江以南，就是大江以北，乃至黄河以北，也多有结社之举。清初文人结社既隐含着复明的政治目的，其内部又不免党同伐异，流弊滋生，于是朝廷有禁社之令。顺治九年（1652），由礼部题奏，刊卧碑于太学，严禁生员立盟结社。顺治十六年（1659）六科给事中杨雍建疏论，欲禁朋党和社盟，顺治当即颁旨：“士习不端，结订盟社，把持衙门，关说公事，相煽成风，甚为可恶，着严行禁止。”康熙四十一年（1702）再申旧令：“招呼朋类，结社立盟，如此之人，名教不容，乡党弗齿。”② 虽然清廷一再严加禁止，但有清一代社事始终不曾禁绝。屈大均说：“慨自申、酉变乱以来，士多哀怨，有郁难宣，即皆以蜚遁为怀，不复从事举业，于是祖述风骚，流连八代，有所感触，一一见诸诗歌。故予尝与同里诸子为西园诗社，一追先达。”③ 杨凤苞《书南山草堂遗集后》一文也记录过播迁后惊隐诗社聚会的情形：“岁于五月五日祀三闾大夫，九月九日祀陶征士，同社麇至，咸纪以诗”，“诸君子各敦蛊上履二之节，乐志林泉，跌宕文酒，角巾野服，啸歌于五湖三泖之间，亦月泉吟社之流亚也，后之续遗民录者必有取于斯也夫。”④ 所以申、酉以后，各类文社、诗社的诗文创作颇为普遍，社中遗民通过社集倡和，抒发愤懑，形成宋元以来遗民诗创作的又一个高峰。

结社读书是一种有利于集思广益，增进交流和活跃思想的学习方式，文社之兴促使一部分士人形成了博学苦思的精神和扎实稳当的学风，输送了大量举人、进士，并在培养各类人才方面发挥了积极作用。复社、几社、求社等皆以输送科举人才而著称。从及第者诸如袁氏兄弟、张博、吴伟业、陈子龙等人来看，这些八股取士制度下的佼佼者，不仅是制义能手，同时也是真才实学的名家，而他们的成长都离不开结社这一环节。文社还促进了八股文风的变化，给散文的发展带来了一定

---

① （清）杨凤苞：《书南山草堂遗集后》，《秋室集》卷一，续修四库全书本，第1476册，上海古籍出版社2002年版，第10页。

② （清）王先谦：《十朝东华录》，康熙卷六九，光绪二十五年石印本。

③ （清）屈大均：《诗语》，《广东新语》卷十二，中华书局1985年版，第357页。

④ （清）杨凤苞：《书南山草堂遗集后》，《秋室集》卷一，第10—11页。

的影响。最有说服力的事实是：散文的创作繁荣之地往往即为文社活跃之处。

二　关中士人京城结社与文学活动

文人集会与文学流派密切相关，文人集会的中心京城或州郡官府往往是全国或地方的文坛中心，集会的中心人物往往是文学集团领袖，甚至是文坛盟主。集会诗歌创作数量多，影响大，反映了文学发展的主流风格。集会上的诗歌批评往往围绕当时诗歌发展中的最新问题展开，从而能有效地指导创作，因此集会活动是个前奏，通过它使文人建立创作上的联系，就文学观念进行交流、互相影响，从而使得成员关系更为密切，形成更加持久的文人集团，成员在共同的创作宗旨下进行较大规模和较高水平的创作实践。

在“前七子”集团形成之前，李梦阳是京师文人群体的轴心人物。乐群好游，雅集结会，是李梦阳文学生涯的重要特点。史载李梦阳“居燕中，社集四方名士，兴复古文词，与信阳何景明互旗鼓，时人称李何”[①]。李开先也记“（李梦阳）始除户部主事，寻迁员外郎，以豪雄不可下之气而为闳肆不可遏之文，薄书有暇，即招集名流为诗会”[②]。早在弘治十五年（1502），李东阳主文柄，康海中进士后入翰林院。“独不之”，与李梦阳、王九思为文社，讨论文艺，诵说先王。从文中可以看出，李、王与康海等人的文社只是一种文人聚会性质团体，与举业无关。李梦阳本身脱胎于茶陵派，参加李梦阳京师结社倡和者无不出自茶陵派领袖李东阳门下[③]。弘正前后，群星璀璨，人才鼎盛。京师、南京、吴中、闽中等地尤其胜流如云，河东、关中不乏才俊，从而为全国性文人集团的形成提供了可能[④]。

七子为弘正间京师文坛的代表人物。如“文学”倡导者王守仁早年爱好古文词，即为这一潮流的重要人物。黄绾《阳明先生行状》说：“己未登进士，观政工部，与太原乔宇，广信汪俊，河南李梦阳，何景

---

① （清）查继佐：《谏议诸臣列传》，《罪惟录》卷十三上，第2034页。
② （明）李开先：《李空同传》，《闲居集》卷十，《李开先集》，第603页。
③ 何宗美：《文人结社与明代文学的演进》，第213页。
④ 同上。

明、姑苏顾璘、徐祯卿、山东边贡诸公以才名争驰骋，学古诗文。"[1] 另外在京城与李梦阳结社、倡和的还有陆深、赵鹤、刘麟、杭济、杭淮、何孟春、杨子器、朱应登、都穆、秦金、钱荣、陈策等。[2] 可见，当时在李梦阳周围已形成了一个有相当规模的文学团体，气象之盛为有明以来所少有。

据《明史纪事》戊签卷一二载，关中士人刘储秀"为部郎时，与僚属薛采君、胡承之、张孟独倡和为诗社，都下号'西翰林'"[3]。所谓"西翰林"指的是刑部，因刘储秀、薛惠、胡侍、张治道皆为刑部同僚，结为诗社，故称西翰林诗社，这一诗社中还包括韩邦奇、韩邦靖二人，"（正德中）一时名流，如石邦彦、乔白岩、储柴墟、邵二泉、王阳明、韩苑洛、五泉皆与（王云凤）倡和"[4]。特别值得一提的是，正德间西翰林诗社是一个有鲜明复古倾向的文学社团，成员张治道被钱谦益认为是附北地而排长沙最为得力的人，"极诋弘治之诗"[5]。张治道《翰林院修撰对山康先生行状》明确指出："模效窃仿"李东阳诗文成为一时风气，与康海等结社形成新的文学集团后，以"复古"抵制"仿今"，李东阳由此衔恨，予以打击[6]。

清初诗坛，朝野对立的态势极为明显。可以肯定地说，在野的遗民诗人群体在清初诗坛占有重要的地位。相对而言，清初顺治年间，京师诗坛的声望并不高。钱谦益、吴伟业、龚鼎孳、曹溶、周亮工诸名家，由于其出仕新朝的"两截人"身份，并没能取得朝野诗人的普遍推崇。直到康熙年间，新朝进士出身的王士祯、陈廷敬、施闰章、宋琬、宋荦、王又旦等居官京师，才使得京师诗坛的影响越来越大，尤其是王士祯主盟京师诗坛之后，鼓扬风雅，提携后进，团结了大批文人雅士，"燕台七子"、"金台十子"、"佳山堂六子"正是这一时期京师诗坛风云

---

① （明）王守仁撰，吴光等编校：《阳明先生行状》，《王阳明全集》卷三八，第1555—1556页。

② 参见李梦阳《空同集》《章园会诗引》《朝廷倡和诗跋》等。

③ （清）谷应泰：《明史纪事本末》戊签卷一二，第1590页。

④ （清）王士祯：《杂著·古夫于亭杂录》，《王士祯全集》第6册，齐鲁书社2007年版，第4872页。

⑤ （清）钱谦益：《张主事治道》，《列朝诗集小传》丙集，第318页。

⑥ 何宗美：《文人结社与明代文学的演进》，第225页。

际会的代表人物。

这一时期驰骋文坛的关中士人主要有李因笃、李念慈、王弘撰、孙枝蔚、王又旦等人。王士祯《带经堂诗话》云："关中名士，予生平交善者，如三原孙豹人枝蔚、韩圣秋诗、华阴王无异弘撰、富平李子德因笃、郃阳王幼华又旦、富平曹陆海玉珂，皆一时人豪。"① 朱彝尊《王崇安诗序》云"予求友于关中，先后得五人：三原孙枝蔚豹人、泾阳李念慈屺瞻、华阴王弘撰无异、富平李因笃子德、郃阳王又旦幼华。五人者，其诗歌平险或殊，然与予议论未尝不合也"②。乾隆年间的王鸣盛亦云："三秦诗派，国朝称盛，如李天生、王幼华、王山史、孙豹人，盖未易更仆数矣。予宦游南北，于洮阳得吴子信辰诗，叹其绝伦。归田后复得刘子源深诗，益知三秦诗派之盛也。"③ 在以上诸关中士人中，唯有王又旦在京城居住时间较长，有机会处于政治和文学中心地位，和以王士祯为首的山左士人结"十子社"，世称"金台十子"，"十子"者"商丘宋（荦）牧仲，郃阳王（又旦）幼华，安丘曹（贞吉）升六，曲阜颜（光敏）修来，黄冈叶（封）井叔，德州田（雯）子纶、谢（重辉）千仞，晋江丁（炜）雁水，及门人江阴曹（禾）颂嘉、江都汪（懋麟）季角"④，"十子"社诗由王士祯于康熙十六年刻成《十子诗略》。

王又旦（1636—1686），字幼华，别字黄湄，陕西郃阳人。于顺治十六年中进士。康熙八年，任湖北潜江知县，康熙十五年以治行第一擢给事中，十六年因父丧复还乡守制，服除补吏科给事中，转户科掌印给事中。康熙二十三年，充广东乡试正考官。后因病卒于官。王又旦为官清廉，勤政爱民，诗文创作成就颇高，徐世昌曾说："国初关中多诗人，惟黄湄与孙豹人、李子德如泰华三峰，俯视培塿。而三家中黄湄造诣尤深，才大而无矜气，才振而无浮响，其返虚入浑处，虽豹人、子德不能

① （清）王士祯著，张宗柟纂集，戴鸿森点校：《字义类》，《带经堂诗话》卷十五，第557页。

② （清）朱彝尊：《王崇安诗序》，《曝书亭集》卷三九，商务印书馆1937年版，第483页。

③ （清）刘壬：《刘戒亭诗序》，《戒亭诗草》卷首，清乾隆刻本。

④ （清）王士祯：《居易录》卷五，文渊阁四库全书本（电子版）。

不让出一头，故渔洋之倾倒为独至。”① 清初关中士人京城的文学活动主要围绕王又旦展开，且其声誉颇高。

康熙二十一年七月，王又旦、汪懋麟召集陈廷敬、王士祯、徐乾学游祝氏园，并命画工作《五客话旧图》，汪懋麟作记。汪懋麟《城南山庄画像记》曰："懋麟自顺治末受知于济南王公，及康熙初举于乡试，始通宾客，与海内名贤相结纳，己巳得交郃阳王公，丁未得交昆山徐公，己酉应阁试入京，得交泽州陈公，相与论诗，有合焉。”② 汪懋麟还有《幼华给事招同诸公饮祝园亭子限山庄二韵》咏其事。王士祯、陈廷敬、王又旦亦各有诗纪其事。其实在此次聚会之前，他们已经多次诗酒倡和。如次年春天，王又旦曾邀请王士祯、施闰章、徐乾学、毛奇龄、汪楫、汪懋麟等游祝氏别墅。王士祯《幼华给事招同愚山、健庵、大可、季角集祝氏别墅》云："黄门休沐暇，池馆惬招寻。人语碧苔径，鹤鸣修竹林。微风交落絮，流水澹春阴。坐爱修鱼乐，悠然濠上心。”③ 立秋日，他又与曹尔堪、沈荃、王士祯、李天馥等集陈廷敬寓斋，陈廷敬有《立秋日子顾、绎堂、贻上、湘北、幼华过集》，李天馥有《立秋日同绎堂、顾庵、阮亭、幼华饮说岩寓斋，限立字韵》，王又旦也曾作《秋感七首》写怀。这些聚会的参与者虽然时有增减，但核心人物是陈廷敬、王士祯和王又旦，他们正是康熙朝诗坛的领袖人物。考虑到政治时势原因，除却明代结社所需的社规、社约外，王又旦和其他京城文坛巨擘的文学活动和明代文社之盛没有本质的区别，所不同的是关中士人已不是文坛的主导者而已。乾隆年间，关中士人在京城有结社记录更少，仅见于刘绍攽《二南遗音》中所载康绩曾与屈复"倡诗社于京师"④。康绩，字方陆，安化人，寄籍泾阳，诗甚富，多散佚。屈复，蒲城人，号晦翁，19 岁时童子试第一名。不久出游晋、豫、苏、

① 徐世昌：《晚晴簃诗汇》，中华书局 1990 年版，第 256 页。

② （清）汪懋麟：《城南山庄画像记》，《百尺梧桐阁集》卷三，上海古籍出版社 1980 年版，第 293 页。

③ （清）王士祯著，惠栋、金荣注：《幼华给事招同愚山、健庵、大可、季角集祝氏别墅》，《渔洋精华录集注》卷十，齐鲁书社 1992 年版，第 1192 页。

④ （清）刘绍攽：《康绩》，《二南遗音》卷二，四库全书存目丛书本，第 412 册，齐鲁书社 1997 年版，第 766 页。

浙各地，又历经闽、粤等处，并四至京师。乾隆元年（1736）曾被举博学鸿词科，不肯应试。72岁时尚在北京蒲城会馆撰书，终生未归故乡，著有《弱水集》等。

三　明清关中的结社考察

文人结社活跃的地区通常为经济发达、文人集中、思想文化活动相对自由的地区。由于经济、文化等方面发展的不平衡，自然会出现文人结社在地域分布上的不平衡，这实际上反映了自宋代以来社会发展不平衡因素给文人结社带来的深刻影响。这种不平衡性，还体现在就某一地区来说，文人结社大多集中在一些经济繁荣、风景秀丽、文化活跃的城镇，如明代杭州、金陵、苏州、湖州、甬上、广州、莆田等地的社事尤为兴隆。

嘉靖前期文人结社出现了一些基本的趋势和特点：首先是地域进一步扩展，南方仍为结社的中心，北方的结社也迅速活跃起来，北方如京师、山东的章丘、陕西的武功、河南的祥符等地，都有社团的兴起，特别是山东、陕西结社现象的出现，有着特殊的文学意义①。

康海和王九思致仕后在关中经营着当时全国影响最大、创造水平最高的戏曲中心，选妓征歌、雅集酬唱，演剧观乐而不避声色②。当然在关中很少有京城那样的社事，结社以其他的方式存在，如康海于嘉靖十三年（1534）在武功举行百年会/百岁会。万历中期，长安宝庆会也有社集的痕迹，据冯从吾《少墟集》卷六《语录·学会约》载，万历二十四年（1596）秋，冯从吾"与诸君子立会讲学于宝庆寺"，会约规定："每月三会"，"会期讲论毋及朝廷利害"，"会中一切交际俱当谢绝"，"彼此讲论，务要平心静气，虚己下人"等③。继宝庆会之后，冯从吾于万历二十六年（1598）复倡关中会。周传诵《关中会语跋》云："会举于戊戌正月，仲好氏书约，先大夫题辞，不佞以使事过里，与未议焉。"④关中会亦有会约，如有"彼此争构，吾辈无所傥，万一有之，

① 何宗美：《文人结社与明代文学的演进》，第250页。

② 同上书，第288页。

③ （明）冯从吾：《语录》，《少墟集》卷六，第123—124页。

④ （明）冯从吾：《语录》，《少墟集》卷五，第121页。

大家务要尽心劝和”之类的规定[①]。据此可以看出，宝庆会和关中会的文学色彩相对较淡而理学色彩较浓。另外，明中后期关中藩府中也有结社之事，《民国歙县志》载谢陷“尝游秣陵、关中，与诸王孙、名士结社谭艺”[②]。朱敬鎡，字进父，秦愍王朱樉八世孙，据其《子兴社丈睽别三祀，戊子秋会晤浃旬，话言连夜，因论诗各赋一律》、《熊左史结社且期眺秦中名胜》等作，至少不晚于万历十三年（1585），他与张致卿、王元锡等人结诗社，选胜吟咏，诗酒跌荡，文学活动十分活跃[③]。

其次是清初遗民结社，其实也是一种生存方式，杨凤苞曾谓：“明社既屋，士之憔悴失职，高蹈而能文者，相率结为诗社，以抒写其旧国旧君之感，大江以南，无地无之。”[④] 据初步统计，清顺治至康熙初各类文人会社至少有七十余家，其中，明遗民之社超过五十家。[⑤] 考察明清之际文人结社的地域分布，可以看出会社分布的重点在三个区域：京师、江南、岭南，而关中地区知名的文社较少。其原因主要有两个方面：其一是文化重心在江南，其二是“秦人慕经学，重处士，持清议，实与他省不同”[⑥]。尽管如此，关中遗民并未被摒弃于文社之外，孙枝蔚、王弘撰、李因笃都曾参与各种文社，其诗文不论题材还是风格方面都受到文社的影响。

再次是关中本地文人结社和江南相比无论在规模上还是声望上差距都很大，这主要跟明末清初关中地区的经济状况有直接关系。黄宗羲从文化史的角度比较东南和西北时说道：“古之言形胜者，以关中为止，金陵不与焉，何也？曰：时不同也。秦、汉之时，关中风气会聚，田野开辟，人物殷盛；吴、楚方脱蛮夷之号，风气朴略，故金陵不能与之争胜。今关中人物不及吴、会久矣，又经流寇之乱，烟火聚落，十无二三，生聚教训，故非一日之所能移也。”[⑦] 黄宗羲的结论一语中的，他

---

① （明）冯从吾：《语录》，《少墟集》卷五，第 120 页。

② 许承尧纂：《人物》，《民国歙县志》卷七，江苏古籍出版社 1998 年版，第 286 页。

③ 何宗美：《文人结社与明代文学的演进》，第 332 页。

④ （清）杨凤苞：《书南山草堂遗集后》，《秋室集》卷一，第 10 页。

⑤ 何宗美：《明末清初文人结社研究》，第 308 页。

⑥ （清）顾炎武：《与三侄书》，《亭林文集》卷四，《顾亭林诗文集》，第 87 页。

⑦ （清）黄宗羲：《明夷待访录》，浙江古籍出版社 1985 年版，第 21 页。

说明了经济与文学的直接关系：任何一种文化或文学现象都产生于一定的经济背景，经济的繁荣为开展社事活动提供物质保障，对营造文人诗酒倡和的兴致和悠闲乐游的心境起到十分重要的作用，赵翼对此也谈道“世运升平，物力丰裕，故文人学士得以跌荡于词场酒海间，亦一时盛事也”①，这也从另一个侧面说明明清之际关中因何缺乏振臂一呼、天下云集响应的文人雅士。

关中遗民虽没有江南结社的盛事，但文人之间的倡和和切磋非常频繁。王弘撰顺治十五年戊戌（1658）年三十七。尝过安陵（咸阳），留三十日，与韩石华、刘博仲等“文章唱酬，晷漏相继”，“石华居恒论诗，睥睨中、晚，故其墨采腾奋，翱翔汉、魏，驰骋初、盛，而必源之《三百》，矩之‘六义’”②。清初的关中社事主要围绕“青门七子”展开。“青门七子”是明清之际关中著名的文人群体，系明秦藩王宗室，至顺治十一年，最年少者朱谊叫谢世。顾炎武在《朱子斗诗序》中说：“余闻万历以来，宗室中之文人盛莫盛于秦，秦之宗有七子，而子斗最少。及崇祯之末，六子皆先逝，而子斗独年至八十，后先帝十一年乃卒。故其为诗多离乱之作，有悯周爰郢之意而不敢深言。余又闻其人孝弟忠信，而又明于当世之故，盖宗之贤者也。子斗名谊，永兴王府奉国中尉。当天启时，开科举之途，而子斗久以诗文为关中士人领袖。”③根据谢国桢先生《明清之际党社运动考》引王弘撰《山志》中“青门七子”条，考察顾炎武曾经到陕西访青门七子，七子为明室宗室，聚于雁塔下倡和，有结社之迹④。“青门七子皆宗室之贤而笃于学者也，各有诗文集，卓然成家”⑤，青门会聚了一批文人。

“青门七子”在王弘撰《山志》多有记载，屈大均在游华山路过王弘撰斋，也记有“青门七子”事：“诸王孙彬彬作者，以工诗及四体书，相矜尚当时，功令推择，绝迹仕途，而宗才之英，犹以仲宗为最，

① （清）赵翼著，王树民校证：《明中叶才士傲诞之习》，《廿二史札记校证》卷三四，中华书局1984年版，第784页。

② （清）王弘撰撰：《雪肪近诗序》，《砥斋集》卷一，第350页。

③ （清）顾炎武：《朱子斗诗序》，《亭林文集》卷二，《顾亭林诗文集》，第34—35页。

④ 谢国桢：《明清之际党社运动考》，上海书店出版社2004年版，第140页。

⑤ （清）王弘撰撰，何本方点校：《青门七子》，《山志》二集卷三，第226页。

诗则仲宗有《松学阁集》，子斗有《八斗斋集》，诸王孙有《青门七子集》。”① 王弘撰和“青门七子”常有诗歌倡和之事：“余幼随先司马京邸。丙子，咸宁孙嗣履以拔贡应廷试，来见先司马，先司马曰：‘此佳士也。’尝留之书斋，盖余之有友自嗣履始。及归里后，余应童子试，至郡城则主其家。又因嗣履得友青门诸子，一时立文会称盛，为督学岁星汪公所嘉。”② “昔与吾友会于青门，谈诗曰：杜陵五言律，当以《能画》一首压卷。后数年，有会于青门，诗曰：杜陵五言律，当以《送翰林法司马南海》一首压卷。”③ 在李柏的《槲叶集》和李因笃的《受祺堂文集》《受祺堂诗集》中有关到青门和其他文人宴饮赋诗的作品颇多。如李柏在康熙十七年（1678）至青门和满子咸谋面赋诗《焦南花》七古一首；康熙十八年（1679）至青门访朱山人千仞赋诗《己未春三月青门朱千仞招饮即席得空字》五律一首；康熙十九年（1680），至青门与满子咸、李挺伯、王奎垣、韩溥其、朱鼎铉、朱千仞、柴广文、刘广文、郭正始、杭君德、张子猷、任长年、赵华隐、憨休和尚游。李因笃也数次造访青门，和文人有诗歌答酬。清初关中遗民结社的还有王化泰在乡里结社讲性命之学，“王省庵先生讳化泰，贤而隐于医，笃志理学，潜心性命，初与本邑单元洲结社讲究，后与同州党两一切砥密旨”④。华州人郭宗昌“辟沚园白崖湖上，地介二华之间，造一舟居之名曰‘斋舫’，自谓‘一水盈盈，与世都绝，磊落崎嵚，任心独往’，又有别业在郑南，即杜子美西溪，与其友王承之、东荫商为‘南玭社’”⑤。东荫商，字云雏，华州人。明崇祯丙子举人。屡上春官不第。与李颙、王士祯、王弘撰、李楷、宋琬等游，有《华山经》一卷。其《东云雏诗》乾隆间列入禁毁书目。王弘撰五兄王弘嘉在易代之后，“立文社，奖率后进，同诸弟子督课之”⑥。

① （清）屈大均著，欧初、王贵忱主编，李文约点校：《游宗周记》，《翁山文外》，《屈大均全集》第3册，第13页。

② （清）王弘撰撰，何本方点校：《孙氏孤儿》，《山志》二集卷三，第224页。

③ （清）王弘撰撰：《诗文》，《山志》一集卷一，第17页。

④ （清）李二曲撰，陈俊民点校：《王省庵墓碣》，《二曲集》卷二一，第265页。

⑤ （清）王士祯：《陇蜀余闻》，商务印书馆1936年版，第14页。

⑥ （清）李因笃《王公云隐先生墓表》，《受祺堂文集》卷四，清道光七年刻本。

在关中比较偏远的临洮地区有“洮阳诗社”，其历史悠久。吴镇《萝月山房诗序》云：“洮阳诗社，由来最久，兴而废，废而复兴，乘除随时，然倡和者卒未尝绝。忆三十年前余与诸同人重联诗社，一州才俊翕然趋风。”① 吴镇为乾隆三十三年举人，按“三十年前余与诸同人重联诗社”的记载，洮阳诗社至少在清初就已经存在，且对洮阳地区文学发展具有非常重要的作用，李苞《洮阳诗集序》云：“洮阳诗学，自汉唐以来，代不乏人，而本朝称尤盛焉。国初张康侯、牧公提倡于前，约数十年，而又有先师吴松崖先生集其大成，且宏奖士类，善诱后学，故吾洮阳人士，研究声律，著为辞章，往往有可观者。”②

四　寓居江南关中士人的结社

明代社事，盛于东南，除了一般的应试举业外，还因吴越经济发达，文化昌盛，渐渐成为国家库府，其间名士辈出，文人云集，普通士子读书应制也成为风气，民间有“布衣韦带之士，皆能摛章染墨”③。对南人的这一看法，一直延续到清末。南人善文，又有文人雅集的传统，再加上江南富庶的生活，贵游子弟诗酒自娱，便为社集的兴盛奠定了基础。江南在晚明为人文渊薮，历来士子借科举进身者极多，士人官绅势力在地方极为发达，且士大夫聚众讲学，讲论朝政的风气也更盛。故从早期的东林到应社、复社、几社等有影响力的士人党社，都首先兴起于江南地区，流寓江南的关中文人也积极参与到江南的文社之中。

明代流寓江南的关中士人结社最早者为孙一元，《国宝新编》载：“太初风仪秀郎，踪迹奇谲，玄巾白袷，混迹贵贱。常以铁笛鹤瓢自随，遇所会心，辄一倾倒，盖隐沦之高逸。性好吟诗，初谈道引，人疑其仙。晚婴婚娶，入司空刘公湖南雅社。诗辞备极苦心，所乏天才也。”④ 据钱谦益《列朝诗集小传》载，弘治间，兰溪方太古“与杨君谦、沈启南、文徵仲暨孙太初结诗酒社。正德初，隐于玄英先生之白云源”⑤，

① （清）吴镇：《萝月山房诗序》，《松花庵全集·文稿》卷首，宣统二年重梓本。

② （清）李苞：《洮阳诗集序》，《洮阳诗集》卷首，嘉庆四年刻本。

③ （清）赵宏恩等监修：《舆地志·风俗·苏州府》，《江南通志》卷十九，华文书局影印本1967年版，第418页。

④ （明）顾璘：《山人孙一元》，《国宝新编》，中华书局1985年版，第15页。

⑤ （清）钱谦益：《方处士太古》，《列朝诗集小传》丙集，第335页。

杨循吉、沈周、文徵明皆为吴人，故社地当为吴中。方太古、孙一元皆游吴，故与杨循吉等人有结社之举。“（刘麟）晚自称坦上翁，与孙一元、张寰、吴琉、陆昆辈，作湖南雅社”①。金峦，字在衡，号白屿。幼习举子业，长随父宦于金陵，遂家于此，乃弃制举而悉心歌诗，性任侠，慷慨助人于危难；好交游，布衣来往于吴楚淮扬间，所至倒屣而迎。嘉靖时，曾执骚坛牛耳；万历初，又以耆宿莅盟青溪社。他与盛时泰交厚，与何良俊、张献翼、王稚登、冯惟敏亦有交往。

清代王士祯的“红桥修禊”为文人社集的佳话。《渔洋诗话》云：“予少时在广陵，每公事暇，辄招宾客泛舟红桥，与袁荆州诸词人赋诗，有‘绿杨城郭是扬州’之句，江淮间取作画图。又与林茂之、张祖望、杜于皇、孙豹人、程穆倩修禊于此。”② 康熙三年（1664）的清明节，王士祯邀扬州名士林古度、杜浚、张纲孙、孙枝蔚、程邃、孙默、许承宣兄弟等人到红桥一带聚会，饮酒作诗，王士祯赋《冶春绝句》二十首，二十首绝句，或写景，或发思古幽情，写得清丽婉转，神韵渺然，被时人誉为“独步一代”，不少诗人作诗记载了当时的盛况。孙枝蔚作《后冶春，次阮亭韵》二十二首。杜浚作《题王阮亭〈冶春词〉后》。陈维崧作《和阮亭〈冶春绝句〉，同茂之、于皇、祖望、豹人、澹心、椒峰》六首。吴嘉纪作《冶春绝句，和王阮亭先生》八首。宗元鼎作《乙巳春夜，读王阮亭先生红桥冶春诸绝句漫作》三首。一时形成“江楼齐唱《冶春》词”的空前盛况。在《广陵倡和诗序》中孙枝蔚也描述了甲辰年的一次文人诗会：“甲辰之春，八闽林之茂，鄞县陆古淳、钱退山、杨瀣仙、王正子，宜兴陈其年，钱塘蒋别士，海陵吴宾贤，新安程穆倩、孙无言，上人梵伊皆聚于江都，会海陵陆无文亦适奉两尊人至，寓于天宁兰若之旁，遂招诸君开筵，春夜联句。”③

红桥修禊之后，在扬州文人群体的这种文学活动逐渐形成社集的规模，虽然尚无固定的名称，但其人员构成比较稳定，较活跃的成员有孙枝蔚、汪楫、汪懋麟、汪耀麟、汪士裕、华衮、王宾、夏九叙、黄雨

① （清）钱谦益：《刘尚书麟》，《列朝诗集小传》丙集，第 329 页。

② （清）王士祯著，张宗柟纂集，戴鸿森点校：《自述类》，《带经堂诗话》卷八，第 188 页。

③ （清）孙枝蔚：《广陵倡和诗序》，《溉堂文集》卷一，《溉堂集》，第 1036 页。

相、鲁紫漪等，而吴嘉纪、杜浚、方文、雷士俊、汪湛若、王正子等人也时而参与，在重要的时令节日（花朝、上巳）、某成员的特殊日期（生辰），抑或在故旧重逢、友人归乡、同志送别等情形下，诗友间往往会举行宴饮集会。尽管这个文学圈子未振臂号召、联席结吟，不是严格意义上的文学社团，却也无碍它表现出一定的群体意识而径以"社集"自称，从这些人所作诗题可以看出，如孙枝蔚即有《社集赋得早花随处发限七言近体》《九日社集朱纫方半舟斋名》《秋夜社集张与参宅同纪檗子、黄仙裳、范汝爱、畲来仪诸题》，这些社集呈现出清初诗社的典型性特征，但诗酒文宴仅是聚会的一种具体表现方式，文人聚会，就是为了联诗吟唱，为了会朋聚友，为了互诉衷肠，为了排遣苦情。

同孙枝蔚同时代寓居江南的关中文人还有张晋、李楷、张恂、雷士俊、韩诗、东云雏以及王弘撰、杜恒灿、张谦等人。孙枝蔚曾经和李楷、韩诗、潘陆等人在镇江结"丁酉诗社"[①]，雷士俊与王岩、郑廷直等人在扬州建有"直社"，雷士俊"初善举子业，与同里诸子结社，皆一时杰出，制义称雄号直社，刊版行世，即慨然念天下古文绝响，久与友人王岩废弃隐处，日夕淬厉，切磨著书。入扬州府学，试高等，督学偿擢第一补廪，屡应乡举不中。崇祯末，天下大乱，遂弃廪贡不仕，有志用世"。[②]"杜恒灿，字苍舒，号杜若，八岁能文，十七补弟子员。值寇乱，家中落，尝走四方，负米养亲"，"先是居京师，与中翰吴炜交，订观文大社以振兴古学为志。及炜使关中，过焦获，复广其社于邑之学古书院。炜去，恒灿主讲席，学者宗之"[③]，这些诗社讲论时文，砥砺气节，将秦风古韵带入江南，对江南向为柔弱的诗坛产生了一定的冲击力，为江南文人认识和理解关中士人及其诗作风格提供了平台。

作为文学发展史上一个重要的文学现象和文学风尚，士人结社是明清文学繁荣的一个标志，它同明清社会政治、经济、思想、文化等因素直接相关，体现了明清士人的一种生活与存在方式，对明清的文学创作

① 何宗美：《明末清初文人结社研究》，第316页。
② （清）雷士俊：《清处士雷伯吁墓志铭》，《艾陵文钞》卷首，第4页。
③ （清）焦云龙修，贺瑞麟纂：《文学》，《三原县新志》卷六，第345页。

与文学批评有着直接的影响。明代关中士人的京城结社激发了以李梦阳和康海为代表的关中士人文学革新的意识和激情，最终形成明代的文学复古思潮。清代随着统治者对结社的打压及关中士人不再处于政治、文化中心，京城结社的文事日趋衰落，关中士人不再是社事的主角，文人的一般聚会代替了结社。

第二节 宴集与文学

在明清士大夫的生活中，结社和诗酒倡和是许多人乐此不疲的风雅之举，这种活动对文学发展所产生的影响是多方面的。相较于结社，宴集具有非团体性的特征，它不受特定群体、特定形式的影响，属于临时聚会性的活动，兴之所至，随意为之，随意性很强。另外文人结社的形式多样，有艺术娱乐性的，如诗社、棋社、茶社等；也可以有经济互助性的，如南湖义社；还可以有带政治色彩的，如复社、中江社等。文人宴集的内容一般与政治行为相去甚远。关于宴集的文学创作过程及结果，以往常常强调这些诗作的应酬性和交际性，故充斥平庸之作，缺乏真实情感，艺术性不强，这种说法固然不错，但倡和诗对于艺术的切磋、诗歌格律的细密、诗歌风气的转变都有影响。

一 士人宴集的社会背景

士人宴集的传统可以上溯到《诗经》所反映的时代。“我有嘉宾，鼓瑟吹笛”①，“君子有酒，嘉宾式燕以乐”②。春秋战国养士制度风行，宴集开始变得频繁起来。“春秋列国之大夫聘会燕乡食，必歌诗以见意”③，奠定了宴集以宴饮作诗为主的基调。有明前期，“台阁宴集”成为文人宴集的主流，杨荣《省衍集序》记载：“自洪武皇帝迄今，鸿儒

① 周振甫译注：《小雅·鹿鸣》，《诗经译注》，中华书局2002年版，第230页。

② 周振甫译注：《小雅·南有嘉鱼》，《诗经译注》，第252页。

③（清）王运鹏：《燕喜词》卷首，《四印斋所刻词》，上海古籍出版社1989年版，第749页。

硕彦，彬彬济济，相与咏歌太平之盛者，后先相望。”① 官员“入则陪侍讲筵，出则校雠东观，暇则杯酒欢宴，或穷日夜不休”②。有些宴集甚至直接由皇帝主导或发起，“万机之暇，游戏翰墨，点染写生，遂与宣和争胜；而运际雍熙，治隆文景，君臣同游，赓歌继作，则尤千古帝王所希遘也”③。宴集成为文官之间、官员与皇帝之间相互交流的渠道之一，也为明代文学发展的趋势施加了一定的影响。

士人的宴集活动离不开特定的社会环境的影响。在政治方面，明代中晚期，政府对社会的管控逐渐放松，清代虽有几次文字狱，但士人包括宴集在内的正常文学交流受政治波及较少，文人的宴集如明代一样，频繁而多样。另外明清经济的繁荣与发展为举行游宴集会奠定了一定的物质基础，这也是明清之前的宴集多发生在上流社会，而明清时出现下移的原因之一。同时，明代在国家经济发展的背景下，与文人集会情况更加密切相关的是朝廷对士人的优遇，官员领取国家的俸禄，官俸相对前朝较为优厚，宴集成为文官之间相互交流的渠道之一。大臣致仕后能够以领宫观的名义继续得到俸禄，另外充裕的闲暇时间也成为明清宴集频繁的原因和条件之一。

明代三百年来京城的诗文集会活动，作为一种普遍的社会存在和文化现象，成为当时文学创作环境的重要组成部分。整个京城诗文集会风气的变化，不仅从一个侧面反映出明代诗文的发展变化历程，也对地方的文学集会有着风向标的作用，著名文人士大夫之间的频繁倡和，还是影响文学风气转移和促使文学流派形成的重要因素。尤其是明代中叶以后，随着社会经济的发展、科举制度的完善与印刷术的普及，科举考试的参与者越来越多，但科举承载力有限，进入仕途的士人或生员毕竟是少数人，众多的生员或士人被排斥在官僚仕进之外，壅滞于社会基层，同声相求的宴集活动在一定程度上缓解了科举不第所带来的社会压力和心理压力。自明代中晚期以来，受政治动荡因素的影响，绝意科举、隐

① （明）杨荣：《省衍集序》，《文敏集》卷十一，文渊阁四库全书本，第1240册，上海古籍出版社1987年版，第169页。

② （明）李开先著，路工辑校：《荆川唐都御史传》，《闲居集》卷十，《李开先集》，第622页。

③ （清）钱谦益：《宣宗章皇帝》，《列朝诗集小传》乾集上，第3页。

居山林之人增多，士人之间交流的意愿增强，这种交往实现的最常见途径之一，就是宴集。

明中后期士人爱以风雅相标榜，闲暇之余士子常在一起诗文酬唱。士人交游之性不仅表现在频繁的宴饮翕集活动中，还表现在士人的结交不局限于某一地域或某些名人，往往还会远走他乡，遍访名师，或异地寻友。明末清初的战乱使得文人宴集稍息，尽管朝廷有禁止社事之举，但在民间士人通过宴集的形式在一起，饮酒赋诗，其效不啻结社，姜宸英在《广陵倡和诗序》中指出："当天下无事时，仕宦者得以其间，从容于游宴之乐，而述为诗歌民生，其间何大幸也。然而烟尘稍警，则淮南之受兵，必先鲍明远所谓'通池夷峻隅颓'者。尝闻世而一见也，而风嗥雨啸之场，诗人之响或几乎息矣。然则诗人之聚非广陵之所以盛衰，而天人之治乱所从出与前世无论。自明甲申乙酉之际，载经残馘，余时过其故墟，蓬蒿蔚然，凄凉满目，如此者几二十年矣。"① 清初战乱之余，社会生活逐渐趋于平静，文人的宴集活动卷土重来，京畿与江南地区由于经济保障和文人的荟萃，成为文人游宴的主要地区。地方大员也是宴集的主要召集者，王士祯任扬州推官期间，拉开了诗酒雅集的序幕。另外，失意的官员和被罢黜的士大夫之流与广大未仕的士子相互渲染，相互推崇褒奖，燕集结社，聚众讲学，流连诗词歌赋，促使当时呈现出人文荟萃、诗文繁盛的文化热潮。

二　宴集与文学创作的契机

任何一种艺术样式，都会作为社会文化构成的范式而存在。倡和诗词的产生与士人间文酒诗会有着密切的关联，在上古时期诗歌已经是垄断文化知识的社会上层成员间交流思想感情、进行人际交往，甚至邦交、外交的语言工具，所以孔子说"不学诗，无以言"，"诗可以群"。六朝以来，由于皇室贵族对诗赋宴游的喜好，诗歌日益在文人和士大夫间普及。唐代诗赋取士的科举制度在很大程度上扩大文人群体的同时，更使诗歌迅速地得到了推广。明末清初，文坛结社之风盛行，文人宴集活动频繁，杜登春在《社事始末》中曾记几社诸子"三六九会艺，诗

① （清）姜宸英：《广陵倡和诗序》，《湛园集》卷一，文渊阁四库全书本（电子版），上海人民出版社1999年版。

酒酬唱"[①]。宴集这一特定的社会文化生活的载体，如果把它放在文化—文学的视野中考察，会发现其中包含着丰厚的历史文化内容。

从文学本身来说，一个时代的风气和精神总是通过一定的士人群体来表现出来，士人群体集会创作的风貌和倾向往往开启并代表性地呈现时代文学创作和文学观念的主流。弘治年间，以李梦阳、何景明为首的"前七子"中的关中士人在相同文学观念连接下，"暇则酒食会聚，讨订文史，朋讲群咏，深钩赜剖，乃咸得大肆力于弘学，于乎亦极矣"[②]。通过宴集文学活动，掀起一场以"文必先秦两汉，诗必汉魏盛唐"为理论标识的文学复古运动。此后的宴集活动，使思想体系更趋于完善和统一。正德初年举行的章园宴集就有这一功能，据李梦阳《章园饯会诗引》记载，参加者有李梦阳、顾璘、朱应登、刘麟、边贡等人。在系列宴集活动中，士人达到了"刻厉相责课，务在绝他游好，一意行其说"[③]的效果，达到统一文学理念的目的。

贡布里希指出："艺术中的一些伟大成就当然是艺术家想与同行竞争并且超过他们中的佼佼者的欲望促成。哪里的标准高，哪里的标准可以变得更高，这又是情境逻辑的一部分。"[④]这种艺术中的竞争心理被同时在场的集会参与者激发得更为强烈和充分，甚至将争胜对象指向声名卓著的古人和前辈[⑤]。宴集的兴盛促进了诗歌、绘画等多种艺术形式的繁荣。诗文创作方面，文人因频繁参与各种宴集活动，不仅单独创作的机会增多，各种联句作品等集体创作也屡见不鲜，即景联句、分韵赋诗、谱词唱曲，会上的诗歌创作在同题共韵的情形下，最易见出才力、技巧之强弱高下，客观上形成了一种比较的气氛，即使并不是每次同题同韵倡和行为都由竞技炫才的动机催生。这种形式在某种程度上是检验士人才气的大好时机，士人往往在这一情境下大展身手。清康熙十八年

① （清）杜登春：《社事始末》，第4页。

② （明）李梦阳：《熊士选诗序》，《空同集》卷五二，第475—476页。

③ （明）王世懋：《徐方伯子与传》，《王奉常集》文部卷十四，四库全书存目丛书本，集部第133册，齐鲁书社1997年版，第359页。

④ ［英］E. H. 贡布里希：《理想与偶像》，范景中译，上海人民美术出版社1989年版，第101页。

⑤ 熊海英：《北宋文人集会与诗歌》，中华书局2008年版，第14页。

(1679) 二月初四雪后，王士祯召集李因笃、潘耒、董俞、梅庚、邵长蘅宴集，清谈永夜。此次集会以“雪”为主题，用王维诗“积素广庭”为韵赋诗。屈大均在李因笃家宴集时的景象是这样的：“天生家堡中，予登其堂拜母，欢喜如归。与济宁刘六茹及诸田氏上王翦墓饮酒，诸田赋诗见赠。石臣曰：‘南海来高士，西秦问大宗。’子庸曰：‘何妨海岳高卧龙，最喜琴书傍马鞯。’天生曰：‘十年劳梦想，一语论平生。’予则为文赠天生，进以横渠之学”[①]，“明日（五月三日），李叔则、苍舒、山史、李天生、伯佐置酒高会，时有十五国客，予与曲阜颜修来以诗盛称于诸公，一座瞩目。先是有传予《登华》长律至西安，天生见而惊服，谓‘自有太华，无此杰作，可与于麟一记并传’。比相见，即再拜定交，谓‘今日得一劲敌’云。天生虽心奇予，然尝欲抑予驰骋雄奇之气，而一湛以醇粹。与游，辄多所琢磨，予大喜，遂约为雁代之游”[②]。此场景其实也是文人展示文采和技能的一个场景，但“只要这种胜人一筹的竞赛在一小部分人当中比试起来，而这些人除了相互超越之外，便别无好事可做，那么其起伏波动便一定十分迅速，或许其波动的速度之快使社会的其余部分都来不及卷进那些飘逸的涟漪，但是偶尔这些竞争会变得流行起来，并且达到全体参与的临界规模。”[③] 集会的参与者逞才使气，在诗歌的创作过程中从诗歌的立意和形式诸多方面推陈出新，相互应和，使主题在对话中不断深化。

清康熙十七年（1678）京师诗坛基本情况是：职志京师诗坛多年的吴伟业（1609—1672）和龚鼎孳（1615—1673）相继离世，其间活跃于文坛的施闰章、朱彝尊、潘耒、陈维崧等人或散布江南，或游幕一方，居留京师的仅剩王士祯、汪琬、李天馥等人，京师文坛显得较为静寂。从清康熙十七年（1678）秋荐征之士入京至十八年（1679）三月博学鸿词科考结束的大半年时间，各地名流雅士聚集京师，其间的文人宴集活动非常密集，施闰章在《送董苍水》中写到这一盛况：“车马黄

① （清）屈大均著，欧初、王贵忱主编，李文约点校：《游宗周记》，《翁山文外》，《屈文均全集》第3册，第16页。

② 同上书，第15页。

③ ［英］E. H. 贡布里希：《理想与偶像》，范景中译，第99页。

埃那可歇，交游冠盖喧城阙。花筵纵饮数论文，灯市联吟曾踏月。”①

王士禄在扬州期间的宴集经常以限韵为诗，关中士人雷士俊参与这一诗会，“西樵先生旅于扬州者十有五月，将告归置酒城北之墅，前期遍诫于交游取江文通之别赋三十六字，人各□之体五言古，限于十韵，遂酣醉尽欢而退。翌日群致其所为诗者，江南二十三人，浙江七人，江西一人，湖广二人，福建二人，山东一人，陕西二人（王筑夫、雷士俊），另有二人籍贯不详。诗录为《北归录》②。

集会娱乐化的功能决定了一部分诗会诗歌创作的动机和功用是在朋友间“师谈笑，助谐谑”，或是“发人意思，消磨光景”。陈维崧在《五山酒人歌赠孙豹人》中云：“青天万事无不有，五山酒人竟无酒。醒来枉负酒人名，乡里小儿群拍手。世间何物能消愁？妇人醇酒真奇谋。陈生一月江北坐，眼中不见倡家楼。登徒好色愁欲死，孙郎贪饮无曲米。两人怀抱几时开，男儿同病乃如此。君不见长江之水去复来，吾徒讵合常悲哀？何时戏拥如花女，笑看孙郎千百杯。”③ 这类倡和诗少有愤懑之情，将遗民士人心中故国之思和身世之感转变为吟风弄月的文人雅事，反映出这一群体既有干预政治的勇气，又能处世谨慎，安身自保。

三　宴集与文学创作形式

从集会的主题方面来看，最初文人集会的主题只是宴饮、饯别，后来文人集会的主题更加丰富起来，其发展呈现泛化、细化、雅化的特征。所谓泛化，表现在唐代以后，文人集会有一种变得频繁而普遍的趋势；所谓细化，是指随着时代的发展，文人集会产生一些专门性的主题，如“怡老真率会”“同年会”“同乡会”等；所谓雅化，是指集会以文人为主体，使得集会活动有了文雅特征。

从集会参与者之间的关系来看，文人集会主要可以分为众星拱月和平等共处两类，前者包括宫廷宴游和以地位较高、影响力较大的人物为

① （清）施闰章撰，何庆善、杨应芹点校：《送董苍水》，《施愚山诗集》卷二三，《施愚山集》，黄山书社 1993 年版，第 434 页。

② （清）雷士俊：《北归录别诗序》，《艾陵文钞》卷六，第 72 页。

③ （清）陈维崧著，陈振鹏标点，李学颖校补：《五山酒人歌赠孙豹人》，《陈维崧集》，上海古籍出版社 2010 年版，第 558 页。

中心的集会，这一类型的聚会尤以州郡长官与僚属、幕府士人为主，进而包括与当地名人的交游为典型。李念慈《谷口山房诗集》录有一曹姓官员的一次宴集活动："侍郎门第倚云开，公子词名邺下才。帝里稀逢好亭榭，春风乍变绿丝枚。通阶誉望兼能赋，薄海交游共举杯。稍喜升平文治进，群公觞咏盛追陪。"① 这类宴集除过饮酒赋诗之外，还会进行诸如书画鉴赏的活动，"酒既清肴复，盈冬之夜会。群英卷轴出，灯烛擎貌旧。"②《长安早春游冯相公亦园登万柳堂五首》③《赠姚濮阳给谏》④《仲春长安雪霁赠房慎庵枢部》⑤ 等诗中也描述了此类活动。平等共处类型的集会成员之间的地位平等，是一种诗朋酒侣聚合游从的文人聚会，他们性情相投，趣味一致，知识水平相当。李念慈未中进士时和本地的青年才俊时有宴集活动，如"杜子斋中有高楼，忆昔共饮楼上头。瓶中有花樽有酒，日射腊梅香浮瓯。君家诸弟皆琳琅，为我行酒坐我旁。双眸炯炯□人语，左顾右盼不寻常。池阳正月柳欲青，家家置酒集门庭。清歌妙舞拼沉醉，十五十六谁忍醒。西市街南游女坐，绮罗衣裳照灯火。吹箫伐鼓夜未阑，一丸素月当空堕。"⑥ 这一类型的宴集还包括进士的"同年会"、"竹林七贤" 等。

下层士人的宴集活动由于经济原因，宴集的场面远不及仕宦士人的宏大，有时显得有点寒酸，雷士俊、孙豹人、王筑夫等人的一次宴集显得非常简单："贫家无异味，呼童命煮鱼。脱粟恣一饱，乘兴往西畴。""登岸延清览，纵饮及投壶。平生多愁苦，常困担石储。今日为此乐，高置身华胥。"⑦

---

① （清）李念慈：《曹正子部曹招同诸子盛集高斋》，《居东集》，《谷口山房诗集》卷九，第680页。

② （清）李念慈：《长安冬夜乔石林招集高斋出其先柱史公柘溪草堂图索题漫成》，《居东集》，《谷口山房诗集》卷九，第678页。

③ （清）李念慈：《长安早春游冯相公亦园登万柳堂五首》，《居东集》，《谷口山房诗集》卷九，第679—680页。

④ （清）李念慈：《赠姚濮阳给谏》，《居东集》，《谷口山房诗集》卷九，第689页。

⑤ （清）李念慈：《仲春长安雪霁赠房慎庵枢部》，《居东集》，《谷口山房诗集》卷九，第680页。

⑥ （清）李念慈：《忆昔》，《出塞集》，《谷口山房诗集》卷二，第540页。

⑦ （清）雷士俊：《初夏邀李砚斋、王西樵、孙介夫、王筑夫、陈散木、孙豹人泛舟红桥得渔字》，《艾陵诗钞》上，第203页。

四　宴集文学作品的内容与价值

明清由于文化权利的下移和士人数量的增加，宴集活动已经远远超出庙堂，从参与的人员来看，既有地方官员及其幕客，又有登科的士人和久困场屋的落魄士人；既有山居的隐士，又有通衢大道的风流雅士。从宴集的缘起来看，既有节日的庆贺，又有士人的临时雅集。宴集的地点既有官署、私宅，又有野外、山寺，其活动的内容和形式也多样，这主要由娱乐和竞技的性质所决定。

士人由于各种机缘汇聚，他们谈诗论艺，连句题咏，所作诗文的内容大致有以下几类：第一种是宴集过程中会产生许多叙述宴集缘由、参与者、宴集地点、宴集时间、宴集过程的序文，这类序文在研究文学史方面具有非常重要的价值，诸如在雷士俊《艾陵文钞》中记述的王士祯兄长王西樵在旅居扬州期间和士人的一次宴集序文：

> 西樵先生旅于扬州者十有五月，将告归置酒城北之墅，前期遍诚于交游，取江文通之别赋三十六字，人各□之体五言古，限于十韵，遂酣醉尽欢而退。翌日群致其所为诗者，江南二十二人，浙江七人，江西一人，湖广二人，福建二人，山东一人，陕西二人（王筑夫、雷士俊），另有二人籍贯不详。诗录为《北归录》。

这篇序文既是一次宴集的序文，又是宴集过程中创作诗文的序文，序文对宴集的各个方面交代较为清楚，从中可以看出这次宴集人数之多与产生诗作之丰富。另外还有康海《康对山先生集》卷五中的《元日同诸弟宴集序》等。

第二种是通过宴集使士人在烦冗纷杂的人生欲望与超脱的理想中做出平衡，他们通过对宴集以及雅化生活情调的刻意追求与描述去掩饰自己现实的一面。但所谓的纵酒狂歌，有时并不是兴之所至的自然流露，而是刻意的表现、雕琢和夸耀。在豪歌畅饮、文采风流、孤芳自赏的面具下，是浮躁、压抑、渴望认同的焦灼心理和茫然的末世情怀。这类诗歌在研究文学中占有较大的比重，重逢的喜悦，离别的愁绪；人逢喜事的欢愉，身遭不测的悲苦都是这类诗歌永恒的主题。孙枝蔚《同程穆倩访周元亮司农留饮寓园观菊兼示所藏书册》云：“频年问生死，相见值高秋。懒说皇天意，先为贱士谋。江湖深感激，谈笑识风流。酒罢论当世，苍生最可忧。”“秋深良可念，珍重倍寒花。奇蕊依灯好，晴香入夜赊。酒情浓异土，蟹味美山家。不尽论文兴，相看惜鬓华。”① 这是一次小规模的宴集活动，诗人拜访的周亮工是清初的文学大家，孙枝蔚生活比较困顿，二人保持良好私人关系，这首诗既是对这一境况的描述，同时也有友人见面后的喜悦之情。时值深秋，菊花正开，咏菊也是诗歌所表达的内容。康海《丁亥春与王孟桑三君子同德亢宴集》写到一次小规模的宴集后的离别之情，其中云：“夜坐秉烛饮，逍遥如阮公。我本江海客，怜子有长风。醉后卧听曲，逸兴浩无穷。明发我西迈，何时还见同。”② 诗中描写士人漂浮的人生与醉后短暂的快感，也描写了即将离别后的愁绪。

由于宴集主办者身份的不同，宴集所产生的诗文的内容在意境上也有所不同，一般而言，有些官员召集的宴集活动场面相对较大，有些诗文恣意铺陈宴集场面，烘托出一种吉庆的氛围，如李念慈参加的由王兰垓水部召集的一次宴集活动。李念慈本人在这次宴集上赋诗二十韵，极尽铺陈之能事，描述了宴集恢宏气势：

> 司空开宴近秋天，玉盌冰壶清可怜。大部分曹筹濬筑，澄湖积水济楼船。堤金高砌千寻岸，喷玉清流七十泉。北舸连樯争荡桨，南舟衔尾共鸣舷。当开令简心无忧，都水官闲犟屡传。忆在缮司观政绩，郄逢泲水咏诗篇。招要为谢轩舆缛，倾倒忻从礼数偏。云自岱宗宽雨露，地当邹鲁聚才贤。天伦美擅兰亭盛，弟子名高马帐褰③。

从诗中所记载的宴集空前盛况来看，宴集的地点在河湖之上，参与

① （清）孙枝蔚：《同程穆倩访周元亮司农留饮寓园观菊兼示所藏书册》，《溉堂前集》卷五，《溉堂集》，第 268 页。

② （明）康海：《丁亥春与王孟桑三君子同德亢宴集》，《康对山先生集》卷七，第 141 页。

③ （清）李念慈：《立秋前一日王兰垓水部招集署斋二十韵》，《居东集》，《谷口山房诗集》卷九，第 607 页。

的人员多为地方官员和缙绅，在这次宴集活动中，文学创作过程未详细描述，对整个宴集氛围近乎夸张的描述似乎掩盖了宴集的主题，使得这次宴集成为一场高档的酒会，这也反映出士人宴集的形式逐渐多元化，传统的宴集的雅意逐渐被淡化，宴集中的文学性被弱化。

宴集作为一种在一定空间展开的文学活动，其间不免有许多不成功的熟滥庸俗之作，这也是为检验才力、提高技巧而付出的代价，同时由于参与者的水平和目的的不同，这种宴集所产生的诗文文学价值良莠不齐。这类作品由于受特定生活场景的限制，作品的题材有限，基本是集会、宴饮听歌、聚谈等生活酬唱咏叹作品，有些作品属于调笑戏谑之作，难免谀媚之作，诸如以上李念慈《立秋前一日王兰垓水部招集署斋二十韵》一诗中“文词坐羡千金赋，勇武兼开十石弦”之句对宴集主人公王兰垓过度颂扬之意甚为明显。再如康海《夜宴观妓》云：“歌舞旧名家，新声为客夸。亭中初纵酒，坐上欲烘霞。”① 康海《嘲希宋出妓》中“筵开不出妓，徘徊据空席。庐六本倾心，何如李太白”，“联舆过别墅，接坐散瑶觞。不遣清歌出，空陈俎豆香”②。这类诗歌由宴集的参与者决定其诗歌的内容，从诗文的境界来看虽谈不上低俗，但整个诗歌的意境显得平铺直叙，缺乏诗歌应有的雅意。

文人宴集是明清社会政治、经济、文化现实基础产生的极具时代特色的文化活动。宴集的参与者的来源范围较之前代更加扩大，宴集过程中文学创作的内容也更为广泛，这种现象的出现是社会现实的产物，也是明清以前历朝历代文人不断积累的结果。文人宴集的频繁举行，在一定程度上引领了文学发展的风向。诉诸明清士人笔端的宴集活动有时由于其纵情肆意，深为后世诟病。更有一些文人沉迷于宴集中，不思进取，大肆宣传现世享乐，为社会带来了一股浮躁风气，其中也充斥了流弊恶俗，对后世产生了严重的消极影响。文人士大夫这一传统社会精神和文化支柱的没落，也是传统末世全面走向衰落的重要表现。

---

① （明）康海：《夜宴观妓》，《康对山先生集》卷十二，第179页。

② （明）康海：《嘲希宋出妓》，《康对山先生集》卷十七，第214页。

第三节 流寓与文学

在当前地域文学研究中存在一个不容忽视的方面，那就是地域文学中本地士人和流寓本地士人之间的交往、本地士人流寓异地和异地士人之间的交往对文学创作的影响和意义。我们把这一问题放在整个文学史的宏阔视野进行考察，发现流寓问题在中国文学史上具有非常重要的地位。士人和流寓地的士人存在相互认同与相互交融的过程，这一过程对士人文学创作的内容、文学风格的兼取、不同地域之间文化的交流都产生了深远影响。

一 关中士人的流寓类型

古代中国士子出游四方本有传统，中国古代文学史上的著名作家大都有过离开家乡游学、仕宦、从军或贬谪的经历，体验过“异客”的悲哀，历来习惯将这种离开家乡的生活经历称作“流寓”。相对于在乡邦生活而言，流寓意味着人与异地的文化重新建立一种新生活关系，这一过程充满了好奇和期待，也充满了心酸和无奈。流寓过程中士人诗歌既表现人与地域的隔阂感，又咏歌异地之风物民情，在中国传统的文学史上具有十分重要的地位。明代以来随着经济的发展和交通的便利，为士人提供了适宜的生存空间，使他们的文化交往不囿于某一地区。明清关中士人流寓主要集中在江南地区，其原因主要是经商、仕宦、避难与漫游四种。

江南经济的发展为扩大士人的交往提供了经济上的便利，市镇的发展与繁荣成为士人聚集地，其中扬州地处长江以北、淮河以南，西濒运河，东临大海，方圆数百公里之内，河湖纵横，水陆交通便利，极富鱼盐之利。弘治（1488—1505）以后，运司纳银制度确立，扬州作为淮盐的总汇，成为两淮盐业的中心地。各地盐商云集此地，使扬州的城市得到极大发展，尤其是作为运河和长江的交叉点，使扬州一跃成为连接江南与北京的中心，这些从事盐业而获得巨大利润的商人，其商品经济之所得，很大一部分不是用于扩大再生产，而是将财富转化成文化事业，为自己及家族获得更大的成功奠定基础。在这些“绅商”的影响和提倡下，扬州形成了比较高雅的文化氛围，天下文人稍能言诗者，辄思游食淮扬，乃至当时有“扬州满地是诗人”的说法，由于各地，特别是江南文人云集扬州，使扬州文化带有浓厚的江南文化色彩。清初，扬州遭受惨重的破坏，至 17 与 18 世纪之交，扬州的盐业和其他商业，才得以恢复。扬州府城的繁盛，带动了扬州府所属各县经济的发展。而江都作为府治之地，更为境内之首邑。扬州的盐业吸引了大批关中商人前往，宋应星在《野议·盐政论》就云：“商之有本者，大抵属秦晋与徽郡三方之人。”① 作为盐商的陕西商人，其势力曾凌驾于山西商人之上，可见明代陕西商人实力之强。

明中期，留都南京远离政治中心却保留整套政务机构，故官职多为虚设，官员们日常生活多闲逸自得，多宴游倡和，当时的文人才子亦多来往其间，加之南京一带本身的人文环境与秀美的景致，使南京诗坛成为盛极一时的文化中心，吸引着众多文人雅聚，结社题咏。丁亥年（1527），吕柟任南都吏部考功郎中，后升南京宗人府经历，尚宝司卿，太常寺少卿，国子监祭酒，累官至南京礼部右侍郎，历时九年。韩邦奇于正德九年“迁浙江佥事，辖杭、严二府”②，历时近五年。嘉靖二十五年，韩邦奇担任南京都察院掌院事一职，嘉靖二十六年，复进南京兵部尚书，参赞机务，嘉靖二十八年致仕，历时三年。王维桢在嘉靖三十一年升为右春坊右谕德掌南京翰林院事，历时三年。金銮父亲宦游江南，和江南词人相倡和，“金大车、大舆、金銮，盛时泰，陈芹之属，并从之游。谷等皆里人，銮侨居客也”③。金銮（1494—1583）是南北曲兼作而以北曲为主的作家。“字在衡，号白屿，陇西人。随父宦侨居建康，遂家焉”④，这些关中士人由于异地仕宦，在任职地流寓时间较长，且生活比较优裕，他们经常和地方士人相互交往，政暇之余，往往从事文学或讲学活动。

---

① （明）宋应星：《野议·盐政论》，《野议论气谈天思怜诗》，上海人民出版社 1976 年版，第 35 页。

② （清）张廷玉等撰：《列传》，《明史》卷二〇一，第 5318 页。

③ （清）张廷玉等撰：《文苑》，《明史》卷二八六，第 7356 页。

④ （清）钱谦益：《金山人銮》，《列朝诗集小传》丁集，第 449—450 页。

明清之际关中屡遭兵火，士人生计受到严重影响。江南经济破坏相对较小，成为士人流寓重地，关中士人纷纷南下，辟地江南。顺治七年华阴“土寇窃发”，“（王弘撰）遗赀剽掠殆尽。乃游纵之淮阳，抵建康，至吴门与江左高士流连诗酒，越岁而归”①，“二十四年丙寅再为江南游，挽留者皆绩学老苍”②，后来王弘撰数次到江南，最后一次，即第五次南下江南是在康熙二十七年（1688）至康熙三十五年春（1696），在栖居近十年后，以75岁高龄回到关中。

孙枝蔚家数辈在扬州经商，家境富饶，崇祯末李自成攻陷三原，孙枝蔚散尽家财，“纠集同里恶少数十人”③抵御义军，败后流寓江南。流寓江南的雷士俊家境富饶，其祖父“讳汪，字望峨，世为陕西泾阳人。陕西府以八数而西安为大府，赋税户口甲于诸府。西安州县以三十七数，小者穷瘠，大者殷富，而泾阳尤为大县，风俗奢丽与都邑等，泾阳大族以百数而雷氏独著。隆万间雷公斋与张高楼具号赀巨万，任侠倜傥自雄，至今言泾阳之大族者必曰张、雷”④。“张恂，字穉恭，泾阳人。甫冠，发先世所藏书，键户篝灯读之，又博综诗学，稍暇辄仿书法名画。崇祯癸未成进士，会逆闯踞关中，恂遁迹壶山。顺治二年，以先世筴盐维扬，思整旧业，遂南游邗上，遍交吴越诸名士”⑤。明崇祯末，孙豹人为脱贫流寓广陵，其曾作诗描绘经商的原因是“丈夫不学贾，作妇徒可怜。别妇来广陵，乱余稀人烟。荆楚涂开方，盐商握重权。特偶学其术，亦得三倍钱”⑥，经商致富后，僦居扬州董相祠，闭户发愤读书，诗益工而歌益甚，成为清初著名诗人，晚年筑室数楹，题曰“溉园”，所著《溉堂集》二十八卷“名甚重，然诗本秦声，多激壮致词”⑦。

江南比较发达的经济为士人通过自身文化这个强项来糊口谋生提供

---

① （清）宋伯鲁等撰：《人物》，《续陕西通志稿》卷八十，第4244页。

② （清）王弘撰撰，何本方点校：《华阴县志王弘撰传》，《山志》附录二，第312页。

③ （清）孙枝蔚：《出版说明》，《溉堂集》卷首，第3页。

④ （清）雷士俊：《处士显祖考府君行状》，《艾陵文钞》卷十四，第159页。

⑤ （清）舒其绅等修，严长明等纂：《西安府志》，成文出版社有限公司1976年版，第1963页。

⑥ （清）孙枝蔚：《坩斋诗》，《溉堂前集》卷一，《溉堂集》，第79页。

⑦ （清）宋伯鲁等撰：《艺文志》，《续陕西通志稿》卷一八六，第5849页。

了一定条件，李念慈、王弘撰、王又旦、李楷等关中士人在江南流寓时间较长，且通过各种方式获得一定的物质报酬，使生活得以为继。顺治七年，王弘撰经淮阴至建康，抵吴中，历时近两年。康熙二十三年，王弘撰以六十之高龄第四次游江南；康熙三十五年，始西归，回到关中。孙枝蔚流寓江南后基本以江南为家，据汪懋麟《征君孙豹人先生行状》中所言，孙枝蔚一生交游，可窥见流寓江南的关中士人：

> 当是时，南昌王于一猷定、泾阳雷士俊伯吁、长安王筑夫岩、黄冈杜茶村浚、朝邑李叔则楷，先后称寓公，与先生相往还。诸君各以诗古文名，先生独以诗名，海内无论识与不识，皆知有豹人先生矣。是时，新城王公阮亭士禛、三原梁公木天同官于扬，其乡人李屺瞻念慈、任淑源玑亦来游，咸折节于先生。休宁孙无言默讲宗人之好，时左右之。东淘有吴野人者，名嘉纪，歙县郝羽吉士仪，休宁汪舟次楫，俱以工诗名，与先生交最洽。而郃阳王幼华又旦自秦中来见先生，与三人者倾心愿交，相与论诗无间。①

康熙九年（1670）春，李因笃再度出走潼关，开始他一生中唯一一次江南之旅。他途经河南、安徽，最后抵达扬州。李因笃在扬州作有11首诗，从诗歌内容来看，他结交了一些文人朋友，声名卓著者有张恂、王岩、程邃，前二人皆为流寓扬州的陕西同乡。李因笃扬州之行并不顺利，《高歌行寄程穆倩》一首回忆他在扬州的情景："往者邗沟嗟凭春，豪家睥视薄其佣。陋苍径旬覆土铿，僧寮伏枕餐新松。解质未敢惜长剑，尫羸无时违短笻。"② 吕潜，字半隐，故明兵部尚书大器之子。乱离后，流寓江左。有诗云："横江阁外数帆樯，立尽西风鬓欲霜。只有乡心不东去，早随烟月上瞿塘"③。

二　关中士人流寓的心境

流寓的士人由于其形式不同，在流寓地的心境也不尽相同，王维桢

---

① （清）汪懋麟：《百尺梧桐阁集》，四库全书存目丛书，第241册，齐鲁书社1997年版，第739页。

② （清）李因笃：《高歌行寄程穆倩》，《受祺堂诗集》卷十六，第609页。

③ （清）王士禛：《杂著·渔阳诗话》，《王士禛全集》第6册，第4085页。

初次宦游江南时对江南充满了敬慕之情："予关西人也，仕宦既二十年矣，乃始行游江南，睹江南之川岭生物及其风土，既歆然艳异之矣。乃兹复读卷中书诗，益有悟焉。"① 王弘撰流寓江南时生计比较宽裕，尤其到后来其亲属在江南仕宦者较多，如他的长子王宜辅康熙十一年（1672）拔贡后，任江南海州同知；从子王宜章康熙二十一年（1682）任丹棱知县；族亲王斗机康熙十五年（1676）中举后任湖广道监察御史；从子王宜亨康熙九年（1670）以后曾任南通知州；他又与武林（杭州）太守马如龙、福建提督张云翼为至交，这些社会关系为他多次畅游江南提供较为优裕的生活条件。另外，当时王弘撰在金石书画界已有声誉，往来者皆名士，因此在流寓的过程中比较欢愉。

对于大部分流寓江南的关中士人，由于宦途的失意，原有的经商优势的丧失，生存境遇不佳，往往处于困顿状态。李念慈赋闲待职，在邗上曾以贷典度日，"三月无一钱，僮仆色颠顇。薪米良烦屑，乞贷忍诟谇。敝裘亦已典，谋画及幞被"，同时疲于士人之间的宴游，"广陵大道旁，宾客所群萃。宴会与过从，朝暮纷填委。奔迫酒肉间，逐人成劳勚"，囊中羞涩的生活使其寝食难安，"空囊难取醉，绵绵冬夜长"，知己见到李念慈的这种状况也哀叹不已："亲知过寓居，顾此发长喟。禁网正殷繁，君也称廉吏。吾道有穷通，敢为良友累。躁情泥远图，君子重居易。苟得诚非难，当机审义利。努力平怨尤，古德未云坠"②，文中吐露出李念慈流寓江南期间生活无着后心理上所产生的漂泊无根感，这正是人与地域相隔阂的典型表现。

雷士俊在流寓期间经济困顿，经常居无定所，孤寂落魄，在不断的迁徙过程中往往感到独学无友。同时长期的漂泊，饱尝流离之苦，"弟于四月杪徙家邵伯之东，以孤立无友。此地去天民不过二里，得朝夕相见以话言，颇为愉快。然至此地天民有小讼，弟亦遭亡弟之丧，各以事忙，不得相见如故，岂良朋会集亦各有命不可强邪？近者村居寂寥，思父子昆弟一室居处，复欲徙入城。若果能徙，虽属天伦之乐，亦大违本

① （明）贺复徵：《跋许石城所藏群公词翰卷》，《文章辨体汇选》卷三七〇，文渊阁四库全书本（电子版），上海人民出版社 1999 年版。

② （清）李念慈：《岁暮邗上述怀兼呈王贻上司李》，《南游集续集》，《谷口山房诗集》卷七，第585页。

志矣。仁兄何由数来乎？违别即久，赋诗见志，流滞箧笥，自冬及秋，天民诣淮，书以奉呈，义浅辞鄙，视亦嘤鸣求友之声也”①，其间由于拙于谋生，为生计往往乞求别人，“僦屋蒙仁兄曲成，弟遭多难又拙于谋生，省一分即受一分之益。仁兄能为弟借三十金乎？诸村偷盗四起，贵庄左右如何，弟恐不能安居，徒烦费耳”②，衣食没有着落时不得不以典当为生，“入夏以来，弟家器皿簪珥俱归之当店，然弟宁当而不向人说者，仁兄亦思其故也”③，也往往托人寻求坐馆的职事，“舌耕生理与坐馆讲明占数者等耳，以三十年闭户读书之人竟求之不得信乎，遇之，穷也”④。“（孙豹人）流寓邗水，遂卜居焉。家无负郭田，环堵萧然，左对孺人，右抱稚子，长年刺促乞食于江湖间，入幕府为诸侯老宾客。晚播迁在外，不克遂其乡关之思”⑤。

为打发孤寂难耐的生活，流寓的士人往往以诗歌自娱，以抒发其内心郁郁不合之情，雷士俊言志道：“吾慕陶元亮，衰季秉素心。力耕类贪鄙，嗜酒似浮沉。口诵会意诗，手挥无弦琴。俯仰皆自适，佳句独长吟。时移金祚改，英贤尽朝簪。张良新借箸，传说旧作霖。寂寞晋征士，高飞遁远林。龙性谁能降，清风诚可钦。”⑥ 诗中看似追求一种玄远的生活方式，但这种生活何尝不是士人一种无奈的选择，况且对这一理想的生活方式的追求是那么遥遥无期，现实生活中生计的问题还远未解决，“儒者以生理为重耳”，“寄迹贵邑者三年，一旦徙家樊汉，百端新创，经营旬月，瓻瓮釜灶才定，虽父子昆弟俯仰欢畅而出无良朋，未免有索居离群之叹矣。某僦田百亩，力耕以足食，因与此地构草堂三间为朝夕诵读之所，如此志获遂”⑦，基本物质有了保障才能“茅堂白昼一樽开，把酒论文几度来。自昔著书常闭户，于今乘兴每衔杯”⑧，抒发自己的情怀。

① （清）雷士俊：《与王筑夫》，《艾陵文钞》卷十一，第131页。
② （清）雷士俊：《与张天民》，《艾陵文钞》卷十一，第132页。
③ （清）雷士俊：《答王筑夫》，《艾陵文钞》卷十一，第132页。
④ （清）雷士俊：《答李艾山》，《艾陵文钞》卷十一，第137页。
⑤ （清）钱仪吉：《孙枝蔚》，《碑传集》卷五八，第1661页。
⑥ （清）雷士俊：《怀古》其二，《艾陵诗钞》上，第198页。
⑦ （清）雷士俊：《答李平子书》，《艾陵文钞》卷十一，第126页。
⑧ （清）雷士俊：《社集得开字》，《艾陵诗钞》下，第222页。

在流寓的过程中，流寓士人无法回避内心深处思乡之苦，关中士人的思乡和孤寂之情流露于诗文间。雷士俊虽然旧居江南，但思乡之情难掩，“君又故乡去，惟予尚未归”①，“昔别君秦中，弱龄洁白皙。广陵今相遇，紫髯貌枯寂。会面不可辨，仓皇惊未觌”②。李念慈在流寓江南期间郁郁不得志之感萦绕心间，加之思乡心切，诗作间常有悲苦之情：“高门促晨欢，华屋穷宵宴。瑎墀张锦瑟，厨中出丰膳。亲戚帐紫帷，家人席绮荐。伤哉客游子，飘零异乡县”③，“悠悠残岁徂，客心盛愁思”④，在孤寂之时经常以诗酒消遣，“芜城好友苦不多，一二寓公藏烟萝。雄文丽句世莫敌，深巷短垣人少过。见余拊掌忽大笑，呼童贳酒高楼醉。广文先生官虽冷，也骑瘦马来娑婆”⑤。

三 流寓过程的文学活动

同一作家在不同场景下整合创作身份的同时，也进行不同社会阶层作家创作身份的外部整合。由于创作身份的不同，聚合在作家身上的文学元素自然也不同。在身份内部切换及外部交流的瞬间，文学元素也在各创作场景、社会阶层之间不断流动⑥。流寓生活的这种流动性，使士人的生活场景和境遇发生变化，在文学的创作和文学所反映的意境中也呈现出多样性。孙一元流寓江南“遂栖迟不去。费阁老宏罢相，访之南屏山寺中，值其昼寝，就卧内与语，送之及门，了不酬谢。费出，语人曰：‘吾一生未尝见此人也。’正德中，逆瑾乱政，绍兴守刘麟去官，卜筑吴兴之南坦；建业龙霓，以按察挂冠，隐西溪；郡人御史陆昆，亦在罢；而长兴吴珫，隐居蒙山，穷经著书，诸公皆主焉。珫乃以书召太初，太初至，相与盟于社，称苕溪五隐，而珫为之长”⑦。

吕柟在南京期间先后讲学于柳湾精舍、鹫峰东所、太常南所、太学

---

① （清）雷士俊：《广陵送姊夫张六息归关中》，《艾陵诗钞》下，第217页。

② （清）雷士俊：《访李自弘》，《艾陵诗钞》上，第198页。

③ （清）李念慈：《感愤》，《谷口集》，《谷口山房诗集》卷一，第537页。

④ （清）李念慈：《岁暮邗上述怀兼呈王贻上司李》，《南游集续集》，《谷口山房诗集》卷七，第585页。

⑤ （清）方文：《扬州饮王于一孙豹人斋头偕宗兄圣羽学博》，《续集前编·北游草》，《方嵞山诗集》，黄山书社2010年版，《谷口山房诗集》卷一，第472页。

⑥ 叶晔：《明代中央文官制度与文学》，第1页。

⑦ （清）钱谦益：《太白山人孙一元》，《列朝诗集小传》丙集，第328页。

与礼部北所，“与湛若水、邹守益共主讲席”[①]，“吴、楚、闽、越士从之者日有百余人”[②]，“风动江南，环向而听者前后几千余人”[③]，“时先生讲席，几与阳明氏中分其盛，一时笃行自好之士，多出先生之门”[④]。吕柟流寓在南京期间主要从事讲学，声势和阳明不分上下，在当时产生了极其深远的学术影响。嘉靖三十年（1551），王维桢由翰林院修撰晋升为右春坊右谕德，署掌南京翰林院事、为官南京期间，何良俊以翰林院孔目从王维桢游，何良俊回忆其时相与论诗的情形：

> 余在衙门时，每坐堂后，槐野先生必请至后堂闲讲半日。偶一日出一卷展现，乃顾东桥、文衡山、蔡林屋、王雅宜诸人之作。盖许石城与诸公游，故得其所书平日之作，装成此卷，求槐野作跋语。槐野逐句破调，无一当其意者。盖此老学杜，余尝听其论诗，必要有照应、有开合、有关键、有顿挫，而南人唯重音调，不甚留意于此。[⑤]

王维桢政暇之余与何良俊谈论诗艺，品评时文。王弘撰游走在浙江和江苏之间，和当地士人交往广泛。王弘撰第一次南游吴越山水间，“访一时道德文章之士”[⑥]，“之淮阴，抵建康，至吴门，与江左高士留恋诗酒，越岁归”[⑦]，这是他一生江南游历的开始，结交江左高士，诗酒倡和。康熙二年（1663）王弘撰第二次到江南，入住宋以伟的容安阁，并与金陵画坛著名的“金陵八家”（戴本孝、程邃、顾荃、文点、顾文渊、叶奕苞、童昌龄、林泉）日相往来，切磋画艺。王弘撰在周亮工的帮助下，将郭宗昌的金石著作《金石史》在金陵付梓。康熙九年（1670）王弘撰第三次来江南，这次主要在浙江金华、桐江焦山一带，

① （清）张廷玉等撰：《儒林一》，《明史》卷二八二，第7244页。
② 同上。
③ （明）冯从吾撰，陈俊民点校：《泾野吕先生》，《关学编》卷四，第44页。
④ （清）黄宗羲著，沈之盈点校：《师说·吕泾野柟》，《明儒学案》，第11页。
⑤ （明）何良俊：《诗》，《四友斋丛说》卷二六，第235—236页。
⑥ （清）王弘撰撰：《复临川周业师》，《砥斋集》卷八，第483页。
⑦ （清）宋伯鲁等撰：《人物》，《续陕西通志稿》卷八十，第4244页。

寻碑访胜，辄赋诗作文，留下了不少墨迹。康熙二十年（1681）三月中，他第四次出游江南，主要到达的地区有苏州、杭州、扬州、南京等地，这次和江南金石书画界大家广泛交流，嘉兴府南之鸳鸯湖，访故人朱子葆（字茂防），观王时敏（字逊之，号烟客）画卷，并作题跋，访金石学家曹溶（字秋岳）。在张云翼处得到的内府流传出的《大观帖》，装潢并题跋。同年冬到金陵白下，携东汉残碑访郑簠（谷口），切磋书艺。客居扬州的黄州叶封（字井叔）寓于萧寺，朝夕过从，酬答无倦，同江南遗民冒襄过往甚密，切磋诗艺。

流寓江南的关中士人之间也经常聚会，这种聚会往往是同声相求，在远离故乡时能获得心理上的安慰和安全感，“筑夫吾老友，少与共经史。近者新结婚，豹人无双士。三子臭味同，出入肩相依”[①]，“忆昔论文饮，客舍成献酹。门外车马喧，君行不可留。筑夫吾老友，笑傲卧山丘。今又随君往，索居谁与俦”。[②] 三原张恂，与孙豹人同为“宁吏也贾”的儒商典范。其为明崇祯十六年进士，以盐筴流寓扬州，工诗文，善书画，“与之游者多喜其乐，易而挥毫泼墨，素缣淋漓，故家笥簏中珍藏之”[③]，泾阳张高楼“征货江湖，家遂鼎食，其后诸张渐用儒，有学为博士者”[④]，李念慈，“生平学杜陵，其为诗也，不以诗其于琴书弈酒绘画之事无之而不以诗。乙未之夏，过广陵谈诗。俄顷，予即知其浃心斯道，又晤余于枚叔之里”[⑤]。孙枝蔚南游吴下，流寓邗关，遍交吴越诸明宿，笔床砚匣倡和无虚日。周灿，字星公，陕西临潼人，顺治进士，官南康知府，曾奉使安南。康熙二十四年己丑（1685），王士祯52岁。四月十一日，先生发广州，吊故友程可则，《渔洋山人自撰年谱》云：“四月十一日，发广州，哭故人程兵部周量之殡，过肇庆，登七星岩，归，阻风雨南康”，“夏，南丰汤佐平来贺主持白鹿洞书院，先生应其相约，遂与孙枝蔚、南康太守周灿同游庐山栖贤，皆诗酬倡。先生

① （清）雷士俊：《戏赠孙豹人》，《艾陵诗钞》上，第200页。

② （清）雷士俊：《送河间司理李屺瞻赴任》，《艾陵诗钞》上，第201页。

③ （清）姚文田、江藩等纂：《流寓》，《嘉庆扬州府志》卷五十三，江苏古籍出版社1991年版，第238页。

④ （明）来俨然：《自喻堂集》卷一，第8页。

⑤ （清）李念慈：《谷口山房诗集旧序》，《谷口山房诗集》卷首，第507页。

门人，先生与诸名士游白鹿洞途中有《与孙豹人、周愚公往白鹿洞次回流山》诗”。① 这种聚会体现出士人身份的特殊性，在获得心灵慰藉的同时为文学交流和文学创作提供了机缘。

明清时江南地区作为中国的经济与文化发达地区，吸引了众多士人，形成了士人聚居的中心，为江南地区的文化发展注入了活力。关中士人由于经商、仕宦、谋生等原因流寓江南，他们和江南士人相倡和，进行文化交流。关中士人通过和江南地区士人的交流，开阔了视野，也使得自身被江南乃至全国士人所知晓，提高了关中士人的声誉，这一现象对明清关中文学的发展具有十分重要的意义。

第四节　逆旅与文学

“逆旅”是我国古代对旅馆旅客的别称，《左传·僖公二年》载：“今虢为不道，保于逆旅”，杜预注：“逆旅，客舍也。”② 古代的士人为学业或生计，会经常进行空间的流动，其间自身成为旅客，且在行程中投宿住店，在此过程中往往会形成一些具有特定题材和意境的文学作品，尤其是处于逆境中的士人作品所反映出的旅途艰辛与孤寂具有深刻的文学价值，逆旅文学成为这一题材的主要代表。

一　逆旅中的经济与居住问题

古代交通和现在相比是非常落后的，士人在较大空间中流动时衣食住行对他们来说是首要考虑的因素，同时在流动的过程中面临疾病和其他问题会需要短暂的停留，这一切都成为士人文学作品所反映的主要内容。

李念慈通籍后里居年余，庚子年春天出外访友，但实际上是出于生计考虑外出谋生，路过平阳时拜谒了同年毛锦来，逗留时间较长，由于

① （清）惠栋撰：《渔洋山人自撰年谱注补》卷下，清红豆斋刻本。

② （清）李念慈：《将去平阳别毛锦来司理》，《南游集续集》，《谷口山房诗集》卷六，第575页。

行橐垂垂，获得了毛锦来的资助：

> 客来游河东，访旧联委蛇。毛子爽豁才，名刑汾水湄。哀矜多平反，藉甚有声施。投刺一相见，握手情怡怡。居我金碧刹，饷我陈醽醁。剧饮移春晷，箧中出新诗。洪响戛钟镛，古色列鼎彝。长歌浩气荡，飒飒雄风披。君今理名郡，簿书亦纷弥。文词何转富，下笔饶精思。我将谒天官，行橐但垂垂。旅食情能恶，愁思成支离。苦吟诗乃工，耽此贫不辞。辱君鲍叔知，捐囊相馈贻。季世谁能尔？感激心转悲。结交贵知心，古风今见之。永矢不敢忘，没齿以为期[①]。

有了毛锦来所赔之资，同年秋李念慈离开平阳，抵达广陵，住在孙枝蔚家。时值同年王士祯“司理郡邑，四方词人多有至者，往还燕集颇尽诗酒朋游之乐，酣畅屡月”，很快“自平阳携来盘头挥洒略尽，薪米迫人”，“冬杪乃渡江至金陵，停居度岁，庚子正月下吴会至云间，访梁大将军翀天，夏卖舟入越，访旧于盐官石门间，将为西湖之游，会选法改易，计名次。已及怅然返还至白下，以闰七月纳妾，两旬却到金阊，过谒钱牧斋先生，复下松江，晤别梁翀天太保。已遂闻选授河间信，乃辄掉返至扬州，取金陵眷口以来，制入官装束。十一月去广陵之官”[②]。从李念慈的《南游集·自述》中可以看出，梁翀天也对李念慈给予过资助。通过这些友人的资助，李念慈不虚此次南行，最终离开广陵到别处任官。

士人旅途中的住宿同他所携赀财直接相关，迫于生计，他们往往会节约费用，借居于寺院，李念慈“淹蹇糊口四方，精神耗于穷愁，岁月荒于道路”[③]。在其诗作中透露出他在逆旅中的住宿状况：其一是僧寮。“自赁老僧房半间，灯前酌酒还宽闲。瓶花映窗外翻见，蓬户无客晨犹关。醉去晨宵酣恶卧，饥来一卷破愁颜。东风岁岁吹行李，明月何时落

① （清）李念慈：《将去平阳别毛锦来司理》，《南游集续集》，《谷口山房诗集》卷六，第575页。

② （清）李念慈：《南游续集》自述，《谷口山房诗集》卷六，第571页。

③ （清）李念慈：《自序》，《谷口山房诗集》，第513页。

故山"①。在庚子年南游中，曾一度住在寺庙中，"金刹碧流边，僧房可偃眠"②。方文在《谷口山房诗集旧序》中记载，在北京停留时"寓城南古刹，先是屺瞻亦寓此"③，"不独避炎蒸，喧烦性岂胜。书声亦在寺，蔬饭每同僧。为客殊王粲，畏人比李膺。艰难滨道力，疎拙竟何凭"④，当然从《移寓》诗中可以看出，僧寮清幽的环境，远离尘嚣，也是士人选择居住地所考虑的因素之一，"移居不出寺，别喜有柴门。小榻承身隐，茅檐向日暄。新知通假借，久客易饔飧。懒性幽栖惯，童儿解厌喧"⑤。离群索居，寄迹于古寺，远离尘嚣，体现出李念慈的淡泊之志。

除住僧寮之外，逆旅中的士人主要住在旅馆，这笔费用往往会对士人形成一定的压力，在文学作品中也时常见到，舒缓压力的途径也是通过文人间诗歌的倡和。丁酉冬，李念慈"再上公车，戊戌春，忝侧礼闱成二甲进士，会新例一切授外任又观政，非满三月不得出。自五月到缮司，晨入午出，略无事事，日惟奔迫软尘中，营僦屋赁仆之费"⑥。在逆旅中由于经济暂时没有保障，士人会出现典当自己的物品以解燃眉之急，李念慈在金陵时，"南国天寒客未归，高楼独对雪霏霏。消愁惟有杯中物，一日开箱一典衣"⑦。

远离城市，逆旅的士人还会在荒村就宿，李因笃在《宿敷廉坊》中写到旅途中遇到投宿的问题："武州万家邑，萧索惟空谷。人烟晚明灭，乃至不可宿。东走山渐合，草寒春未绿。烽台多就倾，一二老戍卒。我马悲苍黄，我仆愁觳觫。欲歌行路艰，西望日轮促。授餐得孤村，响松来谡谡。"⑧ 行程中所见曾经的雄县大邑在经历战乱后十室九

---

① （清）李念慈：《寺夜》，《桓台集》，《谷口山房诗集》卷十二，第637页。

② （清）李念慈：《松江寺寓十韵兼呈梁翀天大将军》，《南游集续集》，《谷口山房诗集》卷七，第591页。

③ （清）方文：《谷口山房诗集旧序》，《谷口山房诗集》卷首，第509页。

④ （清）李念慈：《移寓》，《居东集》，《谷口山房诗集》卷九，第602页。

⑤ （清）李念慈：《寺僧丹垩殿宇工匠喧杂借寓小移殿侧居生书社》，《居东集》，《谷口山房诗集》卷十，第614页。

⑥ （清）李念慈：《燕台集》自序，《谷口山房诗集》卷三，第543页。

⑦ （清）李念慈：《金陵寓中对雪》，《南游集》自述，《谷口山房诗集》卷四，第550页。

⑧ （清）李因笃：《宿敷廉坊》，《受祺堂诗集》卷八，第525页。

空，无法安宿，只能前行；烽火台倾废，也无法留宿，最终来到一个孤村歇息。在古代城市交通不甚发达，逆旅中的孤客往往会遇到这一情形，这更加深了旅途中的艰辛。尤其是在风雨交加的荒郊野外，只能投宿村店。“鸟迹人踪无一存，艰难觅路到黄昏。相逢正取村翁笑，如此寒天客打门”[①]。

二　逆旅中的孤寂与贫病

逆旅中的旅人大都是生存境遇不顺之人，或是仕途，或是经济，因此在路途中经常要忍受常人所难以想象的孤寂与贫困，甚至是饱受疾病的折磨，这种痛苦的经历往往诉诸诗人的笔端，反映出他们对生活刻骨铭心的一种体验。在李念慈的逆旅诗中，“寄情属怀”，通过孤、老、病、穷等意象，深刻刻画出其在逆旅中的真实状况和心境。施润章在《谷口山房诗集旧序》中写道：“屺瞻，秦人也，余见之孙豹人坐上。其雄爽之气勃勃眉宇。自秦之晋，南游江淮，所遇山川风物，寄性属怀，情随景移，蔚焉蒸变，其逆旅无聊不平之作，盖秦风而兼乎吴楚者耶。”[②]

“逆旅”一般而言都是旅人独行，旅途中的孤独成为旅人文学意象的典型，李念慈诗作中通过“孤”的意象，刻画其仕途的不顺，“旅食白日常，家书久未至。独坐一室中，沉吟煎百虑”。[③] 在逆旅中往往盼望能收到家书，以表对家园、对亲人的思念之情，但这只是一种奢想，独坐孤馆，以沉吟消磨时光。“扁舟日落维荒渚，新月光生慰寂寥。水里细翻金冉冉，芦边曲射白萧萧。乱樯彻夜繁灯火，孤梦移时数动摇”[④]，“孤馆风寒冷不胜，吟诗独对一檠灯”。[⑤] 在夜阑人静之时，孤馆青灯，长夜无眠，情凄意凉，使人心酸。

“苍老”是岁月留在人身上的痕迹，逆旅中旅人“老”的意象，使

---

① （清）孙枝蔚：《大风雪晚投村店》，《溉堂续集》卷二，《溉堂集》，第 600 页。

② （清）李念慈：《谷口山房诗集旧序》，《谷口山房诗集》卷十二，第 508—509 页。

③ （清）李念慈：《观政长安中述怀》其二，《燕台集》，《谷口山房诗集》卷二，第 544 页。

④ （清）李念慈：《舟中看月》，《南游续集》，《谷口山房诗集》卷六，第 582 页。

⑤ （清）李念慈：《江州旅次柬王恢传》，《南游集》，《谷口山房诗集》卷四，第 553 页。

人仿佛看到一位风尘仆仆、历经沧桑的旅人形象，“将老迷生事，失意走京华”①，“残年辞我去，更无重来时。白发总经春，岂能变为丝”②，“我从山东来，罢官行乞食。顾见长安中，处士亦群集。相逢尘土里，我友孙豹人，原自邗江人。是时方十月，北风鼓寒栗。瘦颜发垂素，敝裘不掩膝。慰劳未及罢，喟然发太息。为言苦别后，生事更萧瑟。妻子饥欲死，身老敢自恤”③，这首诗写李念慈罢官在京城遇到孙豹人，此时二人都为生计所迫，诗中“敝裘不掩膝”“瘦颜发垂素”刻画出旅人生活之不易。孙枝蔚在《宿山店》中也写道：“宵长时有泪，家远久无书。”④ 旅途遥远，和家人很久未通信息，在山店中思念之情顿生，涕泪涟涟。

旅途中旅人往往还会遇到疾病的折磨，这对他们而言无异于雪上加霜，反映在文学作品中则是刻画旅人的困顿与无助，“短发半苍年已老，病日常多强日少。药裹依迟兵马间，对食难餐如宿饱。往犹强酒为欢娱，近苦小饮便潦倒。彭修颜短亦暂殊，千年枯骨同蔓草。安得长剑倚天外，回首苍梧洞庭下”⑤，“客病因愁剧，情亲惜别忙。那堪冲雨雪，独自上舟航。北去雪山过，南征道路长。临岐思纵酒，检点只空囊”⑥，“中宵何事意酸辛，药裹烘炉苦趁人。客路经年残腊至，天涯独室一灯亲。多撄病疾知衰老，畏触风寒忝贫贱。便欲及春归故里，生涯萧瑟转伤神”⑦。孙枝蔚常年乞食游幕于江湖，在路途中患病：“参苓初识味，坐卧苦攒眉。地主勤相问，家人远未知。寒天仍止酒，暮景一题诗。惯作江湖客，从今恐不宜”⑧，天寒地冻，本应饮酒驱寒，但由于囊中羞涩，无酒可饮，念年老体衰，萌生退意。

适逢乱世，逆旅之人往往会遭遇盗贼，“舟过沙湖口，有盗夜劫

---

① （清）李念慈：《旅夜》，《燕台续集》，《谷口山房诗集》卷五，第561页。
② （清）李念慈：《戊午长安除夕》，《谷口山房诗集》卷十七，第678页。
③ （清）李念慈：《处士叹呈孙豹人》，《燕台续集》，《谷口山房诗集》，第567页。
④ （清）孙枝蔚：《宿山店》，《溉堂集》卷四，第229页。
⑤ （清）李念慈：《雨中卧病自遣》，《从军集》，《谷口山房诗集》卷十四，第674页。
⑥ （清）李念慈：《游粤东》，《南游集》，《谷口山房诗集》卷四，第558页。
⑦ （清）李念慈：《病后》，《燕台续集》卷五，第563页。
⑧ （清）孙枝蔚：《病》，《溉堂续集》卷二，《溉堂集》，第600页。

人"[①]，"江湖群盗正纵横，短棹中宵向此行。漂泊孤踪千虑拙，萧瑟行色一身轻。催寒劲飙清秋急，多病高堂白发生。书剑半船堪自笑，尔曹应不爱浮名。"[②] 孙枝蔚在《包家集宿旧店》也写到受夜盗的威胁："树上鸣归鸟，门前卧倦骡。主人强可喜，盗贼势如何。"[③] 对逆旅而言，盗贼对他们而言无异于雪上加霜。

三　逆旅中的文学意象

文学情感所动人之处，主要来自作者情感的满足或缺失，文学作品中的情感源自作者的欲求和实现欲求过程中的状态，这种欲求和状态大体分为四种类型：其一，人的需求实现过程较为顺利，以至于作者对自己所需要的东西、所努力的目标充满了自信，情绪喜悦、欢快、激昂，遂情不自禁、挥毫泼墨、挥洒成文。其二，自己的愿望在实现过程中遇到了阻碍，出现了麻烦和转折，心情压抑、沉重，无法排遣，无可奈何，或触景生情、借景抒情；或因情设景，景中寓情；或借古讽今，因事咏怀。其三，自己的欲望在现实中无法实现，心情压抑，满腹牢骚，愤懑悲伤，于是斥天责地，借他人之酒杯，浇胸中之块垒。其四，自己的欲望被残酷的现实摧毁，于是就以悲壮的死来唤起人们的同情[④]。"逆旅"之"逆"含有不顺之意，中国传统文学作品中逆旅文学具有相对稳定的文学意象，通过这些文学意象，刻画出逆旅中的旅人的孤寂与落寞，如马致远的《天净沙·秋思》诗"枯藤老树昏鸦，小桥流水人家，古道西风瘦马。夕阳西下，断肠人在天涯"所描绘的意境极具典型性。小令虽仅五句 28 字，但是语言极为凝练且容量巨大，寥寥数笔就勾画出一幅悲绪四溢的"游子思归图"，淋漓尽致地表达出漂泊羁旅的游子心。

在中国古典文学中，秋、节日、离别是文人骚客永恒的吟咏话题，在逆旅中这些意象具有相对固定的符号含义。伤春悲秋是古典文学中表现得最多也是最为丰富的情感，而文人似乎更偏爱悲秋这种情绪。在文

① （清）李念慈：《沙湖盗》，《谷口山房诗集》卷六，第 591 页。

② （清）李念慈：《秋夜舟行畏盗口述》，《谷口山房诗集》卷六，第 595 页。

③ （清）孙枝蔚：《包家集宿旧店》，《溉堂续集》卷二，《溉堂集》，第 596 页。

④ 徐建平：《文学研究的新经济视角与分析方法》，上海古籍出版社 2008 年版，第 1420 页。

学上，萧瑟肃杀的秋天可以视作具有隐喻意义的意象，它象征着一种繁华的消失并预示着一个更加残酷的未来。文人自古多悲秋，这与中国古代知识分子普遍而深刻的失落心态有着某种自然的契合。钱锺书先生在《管锥编》中列举了许多赋秋的例子，解释古人逢秋言悲的道理："屈原云：'自极千里伤春心。'宋玉云：'悲哉，秋之为气。'"认为"节物本好而人自惆怅，因心境而改观耳。"[①] 他又说："物逐情移，境由心造，苟衷肠无闷，高秋爽气遽败兴丧气哉?"并进而说："以人当秋，则感其事更深，亦人当其事而悲秋愈胜。"[②] 在这里钱先生主要从主观意识方面阐释。从历史的角度看，悲秋情结虽然在一定程度上是作者的时代与个人经历的统一，但它根本上是人的自然性与对象世界的自然性相互作用的结果。具体地说，往往是一个处于秋季的独特主体与处于秋季的诸多自然存在之间的感应，是天人合一。有悲人，可以咏其悲；历史的盛衰兴亡不断循环也有悲，秋与人生、历史的同一，使古代文人坎坷不平的遭遇与自然、历史、社会交织在一起。宋玉《九辩》中的"悲哉秋之气也，萧瑟兮草木摇落而变衰"[③] 之说，使这种伤感情绪从一开始进入诗歌就带上文人特有的忧患和失落情绪，在艺术上也呈现出惊人的早熟。"客子江上来，霜叶红深秋。客子江上去，梅花开正愁。"[④]"十日城中坐，今宵又到舟。萧条辞入宾，悠忽近三秋。散帙烧残蜡，开箱检敝裘。射陂寒浪阔，渺渺急于愁"[⑤]，两首诗中"秋"和"愁"相对应，诗中少有秋风的萧瑟与草木的枯败，但通过"梅花开正愁"、"渺渺急于愁"把诗人内心的愁苦之情融入笔端，流露出诗人不可抑制的哀愁伤感之情。"悠忽近三秋"之句悲叹英雄迟暮，人生苦短。"散帙烧残蜡，开箱检敝裘"抒发诗人旅途中生活之艰难，这显然也是诗人长年奔波于外谋生，在仕途屡次遇挫后苦闷之情的流露。

---

① 钱锺书：《管锥编》第 2 册，中华书局 1986 年版，第 627 页。

② 同上书，第 628 页。

③ （宋）洪兴祖撰，白化文等点校：《九辩》，《楚辞补注》，中华书局 2012 年版，第 182 页。

④ （清）李念慈：《将去金陵别僧苇公》，《南游集》，《谷口山房诗集》卷四，第 552 页。

⑤ （清）李念慈：《归舟》，《南游集续》，《谷口山房诗集》卷六，第 581 页。

节日在中国古典文学中所营造的氛围有截然不同的两种场景，其一是团圆的热闹喜庆；其二则是和家人相隔千山万水所形成的思乡之苦，尤其是逆旅的旅人所营造的这种氛围更为浓烈。“去年此日别家园，今年此日客思繁。故乡路遥梦不到，楼头清泪日潺湲。十年奔走随尘土，面目向人心荼苦。肮脏辘轲徒尔为，耳热狂歌空自舞。江边岁暮春又来，感时晓起心徘徊。忽忆别时益惆怅，独对寒梅倾酒杯。”[①] 按照中国传统习俗，腊月应是远方游子归家之时，但此时的诗人在岁暮春来之时仍寄寓他乡，不能回家和家人团圆，在独酌之时顿生思乡之情。“江上逢除夕，凄凉对暮鸦。为儒甘偃蹇，作客掷年华。酌酒将排闷，新诗代颂花。新盘吾懒对，谈笑听邻家。岁序愁中尽，飘零耻壮年。比来还自笑，常是受人怜。苦思天涯外，孤吟蜡炬边。阿咸呼不得，聊复一酣眠”[②]，在江上度过除夕之夜，没有居家团圆的气氛，有的是“凄凉对暮鸦”，诗人孤寂一人，忍受着寒冷，只能用笔倾诉内心的痛楚。“元日忻逢暖气饶，墨池书幌冻全消。窗间试笔迎新旭，户外鸣驺散早朝。阅世那应常道路，谋生只合傍渔樵。长安车马多尊贵，独有春风向寂寥”。[③] 诗中描写诗人在元日之晨凄栖孤馆，心中充满缱绻的伤感和惆怅，亦有前路茫茫、岁月蹉跎的感伤。

李柏有许多抒发游子乡愁的诗作，这类诗的共同主题是表达离恨之苦。在李柏的一生中为生活所迫坐馆或躲灾避荒见于记述的有三处：一是周至赵氏家，时年 39 岁，约一年半时间；二是洋县张仲贞太守家，时年 65 岁，前后约两年；三是耀州守李穆庵家，时年 69 岁，次年即患病返郿。在李柏 61 岁时南游衡山，当年九月出关，次年三月北返，五月四日抵家。不巧的是，归来即遇大旱，不得已又复南下汉中，李柏在客居异乡或在旅途中留有许多思乡诗。在去洋县途中有《扶风》诗一首，曰：“汉国周京漆沮旁，五陵王气郁苍苍。龙川露湛蒹葭渚，凤岭蓬生萋萋冈。卜雨有天连太白，采风无地觅甘棠。行人未度陇头水，东

① （清）李念慈：《腊月廿二日金陵寓中》，《南游集》，《谷口山房诗集》卷四，第 551 页。

② （清）李念慈：《乙未除夕》，《南游集》，《谷口山房诗集》卷四，第 552 页。

③ （清）李念慈：《癸丑元日》，《南游续集》，《谷口山房诗集》卷五，第 564 页。

望长安亦断肠。”[①] 这是一首怀古思乡之作，诗人通过对长安风景的描写，抒发了对前朝兴亡的感慨，表现出作者迁动不居生活的悲苦，上部分以写景为主，着重刻画了作为故国象征的长安帝王气象极其破落的一面。他也通过占卜家居地太白有雨，反映出诗人对故乡的留恋和牵挂，结尾“行人未度陇头水，东望长安亦断肠”借物托情，一个“东望”的情态，反映了诗人还未远离故土时的难舍难离之情，句中寄托了诗人悲壮而又苍凉的情怀。全诗情景交融，寓意深邃，章法严谨，时空交错。在恒州期间有《寓恒州闻归雁有感》：“春归雁过锦台，雁已归，侬又来。塞北雪消春草深，终南书佣兔毛颓。徒将海日屈屈歌，一歌屈屈一徘徊。尔方归，侬方来，侬来侬来胡为乎来哉。”[②] 在这首诗中通过北归大雁和自己寄寓他乡形成对比，塞北雪已消，春草已深，熬过严冬的终南山之兔颓毛可能也要“换装”了吧？徘徊的大雁使人顿生思乡之情，诗人进而又反诘自己南行的理由。这首诗的心理刻画是比较成功的，其风格虽不像常情的思乡之诗所体现的悲苦之情，但细细品味，家乡遥远，归思深切，情景相生，可以体会到诗人的乡愁难遣之情。在《旅夜秋》中诗人则反映出传统乡思诗的格调，“去岁他乡秋思苦，今年客舍又逢秋。书从边雁影中寄，人在寒蝉声里愁”[③]，这首集悲秋与乡思于一体的乡思诗更增强了乡愁，去岁今年都是寄寓他乡，萧瑟秋风中寒蝉的哀鸣，一个“愁”字如何了得。渴望得到故乡的信息，但只有从南飞的大雁的身影中知道故园也应是枯草遍野，一片萧瑟。诗中没有故作哀愁的无病呻吟，有的是乡思所形成的刻骨的愁思，丰富了诗的深度和力度。

四　逆旅中的现实主义文学

文学中的现实主义侧重如实地反映现实生活，客观性较强。它提倡客观地、冷静地观察现实生活，按照生活的本来样式精确细腻地加以描写，力求真实地再现典型环境中的典型人物。以形象的现实性和具体性来感染人，因此能使读者如入其境，如见其人。中国古典文学中现实主

① （清）李柏：《扶风》，《槲叶集》卷五，光绪重刻本。

② （清）李柏：《寓恒州闻归雁有感》，《槲叶集》卷五，光绪重刻本。

③ （清）李柏：《旅夜秋》，《槲叶集》卷四，光绪重刻本。

义文学作品具有崇高的历史地位，尤其是反映社会动荡与战乱后的现实主义作品中的历史事件和典型的人物承载了中国文人的人文情怀。

明末清初的农民起义和清军入关，给中国羸弱不堪的社会造成了极大的破坏。土地荒芜，下层的劳动人民流离失所，生活极度痛苦，而这些生活的场景在文人的笔下经过艺术的渲染，更加具有艺术的感染力。

明清之际的关中士人就仕途方面而言少有显宦，而下层的官宦阶层和广大的遗民群体自身生活困顿，他们对普通民众的痛苦生活感同身受，他们对这些民众的同情之心通过诗歌抒发出来。李念慈长期奔波于路途，李柏由于天灾人祸，生活起居极不稳定，一直处于颠沛流离的境况中，在旅途中他们都目睹了战乱后残败不堪的景象和民众生活的困苦，李念慈在赴庄浪冯宗尼幕中沿途所见战后农村的残败景象："客愁无见次，沉痛结中肠。去去二千里，悠悠天一方。岁月忽易逝，道路阻且长。不殊旧风景，忍见新战场。村落半丘墟，野日寒无光。荆榛塞当路，豺虎啼我旁。"① 由于战乱，人民流离失所，饥寒交迫，为了生存，人心才不古，纪纲也难守，而此时李念慈也为生计奔波："三月渡江水，趋归省高堂。游囊亦薄劣，救饥非所将。诗书虽满箧，岂堪易稻粱。侵星逐行旅，毕景涉崇岗。马上忘云物，杲日方荒荒。每食生叹息，对酒不能尝。"② 在《恒台集·自述》中李念慈写道："改官后自粤东之任以戊甲八月抵新城。荒残凋敝满目，悽其城北腴田半被小清河决水淹没，民不聊生。"

李柏在晚年南游途中有记：

> 九月二十二日，自河南府汝州鲁山县晓发入山，南行四十五里，一路老木黄草，枫叶染醉，悉是废井荒村，绝无人烟。午至山店，茅屋八九间，鸠面鹄形，衣服褴褛男妇十余人卖饼饭。行客旁一老人，年几八十，予问李自成杀掠河南故事，老人指所居山村曰："昔为山市，居人一百二十家，李自成作乱，男妇老幼尽于锋

① （清）李念慈：《杂诗五首》其一，《出塞集》自述，《谷口山房诗集》卷二，第 539 页。

② （清）李念慈：《忧旱》，《南游集》，《谷口山房诗集》卷四，第 560 页。

镝，止留一伛偻老叟。非偻背，亦杀之矣”[①]。

李柏通过一老叟对历史的追忆，激起他对明亡的激愤和悲怆，表面上看李柏似乎是对李自成农民起义所造成的萧条进行批判和怨怼，但他内心的深处是借老叟之口来表达他悲愤欲绝的亡国心情。这好像是黄宗羲《明夷待访录》对君主专制的批评与斥责，其实未必像一些学者所说，有这么自觉的民主思想或所谓的启蒙意识，倒可能主要是基于明亡的激愤、痛苦与反思，所以并不见得是理性的分析而有可能是激烈的痛斥。

天灾之外，人祸频仍，为了维持战事，清初的统治者不得不横征暴敛，“里无正兮，田无籍。吏畏里豪兮，不畏有司。”[②]“兵船南来横河住，河中十日断行旅。船载兵军檄文急，贾船散逃无处所。被拿仓皇催起载，狼藉囊装堆岸渚。船火载兵不得餐，持米偷向稍舱煮。煮成被夺儿女啼，还恐兵闻肆棰楚”[③]。

由于百姓无法承受沉重的赋税，纷纷逃亡，家园无保，“冬亡兮，逃租不归。岁请蠲兮，多虚妄。崇洼平被兮，何救乎灾黎。讼逋轧兮，俗相兢”，“大风卷茅兮，汛流漂禾。使我众口苦饥兮，休不安魂”，“虽善没兮，终执溺”，“返丘园兮慰迟暮，保骨肉兮心悦怿”。[④]李因笃在《繁峙县》中对逆旅所见之残败与百姓生活之痛苦：“夏屋连众山，孤城暮苍苍。野烟过寂寥，啼鸟满夕阳。东望多鳏独，忍饥号路旁。客马为趾踬，念之断人肠。”[⑤]诗中所营造的萧瑟、寂寥的氛围和饥饿哀号的百姓，使人愁肠万端，诗中反映了流离失所的百姓痛楚的生活。李柏的《老人》写了一个八旬老人惨苦的生活：

道傍大哭人，老有八十岁。
头发成白雪，面皮浮垢翳。

① （清）李柏：《问山中老人》，《南游草》卷一，光绪重刻本。
② （清）李念慈：《金门集》，《谷口山房诗集》卷十七，集232—683。
③ （清）李念慈：《封船行》，《南游续集》，《谷口山房诗集》卷六，第581页。
④ （清）李念慈：《里无正》，《金门集》，《谷口山房诗集》卷十七，第683页。
⑤ （清）李因笃：《繁峙县》，《受祺堂诗集》卷八，第525页。

衣裳甚蓝褛，齿牙亦毁敝。
相逢匆相惊，问其奚陨涕。
自言有两儿，大儿远赘婿。
小儿年四十，家贫无伉俪。
老妻赴黄沙，子耕为活计。
近年为欠租，囹圄久械系。
父子恩虽深，无力相救济。
昨闻无完肤，拼老欲代替。
行来数十里，人传杖下毙。
输纳无所出，不敢去收瘗。
老牛思舐犊，返哺阿谁继。
此若是何苦，吾亦愿速逝。
侬听老人言，为之数掩袂。
眼余千泪落，囊乏一钱惠①。

诗中老人一家的不幸遭遇，是当时千千万万普通民众遭遇的一个缩影。由于统治者贪婪无度的盘剥，致使百姓流离失所，妻亡子离。赋税无所出，百姓毙命于恶吏的杖下。诗人之心在此灼痛于人世间的黑暗，而这些都是明末政治黑暗和民生维艰的真实写照。

总的来看，明清随着交通的便利，士人的流动规模和数量都有所增加，其间所发生的事件会触及士人的心灵，成为其笔下吟咏的题材。由于个人境遇的不同，其作品所反映的意境也不尽相同，但作为文学的传统，逆旅作品往往以孤寂落寞为意境，其间士人的心境悲苦和凄凉是逆旅文学的主题，成为中国文学艺苑中的一个主要的组成部分。

① （清）李柏：《老人》，《槲叶集》卷四，光绪重刻本。

第四章　士人的身份与文学

士人是中国古代文人知识分子的统称，“其在诗、书、礼、乐者，邹、鲁之士，缙绅先生多能明”①，他们在知识学习、文化传播、政治制度的设计等方面积极参与，属于社会的精英群体。先秦时这一群体主要由贵族组成，秦汉这一群体出现门阀特征，魏晋以后这一群体的组成逐渐发生变化，平民通过科举可以跻身其中，宋明以后这一趋势更为明显。中国传统的文学史也主要是由这一群体书写，他们的家庭出身、身份的变化与自身文学创作有着千丝万缕的联系，甚至直接影响到一个时代的文学走向，是研究中国古代文学不可忽视的因素。

第一节　明清关中士人家世与文学

文学是人学，文由人创，论文必须知人。在中国文学史上，文学家的文学创作与其社会政治地位之间关系密切是一种突出的文化现象，研究一部作品，需要了解作家的身世经历、思想性格；研究一个时代的文学风气、文学潮流，需要了解那个时代的作家群体性格乃至整个士林风习。中国在唐宋以来，学术和文化逐渐出现民间化、私学化的倾向，到了明清这一趋势更为明显，郡邑清华世家和著姓大族凭借家族文化维持其家世宗脉永隆，即使家道中落，他们也以文化作为家族拯救之道。这种文化是文学成长的精神环境，对文学创作的内容、风格等方面影响至深。

---

① （清）王先谦：《天下篇》，《庄子集解》卷八，中华书局1954年版，第96页。

一 明清关中文学家家世分布

中国社会至明清，严格意义上的世族已不复存在，取而代之的是豪门世家与官宦之家。翻检明清文学史发现，尽管随着文化重心下移使得普通民众得以跻身于文学家行列，但文学家家世与中古时期文学家的世族化没有发生根本性的变化，仕宦家庭与大家豪族仍多产文学家。对明清关中所有作家的家世作考察有相当难度，其原因在于作家的信息获取难度很大。当前文学史研究过程中所用权威的文学家大辞典当属谭正璧先生的《中国文学家大辞典》和中华书局出版的七卷本《中国文学家大辞典》。前者于1934年由上海光明书局出版，收集了上自李耳，下至明清的6800余名文学家，其中包括明清关中作家47名（明代25名，清代22名）。关于明清关中作家群的搜集，该辞书也存在一定的不足，诸如胡缵宗在马汝骥《西玄集》序言和胡缵宗之子胡初为胡缵宗《雍音》所写的跋语中所罗列的许多活跃于当时文坛的作家都没有收录，如刘储秀、何栋、许宗鲁、张治道等人；清初的关中文学杰出代表“关中三李”之一的李柏及王孙蔚、王又旦、李元春、雷士俊等人未能进入谭先生的视线，这对宏观研究关中的文学带来一定的不便。中华书局陆续出版的七卷本《中国文学家大辞典》较前者对文学家的考察更为详尽，其中钱仲联先生的《中国文学家大辞典》（清代卷）收录清代作家3100多人，是迄今为止最为全面的清代文学家信息库。但遗憾的是七卷本《中国文学家大辞典》明代卷尚未出版，这对本书的撰写带来一定不便。而其他诸如诗话类、《明史》、《清史列传》中的艺苑、儒林、名宦等所罗列的明人比较混乱，文学家的界定标准不好把握，给整体研究明清关中文学家同样带来不便。在上述所罗列的工具书中，相较而言，谭正璧先生的《中国文学家大辞典》比较连贯，文学家取舍标准比较统一，在本书的研究中，以谭先生的《中国文学家大辞典》所收录的关中作家为样本结合曾大兴先生《中国历代文学家之地理分布》一书，对明清关中士人的家庭背景与文学的关系进行研究，具体人员如表4－1所示：

表4－1　明清关中士人的家庭背景

作家姓名	朝代	作家的家世
金銮	明代	“金山人在衡，名鸾，陇西人。从其父宦金陵，因占籍为金陵人”（朱孟震《河上楮谈》卷三）。

续表

作家姓名	朝代	作家的家世
赵时春	明代	“考讳玉，赠翰林院编修兼司经局校书……正德壬申应贡，授元城训导，继迁化教谕”（《赵浚谷诗集》附《永思绿·明御史中丞浚谷赵公行实》），“嘉靖五年进士，选翰林院庶吉士”（《赵浚谷文集》附《疏案》）。
李梦阳	明代	“吏隐公（李梦阳父）少贫贱，徒肫肫有至性，重厚寡事辞”（《族谱》，《空同集》卷三七），“（吏隐公）试有司久弗售，循次应贡，以亲老授学职，为阜平县训导”（《明周府封丘王教授赠承德郎户部主事李君墓表》，李东阳《怀麓堂集》卷七十六）。
韩邦奇	明代	“父绍宗，号莲峰，成化戊戌进士”，韩邦奇“正德戊辰，成化进士”（《关学编》卷四）。
韩邦靖	明代	韩邦奇弟，“与先生（韩邦奇）同第进士”（《关学编》卷四）。
张紞	明代	“字昭季，富平人，父月川，文行知名，紞才识通敏，洪武间由明经举云南右参政”（《人物三》，《陕西通志》卷五七）。
杨爵	明代	“字伯修，富平人，家贫，年二十始发箧读书，举嘉靖八年进士”（《人物六》，《陕西通志》卷六十）。
吕柟	明代	“父溥，号渭阳，有隐德”，“正德戊辰，举南宫第六人，廷对折第一，授翰林修撰”（《关学编》卷四）。
王异	明代	字无功，郃阳人，明神宗万历前后在世。
王九思	明代	“长子讳儒，字文宗，是为先公者也”，“成化七年举于乡，顾进士连科不举”（《渼陂集》卷十六《先公行实》），“由乡举历任巴县、祥符县、南阳府教官”（李开先《渼陂王检讨九思传》）。
王维桢	明代	“其先昌平州人，始祖讳伯牙者，由进士任河南宪副，左迁华州税课局大使”，“乙未举进士，选授翰林院庶吉士，读书中秘，三阅年乃授检讨”（《南京国子监祭酒槐野王公行状》，《槐野先生存笥稿》附录）。
王庭譔	明代	“今华州王氏有三进士，曰：参政庭诗，编修庭譔，进士庭谕，皆以弱冠举，皆以膳部公教故。膳部公者，三进士父也，以参政令内黄，封内黄令，又以参政郎膳部，封膳部员外郎，故称膳部公。膳部公之教三进士也”（《温恭毅公集》卷十《明封膳部员外郎平桥王公墓志铭》）。
冯从吾	明代	“父友，保定郡丞，以先生贵，赠通议大夫”，“万历戊子，举于乡，明年成进士，观政礼部”（《关学编续编》卷一）。
管辑	明代	“正德中进士，授刑部主事，升吏部文选郎，能以清苦自持，历任山东巡抚。整肃官方，甫五月，齐鲁翕然称治，以母老告归，行李萧然，图书外别无长物”（《人物三》，《陕西通志》卷五七）。

续表

作家姓名	朝代	作家的家世
王恕	明代	"公讳恕，字宗贯，号介庵，三原人，正统三年进士，改翰林院庶吉士"（《三元学案》，《明儒学案》卷九）。
马理	明代	"字伯循，三原人，同里尚书王恕家居，讲学著书，理从之游，得其指授"（《列传·儒林传》，《明史》卷二百八十二），"父江，隐居教授，殁赠中大夫光禄寺卿，祖母、母、妻赠淑人"（《谿田马光禄传》，《李开先集》）。
来俨然	明代	"字望之，三原人，万历乙未进士，为太和令，躬行阡陌，勤课农桑"（《人物三》，《陕西通志》卷五七）。
康海	明代	"父讳镛，字振远，号曰已庵，通政公子，为平阳府经历司知事"（《康对山先生集》卷十九），"康海，字德涵，武功人"，弘治十五年殿试第一，授修撰"（《明史》卷二八六）。
张炼	明代	父"张儒珍，字待聘，别号东田居士。正德戊寅以岁贡，拜河间县学训导。嘉靖五年，升南皮县学教谕。嘉靖癸巳，升永寿王教授"（《明故登仕郎永寿王教授张君墓志铭》，《康对山先生集》卷三七），"（张炼）嘉靖甲辰进士"（《人物六》，《陕西通志》卷六十）。
耿志伟	明代	"字明天，武功人，万历癸丑进士，授荆州府推官"（《人物三》，《陕西通志》卷五七）。
胡缵宗	明代	"陕西秦安人，正德三年进士，由检讨出为嘉定判官"（《明史》卷二〇二）。
温纯	明代	"字景文，号一斋，三原人，嘉靖四十四年进士，由寿光知县征为户科给事中，屡迁左都御史"（《人物》，《三原新志》卷六）。
文翔凤	明代	文翔凤，字天瑞，三水人，父亲"文在中，字少白，年十九登解元，二十三中会魁，廷对拟第一，江陵相以策'两孽未除'之语恶其刺己而抑之，终授祠部郎，未三十挂冠归"（《名人》，《三水县志》卷八）。"万历庚戌进士，以副使提学山西，入为光禄少卿不赴"（《人物九》，《陕西通志》卷六三）。
朱敬鐪[①]	明代	"秦王樉，太祖第二子，洪武三年封，十一年就藩西安，十传至靖王敬镕，万历四年薨。敬鐪、敬镕同辈，行家于秦"《明史·诸王别传》。

① 在曾大兴先生《中国历代文学家之地理分布》一书第424—425页中所统计的关陇作家中未统计谭正璧先生《中国文学家大辞典》中收录的关中作家温纯（三原人）、文凤翔（三水人）、胡缵宗（秦州秦安人）、赵统（临潼人）、朱敬鐪（秦愍王樉八世孙，万历中为奉国中尉）、许光祚（只注明陕西人，未具体说明州县），现为分析方便，填补于此。

续表

作家姓名	朝代	作家的家世
赵统	明代	“字伯一，博学好古，于书无所不窥，以进士令临汾，迁蒲州守，入为户部郎”（《人物》，《临潼县志》卷七）。
王弘撰	清代	“表字无异，又字文修，明南京兵部右侍郎王之良第五子，少攻举子业，为廪膳生员”（《点校说明》，《山志》），“予幼时侍先大人京师，少知读书，大人以三百篇授予，予受而读之，无间寒暑，三年成诵，不失一字”（《左传钞序》，《砥斋集》卷一）。
巩建丰	清代	“字文在，伏羌人，号渭川，明兖州别驾龙光之曾孙，康熙癸巳进士，累官至翰林院侍读”（《艺文》，《伏羌县志》卷十三）。
杜恒灿	清代	“字苍舒，三原人，八岁能文，年十七补弟子员，值寇乱，家中落，走四方负米养亲，乡试中副车，遂入太学”（《人物九》，《陕西通志》卷六三）。
秦子忱	清代	“名不详，号雪坞，陇西人，乾隆前后在世，官兖州都司”（《中国文学家大辞典》）。
王令	清代	“字仲锡，渭南人，乾隆中前后由拔贡生官至广东按察使”（《中国文学家大辞典》）。
张晋	清代	“字康侯，观城令行敏子，少聪颖，读书一过不忘，举顺治辛卯乡试”（《人物》，《狄道州志》卷九），“顺治九年进士，官丹徒知县”（《戒庵诗钞序》，《张康侯诗草》卷首）。
吴镇	清代	“字信辰，号松厓，狄道人，父乾一公，讳秉元，郡廪生，十七补临洮府弟子员，二十由廪生充乾隆辛酉拔贡，庚午举于乡，入试礼闱六荐未售，庚辰，由大挑授陕西耀州学正”（《皇清诰授朝议大夫湖南阮州府知府吴松厓先生传略》，《松花庵诗草》附录）。
胡釴	清代	“字静庵，甘肃秦安人。贡生。官东台训导，与吴镇同学于运震，相得极欢。工诗文，刘绍攽称三人相鼎足也”（《文苑传》，《清史列传》卷七十一）。
杨于果	清代	“字硕亭，甘肃秦安人，乾隆四十年进士，官湖北长阳县知县，擢荆州通判。著《审岩诗文集》”（《文苑传》三，《清史列传》卷七十二）。
任其昌	清代	“甘肃秦州人，同治四年进士，授户部主事，著《敦素堂诗文集》、《秦州志》、《蒲城县志》”（《文苑传》四，《清史列传》卷七十三）。
李颙	清代	“父可从，从汪督师征逆闯于河南，殉义襄城”（《关学编续编》卷一），“颙亦事母孝。饥寒清苦，无所凭借，而自拔流俗，以昌明关学为己任”（《清史稿》卷四〇八）。

续表

作家姓名	朝代	作家的家世
李念慈	清代	“府君讳绍荫，字慎闲”，“少从王父官府，长与京师”，“不慕功名，惟以养亲课子为业”（《先考文学府君先妣常太孺人继妣扈太孺人行述》，《谷口山房文集》卷六），“李念慈，字屺瞻，陕西泾阳人，顺治戊戌进士，官景陵知县”（沈德潜选编，李克和等点校《清诗别裁集》）。
雷铎	清代	“字伯觉，蒲城人，康熙丙子举人，性孝，事继母尤谨。岁歉负米他郡，偿终日不食，不至母却”（《人物》，《蒲城县志》卷九）。
屈复	清代	“字见心，陕西蒲城人。年十九，试童子第一。忽弃去，走齐、楚、吴、越间。转徙至京师，以诗学教授弟子”（《文苑传》二，《清史列传》卷七十一）。
杨鸾	清代	“字子安，陕西潼关人。乾隆四年进士，历官四川犍为，湖南醴陵、长沙、邵阳知县”（《文苑传》二，《清史列传》卷七十一）。
宋振麟	清代	“早岁入庠夺冠军。时绿山猖獗，家赀尽为寇掠，家日贫”（《中岩集序》，《中岩集》卷首）。“字子祯，淳化人，恩贡”，“部檄以教职，以疾辞。康熙乙未，以博学鸿词征不起”（《人物九》，《陕西通志》卷六三）。
孙景烈	清代	“字孟扬，陕西武功人，乾隆四年进士，改翰林院庶吉士，散馆受检讨，以言事放归”（《儒林传》上二，《清史列传》卷六十七）。
李因笃	清代	“（父）映林，字晖天，始以文补邑弟子员，少而方刚，绩学不倦，以程朱为宗”，“崇祯七年（时李因笃四岁），父亲孝贞公卒”，“崇祯八年（时李因笃五岁），从外祖父时需公就塾”（《关中三李年谱》卷六）。
王心敬	清代	“先生讳心敬，字尔缉，号豊川，户县人。父字中悦，先生十岁，即见背母，李孺人遵遗训抚养，不稍姑息。年十八，补邑弟子员食廪，岁试督学，待之不以礼，脱巾帻出，除其籍。李孺人念俗学不足以有成，使离家从李二曲”（《关学宗传》卷三九）。
周灿	清代	“父祚永，从学冯从吾，由乡荐令宿迁，有善政”，周灿，“字星公，顺治乙亥进士，由翰林改授刑曹，矜全甚众，奉使安南”（《人物》，《临潼县志》卷七）。
孙枝蔚	清代	“字豹人，陕西三原人，世为大贾，李自成入关，枝蔚散家财求壮士起义，为贼所败，只身走江都，折节读书，遂以诗名世”（钱仪吉《碑传集》卷一百三十九），“康熙十八年，举博学鸿词，以年老不能应试，特旨偕邱钟仁等七人授内阁中书”（《清史列传》卷七十一）。
路德	清代	“字闰生，周至人。父元锡，由举人知直隶藁城县。先生以监生中式，嘉庆十二年丁卯科举人，十四年己巳成进士”（《关学宗传》卷五二）。
史调	清代	“字匀五，号复斋，郃阳人，乾隆元年进士，官仙游县知县”（《中国文学家大辞典》）。

上页表中列出明清关中作家共计 47 名，其中明代 25 名，清代 22 名。根据地方志、《明史》、《清史稿》等资料对其身份和家庭背景进行梳理，统计出明代 25 名士人中除金銮和朱敬鐖之外的其余 23 人皆进士及第，占到总数的 92%，25 人出庭中父辈绝大多数有仕宦背景或为文化世家（有些士人的父辈资料在史书、方志中语焉不详无法考证），未中进士的金銮之父“仕宦金陵”，朱敬鐖为秦藩府后裔，其祖秦王樉，太祖第二子，洪武三年封，十一年就藩西安，十传至靖王敬镕，万历四年薨。敬鐖、敬镕同辈，行家于秦。从上面统计可以看出，明代关中文学士人社会背景和社会地位同科举密切相关，即使被排除在科举之外的士人（金銮和朱敬鐖）也有较为优越的家庭背景，足以支持他们跻身于文学士人的行列。在上面统计结果上我们还可以看出明代举子和文学之间密切的关系：一方面是八股文形式本身与文学的关系；另一方面是通过科举考试的士人对文学本身的深远影响。由此可以看出，对于前者，八股文本身被视为古文的一支；对于后者，中举或中进士的士人利用身份的便利，可以更好地从事文学活动，二者共同推动明清文学的发展。

清代文学士人的社会背景和社会地位较明代发生了一定的变化，在上表所列的 22 人中，进士及第 10 人，占总人数的 45.5%，有仕宦经历的 14 人（其中吴镇“二十由廪生充乾隆辛酉拔贡，庚午举于乡，入试礼闱六荐未售，庚辰，由大挑授陕西耀州学正”，胡釴“贡生。官东台训导”，王令“乾隆中前后由拔贡生官至广东按察使”，秦子忱“乾隆前后在世，官兖州都司”。这些士人占总数的 63.6%，终身未仕者 8 人，占总数的 36.4%。从父辈出身来看，清代关中士人的父辈出身和明代相比较更为多样，其中李颙的父亲“可从，从汪督师征逆闯于河南，殉义襄城”，孙枝蔚“世为大贾，李自成入关，枝蔚散家财求壮士起义，为贼所败，只身走江都，折节读书，遂以诗名世”，宋振麟“早岁入庠夺冠军。时绿山猖獗，家赀尽为寇掠，家日贫”，李因笃“崇祯七年（时李因笃四岁），父亲孝贞公卒”，王心敬“十岁，即见背母，李孺人遵遗训抚养”，杜恒灿“值寇乱，家中落，走四方负米养亲”。从上面的记述中可以看出清代关中士人的家庭背景相较明代已发生了较大的变化，家庭大部分中落。另外从 14 名有仕宦经历的士人来看，均未进入京师文学圈核心，且仕途不顺。

明代中后期以来，伴随复古运动中“前七子”为代表的关中士人退出政治中心舞台，执文坛牛耳者往往是南方人，在清初的康熙年间这一现象伴随山左士人王士桢进入政坛中心而发生变化，形成康熙朝六十年公认的“本朝士人，山左为胜”① 的局面。这种变化对关中文学发展的负面影响较大，使得清代关中文学士人不能像明代关中文学士人中“前七子”的李梦阳、康海、王九思那样能在京城文学核心圈产生重大影响。尽管诸如“关中三李”为代表的文学士人已为时人所知，但不可能像明代“前七子”那样在文坛产生重要影响，钱仪吉在总结清代关中文学景象时所言极具代表性：

> 当是时，关西之士耻效章句，皆以通经学故为尚，卓然名家者，三原则有温日知、韩圣秋。圣秋为礼部郎。日知有弟自知、与知，皆处士。泾阳则有李念慈、张恂。念慈，字屺瞻，尝为令，荐博学鸿词，不第，隐居谷口山，诗曰《谷口山房诗集》。恂，字稺恭，一字壶山，以进士为江南理刑，善画，落笔片纸值千钱。皆与三李、豹人、黄湄辈还往酬答，而名稍后。唯华阴王宏撰、朝邑李楷、与三李、豹人、黄湄辈齐名。楷字叔则，著《河滨全集》，令宝应，以直废，康熙二年，抚军贾公汉复请著《陕志》，宏撰尚为诸生，从楷编摩。楷善古赋，文朴茂，钱牧斋极称之，得名在三李前，三李推楷为先进。宏撰与三李同时，于楷为后辈，而楷喜从宏撰。宏撰读书华山，好《易》，精图像，学者翕然宗之，得一言以为重。凡碑板铭志，非三李则宏撰，而宏撰工书法，故尤多于三李。然三李、宏撰常在京兆、扶风间，冯翊以东，推康乃心。
>
> 乃心，字孟谋。王阮亭奉使过秦，见其题秦庄襄王墓诗，为延誉，荐之为主司，登康熙乙卯贤书。初，乃心力学好古，人莫知之，虽与王又旦同里，而又旦官外，及又旦归，乃心名已成。自三李至乃心，皆同时稍有先后。其间宏撰。乃心最少，乃心尤小于宏撰，宏撰晚年，三李辈已殁，犹有乃心。乃心老，宏（弘）撰亦

① （清）赵执信、翁方纲：《谈龙录、石洲诗话》，人民文学出版社 1981 年版，第 14 页。

故，士乃零落，独武功吕赐、户县王心敬二人耳[①]。

钱仪吉上述的清朝前期关中文学士人的社会背景和我们对前“关中士人家世表”所作的分析基本一致，其间既有仕宦的士人，也有布衣，仕宦的士人职位都不显赫，民间的士人由于种种原因其活动的范围有限，“三李、宏撰常在京兆、扶风间”，王弘撰虽有数次江南之游，李因笃曾长期游幕于陕西和湖北等地，但他们主要文学影响和势力仍在关中地区。尤其是“宏撰晚年，三李辈已殁，犹有乃心。乃心老，宏（弘）撰亦故，士乃零落，独武功吕赐，户县王心敬二人耳”，这种境况预示着清中后期关中文学士人由于士人和社会背景的卑微，最终成为导致其间关中文学地位一蹶不振的主要原因之一。

二　明清关中的文学家族

在世界文学史上，文学家的身世对文学家的文学生涯影响非常深远，在中国文学史上门第是文学家成长及文学声誉最直接的因素之一。钱穆先生在其《现代中国学术论衡》中曾这样谈中国社会：“故欲治中国之政治史，必先通中国之社会史。而欲通中国之社会史，则必先究中国之宗法史。由血统而政统而道统，此则为中国文化之大传统。”[②] 对于文学家而言，这种由“学统而政统而道统”的宗法社会背景是一个重要的参照系。一个家族的世德门风、家学渊源与家族之间的姻娅关系成为文学发展的动力源泉。“门第之盛与学业之盛并举，惟因其门第之盛，故能有此学业之盛，亦因其学业盛，才见其门第之盛”，又说：“至论学业，文学尤为时尚，其风盖自曹魏父子开之。”[③] 陈寅恪也有相似的看法：“东汉学术之重心在京师之太学，学术与政治之关锁则为经学，盖以通经义、励名行为仕宦之途径，而致身通显也。自东汉末年中原丧乱以后，学术重心自京师之太学移转于地方之豪族。”[④] 刘师培在总论宋齐梁陈文学时更明确地说：“试合当时各史传观之，自江左以来，

---

① （清）钱仪吉：《关中人文传》，《碑传集》卷一三九，第4146页。

② 钱穆：《现代中国学术论衡》，生活·读书·新知三联书店2001年版，第218页。

③ 钱穆：《略论魏晋南北朝学术文化与当时门第之关系》，《中国学术思想史论丛》第3册，生活·读书·新知三联书店2009年版，第190—194页。

④ 陈寅恪：《唐代政治史述论稿》，上海古籍出版社1982年版，第72页。

其文学之士，大抵出于世族；而世族之中，父子兄弟各以能文擅名。”①前辈学者角度不同的论证都指向一个基本认识，即家族文学的实际历史当自东汉始，由汉魏之际迄于梁陈，随着士族的真正形成和崛起，士族文学创作逐渐兴盛，家族文学进入第一个发展阶段。到了明清，随着文化阶层的下移，民间的文学家也异军突起，沈垚《落飘楼文集》卷八《与张渊甫书》云：“六朝人礼学极精，唐以前士大夫重门阀，虽异于古之宗法，然与古不相远，至明士大夫皆出草野，与古绝不相似矣。”②这里说朱明一代士大夫皆出草野似乎有些绝对，但从中可以解读出明代士人身份多元化的趋势不违史实。

关中地区在汉唐时期文学家族的实力相当强大，梁尔涛在其博士论文中根据胡应麟《诗薮》和陈尚君《唐代诗人占籍考》遴选出 135 家唐代文学家族，其中关内道 20 家，河南道 30 家，河北道 25 家，河东道 15 家，江南道 30 家，淮南道 5 家，山南东道 6 家，边远地区 4 家③，其中以关中地区为主的关内道占总数的 14.8%。该地区的文学家族主要分布在以长安为中心的帝都圈，以关中旧族为主体，尤其是“城南韦杜，去天尺五”的韦、杜二族，其他文学家族还有苏、白、于、令狐、杨、窦、柳、韩、徐、颜、乔、李等姓。到明清关中的家族文学实力衰弱，伴随经济、政治实力的衰落，文学家族实力远不及汉唐。

明清关中文学家族主要包括武功康氏、渭南南氏、鄠县王氏、朝邑韩氏、华阴王氏五家，除过家族文学之外，明代关中士人之间还通过姻亲关系加强彼此的文学活动，诸如明代的文学复古运动中的张治道与刘储秀、康海与王九思、清代的孙枝蔚与雷士俊、李念慈与杨蕴素等人就是有姻亲关系的关中士人。相比而言，关中清代基本没有较有影响的文学家族，其主要原因仍跟清代关中士族大家有关，五个文学家族具有一定的士族背景，这在一定程度上是维系家族文学最有力的支撑条件。其中康海家族文学等背景更为复杂，既有兄弟和父子关系，也有姻亲和甥舅关系，具体情况如下：

---

① 刘师培：《中古文学史》，人民文学出版社 1959 年版，第 88 页。

② 转引自陈寅恪《隋唐制度渊源略论稿》，上海古籍出版社 1982 年版，第 5 页。

③ 梁尔涛：《唐代家族与文学研究》，博士学位论文，苏州大学，2011 年，第 21—27 页。

表 4-2　　康海文学家族成员

成员姓名	与康海关系	相关资料
康阜	兄	字德瞻，康海兄，著《康德瞻集》
康淳	族弟	字德一，嘉靖贡生，有文名
康河	族弟	嘉靖进士，户部主事，著有《沣川集》
康栗	长子	字子宽，县学生，著有《子宽集》，妻王九思女
康梣	次子	字子秀，康海次子，隆庆贡生，万历四年举人，著《小山集》
康氏	长女	工文词，为华州孝廉张之榘妇，早寡，焚弃笔墨，抚儿光孝成立，及光孝筮仕西华，尚不知母能文。时表姊某夫人求为墓志，母不报。母卒，光孝简母遗箧，得二集
康禹民	孙	康梣子，“字水衡，监生，工诗文书法”
康万民	孙	康梣子，字公逊，监生，“博学能文，与兄禹民齐名，有《增读苏惠回文法》”，撰《璇玑图诗读法》
张潜	姻亲	张潜，字用昭，弘治丙辰进士，正德九年归秦定居华州后，与康海往来甚密，子张之榘为康海的女婿，嘉靖壬午举人
杨武	姻亲	字宗文，岐山人，杨武之继室为康海从姊，弘治九年进士，官至都察院左佥都御史，刘瑾败，言者以乡人为辞，由是罢归。康海与杨武过从甚密
王九思	姻亲	二人自文学复古时期就过从甚密，由于刘瑾乱政败露后，二人被放逐
张儒珍	姻亲	字待聘，号东田，康銮女婿，康海从姊夫，正德戊寅以岁贡，拜河间县学训导，子张煉，嘉靖甲辰进士

表 4-3　　王九思文学家族成员

成员姓名	与王九思关系	相关资料
王琰	祖父	字廷玉，安太里人，性刚直，貌端毅，由贡士授大宁令
王铉	伯父	字大器，安太里人，琰长子，少涉经史，善书及诗
王儒	父	字文宗，琰之孙，体貌伟奇，践仁履义，任巴县教谕
九峰	弟	字寿夫，儒少子，由进士授御史，所著有《白阁集》行世
九叙	弟	字禹天，儒中子，自乡举后未尝赴礼部会试，隐居自乐以此终身焉
王瀛	长子	字子洲，正德丁卯举人，罗江知县，升顺天府通判，性慧，能作字，亦解吟咏之事，饮后酣醉，乘兴挥毫，纵横满壁
王氏	侄曾孙女	县城王九叙曾孙女，幼聪慧，与舅赵崡同学于外祖，崡自为弗及，著有文集及暖泉八咏

表 4 – 4　　韩邦靖文学家族成员

成员姓名	与韩邦靖关系	相关资料
韩绍宗	父	号莲峰，成化戊戌进士，韩邦奇正德戊辰，成进士
韩邦彦	兄	韩邦彦，生卒年不详，字汝哲。正德二年丁卯科举人，授明开封府仪封县知县。迁郑州知州
韩邦奇	兄	正德戊辰进士
屈淑	妻	生于成化二十二年丙午（1486）八月二十二日，卒于嘉靖十五年丙申（1536）八月初六日，寿五十有一岁，总督漕运右副都御史“华阴屈直之次女”以韩邦靖官封安人，因此又称“屈安人”、“韩安人”，有《韩安人遗诗》一卷，附《韩五泉诗集》后

表 4 – 5　　南大吉文学家族成员

成员姓名	与南大吉关系	相关资料
南钊	叔父	字希古，明代渭南田市里人。景泰四年（1453）中举人，1460年中进士。授户部主事、员外郎、郎中，至河南布政司参政。著《休亭稿》
南逢吉	弟	字元贞，嘉靖中进士，官至督学副使，有《姜泉集》，与南大吉称为“关中二南”
南轩	侄	南逢吉子，字扬谷，嘉靖中进士，官至四川副使、山东参议。有《渭上稿》
南师仲	侄孙	南轩第三子，字子兴，万历乙未进士，善古文词。明亡殉国，弘光朝曾经赠谥，官至南京礼部尚书，编辑有《王允宁文集》（王维桢）、《南宪仲集》、《刘东陵集》、《玄麓堂集》（五十卷）、《玄象山馆诗草》
南宪仲	侄孙	字子章，明万历二年（1574）进士，授枣强知县，著《广川集》、《亲民近规》
南企仲	孙	万历进士，崇祯时为南京吏部尚书，李自成入关，不食死
南居益	侄南轩孙，宪仲子	字思受，万历中进士。崇祯时官至工部尚书。李自成招之不降，加炮烙死。著有《晋政略》《年谱》《致爽堂诗》《青箱堂集》
南居业	曾孙	字思诚，万历中进士，官吏部主事，李自成入关杀之，赠大理寺少卿

续表

成员姓名	与南大吉关系	相关资料
安居仁	曾孙	字思敦，天启壬戌进士，翰林院庶吉士，授编修，历中允谕德祭酒
南庭铉	五世侄孙（南师仲孙）	字尔玉，号鼎甫。清顺治三年，自乡举任柳州推官。因柳州任上治理有功，迁为户部员外郎，后又升为礼部主客清吏司郎中。继派四川任松威道按察佥事，著《寿乐园集》《金台玉垒》《岷江集》等

表 4－6　　王弘撰文学家族成员

成员姓名	与南大吉关系	相关资料
王之良	父	字虞卿，号邻华，天启五年进士，官至南京兵部左侍郎，著《晋州志略》《东游诗草》
王弘学	长兄	字而时，号石渠、监生，著《书斋述草》《书斋园草》《石渠阁文集》《雪斋纪事》等
王弘嘉	三兄	字玉质，号云隐、贡生，著《太华存草》《芙蓉阁集咏》《信古斋诗集》《南游诗草》等
王宜亨	从子（长兄弘学子）	字伯贞，顺治十六年进士，官至礼部观政，著《中庸撮言》《五狼山揽要》《乐英集》等
王宜章	从子（三兄弘嘉子）	字仲汉，进士，官至丹棱知县，著《孝斋诗集》《华阴县志》

从上述五组关中文学家族可以看出，明清关中文学家族的实力消长和明清关中文学整体实力发展的趋势一致，都呈大致衰落的态势，在相关的文献资料中很少有明代那样的文学家族。从五组文学家族形成过程中可以看出科举对文学的发展起到了极其重要的作用，一个家族一旦有一两个成员通过科举而仕宦，这个家族就可能因此享有科举制度的一些优惠政策，从而保持家族科举的连续性，以至于形成不同于六朝门第世

族的“新世族”——科宦家族，上页表中南氏家族极具代表性，李因笃《元麓堂诗集序》：“关中望族，首推渭南南氏。盖上溯太守、观察、昆仲以来，科名蝉联，勋名彪炳，光家邦，冠国书，震耀吾秦，为近代所未有。”①

上页表所列诸文学家族除两位女性文学家之外，其余男性文学家皆为监生、贡生、举人、进士，其中进士身份 24 人（含康海、韩邦靖、王九思、南大吉 4 人），占总数（42 人）的 57.1%，在所统计的 42 人中还包括 3 名女性成员，均有文集，屈淑所作诗有三首被朱彝尊所编《明诗综》所录。

从上面统计的家族文学中还可以看出明清关中文学家的身份大致是官员、作家与学者三位一体的综合身份，确切地说，科宦家族常常是文学家族形成的一个基因，明代科考内容尽管有八股文之弊，但八股文的文式和对古文的要求在一定程度上激发试图参加科举考试对士人文学创作的潜力。诸科用经义取士，也要求有一定的文章表达技巧与经文知识，这样培养出来的家族成员，即便不能中举，也都粗通文墨，具备一定的作文能力。正如一些研究者所指出的那样，科举考试在一定程度上鼓励了文学才能的培养，而一旦这些士人进入文学的交际圈，也许他们就影响了当时文学发展的面貌，因此研究科举考试在某种程度上揭示了一般士人阶层的文学素养。

中国传统仕宦阶层通过自己的仕宦经历可以为自己和家族成员从事文学提供一定的物质保障，可以给士人早期的学业培植和后期的文学创作提供保障。优游的生活，能使士人有一个良好的文学创作环境。即使康海和王九思被贬黜后隐居乡间，仍然能通过各种关系获得一定的经济资助，从未由于经济原因而影响其文学的创作活动。在家族文学形成过程中家庭的文化氛围对家庭成员文学意识和文学能力的培养有重大影响，王琰之子王铉“少涉经史”②，侄曾孙女“幼聪慧，与舅赵嶀同学

① 李因笃：《元林麓堂诗集序》，《受祺堂文集》卷三，道光七年刻本。

② （清）未著纂修姓氏：《耆旧》，《户县乡土志》卷中，成文出版社有限公司 1969 年版，第 26 页。

于外祖，嘕自为弗及”①。屈淑生于仕宦之家，自小耳濡目染，据其侄屈受善《韩安人遗诗跋》载：“（屈直）以子史百家训诸儿，先祖姑（屈淑）方十余龄，刺绣于旁，每闻之，即得其解言，言肯系，无不畅厥旨者。曾大父（屈直）奇之，曰：‘惜哉！不为儿也。’寻令为古文辞，三体唐诗，悉合镬度，而诗更琳珪，若翻翻乎仙者。”② 韩邦靖自幼聪颖过人，以神童而出名，“三岁能吟诗百余首。四岁，莲峰先生命之读《孝经》，未终篇，即能自诵，小学即了大义。五岁，莲峰先生抱之读《文王至德篇》，忽掩卷若有思，莲峰先生问之，封曰：‘即如是，武王非矣。安得同为圣人?’莲峰先生大奇之。八岁通举子业”③。王弘撰幼时随父京师，“少知读书，大人以汉文三百篇授余，余受而读之，无间寒暑，三年成诵，不失一字”④。崇祯十七年，王弘撰时年十七，其父自御史出为虔州南赣巡抚。先生随任，其父以《左氏春秋》授之，复聘临川周师教读。由于优裕的条件，通过家学传统，为这些士人成才奠定了一定的基础，这也是中国古代仕宦家族化的主要原因之一。

宗脉是指家族的宗系血脉及其延伸的姻娅脉络，它往往在组织形式和互动态势上影响家族文学创作。在中国古代宗法家庭中，文学家的活动一般具有群体性特征，因此便产生了较为普遍的“族内师友”现象，韩邦奇和韩邦靖二人同举正德三年戊辰（1508）进士，时称“朝邑二韩”，《关学编》载：“汝庆（韩邦靖）父子兄弟以学问相为师友。”⑤“（韩邦靖）事伯兄县令君邦彦，及苑洛子，及处其弟国子君邦翊，极兄弟骨肉之爱，有朋友忠告之益”⑥。

在重视宗族血缘关系的中国传统社会，以女性为媒介的婚姻关系是以下一代血缘关系为纽带，由“家”向“宗”，再向异姓“族亲”的扩展，达到清华声誉相互借助的目的，这一现象在明清的士人中非常普

① 赵葆真修，段光世等纂：《艺文》，《鄠县县志》卷八，成文出版社有限公司 1969 年版，第 649 页。

② （明）韩邦靖撰：《韩安人遗诗跋》，《韩五泉诗》附，清刻本。

③ （明）韩邦奇撰：《韩邦靖传》，《苑洛集》卷八，第 480 页。

④ （清）王弘撰：《左传钞序》，《砥斋集》卷一，第 363 页。

⑤ （明）冯从吾：《苑洛韩先生》，《关学编》卷四，第 51 页。

⑥ （明）王九思：《明故朝列大夫山西等处承宣布政司左参议五泉韩子墓志铭》，《渼陂集》卷十三，第 490 页。

遍。关中士人的家族文学群体中的姻亲关系，著名的有明代文学复古主要代表人物张治道与刘储秀，清代的雷士俊与孙枝蔚、李念慈与杨素蕴等士人，这些关中士人等联姻关系比较简单，但其中两个因素非常关键：其一是士人受地域观念的影响，其二是对相同或相近的文学追求。

刘储秀，字士奇，正德甲戌进士，李梦阳、康海、王九思等人归田之后，张治道与部僚“薛蕙、刘储秀、胡侍约为诗会，并以诗名都下”，都下称“西翰林”[①]。李念慈与杨素蕴是儿女亲家，李念慈一直仕途不顺，姻亲杨蕴素对其帮助良多，李念慈曾入其幕府、举家入住其家，李念慈在《祭杨退庵中丞文》中记述这段经历：“自荆武军中把臂订交，申以婚姻，先后十有四年，中间离合散居，或旅次往还，或官衙过谒以至追随幕中，妇孺咸从，意厚情深，虽造次亵狎中从未有纤毫少失礼数，凡馈赠施予又其后焉者矣”[②]，且杨曾资助刊刻李念慈《谷口山房集》。流寓江南的关中士人孙枝蔚和雷士俊二人有着大致相同的生存境域：二人皆是明清之际的明遗民，大半生都在贫困中度过。由于上述原因，二人在心理上更容易接近，最终结为姻亲，“筑夫吾老友，少与共经史。近者新结婚，豹人无双士。三子臭味同，出入肩相依”。[③]经常参与包括赋诗燕饮在内的一些文学活动，“吾家虽云贫，会饮未为奢。十钱沽浊酒，尝之每称善。及今不对饮，坐看已暮齿。”即使生活在困顿之中，二人也不改其乐，“贫家无异味，呼童命煮鱼。脱粟恣一饱，乘兴往西畴”。

关中士人的这种姻亲关系其实是当时士人注重社会依存关系的一个方面，它既体现出士人对在社会关系中选择的一个维度，同时在某种程度上这种姻亲关系也是维系士人身份的一个纽带，在文学创作方面相互影响，在生活遇到困难和不幸之时可以在物质方面相互帮助，在精神上相互鼓励，这种姻亲关系是政治功能在文学领域的一个体现。

三　境遇的变迁与文学

中国的士人对皇权和土地的依赖性很强，士人的命运往往同二者紧

---

① （明）乔世宁：《刑部主事太微张公墓碑》，《丘隅集》卷十四，嘉靖刻本。

② （清）李念慈：《祭杨退庵中丞文》，《谷口山房文集》卷六，第887页。

③ （清）雷士俊：《戏赠孙豹人》，《艾陵诗钞》上，第200页。

密联系，官宦阶层政治生涯中的跌宕起伏对其生存的境遇和文学创作有着直接的影响。就明清关中士人而言，这一点在明代体现得尤为明显。

明代的文学复古运动之所以在庙堂文化内部掀起，主要原因是一批意气风发的郎署官员，而关中士人在这个群体中具有非常重要的地位，胡缵宗在《西玄集诗序》中提供了复古派中关中士人的阵容："明兴，先进文质彬彬，尚矣。弘治间李按察梦阳谓诗必宗少陵，康殿撰海谓文必祖马迁，天下学士大夫多从之，士类靡然。"①

正德十一年（1516）四月，时任浙江等处提刑按察司佥事的韩邦奇上《苏民困以保安地方事》，谓严州、杭州军处，民贫地瘠，而镇守太监以进贡方物为名，搜刮民财，以致民不聊生，提出应体察民情，免除进贡，上疏后被太监诬奏，下狱。正德九年（1514）韩邦靖因进谏而下狱。韩邦靖下狱，韩邦奇在《闻舍弟下狱》中说"邸报封章事，敷陈与世违。怪来明主怒，原是小臣非。事业千年远，存亡一叶微。高堂双发白，如我只宜归"②，这首诗里分明有一种明主不明、存亡难料的意绪，大概由于弟弟的下狱遭遇，他从初始的直谏变得谨慎起来。

《国史唯疑》云："王九思《游春记》，或谗之云：内李林甫拟长沙，杨国忠拟新都，贾婆婆拟临颍，当国恨甚。王实寓意于此。时处分逆瑾党，独待对山、渼陂过严，宜无以服其心。"③《四库全书总提目》："海以救李梦阳，故失身刘瑾，瑾败坐废，遂放浪自恣。征歌选妓，于文章不复精思，诗尤颓纵。"④"即罢官，居户、杜，葛巾野服，自隐声酒"⑤。

李念慈由于仕途不顺，也一直处于困顿之中，"劬庵之为人，内方正而外踈通，风流善谑，虽早成进士而仕宦不达，困顿轗轲"，"终窭且贫，日奔走四方营□脆以养其父，足迹几遍天下"⑥。

---

① （明）马汝骥：《西玄集序》，《西玄集》卷首，第654页。

② （明）韩邦奇：《闻舍弟下狱》，《苑洛集》卷十，第519页。

③ （明）黄景昉：《国史唯疑》卷四，上海古籍出版社2002年版，第132页。

④ （清）永瑢等撰：《对山集提要》，《四库全书总目提要》卷一七一，第1499页。

⑤ 中国戏剧研究院编：《曲藻》附录，《中国古典戏曲论著集成》（四），中国戏剧出版社1959年版，第39页。

⑥ （清）李念慈：《谷口山房诗集序》，《谷口山房诗集》卷首，第504—505页。

由于战乱所导致的土地流失使部分士人家境日益没落。为了生存，他们或寄人篱下，或从事商贾。流寓江南的雷士俊家族属于泾阳的望族，明末的战乱使其生存境遇发生巨大变化。其显祖“讳汪，字望峨，世为陕西西安之泾阳人。陕西府以八数，而西安为大府，赋税户口甲于诸府。西安州县以三十七数，小者穷瘠，大者殷富，而泾阳尤大县，风俗奢丽与都邑等，泾阳大族以百数而雷氏独著。隆万间雷公斋与张高楼具号赀巨万，任侠倜傥自雄，至今言泾阳之大族者必曰张、雷”[①]。鼎革后，雷士俊避乱江南，杜门扫轨，三径萧然不知门外车马阗拥也。后迁艾陵湖畔，筑莘乐草堂居之，三餐外惟以吟咏度日而已。“杜恒灿，《通志》字苍舒，号杜若，八岁能文，十七补弟子员。值寇乱，家中落”，“念老亲食贫，因策蹇南游，时时得巨公诗文及珍玩锦绮物。归寿其亲。有《春树草堂集》”[②]。明崇祯末，孙豹人为脱贫流寓广陵，其曾作诗描绘经商的原因是“丈夫不学贾，作妇徒可怜。别妇来广陵，乱余稀人烟。荆楚涂开方，盐商握重权。特偶学其术，亦得三倍钱”[③]，“学小贾，则已倾广陵诸中贾，稍学中贾，又倾广陵诸大贾。孙子学中贾之三年，三置千金”[④]。在这些士人的文集里关于其生活困窘的描述非常多，“舌耕生理与坐店讲命占数者等耳，以三十年闭户读书之人竟求之不得，信乎？遇之，穷也”[⑤]，“入夏以来，弟家器皿簪珥俱归之当店，然弟宁当而不向人说者，仁兄亦思其故也”[⑥]，在贫困之余，诗文成为其自适的主要手段。孙枝蔚经商致富后，僦居扬州董相祠，闭户发愤读书，诗益工而歌益甚，成为清初著名诗人，晚年筑室数楹，题曰“溉园”，所著《溉堂集》二十八卷。这些世家大族由于家道的中落，在仕途上也无大的发展空间，这在一定程度上导致其不能进入文学的核心圈层，缺乏文学的话语权，逐渐被边缘化，考察明清关于文学由盛转衰的趋势，可以发现士人生存环境与家庭经济实力的衰落是文学整体实

① （清）雷士俊：《处士显祖考府君行状》，《艾陵文钞》卷十四，第159页。
② （清）焦云龙修，贺瑞麟纂：《文学》，《三原县新志》卷六，第345页。
③ （清）孙枝蔚：《埘斋诗》，《溉堂集》卷一，第18—19页。
④ （清）孙枝蔚：《溉堂前集序》，《溉堂集》卷首，第10页。
⑤ （清）雷士俊：《与王筑夫》，《艾陵文钞》卷十一，第136页。
⑥ 同上书，第137页。

力不得不考虑的一个因素。

中国古代文化的传承过程中家学传统非常重要，在文学领域中家族文学占有非常重要的地位。明清关中家族文学相较汉唐已大为衰落，但仍然存在这一形式。关中文学家族通过对科举的研习，对家族成员文学素养的培养，使家族成员在文学领域占有一席之地。家族的变故会引起家族成员生存境遇的变化，使其情感发生变动，进而引发文学创作内容和风格的变化。

第二节　致仕之后的境况与文学

致仕的士大夫是研究古代地域文学中不能绕开的一个群体，这一群体对振兴当地文学、规范士风具有重要作用。一般而言归田的士大夫主要分为三种情况：其一是荣退，即在仕途上比较顺利，受到统治者的尊崇，年老后荣归故里，颐养天年；其二是仕途较顺，但和当时的政治环境不相适应，年未老乞归；其三是年未老在政治斗争中失利或触犯皇帝被放归的士大夫。明政府为稳定地方，防止他们产生负面影响，加强了对致仕官员的管理：官员一旦致仕，须马上回原籍居住（特例除外），不能在任所逗留。朱元璋在《致仕官员诰敕文》中规定："纵有自强之志，终是年高，故加升品，以养老于家。"① 这样他们可成为古代社会地方文化与文学的主体之一，文学活动是他们归田后消遣或生活不可或缺的一种形式，他们的文学活动是地域文学创作的主要组成部分。考察关中明清文学家，归田的士人主要以第三种情况居多，因此本部分内容主要围绕这一问题展开。

一　致仕后的文学活动

明代仁、宣时期的叶盛记有友人范启东的一番话："范启东闻之前辈云：士大夫游艺，必审轻重，且当先有迹者。谓学文胜学诗，学诗胜

① （明）朱元璋撰，胡士萼点校：《致仕官员诰敕文》，《明太祖文集》卷三，黄山书社1991年版，第51页。

学书，学书胜学图画。此可以垂名，可以法后。若琴弈，犹不失为清士，舍此则末技矣。”① 这说明中国传统士人的文化生活主要为文学、诗歌、书法、绘画、琴弈，外此皆不属于清雅之列，致仕的官员一般都有丰裕的物质基础，足以维持他们过一种逍遥自适的享乐生活，他们的理想追求、价值观念、生活情趣、社会品位，无不受到自身品格的支配。明初规定，三品以上官员按现职退休，四品以下任现职满三年且无大过者，可升一级退休。至明中期，业绩突出者可升两级退休。而且，退休后参加宴会、祭祀等活动，仍享受原级别待遇，这样官阶较高的官员致仕后大都能够维持一种雍容优裕的生活，他们优游林下、安享晚年。《乾州志稿》中的《关中二老传》记有致仕的关中士人宋钦和王恕致仕后生活的境况：

> 二老者，乾州宋公，三原王公。乾州、三原皆关中名区且相近。宋公名钦字克敬，王公名恕字宗贯，二公皆以明经中陕西正统辛酉乡试，宋公登乙丑进士，官至通议大夫、南京大理寺卿，以资政大夫致仕，乘传以归，两遇覃恩，晋阶至荣禄大夫。王公登戊辰进士，官至光禄大夫、上国柱、太子太保、吏部尚书致仕，亦乘传以归。今宋公八十有五，王公八十有三，俱耳目聪明，精神矍铄，玉带锦袍，优游田里，或教子读书，或课童树艺，或鸣琴弈棋，或饮酒赋诗，惟意所适，以乐其乐②。

明代官员大多通过科举一途才能走向仕途，他们一般都有较高的文化素质和文学修养，致仕后从繁杂政事中脱身投入到自己喜好讲学、吟诗作赋等学术活动中，尤其从成化到正德的数十年间，可谓是明朝士大夫们最感舒适的时代，无论是政治生活还是经济生活，他们都处于别人无可比拟的满足之中，人们常用“醇厚”二字来形容这时期的风气③。“二老”无论是“鸣琴弈棋”，还是“饮酒赋诗”，都体现出他们超凡脱

① （明）叶盛撰，魏中平点校：《范启东述前辈语》，《水东日记》卷四，第41页。

② （清）周铭旂等纂修：《关中二老传》，《乾州志稿别录》卷二，《乾州志稿》，成文出版社有限公司1969年版，第548—549页。

③ 商传：《明代文化史》，东方出版中心2007年版，第176页。

俗的风流儒雅，文学成为他们精神世界不可或缺的一部分。

党争的激烈导致朝政的混乱，大批官僚因为政见不同而乞归，这些失意的文人大多出身世家，家底殷实，有足够的经济承受能力。在文学和艺术方面才能超卓，也常常以诗酒自娱，在《续修礼泉县志稿》中就有数位同时乞归的士大夫，他们虽不及宋钦和王恕那样优游丰裕，但也衣食无忧。“李琰以明经行修，历官云南道监察御史，抗直秉公，不避权要，归田以诗歌自娱”①；“张厚以明经行修，历官湖广道监察御史，激扬彰瘅，无所顾忌，告归后亦以诗歌自娱，有琰之风”②；“韩朝江，字顺甫，号方山，嘉靖甲辰进士。年未及耆，遂乞骸骨，居家诗酒自娱，以终天年”③。同康海同朝的张治道为“正德甲戌进士，知长垣县，迁刑部主事，与部僚薛蕙、胡侍、刘储秀为诗社，都下号称‘西翰林’。以病乞归。归二年，当考察，以御史论罢，年才三十余。与康德涵、王敬夫遨游中南鄠杜间，倡和无虚日”④。

对于他们来说，置办家乐是排遣牢骚、展示才华的良好途径。袁中道《珂雪斋集》卷十《殷生当歌集小序》云：

> 近有一文人酷爱声妓赏适，予规之。其人大笑曰：“吾辈不得志于时，既不同缙绅先生享安富尊荣之乐，止此一缕闲适之趣，复塞其路，而欲与之同守官箴，岂不苦哉！”⑤

康海在《浒东乐府后录序》中曾说：“曩予尝著《浒东乐府》，凡林泉之乐若颇具矣。顾景物所触，则亦莫能自已，必随时赋诗，被之管弦，以达其趣”⑥，“德涵既罢免，以山水声妓自娱，间作乐府小令，使

① 张道芷等修，曹骥观等纂：《人物》，《续修礼泉县志稿》卷七，成文出版社有限公司1970年版，第422页。

② 同上书，第422—423页。

③ 同上书，第423页。

④ （清）钱谦益：《康修撰海》，《张主事治道》，《列朝诗集小传》丙集，第318—319页。

⑤ （明）袁中道著，钱伯诚点校：《殷生当歌集小序》，《珂雪斋集》卷十，上海古籍出版社1989年版，第472页。

⑥ （明）康海：《浒东乐府后录序》，《康对山先生全集》卷六，第134页。

二青衣被之弦索，歌以侑觞。西登吴岳，北涉九嵕，南访经台、紫阁，东至太华、中条，停骖命酒，歌其所制感慨之词，飘飘然辄欲仙去。居恒征歌选妓，穷日落月”①。嘉靖二年癸未（1523）四十九岁，“四月与杨宗文、王敬夫、张用昭、滦江公于武功行台，赓唱连宵”②。

潜心著述是康海里居生活中的重要内容。被赞为“记载之极轨，志乘之标则”、“论者比之太史公书”的《武功志》，为母家撰写的《张氏族谱》、曲作《沜东乐府》及杂剧《中山狼》《王兰卿贞烈传》等，皆作于归里之后。经十余年博采旁搜，殚精竭虑校订而得之善本《史记》，刻成于正德十二年；何景明卒，康海于嘉靖三年为其编订《何仲默集》，并作《序》；嘉靖七年，好友王麟去世，又编次其作《林泉清漱集》，并撰《序》，欲刊以传世。嘉靖九年前后，曾删节朱权《太和正音谱》，和周德清“作词七法”为一编，使读者明谱曲之法。据记载，康海还有《纳凉余兴》《春游余录》《即景余录》以及历法等书，当皆里居时之作，惜今未见。嘉靖六年丁亥（1527）五十三岁，春，与王、孟、桑三君子及德光宴集，有诗。《全集》卷七《丁亥春与王孟桑三君子暨德光宴集》：“山居二十年，未尝见宾客。秋暮邂逅君，文采甚彪赫。因读治安书，颇有古人画”，“西游遇中道，探囊出素册。握手私谓君，丈夫志已获。尚宜践所陈，与世为表格”③。

康海归田后，求其作记、序、碑文、寿词、墓志铭者络绎不绝。正德十年，陕西镇巡诸公暨藩臬诸君请康海为彭泽平西返朝作《序》以赠，海以“何以克当”推辞，布政使李公责海曰：“（彭）公负盖世之勋，当上所礼重，……赠者当以文为贵，而仪物不与焉。其云文者当以子之言为贵而他人不与焉”④，可见，康海及其文章在当时受尊崇的程度。

李梦阳家居期间的生活内容也发生了巨大变化，李开先《李崆峒传》记述李梦阳的家居生活：“作诗模拟杜子美，而寿算复与之同。然

① （清）钱谦益：《康修撰海》，《列朝诗集小传》丙集，第313页。

② （明）康海：《赠滦江公十首·序》，《康对山先生集》卷六，第134页。

③ （明）康海：《赠任主事少海》，《康对山先生全集》卷七，第143页。

④ （明）康海：《奉赠太子太保兼都察院左都御史彭公还朝序》，《康对山先生全集》卷三七，第363页。

杜遭乱离，窘逼终其身，崆峒虽四次下吏而晚景富贵骄奢，以其据纷华之地，而多卖文之钱耳。”①从李开先的记述来看，李梦阳罢官以后，出于应酬需要而从事的诗文创作在其作品中占有较大的比重，其中有不少是应商人之请而作。

李念慈居家时值关中大乱，遂以诗酒自娱，“自癸申来，关中遭寇躏，国变之后，家破心灰，乃去城邑，就村居以农圃自适，尽束帖括，寄情诗歌。然初学薄弱，其未可示人者，不复存草，间录一二，共得古近体四十二首聊记遭逢时地云尔。史所称池阳谷口去余东村尚四十里许，而取以名吾居者，盖欲遂躬耕养亲，学郑子真以终老焉。此后虽出处游历时地非一，分集各名而总以系之，谷口山房从志所在也，别有序在文集中”②。

二　黜落官员的心态与诗文

中国古代的贬谪文学以作家自身或他人的贬谪经历为表现对象，以描写遭受贬谪的官僚、士人们的人生不幸遭遇、抒发创作主体的悲剧性情感体验为主要内容。由于被贬谪者无一不是政坛上的失意者，被贬谪本身就意味着政治追求的失败，因此，作家围绕贬谪现象所进行的文学活动，隶属于历代文人的政治关系与政治活动，必然打上深刻的政治烙印③。

康海受排挤而免职一事无论在仕途上，还是在文化形态与审美形态上都是一个转折点，《静志居诗话》卷十“康海”条云：“德涵坐援献吉，遂挂清议。归田之后，耽心词曲，其小令云：‘真个是不精不细丑行藏，怪不得没头没脑受灾殃。从今后花底朝朝醉，人间事事忘。刚方，徯落了膺和滂。荒唐，周旋了籍与康。’论者原其心而悲之。没时家无长物，腰鼓多至三百副。留心风雅之日少，宜其所就止此尔。”④康海于正德五年（1510）罢官后回到陕西武功，王九思则于正德七年（1512）罢官回到户县，两人往来甚密，“相聚浒东、鄠杜间，挟声伎

① （明）李开先著，路工点校：《李崆峒传》，《闲居集》卷十，《李开先集》，第606页。

② （清）李念慈：《谷口集》自述，《谷口山房诗集》卷一，第532页。

③ 周晓琳、刘玉平：《空间与审美——文化地理视域中的中国古代文学》，第226页。

④ （清）朱彝尊著，姚祖恩编，黄君坦点校：《康海》，《静志居诗话》卷十，第266页。

酣饮，制乐造歌曲，自比俳优，以寄其怫郁”①。综观康海的所有曲作，集中抒写贬谪后的忧愤及忧愤之余的解脱，而种种个性的放诞都是由此“忧愤”衍生而来。康海于曲史的意义，所谓明中叶戏曲复兴之第一人，正在于此。

从康、王二人的生平仕历看，他们在中进士前，潜心举业，当无暇顾及“壮士不为”的词曲“小道”；而进士以后至落职以前，二人仕途较顺，心中尚无块垒，也无须借散曲以抒发，因此康、王二人在正德五年（1510）以前投身散曲创作的可能性很小。从两人现存曲作来看，最能代表其散曲成就与风格的是愤世乐闲之曲，由这些作品所表现出来的心态来看，无疑作于正德罢官家居以后。康、王同为关中人，落职后均放荡不羁，他们的散曲，也就作于这样的背景中。

后期的康海如此逍遥自娱、放荡行志，使他的文化心态基本上处于道德失控的状态，对此康海本人有清醒的认识，但心中的愤懑之情使其无法再用士人的道德去约束自己，对别人推荐自己复出也婉言相拒：“放逐后流连声伎，不复拘检垂二十年，虽乡党自好者莫不耻之，又安有可与士大夫同日语者！人若不自知，仆既自知之，而又自忘之邪？此则深感尔矣！执事知我厚，宜必谅此也。切恐晋翁一时乘兴，辄为论荐，殊非佳事。执事倘有问讯，可委曲言之。阮籍之志，在日获酩酊耳，三公万户，非所愿也。仆蓬首跣足，已逾半世。苟得优游行乐，决无他想。言虽激聒，肝膈尽露。诚欲安分丑居，不欲装束搽抹，重为流辈诋诮耳！有丑妇被逐者，借邻女之饰更往，谓夫曰：‘曩以不修，子故弃妾；今修已，子何辞焉？’其夫趋而出。其姊止之曰：‘一出已羞，更入何求？’其言虽鄙，可以理喻。惟执事万万念之。”② 在《答蔡承之》书中说：“丈夫生世固当以拯溺救焚为心，而仆则切恨世之士大夫贱恬退、尊势利，往往反为小人所薄。鄙志如此，正欲销忘宿志以明士大夫之节耳。”③ 士人如此沉溺酒海之中，自有其社会根源，特别是士人怀才不遇，无以发泄内心的积郁，从而沉浸在自我的“壶中天地”，

① （清）张廷玉等撰：《儒林》，《明史》卷二八二，第7349页。
② （明）康海：《答寇子惇书》，《康对山先生集》卷二二，第255页。
③ （明）康海：《答蔡承之》，《康对山先生集》卷二三，第272页。

将满怀的愤懑和嗟怨消解在酒色山水之中。我们从《武功志》一书也可以看到康海发愤修史的真义，它同样也可以帮助我们进一步理解康海假词曲以发愤的真实心态。固然，发愤修史与发愤为曲二者不可等同，后者的确更多了几分刻意放诞的一面，但论其初衷，也有重建礼乐的心理。

刘瑾败，王九思被诬为瑾党，左迁寿州同知；次年，又以云南天变，罢寿州同知，诏谴归农，他的《感愤诗》云："中夜不能寐，揽衣步前楹。恶言切肝肾，怛然伤我情。芝兰化萧艾，凤鸟为枭鸣。"① 其曲作凡有数变。最初所撰，汇为《碧山乐府》一种，即贬逐抒愤之辞，有康海正德十四年序，激赏"山人旧不为此体，自罢寿州后始为之，其才情之妙可以超绝斯世矣"，"其声虽托近体，而其意则悠然与上下同流，宕而弗激，迫而弗怒，即古名言之士或已鲜也"，"夫壮士不以细事亮节，圣人不以小道弃理。诗之本人情、该物理，皆物也"②。王九思借词曲抒发其愤懑之情，"豪杰之所存与细人异也"。如此，王九思由于和康海遭遇相同的命运挫折，彼此声气相通，二者诗词和曲赋同为抒愤之词。康海每于酒酣花秾之中，陡起悲声，顾不免有裂帛变征之激，而王九思词曲亦景语，亦情语，其辞之旖旎，其情之蕴藉，王世贞谓康海文辞雄爽秀丽大不如王九思，料想此言不差。然而，王九思后来所撰《碧山续稿》，已渐杂赠妓祝寿之词，自云"用佐樽俎"，"虽大雅君子有所不取，然谪仙、少陵之诗亦往往有艳曲焉。或兴激而语谑，或托之以寄意，大抵顺乎性情而已"③。王九思这一记叙不过是自我解嘲，一部《续稿》，其词风的变异恰恰折射出王九思性情的变异，致仕后王九思生活优容，起初的遭遇所引发内心的感愤也逐渐稀释，诗作的创作着眼于自赏自得于歌宴之上，此一点在当时就遭到了非议，以至王氏不得不惕然自醒，"每有述作，辄加警惕，语虽未工，情则反诸正矣"，遂有《新稿》之作。然而《新稿》仍然连篇累牍地祝寿、赠答、劝世等，所去者不过艳情而已。观王九思别以赠妓诸作集为《乐府拾遗》，

① （明）王九思：《感愤诗二首》，《渼陂集》卷一，第48—49页。

② （明）王九思：《碧山乐府序》，《碧山乐府》，《渼陂集》卷首，第1071页。

③ （明）王九思：《碧山续稿序》，《渼陂集》卷首，第1065页。

益流于佻达自喜，则见其性之所好，欲罢不能。至于《南曲次韵》，乃晚年和李开先［傍妆台］百首所作，即九思自己也已有宝刀渐老的感慨。同样是感叹世情，较之李开先的激愤、痛楚与畏惧，前者多了几分勘破后的雍容与淡薄[①]。

王九思散曲亦多，雨云风月之咏，而在称道田园之乐中寄寓个人的牢骚与怒愤。“［朝天子］三公五侯，樵夫钓叟，天已安排就。劝君休便巧舌头，就里空生受，白壁青蝇，青天白昼，老先生笑破口，对云山倚楼，列金钗劝酒，醉舞破春衫袖”[②]；“［驻马厅］暗想东华，五夜清霜寒控马。寻思别驾，满厅残月晓排衙。路危常与虎狼狎，命乖却被儿童骂。到如今谁管咱，葫芦提一任闲顽耍。［沉醉东风］有时节露赤脚山巅水涯，有时节科白头柳堰桃峡。戴什么折角巾，结什么狂生袜，得清闲不说荣华。提起封侯几万家，把一个薄福的先生笑杀”[③]。

如果说《中山狼》是假叙事以寓言，那么，《杜甫游春》中的抒情则近乎写实，居中杜甫只不过是王九思自身的映射而已。更有意味的是，全剧抨击朝政之余，实将笔墨放在归隐之乐上，一折春游渼陂写得极为旖旎。仅见二剧，已足见康、王同遭罢弃，但彼此精神气质却截然不同。一旦罢弃，康海在极度的愤懑中，总有西风萧瑟、瘦马踟蹰的凄凉；而王九思，城中桃李愁风雨，春在溪头荠菜花，正不妨重整酒杯，春风一曲醉罗歌。较之康海的天真与脆弱，王九思似乎以一种世俗的智慧，迅速完成了自身的人生调整[④]。

三　致仕后的山水与村居文学

黄宗羲曾说，“文人与山水相为表里”，“彼慧业文人者，即山川之神也”[⑤]，士人钟情山水，其意义固然在精神激发与超升，排遣忧愁，激发对生活的热爱和对人生理想的追求，也包括其自我精神性的发现。在逆境中他们坦然面对生活，游历山川，体现了旷达的人生观。官员致仕家居后，无烦琐公务，时间充裕，衣食无忧，徜徉山水，为文赋诗是

① 李舜华：《礼乐与明前中期演剧》，第266页。

② （明）王九思：《朝天子·闻谤》，《碧山乐府》卷二，《渼陂集》，第1131页。

③ （明）王九思：《归兴》，《套数》上卷，《碧山乐府》，《渼陂集》，第1203—1204页。

④ 李舜华：《礼乐与明前中期演剧》，第267页。

⑤ （清）黄宗羲：《靳熊封游黄山诗文序》，《黄宗羲全集》第10册，第96页。

他们惬意生活的一个组成部分，明末陈继儒为《媚幽阁文娱》作“文娱序”，其中便有“闭门谢客，但以文自娱”① 这样的描绘。致仕官员多有爱园林山水之盛，多有寻幽探胜之好，因为“丘园，养素所常处也；泉石，啸傲所常乐也；渔樵，隐逸所常适也；猿鹤，飞鸣所常亲也。尘嚣缰锁，此人情常厌也；烟霞仙圣，此人情所常愿而不得见也”②。

仕途失意之人渴望过一种清闲、超脱的生活，希望在局促的社会政治生态之外发现一个快乐悦神的境遇，自然山水气韵与灵动使他们平息政治的悲剧意识，求得一种超脱的心态。康海秉性疏直，早年欲以事功名世，致仕后纵情山水间，“西登吴岳，北陟九峻，南访经台、紫阁，东至太华、中条。停骖命酒，歌其所制感慨之词，飘飘若仙去”③，气韵生动的自然山水向康海昭示出一种新的人生观，使失意之悲被山水之精致逐渐消解。“倚坐看云生，策杖听泉响。遐瞩远不隔，幽抱近弥想。新霁起微凉，何不谢纷攘”④。如果说康海悯世益国的雄豪诗作中富有沉郁悲愤之气，那么在他的山水酬唱诗作中则表现出一种逍遥自娱的隐逸闲情，这类诗歌用词清新流丽，意境清丽自然。他以山水自娱，沉浸在寄情山水的乐趣中，作者有意识地追求怡然自得的隐逸状态，从而将官场之“不适”排遣释放得干干净净。

李念慈仕宦之途一直不顺。顺治十五年（1658）中进士。初授河间府推官，改授新城县知县。到任后，适值当地河水决口，不少百姓的田地被淹，庄稼无收，只得逃避赋税。他目睹此情，不忍心下令催逼，遂呈请上司豁免本县赋税。上司驳回了他的请求，以收税无能的罪名将其革职。后来，他在平定“三藩之乱”中，因运输军饷有功，被起用为天门县知县。康熙十八年（1679）应博学鸿词科未中。他生性浪漫，不喜拘束，遂从此绝意仕途，离开官场。李念慈致仕之后回乡隐居，“性好吟诗，嗜游览，足迹几遍天下。所居曰谷口山房，时称池阳谷口，在泾阳西北四十里”，“小隐离喧河上居，板桥村路入门纡。到来雪气

① 陈万益：《明清小品》，时报文化出版企业有限公司 1983 年版，第 18 页。
② （宋）郭熙：《山水训》，《林泉高致》，山东画报出版社 2010 年版，第 9 页。
③ （清）钱谦益：《康修撰海》，《列朝诗集小传》丙集，第 313 页。
④ （明）康海：《寄太微》，《康对山先生集》卷十，第 142 页。

清人骨，坐处梅香沁客裾。鸠杖步拖红树遍，霜髯吟动碧云虚。便当真率成高会，一酌陶然返太初"①，在远离尘嚣的乡村，抛却宦途的一切烦恼，情感渐趋淡泊。在梅花冰肌玉骨、凌寒留香中观照自身，远近游目，心游宇宙，陶陶然如返太初。

王九思仕宦浮沉，渐渐绝意仕途，而潜心于诗文词曲的写作当中。他曾在《七旬》诗中写道："登天无复梦，弄笔且能文。"② 这应该是他晚年真实的心境。"文"成为寄托其精神的主要载体，强烈的失落感与忧患意识被山水之景致消解，优美壮丽的大自然就成了诗人精神的避难所，"丹梯万丈说经台，瑶草琼葩勿浪猜。北望紫云天外落，西瞻黑水树颠来。披毡无复重阳子，疾足难逢老万回。且向碧桃花底坐，一尊相对笑颜开"③。紫阁山的壮丽和优美，使诗人感到时空的广袤、造物的神奇，追思古往今来之哲人，胸襟为之开朗，不觉心旷神怡。自然景物洗涤了万千愁烦，带来了新的寄托和乐趣。诗中提及道家人物，反映出诗人寄情山水、神往仙道的思想倾向。这也是中国古代知识分子退隐避世的普遍选择。

综观中国文学，园林几乎是伴随着山水文学变化而发展的，园林与文学的关系是盘根错节、难分难离的，"园林是土木写成的文学，文学则是用语言材料砌成的园林"④，"文人园林"，或称之为"士流园林"，是指古代文人建造的以赏心悦目、陶冶情性为目的的私家园林，也泛指那些受到文人情趣浸染而"文人化"的园林模式。在中国的园林住宅发展史上，文人化园林是承前启后的重要阶段。致仕的官员由于经济条件较为优裕，营造一座园林成为点缀生活、体现情趣的途径。康海致仕后营造了"浒西别墅"，"浒西亦佳胜，日日有襟期。田园俯川陵，葵蓄满阶墀。野叟遗浊醪，嘉树过凉芃。微熏上崇茕，遐眺引东菑。牧笛风处来，园禽鸣别枝。睡足发新怀，此心谁得知"⑤。王维桢在《亚中大夫长芦都转运使司运使渭川东公》中，也写到其外舅父之兄御史公致

① （清）李念慈：《过村翁》，《谷口集》，《谷口山房诗集》卷一，第 537 页。
② （明）王九思：《七旬》，《渼陂集续集》，《渼陂集》，第 751 页。
③ （明）王九思：《和韵与王中丞九首》其四，《渼陂集》卷五，第 187—188 页。
④ 李浩：《唐代园林别业考论》，西北大学出版社 1996 年版，第 73 页。
⑤ （明）康海：《杂兴》，《康对山先生集》卷四，第 114 页。

仕后制圃以自娱之事："归时诸兄弟独御史公在，御史公有同乐园在城南少华山之隈，公亦置圃西溪，建四望楼，构澹然亭，筑友华台，凿爱莲池，景色云胜，并称两绝，二公者时命车载酒，和歌交欢，传羡嗟慕，比之二疏，二疏者，辞荣知止，克享余龄者也。"①

由于中国古代经济属典型的自然经济，致仕的官员虽然经济方面比较富裕，但他们仍然生活在乡村，因此他们的诗歌中几乎都有描写田园风光的佳作，这些作品都以描写农村自然景象和生活为对象，审美旨趣以真正的农家生活为艺术指归，反映一种闲情逸致，这些田园意象负载着审美主体的感情、灵魂、审美情趣。从作品意境来讲，这些诗歌大都质朴、自然，呈现出一种幽静、清淡的意境。

王九思生动描写山村闲居的乐趣：虽然"种豆岂吾志"，但"润看苗带雨，青忆蔓成丝"不失为一种乐趣，"摘实供茶椀，吟风对酒卮"②，也未尝不是一种享受。田园生活也使作者感受到了浓郁的邻里亲情："南邻梨柿熟，相送见情真。"③ 李念慈"坐逋赋罢"，在家闲居期间写了大量的山水田园诗，"一雨连旬妨稼穑，新晴相对有蒲觞。行田渐见禾苗绿，登俎还看杏子黄。野客到村宽礼数，闲身逢节倍清狂。边隅已喜休烽火，续命何劳綵线忙"④。

四　归田文人的交游

中国古代山水诗盛，同士人视交游为一生活方式有关，魏禧曾说"游道广而声诗盛，近古以来未有过于今日"⑤。归田之后的士人一般拥有较高的社会声望和较雄厚的经济实力，致仕后他们有较为充裕的时间，喜欢游历山水，欣赏自然景色，在声色歌舞、赋诗饮酒中消磨时光，抒发情怀，而这种游玩也同明清以来的交通便利和经济发展相联系，他们的自然之游呼朋引类，往往具有群体性的特征。

---

① （明）王维桢：《亚中大夫长芦都转运使司运使渭川东公》，《槐野先生存笥稿》卷十二，第126页。

② （明）王九思：《种豆》，《渼陂集》卷四，第134页。

③ （明）王九思：《昼寝南邻遗果》，《渼陂续集》上卷，《渼陂集》，第678页。

④ （清）李念慈：《五日村居蒲酒留村翁共饮》，《谷口集》，《谷口山房诗集》卷一，第533页。

⑤ （清）魏禧：《江湖一客诗序》，《魏叔子文集》卷九，第485页。

关中士人在受刘瑾事件牵连遭贬后，在所居的关中地区形成一个文学圈，他们和本地的士人及仕宦的官员常往还。康海归田后，乡居浒西三十余年，外狂放而内守真，把失志之痛渐渐地散入村居的生活，内心的激愤之情在领略自然之风情与友人的交游中逐渐消融。挂冠后和康海经常往来的有王九思，杨武（康海的姊夫，官至都察院右佥都御史，正德五年罢归岐山）、张儒珍（亦是康海的姊夫，曾任永寿王府教授）、张潜（康海之二女亲家，官至山东布政司左参政，正德九年归居华州）、吕柟、马理（皆陕西人，为明代著名的理学家，吕柟正德三年中状元，其时康海为会试同考官）、康海的堂弟康浩、康河、康淳，外甥张镈、张炼等人。

正德十三年戊寅（1518）康海四十四岁。是年七月何大复遣陕西按察司提学副使，元宵节聚会，听落魄的原教坊子弟演奏、歌唱，感慨颇多。《康对山先生集》卷八《元夜见晋歌者辛宝贾谧贾胜》："教坊子弟几人好，独有胜谧与辛宝。十年不识五音清，一奏真令百忧扫。"[①] 二月，偕杨武，同游南山，紫阁诸峰。王九思《渼陂续集》卷中《明故中宪大夫都察院左佥都御史北山杨公墓志铭》记"（杨公）往年戊寅尝与德涵太史过予，同游南山、紫阁诸峰，信宿然后别去"[②]。杨武，字宗文，岐山人，弘治九年进士，出知淄州县。十四年冬起为浙江道监察御史，官至都察院左佥都御史。刘瑾败，言者以乡人为辞，由是罢归。

正德十四年己卯（1519）康海四十五岁。二月，至高陵访吕柟，邂逅十年未晤面的何景明，畅谈忘晨夜，并约至浒西再开樽。康海作《喜仲默至》："二月高陵县，逢君发庆阳。十年方邂逅，百岁几徜徉。词赋名须久，安危望已长。青尊今夜月，好醉浒西堂。"[③] 三月吕柟再至武功，海与宴饮、同游、倡和。

游记作为中国古代散文的一个门类，是地理与文学的结合体。具体地说，游记是以描摹山水名胜、记叙游踪风情为内容的散文。关中士人

① （明）康海：《元夜见晋歌者辛宝贾谧贾胜》，《康对山先生集》卷八，第 145 页。

② （明）王九思：《明故中宪大夫都察院左佥都御史北山杨公墓志铭》，《渼陂续集》卷中，《渼陂集》，第 803 页。

③ （明）康海：《喜仲默至》，《康对山先生集》卷十，第 164 页。

领略山水之盛，留下大量游记。正德十五年庚辰（1520）康海四十六岁，春与吕柟、何景明、王九思等同游，亦歌、亦诗、亦赋、亦记，汇为《五子游山集》。吕柟《泾野先生文集》卷三《五子游山集序》："去年予从对山康子洗病于鄠之汤泉，因欲眺楼观、览仙游、憩赤松岭，以毕终南之胜也。然是时，天大雨，盩厔无官不能借马，故其兴索然，至今怏怏焉。今春大复何子按士至此，而王渼陂、张西溪、康对山、段河滨亦同游焉。京人王明叔者且尹盩厔，以为兹山主，于是奇巘秀峰，哲迹咸造，有诗有歌有赋有记，南山之灵亦浩乎畅矣。明叔将板焉，而亦知予往怀之未遂也，乃以序问予。"① 王九思《渼陂集》卷十《游山记》："正德庚辰三月癸巳（五日），大复山人何子仲默校士于鄠杜，其暇约予游南山诸胜处云。丙申（八日），南行二十里抵金峰寺……何子有诗……明日丁酉（九日）何子西入盩厔，又四日县令王子明叔折简邀予西游楼观，予辞不赴，使者五至而予命驾，其日壬寅（十四日）望也。比至，则诸公已先在，方从紫云楼而下秉烛逆予，笑曰：'王子太俗。'盖西溪张子用昭至自华州，河滨段子德光至自长安，对山康子德涵至自武功，独予近乃独后至，固甚可笑也。于是由何子以下各举觞罚予，予即大醉……对月坐饮，已又起入方丈环座，何子卧榻，于是康子鼓凤瑟，歌予所制越调曲。感激愤厉，诸公击节叹焉。已又据席饮，何子曰不可。"② 游事中见理，或者通过山水描摹，透露出康海被黜后通过山水之游以减轻内心的忧郁之情，但激愤的心情无法完全释怀，在游历中通过诗歌抒发其郁郁不平之气。这种创作倾向折射出这一群体的诗学思想，也是那段历史的反映。

被黜的关中士人，尤其是康海被诬陷极甚，其高洁的品格为当时朝廷部分士人所倾倒，在诸多的交游对象中有许多因公务过武功顺路拜访康海的官宦士人。嘉靖十年辛卯（1531）春，李开先饷军西夏，路出乾州，访康海。归时又访王九思，并在长安与康海等盘桓廿余日。康、王甚爱之，互有倡和。李开先在《渼陂王检讨传》中记载："予尝饷军

① （明）吕柟：《五子游山集序》，《泾野先生文集》卷三，四库全书存目丛书本，第60册，齐鲁书社1997年版，第539页。

② （明）王九思：《游山记》，《渼陂集》卷十，第340—346页。

西夏，路出乾州，偶遇康对山，坐谈即许以国士，当夜作一正宫长套词赠之，传播长安以及户县。而张太微、胡蒙溪又交口称誉，以为自来会晤过客，无如予者。”① 《与唐渔石书》曰：“昨在省见山东进士李开先者，资性英发，识见超远，文艺精典，哲匠所难，治体通达，后辈希觏，心殊重之。濒行，因与太微、蒙溪泊韩马河滨，诸公送之东郊之外。”② 李开先早年与王九思为忘年之交，诗文倡和一生，王九思卒，李开先为之作传。康海和王九思在提携后学方面不遗余力，李开先之名，得赖王九思、康海的提携，他在《渼陂王检讨传》中说：“予初碌碌，赖二翁称扬有名，鄙作亦赖之得进。”③

王维桢《明尚宝司司丞致仕洛原白公墓碑铭》谓：“白公故尝闻关中鄠杜有王太史、武功康太史两公皆家居，恭之，乃求使入关谒两公。”④ 嘉靖十三年甲午（1534）夏，康海与吕柟、杨用之、白贞夫同游普缘，后二月，白贞夫复访，任少海适至，同宴于世爵堂。并撰《送白贞夫序》。《全集》卷二八《序云》：

> 予居浒西山房二十有七年矣。客过访予者率以载之宾游，识久要焉，然非卓然道义弗予也。今年夏，予与泾野吕仲木氏、南里杨用之氏同过彭麓山房，眺南山，游普缘。普缘为故仙游宫，山回合而水围绕，气磅礴而景葱蒨。宋东坡、苏子瞻氏盖奇其胜，数往游焉。曩予与仲木屡订兹约，正德壬申，至而阻雨粤今十有三年，始协兹游，北至彭麓，携榼命舆矣。而洛原白贞夫氏自晋阳来关中，望华瞷河，觏周秦汉唐之墟邑，丰镐岐雍之盛。方自户杜访渼陂王敬夫氏而西也。闻予与二子在彭麓，即跃马过彭麓，同二子循黑谷抵普缘，周览遐眺，欢悰毕陈。降观《子瞻塔阴记》及《游景叙题名》，已而叹曰：“兹无负于普缘矣。”事不前约，而一旦卒，同非数也耶。明日既晡，仲木东迈，用之有事渭川精舍，贞夫同予北

① （明）李开先：《渼陂王检讨传》，《闲居集》卷十，《李开先集》，第 601 页。
② （明）康海：《与唐渔石书》，《康对山先生集》卷二二，第 258 页。
③ （明）李开先：《渼陂王检讨传》，《闲居集》卷十，《李开先集》，第 601 页。
④ （明）王维桢：《明尚宝司司丞致仕洛原白公墓碑铭》，《王槐野氏存笥稿》卷九，第 149 页。

行过访浒西，已而出平湖屠氏所赠文，则贞夫此行盖不予弃也。然予逃形物外二十年，礼法之士未有弗疾者，贞夫则何取于予哉！明日贞夫辞予行，予观贞夫悠悠然有逸思焉，于是握手语贞夫曰：今士大夫尚浮名而趋末务，偶善一诗，成一文，则矜炫驰肆、目无全物，即上追屈宋、中骖班马，艺而已矣，况摹仿摽敓、文实俱鲜。此士人之鄙习，非国士之鸿操也。国家以崇官好爵养天下之士者，恐百姓之未安、万化之未给也，若此何邪？①

白贞夫名悦（1498—1551），字贞夫，号洛原。武进人。嘉靖十一年进士，官至尚宝司司丞，工诗，有《洛原遗稿》、《王槐野存笥稿》卷九有《明尚宝司司丞致仕洛原白公墓碑铭》。赵时春《赵浚谷诗文集》卷三《送白贞夫序》："礼部主事白子贞夫以使事至于韩，国使修撰屠子文升盖赠之言，其言曰：凡适乎关之西者，问其山则终南、太华、空同也，问其水则灊沮、泾渭、河汉也，问其人则某与某若某也，而时春之名字适在列。白子于是信之而不惑，于其山则探幽而穷奇焉，于其水则穷源而问津焉，于其人则皆造庐而讯之，和颜色而从之游无良留焉，其于古人取友之道可谓无二矣。"②

嘉靖十八年己亥（1539）正月二十六日，康海往寿马理，明其堂为"光训堂"，应泾阳诸生之请为作《光训堂记》。记中称颂明兴以来，能以其道名天下者只三四人而已。即河东薛先生德温、泾野吕先生仲木、医闾贺先生克恭、马理，赵时春有诗寄康海，表示欲于"秋月满"时，到浒东与海同游。大学士翟銮行边，曾过问康海，见其贫，转他官赠金若干。是年秋，翟銮北还，康海应御史顾坚等人之请，撰《赠石门相国巡边北还序》。另有五律《寄翟石门相国》、七律《送石门行边北还》、《次答石门相国二首》。

十二月十四日寅时（1541 年元月十日）康海病终正寝，吕柟、马理至武功哭丧，同海之诸弟检其箧笥，只百余金，家无常物。明年十月

① （明）康海：《送白贞夫序》，《康对山先生集》卷二八，第 320—321 页。

② （明）赵时春：《送白贞夫序》，《浚谷先生集》卷八，四库全书存目丛书本，第 87 册，齐鲁书社 1997 年版，第 593 页。

十八日，以山人巾服葬于城南纸坊祖茔。吕柟《大明前翰林院修撰对山康先生墓表》："其殁也，予从豁田公哭问后事，同诸弟检其箧笥，只百余金。家人云，此今大学士翟公过陕，惜其贫转他官所与及御史征文资也。其余皆酒器、首饰，不满一二百云。卒时命以山人巾服殓，先尝遇例京官为民者予冠带，后惟山人巾服以终身耳。"① 赵时春于明年二月抵武功，以文哭海曰："公之生也将以发关河閟秘之清晖，其逝也予以还太华终南之元气，彼世之纷扰者曾何足为深计。呜呼，文何足以知公，而公之文亦岂易知哉！"②

中国官员通过科举一途进行选拔，因此具有较高的文学素养，是中国文学家最主要的组成部分，他们的仕途进退既关涉其政治生命，同时对其文学创作也影响至深。明清关中士人仕宦的官员由于政治旋涡在仕途方面比较坎坷。在仕途顺利之时他们意气风发，具有舍我其谁的英雄气概；一旦仕途受阻，便产生强烈的失落感，文学创作充满悲愤郁郁之情。为舒缓淤积于胸的愤懑，往往徜徉山水间，涤荡内心的千愁万绪。通过和知己的交往来获取内心的安全感和被认同感，这成为致仕官员生活一种主要的形态。

第三节　游幕与文学

自汉唐以来，游幕便成为中国古代文人常见的行为方式之一。游幕是一种介于仕隐之间，或者说是一种处于不显不隐之间的选择。明代自京官五府六部的首领官到外府、卫首领官及杂流，无不在政府的严密控制下，各级官员的除授权归属中央，官员没有自署僚佐的权力，在中国历史上起着重要作用的幕府制度正式消失。虽然幕府、入幕之类的词还在人们笔下用着，但含义已与旧义不同。在明人那里，对"幕府"有

① （明）吕柟：《大明前翰林院修撰对山康先生墓表》，《泾野先生文集》，四库全书存目丛书本，第61册，齐鲁书社1997年版，第428页。

② （明）赵时春：《康太史集序》，《浚谷先生集》卷七，第579页。

着不同的理解、认识。它不等于入仕。清沿袭明代幕府传统，但幕主的身份已不同于明代，而是所谓的“异族”满洲人。故顺治时期遗民学者轻易不会出游幕府，即使生计困顿，他们也宁愿以“游客”自养。从清初有关史料的记载可以看出，“游客”与“游幕”有所区别。“游客”一般指友人（不在官场之客），“游幕”则指官员之客。翻检明清关中士人的生活经历发现，明代关中士人鲜有游幕者，而到清朝由于遗民的原因和仕宦的不顺，游幕的关中士人颇多。

一　清初关中文人游幕的背景

清代是中国历史上幕府发展最兴盛的时期，士人游幕之风盛行。[①]清初历经几十年的战争，社会经济破坏严重，社会经济的恢复让清初的统治者不得不聘请辅佐人员，清廷曾一度允许王公大臣有封疆之责者可根据需要聘用幕客。另外，随着士人群体逐渐扩大而科举中能中举者没有得到相应的扩大，多数文人科举无望，他们中的大部分由于缺乏其他的生存技能，主要是坐馆授徒，靠书本知识为生，通往仕途之路受阻而成为无组织的社会离心力量，非常不利于统一的政治权威的巩固。而幕府的发达，正好可以起到吸纳社会自由流动资源以抵消或削弱社会离心力量的作用，于是游幕便成为一种重要的选择。另外，由于科举考试的内容与处理行政事务没有多少关联，因而使得那些由科举入仕的官员不得不通过延请幕友来处理政事[②]。三藩之乱平定后，学人游幕的内容开始向文事方面转变。游幕可以引起众多学人的浓厚兴趣，使他们有机会结识同时代的名流，开阔自己的眼界，建立起自己的关系网，这对扩大游幕学人个人的影响非常重要。

在游幕士人中有一个群体值得关注，那就是明遗民。明清易代之际，面对突如其来的陵谷迁变，士人们面临着社会角色的重新认定，“遁迹”和“入仕新朝”是当时士人的两个极端选择，他们游离于二者之间：既不和新的政权发生直接的关系，又同新贵们保持着一定的私人关系，而这一部分士人在明遗民中占据相当比例，他们或成为新贵幕府中的宾客，或不入幕府，但不时接受新贵的接济，于是在清初便形成了

---

① 尚小明：《清代士人游幕表》，中华书局2005年版，第3页。

② 同上书，第7页。

一个较为庞大的游幕群体，这一群体对清初的学术产生了深远的影响。事实证明，游幕不仅是清初遗民一条获取物质财富的求生之路，而且也是清代文人文化生活的一种普遍现象。游幕的文人实际上构成了清代文学创作队伍的主流，幕府士人交游和文学活动直接制约和推动了清代文学的发展与变化，明清文学史在一定程度上是入幕文人的文化生活史，他们的活动也成为清初文学不可或缺的组成部分。清代入幕的士人身份比较复杂，或为科举的失意者，或为家道中落的官宦子弟，甚至是政治的失意者。尚小明先生根据父辈职业所作的游幕士人家庭出身状况做过统计，情形如表 4 –7 所示①：

表 4 –7　　游幕士人家庭出身状况统计

家庭出身	官宦	教书	务农	经商	游幕	行医等	仅知未仕	无记载	合计
出身各类家庭的游幕士人数(人)	278	34	14	45	51	12	439	491	1364
百分比例(%)	20.4	2.5	1.0	3.3	3.7	0.9	32.2	36	100

从记载资料看，游幕士人家庭以父亲做官者最多，占 20.4%；游幕者次之，占 3.7%；经商者复次之，占 3.3%，其下依次为教书者 2.5%、务农者 1.0%、行医者 0.9% 等。后五项合计 11.4%，此外尚有 32.2% 的游幕士人的父亲仅知未仕，而无具体职业记载；更有 36% 的游幕士人的父亲从事何种职业，在史料中毫无记载，两项合计达 68.2%②。根据尚小明先生以上数据来考察清初关中游幕士人，家庭经商者、仕宦者与未知仕宦者为多，家道中落致贫或本来家贫为主，入幕成为他们维持生计的主要手段。

根据尚小明先生《清代士人游幕表》所做统计，入幕的关中士人有 8 人，具体见表 4 –8③：

① 尚小明：《清代士人游幕表》，中华书局 2005 年版，第 8 页。

② 同上。

③ 同上，第 41—100 页。

表 4－8

入幕关中士人简介

姓名	字号	籍贯	生卒	家境	功名	幕前活动	游幕经历	幕中活动	出幕后活动	资料来源
王弘撰	字无异，号山史	陕西华阴	1622—1702 年	父官兵部侍郎	监生		1663 年陕西巡府贾汉复敦聘之	纂《陕西通志》		李因笃：《王徵君山史六秩序》、《受祺堂文集》卷二；吴修：《昭代名人尺牍小传》卷十
孙枝蔚	字豹人，号溉堂	陕西三原	1620—1687 年	世为大贾，豹人弃儒从贾，家计日困	1634 年附生	从商	1659 年客延令唐含拙幕；1664 年客句容县幕；1668 年客丰城令房兴公幕；1669 年客潜江令王幼华幕；1674 年客滕县任明府幕；1676—1677 年客江西总督董卫国幕；1683 年夏客武昌董卫国湖广总督幕	授读	读书著述	孙枝蔚：《溉堂前集》卷三、卷六，孙枝蔚：《溉堂续集》卷二、卷六，郑方坤：《孙枝蔚小传》、《碑传记》卷五十八，王泽弘《溉堂后集·序》
杜恒灿	字苍舒	陕西三原	1625—1674 年	家甚贫	1648 年副贡		1648 年李承尹督学湖北，恒灿从之；1655 年郎廷极抚江右，聘之，又以浙江布政史聘，至余杭；贾汉复巡抚陕西，敦延之后游滇南、复入吴，久之归		注铨归判，未仕而卒	李因笃：《杜仲子苍舒传》（《受祺堂文集》卷一）、法式善：《清秘述闻》卷十《学政类》二；魏禧：《通判杜君墓志》（《魏叔子文集》卷十八）

续表

姓名	字号	籍贯	生卒	家境	功名	幕前活动	游幕经历	幕中活动	出幕后活动	资料来源
李因笃	字天生，号中南山人	陕西富平	1631—1692 年	父以文名，天生幼孤家贫	1679 年诸主举鸿博		1672—1675 年依湖北按察使高钦如幕；1683 年依兴安太守李筠庵；1685 年客岐山令茹紫庭署；1686 年夏客凤翔太守曹冠五署	司笔札	翰林院检讨，以母老告归	吴怀清：《天生先生年谱》
王杰	字伟人，号惺园	陕西韩城	1725—1805 年	父为石门主薄，家甚贫	1760 年举人，1761 年进士	选蓝田教谕来赴位	1756 年陕甘总督尹继善聘，居幕府，同年，尹继善内迁，荐杰入巡抚陈宏幕，留三载	记室、司笔札，暇则潜心读书	官至东阁大学士	阮元：《王文端公年谱》
李楷	字叔则，号岸翁	陕西朝邑			1627 年举人	官宝应县，罢官	康熙初应陕西巡抚贾复汉之聘	纂《陕西通志》		颜光敏：《颜氏家藏尺牍》
马岗千		陕西乾州					撰刻《关中胜迹图》	毕沅幕府		钱泳：《履园丛话》卷十一
李念慈		陕西泾阳								《谷口山房集》

游幕士人从事何种活动，主要取决于幕主的需求，而幕主的需求大则受所处时代的政治、社会、文化影响，小则取决于他所面临的问题。士人游幕活动的内容非常丰富，但概括而言，不外乎政事、兵事、文事三类。游幕士人的政事活动主要包括：（1）协助幕主办理与政务有关的文牍、奏章等；（2）为幕主处理政事，出谋划策，提出意见或建议；（3）协助幕主具体办理河、漕、盐、赈诸大政；（4）协助幕主处理册名、钱粮等事务；（5）协助幕主办理通商、外交等事务；（6）其他活动，如协助幕主捕盗、缉私等。对于明清幕客而言，如汉唐幕僚积极参与谋议、佐理政务的情形较为弱化，主文代笔、诗酒唱酬是他们游幕生活的主要内容，是新型游幕方式的开端。王弘撰在贾汉复幕府中主要从事《陕西通志》的编纂与教育其子女，李因笃在高钦如幕府中“仅以刀札相寄”[①]，帮助处理刑名等相关事务。

文人游幕更多的是着眼于经济上的利益，其他带有政治色彩的目的没有必要也几乎不可能实现，因经济驱动而出游也就成了明清游幕一大原因。康熙十一年李因笃经张梦椒举荐，南下武昌入按察使高钦如幕，其因也是由于经济困顿，他在给李良年的信中写道，“弟自违雁门之后，负贷累千，不得已暂有此行，入幕虽卑，犹自食其力”[②]。这可以在一定程度上解决士人的经济困难。另外明清幕客有自主的流动性，李因笃和孙枝蔚都有几个幕主，游幕之士与幕主之间更像真正意义的主客关系，合则处，不合则去。游幕的自主性可以使得幕主与幕客之间保持一种相对平等的理想状态，更易于形成彼此理解的私人情谊，维护了幕客独立的人格尊严，从事学术文化活动；游幕可以使他们间接地获得参与政事的机会，在一定程度上实现自己的经世之志。李念慈通过幕府，解决了维持生计所需的经济问题，和幕主的关系也比较和谐，竭尽全力辅助幕主：“从戎既不易，干请羞趋谒。侧身从幕府，聊免苟肥腯。此行为养亲，妻孥兼存活。举家顿温饱，在事须陈力。况当受恩地，涓埃亦报答。触热登修途，骄阳灿病骨。骑马驺从间，挥汗濡□葛。吾师虽精密，犹恐有微阙。人或工承指，我意岂敢讷。所言即未当，要当尽吾

① （清）李因笃：《复李武曾书》，《续刻受祺堂文集》卷三，清道光十年杨松林刻本。
② 同上书。

识。一饭非徒然，努力效微末"①。只有把这些方面同游幕结合起来，才能很好地解释清中期学人游幕盛行的原因。

二 游幕文人的境遇

游幕诗人众多，奇才辈出，反映游幕生活的篇什见诸多种诗文难以计算。这些游幕诗人大多生活穷困，怀才不遇，他们"蓄其所有而未得施于行事，因舟车所更涉，历揽山川之雄秀，城阙之壮丽，人物之英伟，古迹之苍凉，感其郁积，往往形诸咏歌，以写伤今怀古、思亲念旧、嗟老叹卑之意。性灵所寓，墨光照耀，洵非桅言蜡貌而为欢娱之词者所可及也"②。

游幕既然可以缓解或解决生计问题，就应该被理解，所以即便是对游幕有微词的顾炎武也认为，"食贫居约而狭游于贵门之要，常人之情鲜不愿者"③，尽管入幕相较坐馆体面一点，但并非所有的幕主都能对幕客平等相待，幕客在幕府中的境遇呈现出多样性，李因笃有数次入幕的经历。顺治十六年底，李因笃经苏东柱、赵志忭共同推荐，入泾固道兵备陈上年幕。顺治十七年冬，陈上年擢升为山西雁平道兵备使，李因笃随之前往山西代州（今山西代县）赴任。至康熙六年（1667），因陈上年裁缺，李因笃才偕家回到陕西。陈上年对李因笃礼遇有加，在聘任初期，就曾不远百里亲自到邸张驿（今礼泉县底张镇）迎接李因笃，李因笃在许多诗作中描写他在陈上年幕中的愉快心情，"幸遇颍川公，援之宾客右。千秋徐孺榻，十载腼颜久。公亦具兹缟，嗜痂如获藕。罔遗蚓蜩细，尝附龙虎吼。乃放大厥词，濡毫恒携手。纵谈辄积夜，高兴凭酒酣"④。曹溶开府边塞，先后任其幕职的遗民有五人；朱彝尊、屈大均、顾炎武、李因笃及俞汝言。在曹溶幕中，李因笃也受到礼遇，《俞渐川集》中收入《二子篇贻顾宁人李天生》七古一首（卷三）记秋岳幕府中人士最详，诗之开篇五韵，先述秋岳边郡开府事："边郡诸侯谁好事？云中雁门称第一。同开幕府句阴山，共脱貂裘礼宾客。笳闻鼓

① （清）李念慈：《在幕中》，《从侍集》，《谷口山房诗集》卷十三，第639页。

② （清）陆元辅：《燕游草序》，《陆菊隐先生文集》卷六，清刻本。

③ （清）顾炎武：《与潘次耕札》，《亭林余集》，《顾亭林诗文集》，第167页。

④ （清）李因笃：《病后承杜姻家方叔整辑诗稿感赋古体五百字》，《受祺堂诗集》卷三五，第800页。

卧烽息烟，尊垒楚楚屏争瑟。甲朝丙夜恣讨论，如石投水胶在漆。邺下梁国彼一时，安论轩车与遗佚?"[①]"邺下梁国彼一时"句，用曹操集诸子邺下事影射曹溶。"安论轩车与遗佚"，照应秋岳以"轩车"礼遇"遗佚"之士，亦即"遗民门客"一词之所出。至"甲朝丙夜恣讨论，如石投水胶在漆"，记幕府中人论文谈艺时彼此相得。李因笃入幕期间其他诗作表达和幕主之间关系，如《醉时歌》（赠郭九芝，郭九芝时为富平县令，李因笃庇于其下长达七年之久）中写道："朝来新购鹅溪绢，好手装成净若练。过我索书囊底诗，低徊流涕被颜面。"[②]即表达对郭无私相助的感激。李因笃游幕期间朋友遍及天下，曾作《存殁口号一百零一首》，列出知名好友达二百余人，因而赠答酬唱之作几乎占作品总数的二分之一强。这些诗篇多数情真意切，义气充盈，如《送约生表兄西归》云："男儿会当有知己，骨肉何遽轻一毛?肝胆互披向明月，酒酣浑欲拔佩刀。"[③]

冯宗尼为李念慈同年，李念慈初入冯宗尼幕，冯宗尼对李念慈以礼相待，"大参北海冯公宗尼先是分巡邠乾，时蒙以诗酒下交，恩礼甚笃。比进秩，备兵庄浪。时花门之乱，河西甫定，甘凉尚未收复。时危官贫，幕中亲友皆辞去，公戚然感叹，念慈乃请与同行，自戊子冬越关山历天水，由皋兰渡河抵庄，西向与晨夕者二年余"[④]。

李柏为躲避旱灾南迁洋县，入幕张仲贞太守家，时年65岁，时间近两年。王心敬在《墓碣》中记曰："西凤大旱，先生乃携家就塾汉南洋县，得贤东道故太守仲贞张公款留，乃托足焉。"[⑤]在张仲贞太守家坐馆待遇颇好："洎令叔自南归，一见如生耳故旧，凡事所需，皆先意绸缪。"[⑥]李柏对张仲贞太守的盛情也一再表示致谢："皋伯通之于梁鸿，孙宾硕之于赵岐，刘荆州之于仲宣，严郑公之于子美，古有其四，

① （清）俞汝言：《二子篇贻顾宁人李天生》，《俞渐川集》卷三，清抄本。
② （清）李因笃：《醉时歌》，《受祺堂诗集》卷一三，第583页。
③ （清）李因笃：《送约生表兄西归》，《受祺堂诗集》卷五，第498页。
④ （清）李念慈：《出塞集》自述，《谷口山房诗集》卷二，第538页。
⑤ （清）李柏：《太白山人雪木李先生墓碣》，《槲叶集》附刊，光绪重刻本。
⑥ （清）李柏：《与张大将军幼南书》，《槲叶集》卷三，光绪重刻本。

今见其一也"①；"我本终南采药人，与君长醉筼筜竹"②。除此之外，李柏还撰了《仲贞张先生像赞》，其中虽没有直接提及对张仲贞的感激之情，但对李柏而言，能为别人写赞就说明他和其人关系甚笃，因为他不轻易写应酬性的东西，李柏不惜笔墨写了数篇和张仲贞相关的文章，足见他在张仲贞家坐馆是有别于当时传统士人坐馆，他们是知心朋友之间的一种无私的帮助。

入幕的士人和幕主之间的关系比较复杂，幕主的个人喜好、幕客的个人能力等决定他们之间的关系，入幕士人内心有时也要忍受煎熬。康熙十一年（1672）春，经张梦椒举荐，四十二岁的李因笃南下武昌，入湖广按察使高钦如幕，此次入幕似乎不太如意，李因笃给好友李良年的信中略有怨言："彼彼取此，恶择夫其轻。此肝膈之言，度足下不以为河汉耳。主人夙无泛爱，顷因大计戒严。宾客到门，概辞通谒。致生平故旧咫尺不前。读足下手缄，慨然终日。丈夫具有血气，安能郁郁久居此?"③ 高钦如为了戒严，对于幕客来见一概谢绝，使李因笃发出"丈夫具有血气，安能郁郁久居此"的感慨。李念慈到济宁投奔蛟峰先生，也有被婉拒的经历，"夏之初被摄到济宁投谒蛟峰先生，未蒙赐见，知其重引嫌也"④，并且在幕府中受到他人的嗤笑，"朱门多豪华，真率反见嗤。所怀多不达，罄折空尔为。世情良堪厌，归卧北山陲。丘壑适我志，诗书可忘饥。人生不富贵，慎勿结交知"⑤。长期在外谋食，历经艰辛，饱尝屈辱，自己也一事无成，时光的洗濯消磨了诗人的意志，因此萌生归隐的想法。长期定居扬州的孙枝蔚为贫困所迫，乞食于幕府，魏禧指出："豹人年五十，浮客扬州，若妻妾子女奴婢之待主人开口而食者且三百指。世既不重文字，又不能力耕田以自养，长年刺促乞食于江湖。"⑥ 孙枝蔚曾私下托王士祯的胞兄王西樵向王士祯说情，以求入幕："蔚归橐颇不薄，然但能完却宅价及为儿女辈置过节衣服。此

① （清）李柏：《与张大将军幼南书》，《槲叶集》卷三，光绪重刻本。
② （清）李柏：《筼筜行寿仲贞张翁》，《槲叶集》卷四，光绪重刻本。
③ （清）李因笃：《复顾先生》，《续刻受祺堂文集》卷三，道光十年杨松林刻本。
④ （清）李念慈：《答方田伯书》，《谷口山房文集》卷一，第 810 页。
⑤ （清）李念慈：《述怀》，《谷口山房诗集》卷二，第 537 页。
⑥ （清）孙枝蔚：《溉堂集续集序》，《溉堂续集》卷首，《溉堂集》，第 480—481 页。

外，仍复纷然来扰，贫人矣。因先生过相关切，故具述及。游道既绝，戚戚靡骋计，止有作幕客一着，差可救穷。而笔札之任复非所长，若使妻坐米桶，儿啼门东，则有情所不堪，兹敢私渎者学道，幕中或有缺人者，若可为弟帖括积习，觉稍相近，此阮亭先生所不难齿牙得之而通书长安，复不变及此，意先生肯为蔚切嘱之乎?"[①] 后来孙枝蔚如愿以偿，和王士祯订交。孙枝蔚也曾入周亮工幕，周的门下还有吴嘉纪、汪楫、余怀等，这些人都是淮左名士，孙枝蔚和他们诗酒倡和，经年不绝。孙枝蔚还入其他显贵幕府，创作了大量反映入幕生活辛酸和无奈的诗歌，限于篇幅不再赘述。

三　幕府中的文学活动

游幕对诗歌创造的影响极为广泛。沈楳《兼山堂诗序》曰："自古诗人多出幕僚，如工部在蜀，昌黎在徐，皆以大手笔为诸侯宾客。而樊川、玉溪亦以碧鸡白凤之才，寄迹青油，飞书走檄。盖自古人才不遇，万里壮游有江山之著，而无轩冕之羁，故笔墨间往往有奇气。然则求诗人而朱扉画角，故一时著作之林也。"[②] 张九钺《健松草堂诗钞序》曰："余尝谓古今人才多出幕府，自应、刘、陈、阮后，颜、谢、鲍、庚，唐之少陵、义山、牧之，宋之欧阳、苏、陆，其尤著者。士抱不世之才奇于数，既不能屈首场屋，就有司绳尺，又不甘槁项黄馘，抱一经死牖下，于是旅食四方，借笺奏牍檄以抒其汲古济世之志。而生平沉郁苍凉之气，则时跌宕于诗歌。余往来南北幕府三十余年，见奇才恒多，益自信此言为至论。"[③] 幕府文学独居风格，受到时人的关注。清初学者陆元辅曾言："诗必游而后工，必穷者之游而后尤工。"[④] 游幕为贫寒士人出游的最重要方式之一，其于诗歌创作的影响自然不浅。清代学者即有述记。姚椿《史赤霞遗集序》曰："古之人才聚于幕府者为多，而于诗人尤盛。盖其见闻繁富，阅历广博，凡欣愉忧愤之情，身世家国之故，其于人己晋接，皆征性情，抒才藻。自风雅以来，行旅篇计，唐宋以

① （清）孙枝蔚：《与王西樵考功》，《溉堂文集》卷二，《溉堂集》，第1079页。

② （清）沈楳：《兼山堂诗序》，《兼山堂诗钞》卷首，清刻沈氏三代家言本。

③ （清）张九钺：《健松草堂诗钞序》，《陶园文集》卷四，道光二十三年重刻陶园全集本。

④ （清）陆元辅：《燕游草序》，《陆菊隐先生文集》卷六，清刻本。

降，幕府征辟之士班班著见，载籍者大抵其客游之作居多也。”①

清代的幕主绝大多数都是通过科举而进入仕途的举人，他们有着较高的文学修养，在政暇之余往往和幕客之间有文事活动。陈上年（？—1675），字祺公，河北清苑人。顺治六年（1649）进士，授巩昌府推官，内迁兵部郎，十六年出为泾固道，顺治十七年十二月调雁平道。陈上年颇好读书，擅长诗文。《大清畿辅先哲传》述及陈上年曰：“能文章，工诗，与李因笃、顾炎武、冯如京、朱彝尊、梁清标友善，篇章酬答，率以道义相切劘。”②

李因笃入陈上年幕前后八九年，入幕期间，由于受到陈上年的经济资助，肆力于学，和其他遗民在学术上相砥砺，“祺公视为畏友，投契之深，有同骨肉。天生以是无内顾忧，而益肆力于学。及祺公备兵雁平，携以入代，复为俱橐资游。圭组之英，蓬荜之彦，俱与交欢。傅青主、顾宁人、朱锡鬯辈，尤以古道相砥砺。著述日富，叩其所蓄，如海涵地负”③，“所著诗文，益高古精邃，名博海内，一时骚人词客，趋之若鹜，至邸舍不能容”④。李因笃在山西期间还曾“以故人之子”入曹溶幕。曹溶，字洁躬、鉴躬，号秋岳、秋麓，晚号倦圃老人，浙江嘉兴秀水人，生于明万历四十一年（1613），卒于清康熙二十四年（1685）。曹溶（顺治十七年至康熙五年）虽仕明清两朝，被视为“贰臣”，但他同明遗民中坚人物都保持着紧密的联系，他所建立的人际关系，不能用朝代的改易来分隔。在山西按察使任内先后在其幕任职的遗民唱酬往复的诗文颇多，如《送曹秋岳先生赍表之长安》四首，《夏日怀秋岳先生兼对封事》等诗篇。幕府宾客间倡和的盛况，秋月也有记述：“介常至止，锡老踵来。署中惟闻吟诵之声。”屈大均在《雁门关与天生送曹使君返云中》中写道：“李子才何杰，曹侯道故通。埙篪开乐府，究绣丽

① （清）姚椿：《史赤霞遗集序》，《晚学斋文集》卷四，光绪廿年娄县姚氏刻本。

② 徐世昌：《文学传一》，《大清畿辅先哲传》卷十九，北京古籍出版社 1993 年版，第 597 页。

③ （清）王弘撰撰，何本方点校：《李天生》，《山志》初集卷三，第 64 页。

④ （清）吴怀清编著，陈俊民点校：《天生先生年谱》，《关中三李年谱》卷六，第 310 页。

天工。”[1]

通过幕府网络，入幕文人文学成就相互的延誉，在一定程度上成就了他们的文学声望。屈大均赞誉李因笃的诗：“孔德诸体诗陵轹少陵，而五言长律尤善，曹使君秋岳叹为空同以后第一人。”[2] 康熙初年主盟京师文坛的龚鼎孳曾题赠李因笃曰“西京文章领袖”[3]，而龚鼎孳同曹溶一样，虽为“贰臣”，但对明遗民多有照拂，傅山因“朱衣道人案”被捕入狱，题本上达朝廷。时曹溶任都察院左副都御史，会审此案，与龚鼎孳等为傅山开脱，傅山得以释狱。李因笃为龚鼎孳所识并订交和其幕主曹溶有一定关系，也正因为龚鼎孳的延誉，使李因笃的声名更振。

在游幕期间偕伴凭吊历史遗迹在李因笃诗作中也占有相当比重，《追问诸将五首》中，他回顾了居庸关、潼关等系列重大战事，以“释甲不须烦击矢，战场无处赋招魂”[4] 等语痛斥将士不战而降的无耻行径。在《同顾征士恭谒天寿山十三陵》一诗中盛赞崇祯帝励精图治、以身殉国，径以“三献声复吞”、“臣志在躬耕”[5] 等语直陈忠心。

康熙五年前后，李因笃的多位好友如顾炎武、曹溶、朱彝尊、李良年等人皆曾到代州拜访，屈大均得有机缘与诸人相识重逢，多有交游酬唱，留下《送宁人先生之云中兼柬曹侍郎》《送顾宁人》《塞上逢李武曾》等诗。此外，屈大均还曾前往太原拜访傅山，作诗《过太原傅青主宅赋赠》二首。在交流活动中，屈、李二人经常相伴，写下不少诗文作品。最为瞩目的一次是在康熙五年冬，李因笃、屈大均送曹溶回大同，李因笃作《长至前二日同右吉、翁山陪曹秋岳先生宿雁门关，即事四十韵拈“玉露凋伤枫树林”之句分“凋”字》，屈大均则作诗《雁门关与天生送曹使君返云中四十韵》，作词《长亭怨与李天生冬夜宿雁门

---

① （清）屈大均著，欧初、王贯忱主编，李文约点校：《雁门关与天生送曹使君返云中》，《屈大均全集》，第1035页。

② （清）屈大均著，欧初、王贯忱主编，李文约点校：《荆山诗集序》，《屈大均全集》第3册，第66页。

③ （清）陆元辅：《燕游草序》，《陆菊隐先生文集》卷六，清刻本。

④ （清）李因笃：《追问诸将五首》，《受祺堂诗集》卷二，第471页。

⑤ （清）李因笃著，张扶万校：《受祺堂诗集卷四补遗》，1927年鸳鸯七志斋本。

关作》，描述他们在雁门关彻夜高谈、分韵赋诗的动人场景。

李因笃在武昌高钦如幕府期间与时在北方漫游的顾炎武及南下贵州的李良年等人保持书信往来，也曾寄诗程遂。康熙十二年，宋琬赴四川任按察使，专门取道武昌拜访他。李因笃平日交往的人物主要有在武昌的老友宋振麟以及在湖北做官的两位陕西乡党：时任湖北粮道的王孙蔚和时任湖北提学督学王象天，两人皆有诗才。身居异地，这些关中士人时常聚会，饮酒作赋，李因笃曾作诗《中秋夜王督学文石招同里社集饮五首》①、《王潘伯茂衍招饮喜晤尊外舅赵天一前辈二首》② 描绘聚会的情景。庄浪地区地处西北偏僻之域，文化相对落后，李念慈在庄浪冯宗尼幕中和幕主经常以文事活动自娱，"庄浪四月海棠开，置酒花下坐青台。姑苏歌儿好词曲，一曲须倾三十杯。冯公豪饮兴不浅，接□倒著还崔嵬。醉中自拂端州砚，取酒和墨伸素练。淋漓衣袖飞作花，落纸挥毫同掣电。小或盘盘大如斗，一行直下龙蛇走。草书已足屏障资，楷书更须十九首。董米既没书无人，予者腕弱安足珍。如公苍劲故罕匹，肯与群贤作后尘"③。

通过以上分析可以看出，明清幕府文学的发展虽不是历史上最为繁荣的时期，但由于明清特殊的历史背景和文化环境，幕府文学仍有一定的发展和影响。参加幕府的关中士人都有较高的文学素养，在文坛上名噪一时，他们协助幕主处理公文、课子授业，在政暇之余文人雅聚，赋诗属文，形成一个小规模的文学团体，这是文学自觉的一个主要表现。幕客之间的文学交流一方面提高了幕客的文学创作和批评的水平；另一方面也扩大了幕客在文坛的声誉，幕府中士人文学活动必然会促进幕府文学的创作和发展。

---

① （清）李因笃：《中秋夜王督学文石招同里社集饮五首》，《受祺堂诗集》卷十五，第601页。

② （清）李因笃：《王潘伯茂衍招饮喜晤尊外舅赵天一前辈二首》，《受祺堂诗集》卷十七，第615页。

③ （清）李念慈《醉歌行赠冯公》，《谷口山房诗集》卷二，第543页。

第四节　遗民与文学

明清鼎革之变，对汉族士人的精神世界产生了重大影响，其中部分士人拒仕于清或不愿与清合作而成为明遗民。由于在时间跨度上经历明清两个朝代，这些遗民在人生选择的空间、道德理想与生活现实等方面具有一定的延伸性，《清史稿·遗逸传》对此写道："天命即定，遗臣逸士犹不惜九死一生，以图再造。及事不成，虽浮海入山而回天之志终不少衰。迄于国亡已数十年，呼号奔走，逐坠日以终其身，至老死不复，何其壮欤！"① 明清之际的关中是北方主要遗民集聚地之一，以"关中三李"为代表的遗民在明遗民史上具有非常重要的地位，他们的文学成就成为遗民文学的典范之一。

一　易代之际关中遗民的出处

清初的士人，大致包括三大部分：遗民、贰臣、生活在清朝的官员和生员。遗民是一个占有很大比重的群体，值明清鼎革，不降其志，不辱其身，保持着坚定的民族气节，其中徐枋、陈确、王夫之属若隐型；函可、金堡、方以智等出家者为僧道型；魏禧、孙奇逢等人参与农耕，可归于农隐型；黄宗羲、归庄等聚徒讲学，属于处馆型；还有顾炎武、屈大均等为入幕型。②

晚明士人因生计维艰，热衷仕途，竞奔躁进，导致"志于道"的人格精神逐渐消解；加之当时商品经济发达，社会风气趋于奢靡，诱导士人重财尚利，致使道德沦丧，腐败加剧。清初的士人群体，包括遗民及在不同程度上受到遗民影响的士人，儒家思想和社会责任感在他们身上潜滋暗长，故而明朝的覆亡在他们内心隐隐作痛，言语中流露出伤感的情调，这是决定清初形成独特士林风气的重要因素。明清之际士人的贫困似乎是必然的：其一，在古代士人的观念中，"不事生产"是清高

---

① 赵尔巽：《遗逸传》，《清史稿》卷五〇〇，中华书局1977年版，第13815页。

② 钱穆：《国史大纲》下册，商务印书馆1994年版，第851页。

脱俗的表现；其二，国变之后，一些志士抛家别业，隐居深山，生活陷于困境，避世幽居的徐枋说："前二十年不入城市，后二十年不出户庭，故凡交游之往复，故旧之怀思，风景之流连，今昔之感伤，陵谷之凭吊，以至一话一言之所及，一思一虑之所之，非笔之于书，则无以达之。"①

关中有些士人在战乱中隐居度日。赵世英，字秀含，崇祯庚午年举人，知庆都县，李自成入关，改戴黄冠隐于白水，与邑人和鼎为佯狂之游，其《彭衙山居诗》云："独抗羁情一卷书，江湖魏关总愁予。生当列圣平成后，忍见遗宫禾黍余。叩马谁能偕二士？沉湘我欲吊三闾。新亭风景山河异，咄咄尘汗眼倦舒。"② 白水知县梁善长称其忠爱之思溢于笔墨之外。"和鼎，字子新，诸生，为人慷慨刚严，负气节，善谈论，工诗酷嗜李长吉，富平李因笃称蒲城可传之诗，子新为第一。乱后逃奔华山，后隐邑晋王村，酒酣耳热时为诗歌，多亢厉激烈之音，有诗集藏于家"③。"秦中夔，字九成，崇祯年间举人，少有节概，笃学不倦，与杨维斗，陈百史诸名宿结社京邸。逆闯入关，隐避少华山，邑人和子新赠以诗云：'严冬坚坐老知心，傲气惟应待我寻。四海男儿今已见，孤峰云里漫沈吟。'"④ 甲申之变，王弘撰徙家居山中，《贺田雪崖进士序》云："甲申之变，四海鼎沸。二三兄弟徙家穹岩邃谷之中，以延旦夕。时雪崖亦奉其太夫人适至，实结邻焉。甍宇捷猎，鸡犬闻达，一时有桃花源风。倡和招从，殆无虚日。谈经说义，援古究今，出入诸子百家。"⑤ 王弘撰筑"读易庐"，读书其中，王宜辅曾说："大人素多疾，乙卯春构学易庐，书朱子语于门曰：'闲中今古'、'静里乾坤'。又书座右曰：'养身中之天地'、'游物外之文章'，遂谢人事，弃去一切，朝夕讽绎，惟四圣之《易》而已。"⑥ "王建常，字仲复，陕西朝邑人。

---

① （清）徐枋：《居易堂集自序》，《居易堂集》卷首，续修四库全书本，第1404册，上海古籍出版社2002年版，第86页。

② （清）饶应祺修，马先登纂：《列传下》，《同州府续志》卷十一，第722—723页。

③ 同上书，第723页。

④ 同上。

⑤ （清）王弘撰：《贺田雪涯进士序》，《砥斋集》卷一，第351页。

⑥ 转引自赵俪生《顾亭林与王山史》，齐鲁书社1986年版，第171页。

明赠刑部侍郎之宷从子。少失怙，事继母以孝闻”，李因笃、王弘撰数称其名于当道，督学许孙荃持金币为寿，不受；赠以诗请和，亦不答，题其门曰“真隐”。其学以主敬存诚为功，穷理守道为务。尝自言：“年三十时遭国变，即谢绝世故，啖茅读书。至年近八十，又值岁饥，或日不举火，然泰然自得，未尝启口告人。”[①] 李柏生当明末，亲眼看到明王朝走向灭亡，满洲人入主中原。强烈的正统观念和华夷意识使其像许多遗民一样，不愿与清王朝合作，便走上了放浪山水、隐居求志的道路。高熙亭《重刊〈槲叶集〉叙》即云：“其事君也，虽死不二，未尝仕胜国而终为胜国之遗民，荐牍在廷，橡栗在野，奇矣，而仍常也。”[②] 邓之诚先生亦云：“清初遗逸多矣，如柏者实罕。”[③] 袁行云先生更写道：“其人大节无可疵，诗亦高人逸轨。明代遗民，有诗集传世者，有二百余家。试举决传不朽者，似为顾炎武、邢昉、阎尔梅、黄宗羲、杜濬、方文、王夫之、钱澄之、吴嘉纪、李柏、屈大均、陈恭尹。此十二家，即所谓‘不废江河万古流’者也。”[④] 在这里袁行云先生是从这些人的气节来谈的，而从诗歌的创作来说这些人并非是清初诗坛的翘楚。

隐读在明清易代之际作为江南社会文化类型的突出特征，显示出江南独特的文化个性，是江南隐逸文化所造就，这也成为关中遗民在江南乐土上的共同选择，虽然地点有所不同，形式亦各有异，但作为一种集文化性、知识性、娱乐性、休闲性、审美性于一体的清雅的士人生活，既有体面和尊严，又有一定的意义和价值。“鼎革初，雷子避乱昭阳，与先兄平庵及余为莫逆交。既雷子返扬州，杜门扫轨，余时过之，即治饼饵，酌酒欢笑谈古今事，竟日不倦。三径萧然不知门外车马阗拥也。雷子美才博学，取巍科易耳，而雷子夷然不屑，甘为农夫以终其身，雷子之心苦矣，生平文章与王岩齐名，世称雷王，云间为诗歌有山榛隰苓

① 王钟翰点校：《儒林传》，《清史列传》卷六六，第5301页。

② （清）吴怀清编著，陈俊民点校：《重刊〈槲叶集〉叙》，《关中三李年谱》，第260页。

③ 邓之诚：《清诗纪事初编》，第171页。

④ 转引自张兵《清初关中遗民诗群的构成与王弘撰李柏的诗歌创作》，《兰州大学学报》（社会科学版）2000年第3期。

之意，旨深词婉，转本之性情与世之兢浮响趋纤靡者天壤。后迁艾陵湖畔，筑莘乐草堂居之，三餐外惟以吟咏送日而已"[①]。孙枝蔚"僦居扬州之董祠旁，闭户读书，闲为诗"[②]。

明清易代，士人多破家失业，衣食无仰，生计面临严重危机，关中遗民绝大多数陷入困顿之中。李二曲生于草昧，长于贫贱，一生清贫，年轻时被称为"李菜"。李因笃志在守节，可是家庭的困顿迫使他们设法养家谋生。顺治十七年（1660），他作诗《纪别八首》，不无酸楚地描写了生活的窘迫，诗曰："平生有微尚，与世既不偶。闭户每苦饥，谋食忧多垢。夙昔诸故交，时能乞升斗。庇家且茫然，遑复资奔走。顾此怀中儿，念我堂上母。隐者乐田园，非希封藏厚。"[③] 李柏"日食粥或半月食无盐"[④]。

二 遗民文学作品的历史意识

对整体历史的构想在儒家传统中并不是一个重要问题，但这并不是说儒家从不留意于整体的历史观念，孔子主张复古就已隐含着对整体历史变迁的领悟，孟子的"五百年必有王者兴"之说，给身处乱世的人们以形而上的慰藉。宋荦在为卓尔堪所辑《明遗民诗》序文中，归纳了明遗民的一些特征："古今所称遗民，大抵皆在凶荒丧乱亡国之余，而忠义牢骚者多出于其中，其诗也有思，其哭也有怀……夫濮水之清商，天桥之杜鹃，虽非盛世所宜闻，然譬诸霜雁叫天，秋蛩吟野，亦气候所感使然，非谓天壤间必不可有此凄清之音也。"[⑤] 亡国的哀伤是遗民心中无法排遣的情结，他们游走四方，或登高远眺，或行吟泽畔，通过诗文抒发其内心深处的隐痛和无奈，对遗民文学观念的传播普及，无疑有着巨大的推动作用。关中遗民代表李柏作为一个隐逸的遗民，在其身上体现出一种强烈的遗民式的历史意识。

作为易代之际的遗民，李柏对历史发展进程的忧患意识非常强烈，如同处于乱世中的其他部分士人一样，他不可能意气风发，他虽曾有过

① （清）雷士俊：《艾陵诗钞序》，《艾陵诗钞》卷首，第192页。
② （清）孙枝蔚：《溉堂前集序》，《溉堂前集》卷首，《溉堂集》，第9页。
③ （清）李因笃：《纪别八首》，《受祺堂诗集》卷二，第475页。
④ （清）李柏：《国朝先正事略》，《槲叶集》附刊，光绪重刻本。
⑤ 王钟翰点校：《儒林传》，《清史列传》卷六六，第5301页。

对“家事国事天下事，事事关心”的责任感，但经历过种种磨难之后，心灵中的那种悲剧感总是抹不掉的底色，他们心中时有一种日月无常的感慨，心中始终是那种“悲凉之雾，遍被华林”[①]的阴郁氛围，始终面对的是绝对专制体制下个人功业和民族前途的悲情与忧患。这种忧患之情在改朝换代的动荡岁月里尤其撼人心弦，也经常借着家国的兴亡而被反复咏叹：“为问前朝事，石人不点头。兴亡千古恨，江水自悠悠。”[②]另外，李柏所处的时代，正是一个社会激烈变革之后而加以整合的时代。被正统社会视作异端的晚明“启蒙思潮”已接近尾声，一个大一统的“康乾盛世”即将到来。处身在这样一个时代的环境中，在李柏身上，既沾染着晚明士人自由放任的思想气质，也不乏“天崩地裂”后遗民处境的尴尬与困惑，他只能发出“人间兴废事，万古只如斯”[③]的哀叹。孙枝蔚《惜夏》诗也表明对故国远逝的伤悲与眷念故国之情，“送春虽有泪，徒滴落花旁。我饯朱明后，无衣暗自伤”[④]。李因笃在《秋兴八首》中描述了战乱后长安残败景象，“黍逼故宫秋自满，鸿号中泽暮何之”，“烟霜渐老伊人色，日月犹悬故国愁”，“着处关山虚少壮，故园风雨叹飘零”，“古壁荒台残野戍，健儿哀角和秋风”[⑤]等诗句，黍离麦秀之哀、故国陆沉之悲在沉郁苍凉的诗风中得到了淋漓尽致的抒发。李柏对故国的黍离之悲并未随时间的流逝而消逝，而把对故国思念之情永远地雕刻在心中，这种悲愤之情也似东流的江水。对于帝王所期望的江山永固，李柏也进行了辛辣的讽刺：“皇帝空期万世长，蜀山木尽建阿房。三千男女浮沧海，百二河山聚虎狼。金铁锋销鹿上殿，诗出火冷狐称王。子婴轵道为禽仆，争似关东六国亡。”[⑥]统治者穷奢极欲和荒淫无耻是导致国破家亡的重要原因，统治者的暴政导致国穷民敝，自身最终也只落个“黔驴技穷”的下场，成为人民耻笑的对象。孙枝蔚虽然参加过博学鸿词科考试，但他坚持了作为一个遗民应有的气

① 鲁迅：《中国小说史略》，《鲁迅全集》卷九，人民文学出版社1981年版，第231页。
② （清）李柏：《曲江》，《槲叶集》卷五，清光绪重刻本。
③ （清）李柏：《江上》，《南游草》卷一，《槲叶集》，清光绪重刻本。
④ （清）孙枝蔚：《惜夏》，《溉堂前集》卷八，《溉堂集》，第396页。
⑤ （清）李因笃：《秋兴八首》，《受祺堂诗集》卷一，第470页。
⑥ （清）李柏：《咸阳》其二，《槲叶集》卷五，清光绪重刻本。

节，王泽弘在《溉堂后集序》中说："先生秦人也，寄居广陵，穷老无归，以谋生不暇，日奔走于燕、赵、鲁、魏、吴、越、楚、豫之间，其所历山川险阻，风土变异及交友世情向背厚薄之故，皆一一发之于诗，以鸣不平而舒怫郁。"① 从《溉堂集》看，他从三十三岁开始，就不断往来于浙江、江苏等地，而吴越故地，则是最能引起他无限思绪的地方。顺治九年（1652）他到苏州游姑苏台时，对这块昔日繁华之地感慨颇多。在《姑苏台》一诗中，他讽刺了吴王夫差的荒淫误国："西子倾国复倾城，不是高台不肯行。却将溪上浣纱手，添出宫中裂帛声。老臣独立雕栏哭，不识君王何处宿。"② 顺治十一年（1654）他客居安徽桐城时，曾经过黄公祠，歌颂了南明抗清将领黄得功："一身殉社稷，诸镇独精忠。展拜吾多愧，文章小技工。"③ 诗中充满了悲悼伤感，以"游"为凭吊之旅隐含着遗民故国之思，看似优游生活形态的背后所遭遇的矛盾挣扎和心路历程却别有意味。

明清易代对清初的思想界产生了深远影响，"明亡之思"成为明遗民思考的重点问题。在"明亡追究"的诸多层面，明末学风成为众遗民批评的重点。刘宗周评价明末之人的精神面貌及社会风气为："乃者嚣讼起于累臣，格斗出于妇女，官评操于市井，讹言横于道路，清平世宙，成何法纪，又何问国家扰攘?"④ 这种光景一直延续到清初。钱谦益描写清兵入关之后的社会风气时说："劫末之后，怨对相寻。拈草树为刀兵，指骨肉为仇敌。虫以二口自啮，鸟以两道相残。"⑤ 正如赵园先生所论："'苛'几可视为明代士人（包括明儒）的性格。这本是一个苛刻的时代，人主用重典，士人为苛论，儒者苛于责己，清议苛于论人。虽有'名士风流'点缀其间，有文人以致狂徒式的通脱、放荡不羁，不过'似'魏晋而已，细细看去，总能由士人的夸张姿态，看出

① （清）孙枝蔚：《溉堂后集序》，《溉堂后集》卷首，《溉堂集》，第1207页。

② （清）孙枝蔚：《姑苏台》，《溉堂前集》卷三，《溉堂集》，第169页。

③ （清）孙枝蔚：《黄公祠》，《溉堂前集》卷四，《溉堂集》，第225页。

④ （明）刘宗周：《上温员峤相公》，《刘宗周全集》第4册，浙江古籍出版社2007年版，第442页。

⑤ （清）钱谦益撰，钱曾笺注，钱仲联标点：《募刻大藏方册圆满疏》，《钱牧斋全集》，上海古籍出版社1996年版，第1399页。

压抑下的紧张，物质短缺，生计为艰，进而感到戾气的弥漫，政治文化以至整个社会生活的畸与病。”① 而造成这个特征的显然不是满清王朝，而是三百年明朝的精神品格和朝政日非的政治势力的角逐所产生的破坏力，在那样的环境下的士人们自以为是、互相攻讦，整个社会弥漫着一股戾气。

明亡之后，遗民们对明朝的文人误国开始进行深刻的反思。李柏基于对故国的依恋和对儒士们无所作为的愤恨，进行了整体的痛斥：

> 苍蝇鼓翼以支大厦。蠖曰“之乎”，蚁曰“者也”。三千王丁，八百史贯，督师登坛意态潇洒。王之大将待以牛马，五岳飞尘万国解瓦，庙廊之盗而送天下②。
>
> 蕴经济已矣焉哉，负韬略之乎也者。夫盖甚运筹帷幄，意若且奠定朝野③。

李柏对文人把持朝政、无所作为的行为进行了痛斥，这些宽袍大袖之人张口“之乎者也”，在平常的一些礼仪活动中“意态潇洒”，他们在战场上原形毕露，斯文扫地，由于他们的腐败与无能，致使明王朝大厦倾覆，真是“庙廊之盗而送天下”。在这里李柏把文人政治的弊端暴露无遗，同时也说明正是由于明代的这种文人政治断送了其统治。雷士俊在《述忧》中写道：“腐儒多拙为，兵凶何太骤。俛仰二十人，岂能辞讪诟。无田望有秋，升斗向市购。十斛所值金，编户可云富。倾囊取充籴，乏绝忧莫救。忆昔神熹间，仓廪谷辐辏。玉粒余盘缶，狼藉及鼪鼬。岂知世中变，粗粝艰华胄。酏粥施野蔬，三啗度清昼。薪炊脱粟饭，啼哭争童幼。上天颇好杀，积潦惊罕观。洪涛迷沟塍，逮春未耕耨。回首怜妻孥，将恐缘肌瘦。”④ 诗中所写的统治者迂腐与无能导致神州板荡、国破家亡。孙枝蔚《初至扬州客有谈南京事者感赋》云：“司马何人撰曲忙（自注云：‘《燕子笺》传奇曾进御览。’），可怜天暂

① 赵园：《明清之际士大夫研究》，北京大学出版社1999年版，第19页。
② （清）李柏：《明末文儒赞》，《槲叶集》卷三，清光绪重刻本。
③ （清）李柏：《先朝儒将赞》，《槲叶集》卷三，清光绪重刻本。
④ （清）雷士俊：《述忧》，《艾陵诗钞》上，第198页。

势仓皇。南京歌舞骄南渡，四镇功名误四方。”① “南京歌舞骄南渡”恰似“商女不知亡国恨，隔江犹唱后庭花”，军事指挥者追名逐利，是军事行动进退失据，导致败局无法收拾，“可怜天暂势仓皇”。这些诗歌都蕴藏着俯仰古今哀伤感慨的情绪，反映了遗民心中无法释怀的悲痛之情和对当权者无能的痛斥。

清军入关后对江南地区的屠杀在遗民心中留下了挥之不去的心痛，士人诗中关于这一历史的记载非常之多，不唯男性世界，对女性世界守节者也以各种方式进行激励。在北京陷落的时候以及随后的艰难岁月里，妇女常常易于做出忠贞而自杀的榜样，妇女英勇献身的事例充满了社会的各个阶层，这也许是关键时期形形色色的行为中妇女提高自己在男人眼中的地位的方法。我们翻开清初士人著述，其中有关贞妇烈女的传记比比皆是，在这些传记中士人们对这些贞妇烈女都表达了他们崇高的敬意。李柏诗《卓烈妇》小序曰：“前指挥卓焕妻钱氏，乙酉扬州郡城陷，先一日投水死，从死者长幼七人，哀而赋之。”诗曰：

黑云压城城欲摧，北风吹折琼花飞。
扬州乙酉遭屠戮，卓氏贞魂至今哭。
将军已降丞相死，一家八口齐赴水。
池中土作殷红色，血渍波痕转逾碧。
曾闻精卫能填海，一勺之池想易改。②

这首诗已不是单纯的表彰烈妇的诗作，作者通过沉痛的笔触对在扬州屠城中的一个具有代表性的殉国女性的描写，寄托了作者的一种哀思，这些女性的殉国在遗民心中产生了一种情结，即对失节者的不屑、忧惧与对殉国者的敬意两种情感。雷士俊《哀广陵悼弘光以后之乱而作也即事伤怀情见乎辞》云：“金城高万丈，峻嶒汉封疆。蚁登如平地，

① （清）孙枝蔚：《初至扬州客有谈南京事者感赋》，《溉堂前集》卷七，《溉堂集》，第317—318页。

② （清）卓尔堪辑：《卓烈妇》，《遗民诗》卷十一，中华书局1960年版，第445页。

万户列旗枪。血流道路赤，儿童尽国殇。将士抱鬼妾，饮酒吹笙簧”。[①] 李楷《史坟》云：“梅花岭畔短榆坟，三尺丰碑日暮云。遗壁有邻思太傅，孤城此处恨将军。若教半壁存江左，应有祷常纪大勤。春水拍天流紫海，到今怒血浪氤氲。”[②] 史即史可法，诗中所反映的是史可法拒降清军，坚持守城，最终城陷被俘，在清军面前毫不畏惧，最后殉难，成为晚明抗清史上最壮烈的一幕。

三　遗民文学作品的逃世思想

在明清易代之际，遗民基于对现实的不满和无奈而采取逃世的手段以示和新朝的分割，在明代关中遗民中最有盛名者非李二曲与李柏莫属。“关中三李”中的李二曲在当时就已声播海内，李因笃游走四方也被时人所知，李柏终生隐居太白山，甘心寂寞，最具有隐者的气质，其逃世的思想是关中士人的典范。

李柏像许多士人一样，在入世和遁世方面面临进退两难的选择，这种状况同士人在社会中所担负的社会职责及社会环境的现实状况直接关联，也同儒家入世和遁世的哲学依据相关联。孔子曰，“贤者辟世，其次避地，其次辟色，其次辟言”[③]。乱世要避，无道之邦要避，统治者态度要避，恶意的攻击要避，而士人的使命在于“修身、齐家、治国、平天下”，是要有所作为的，按传统来说应该是入世，但现实告诉他们，他们入世的机会实在不多，有些士人强行而为之，最后只落个“邦无道，谷，耻也”[④] 的下场，摆在士人面前入世和遁世的矛盾实在是太难了。

入世和遁世的两难，实际上是士人在其政治理想和现实生活中的挣扎，是其在人生追求和仕途窘困间的无奈。身处易代之际的李柏，其入世和遁世自然面临着进退维谷的境地。李柏选择隐居之路，是基于“六则”：“天下有道则见，天下无道则隐。邦有道，则仕；邦无道，则可

① （清）雷士俊：《哀广陵悼弘光以后之乱而作也即事伤怀情见乎辞》，《艾陵诗钞》上，第 197 页。

② （清）李楷著，李元春选：《史坟》，《河滨诗选》卷七，清嘉庆刻本。

③ （宋）朱熹撰：《论语集注·宪问》，《四书章句集注》，中华书局 1983 年版，第 158 页。

④ 同上书，第 148 页。

卷怀之。用之则行，舍之则藏。”① 这“六则”出自《论语》，是孔子思想，也是儒家的传统思想。李柏认为“六则”的大意是“因乎时者也”。他同时用历史上帝尧、许由、诸葛武侯来说明“因乎时”的重要性，他在《六则箴》中曰：

> 或曰：“尧治天下，而洗其耳。汉之季，天下大乱，出隆中而许人驰驱，其亦不知时矣乎?”曰：“否。有许由之志，则可，无许由之志，则不可也。有武侯之才，则可，无武侯之才，则不可也。为可为于不可为之时，则辱也；为不可为于可为之时，则固也。不辱不固是谓知时，故六则，因乎时者也。时者，无可无不可也。”②

李柏在这里说明“志”“时”“才”在入世和遁世中所发挥的作用，只有具备怀志、识时、有才三个条件，士人才能在入世和遁世的两难处境中作出正确的选择。李柏提出，天下大乱也可以有为，有为的条件是“有许由之志”，“有武侯之才”。士人若有才，在乱世之时不拯救民于水火，则是固陋。《易》中也有这样的表达：“诎信相感而利生焉。尺蠖之诎，以求信也；龙蛇之蛰，以存身也；精义入神，以致用也。利用安身，以崇德也。”③ 回缩和伸展交相感应而利益长生。尺蠖毛虫回缩身体是为了求得伸展；龙蛇冬眠潜伏，是为了保存自身。学者精研道义而潜心神理，是为了谋求施用；利于安处其身，是为了尊崇美德。《周易》在此处有一个潜台词，即屈是为了更好地伸，遁世是为了更好地入世。当他们放弃了那种兼济天下、泽惠苍生的宏愿，面对自己价值的失落，经历着自己人生理想、生活目标的失落和重建的巨大转折时，他们即使遁世，其内心由于事业失意而带来的苦楚使他们心里隐隐作痛，士人面对入世和遁世的两难抉择，他们有时只能遁世保身，加强个人的道德修养，他们佯装不顾世事，但时时眼观六路，耳听八方，对世事人情

---

① （清）李柏：《六则箴》，《槲叶集》卷五，清光绪重刻本。

② 同上。

③ （清）李道平撰，潘雨廷点校：《系辞下》，《周易集解纂疏》，中华书局 1994 年版，第 637—640 页。

的了解远比常人深刻。张养浩对此大为感慨，他在一首套曲里写道：

> 功名事一笔都勾，千里归来，两鬓惊秋。我自无能，谁言有道，勇退中流。柴门外春风五柳，竹篱边野水孤舟。绿蚁新醅，瓦钵磁瓯；直共青山，醉倒方休。功名百尺竿头，自古及今，有几个干休？一个悬首城门，一个布衣东市，一个抱恨湘流。一个十大功亲戚不留，一个万言策贬窜忠州。一个无罪监收，一个自抹咽喉。仔细寻思，都不如一叶扁舟①。

张养浩感叹时不济之时忠臣义士怀抱济世之志而遭到不平的待遇，他们是在不可为而为之的情况下只落个“悬首城门”“抱恨湘流”的下场，他们虽遭贬谪，仍怀忠君报国之志，在国家、民族危难之时，挺身而出，从容赴国难，视死如归，“无求生以害仁，有杀身以成仁”②，充分体现了士人中优秀分子的高度社会责任感和英勇献身精神。

李柏在天崩地裂之时，其归隐山林与“不事王侯”、“不求仕进”的气节更加紧密地联结起来。在隐逸的问题上，李柏并非从明亡才萌发这种念头并付诸行动，其实在他年轻时，就已绝意功名利禄，而萌发归隐之意。李柏在《驳王维与魏居士书》中引用严子陵的话说：“士故有志，去山林，去廊庙，因乎时也。时可利见，辞烟霞而依日月；时可潜隐，弃轩冕而友鹿豕。”③ 在李柏看来，隐居山林是士人隐遁的一种选择，真正的隐者绝不是以隐居作为追求高官厚禄的“终南捷径”，在《后题牵饮上流图》中说：“士固有志，志在丘壑，无论生帝代，即生皇代亦隐也。”④ 其间有对命运的顺受，也有基于反思的主动选择。

当政治暴力发展到可以随意地摧残个人生命的时候，个人的抗争就变得微不足道，形同尘芥，这时便只有被迫转入个人的内在的精神世

① （元）张养浩著，王佩增笺：《双调 · 折桂令》，《云庄休居自适小乐府笺》，齐鲁书社1988年版，第89—90页。

② （宋）朱熹撰：《论语 · 卫灵公》，《四书章句集注》，第163页。

③ （清）李柏：《驳王维与魏居士书》，《槲叶集》卷一，光绪重刻本。

④ （清）李柏：《后题牵饮上流图》，《槲叶集》卷三，光绪重刻本。

界，以求得精神世界的舒展与张扬。李柏生处易代之际，在这样的时代，容易让人产生对政治的厌恶，乃至对生命变幻、人生无常的绝望感。李柏的无为适己的思想同这样的政治局面直接相关。李柏作为前代遗民，其锐意进取、谋求复国的热情随着清朝统治的稳固而逐渐消退，他转而寻求一种忘却生死之别和贵柔守雌的思想。李柏在《寿夭解》中说：

> 郿东师氏同母兄弟四人，伯、仲、季刚，早死。叔柔，年七十余矣尚健。萧氏同母兄弟四人，仲、叔、季刚，早死。伯柔，年八十余矣尚健。李子曰："舌柔而寿，齿刚而夭。"①

李柏贵柔守雌的思想来自老子。老子思想的重要特色就是贵柔守雌，他从"弱者道之用"的思想出发，强调"天下之至以柔，驰骋天下之至坚"②，他所崇尚的无为而不为的"道"，就是以柔弱顺自然为主要特征的。《吕氏春秋·不二》说："老聃贵柔。"③ 知雄守雌，以退为进是老子对待事物、掌握主动的策略原则，也是其治国之术的一个重要原则，按老子的理解，"反者道之动，弱者道之用"。④ 处于柔弱卑下地位的一方，其实往往拥有最强大的力量："天下柔弱莫过于水，而坚强莫之能先。"⑤ 与之相反，一切刚强的东西实际上都蕴含着衰败死亡的危机，即所谓"人生之柔弱，其死坚强，万物草木生之柔脆，其死枯槁，故坚强者死之徒，柔弱者生之徒"⑥。"物壮则老"乃是普遍的规律，基于这样的感悟，老子主张贵柔守雌。李柏在这里虽表达一种"柔弱胜刚强"之意，但我们把李柏所处的社会环境因素考虑在内，李柏身上所体现的老子那种"守柔""不争"，"知白""守黑"，"知雄""守

---

① （清）李柏：《寿夭解》，《槲叶集》卷三，光绪重刻本。

② 朱谦之撰：《老子校释》四十三章，中华书局1984年版，第177页。

③ （秦）吕不韦编，高诱注，毕沅校，余翔标点：《不二》，《吕氏春秋》，上海古籍出版社1996年版，第308页。

④ 朱谦之撰：《老子校释》四十章，第165页。

⑤ 朱谦之撰：《老子校释》七十八章，第301页。

⑥ 朱谦之撰：《老子校释》七十六章，第294—295页。

雌”的态度及其消极倾向是十分明显的。

李柏在道家的贵柔守雌思想中还吸收了功成、名遂、身退的思想。韩信是李柏推崇的历史人物。李柏在壬申年四月于云栈樊河见石碑书“萧相国追淮阴侯韩信至此”时，他感慨韩信功勋卓著，最终却落了个谋反罪，被汉高祖处死，其原因是韩信没有读《老子》，李柏曰：

> （信）有罪，罪不在读《老子》也。老子曰：“功成、名遂、身退，天之道。”信之功成矣，名遂也，而身不退，反天道也。当项王死后，信若上书告退田里，辞其王爵，归其兵柄，亦如子房从赤松子，高帝必不畏恶其能。高帝不畏恶，则婴不得谗，雉不得杀，故曰：“信死，罪在不读《老子》也。”①

在中国历史上能和臣下共同开疆拓土的有为君王为数不少，但在夺取政权后，统治者顾忌臣下的不忠或谋反，往往采取一些非常手段，使大多数曾经的功臣皆成为阶下囚，只有明事理的少数功臣如张良才能保全身命，这类事例在中国历史上不胜枚举。按李柏的看法，以韩信为代表的这类功臣由于过分迷恋权力而丧失了一定的警惕之心，最终落个身首异处，实为可悲可叹。

老子主张“人法地，地法天，天法道，道法自然”②。在政治上老子主张“绝圣弃智”，他说：“持而盈之，不若其以。揣而锐之，不可长保。金玉满堂，莫之能守。富贵而骄，自遗其咎。功成、名遂、身退，天之道。”③ 这对世俗世界功成名遂者来说如果能够及时退身于富贵名利之外，心不挂碍功名利禄场，将身心复归于其无为的道境中，则可全身，这也是李柏对这个问题所持之主旨。

庄子思想中的“无用之用”的思想是以形体上的无用来追求不为外物所累，钱钟书先生曾指出：

---

① （清）李柏：《过樊河论》，《槲叶集》卷一，光绪重刻本。

② 朱谦之撰：《老子校释》二十五章，第103页。

③ 朱谦之撰：《老子校释》九章，第33—35页。

然庄子无用之用两义，……此一义也，乃偷活苟全之大幸耳；……此另一义，即洪氏本诸老子耳。洪氏即明人洪迈，洪迈挖掘庄子“无用之用”的说法渊源，称“庄子论无用之用，本老子三十辐，共一毂，当其无，有车之用”①。

可是天生万物，必有其才用，必有其器用，所以庄子追求心灵的契合大道，“乘道德而浮游”，不拘泥于有用和无用之间，正如老子思想中守朴见素，不肯固执一种器用之中。日常生活中人们皆努力成为有用之才，而避免被人讥为无用之才。但情况却常常是这样的：恰恰是有用之才的人招来杀身之祸，而其他人则因为其无用而保全自身，由此便有“无用之用”的说法。

李柏所处的时代不为君主效力并非易事。除非你与世隔绝，隐居深山，而李柏作为一名传统的儒家知识分子使其无法做到“伏其身而弗见”的遁世做法。如何作到毁无用于君主而保持自己的气节，而又能保全自身；既混迹于世俗之中，又不被世俗所累，他把目光转向了庄子的“人皆知有用之用，而莫知无用之用”的思想：要使君主不用你，最好的办法就是“不材”，无所可用。这样才能从无用中求大用。但这个“无用之用”并非简单地以“无用”求苟活，并非是消极避世的颓废主义和极端个人主义。它真正意义要求人们通过对现实生活的体悟，而获得一种平静的心境，它有更高层次的追求独立、高洁人格的意义和内涵，从而能不求为世所用，不为世俗所扭曲、损害。

李柏生活在一个动荡的年代，许多权臣卿相在经历了一次次的政治动乱后都身首异处，这使得李柏萌发了通过内敛才华而安命的思想，他试图通过这种方式使自己能在险恶的政治风浪中安然无恙。他在《安分》中写道：“一身寓四海，蠛蠓附鹏雕。露颖终须折，先花必早凋。蜗牛宜在壳，尺蠖莫伸腰。吾舌与吾齿，寿夭是所招。”② 李柏奉劝人们，当自身势单力薄之时，要尽量使自己的能耐藏而不露，应该像“蜗牛”那样待在壳里，像“尺蠖”那样不要伸腰。如果炫耀己能，常会

① 钱钟书：《管锥编》第2册，中华书局1979年版，第425—426页。

② （清）李柏：《安分》，《槲叶集》卷五，清光绪重刻本。

像“露颖”、“先花”那样招致祸害。他在《无才》中写道：

> 翡翠罗以文章之身；鹦鹉笼以能言之舌；神龟灼以前知之壳；鹰雕绁以搏击之力，此以才灾其身者也。君子处世，露才不如敛才，有用不如无用，故瞽者鲜坑长平之土，躄者不焚赤壁之火[①]。

李柏这一思想是对道家无为守朴思想的发挥。李柏在这里把人的力量看得比较弱小，人已没有在《说天》中作为三才之一那样的强大，只能作为寄寓之物依附在其他事物之上，在依附的同时须时时小心谨慎，不宜出头，不宜张扬，祸从口出，在严酷的社会条件下，口舌稍有不慎就会招来杀身之祸，许多历史人物敛才者保身，露才者早死。他借用自然说明这道理：“蔗不甘不掇，荷不秀不折，兰不馨不焚。”[②] 在保全性命方面，“无用”胜“有用”。这一思想也是李柏在其所处时代观照自我生命的一种手段和方法，这也是世道日丧，文人为自保其身的一种无奈选择。

李柏在其《语录》中提出了“齐生死，忘人我，泯得失，一寤寐”[③] 的思想。这一思想受庄子“齐生死”“同人我”“消事非”“无成毁”“空醒梦”“道通为一”思想影响的痕迹非常明显。在《齐物论》中，庄子对世界的认识是“齐万物”，万物平等，他在人生态度的问题上是“齐生死”。“齐生死”是庄子人生态度的根本出发点。一旦死生被视为无悲无欢，无恸无喜，整个人生便产生了根本性的转换。庄子说：“人之生，气之聚也；聚则为生，散则为死。若死生为徒，吾又有何患，故万物一也。”[④] 这样，生死大事，被泯灭于“无何有之乡”[⑤] 这一精神空间的气聚气散之中，一切都顺其自然。庄子对生死的看法，最深刻的是在庄周梦蝶的寓言中：“昔者庄周梦为胡蝶，栩栩然胡蝶也。

---

① （清）李柏：《无才》，《槲叶集》卷三，清光绪重刻本。

② （清）李柏：《语录》，《槲叶集》卷二，清光绪重刻本。

③ 同上。

④ （清）郭庆藩撰，王孝鱼点校：《知北游》，《庄子集释》，中华书局 2006 年版，第 733 页。

⑤ （清）郭庆藩撰，王孝鱼点校：《逍遥游》，《庄子集释》，第 40 页。

自喻适志与！不知周也。俄然觉，则蘧蘧然周也。不知周之梦蝶与，胡蝶之梦为周与？周与胡蝶则必有分矣。此之谓物化。”① 庄子以一种审美心理审视生死变换，“生”与“死”在庄子这里不再是两种绝对的状态，而是两种自然支配下相对的、自适的、对等的状态。生与死，就像梦与醒，都是自然状态的转换，都没有意义，生亦无乐，死亦无悲。李柏一生困顿不得志，他对下层劳动者的艰辛困苦深有体悟。一方面，民生如草芥；另一方面，政治险恶使社会出现异化。李柏希冀幸福，但他又不愿出卖灵魂；他希冀获得个体自由伸张，但又难以与社会道德均衡协调。他拒不出仕，宁愿归于隐，也不愿坠入名缰利锁的束缚之中。为了在政治权力结构的笼罩下保持自身人格的独立，保持无欲则刚的心灵纯洁和头脑清醒，他努力寻求精神的完满与自足，他的“生死齐一”的思想又何尝不是视人之生死无喜无怨？他又何尝不是以审美的心理看待生死？在李柏看来，“忘人我”“泯得失”才能达到“齐生死”，才能达到“一痦寐”的境界。

四 遗民与山水田园文学

清初遗民诗的题材多以抒发故国之思、抗清之志、反映战乱之灾和民生之苦为多，但山水诗在其中亦占较大比例，这些山水诗同明代中晚期的山水诗相比缺少纯审美意蕴，其间夹杂着遗民的社会生活的现实，寄寓着遗民浓郁的故国黍离之感，遗民为寻求精神解脱而走向自然，寄情山水。作为政治黑暗和社会乱离时代的一种精神补偿和避难所，淳朴的乡村风情，往往成为医治忧患多思文人心灵的灵丹妙药。尽管明清之际的山林田园同样遭到兵匪及自然灾害的破坏，早已不是古代隐士所置身的人间净土，但毕竟田园山林远离尘嚣和血腥的政治斗争，所以尽管生活异常清苦，但仍然可以作为遗民暂时安顿休憩之所和坚守民族气节的最后一块阵地。

关中遗民躬耕田间，隐逸自乐，从不同侧面反映他们耕读生活，体现出恬淡闲适、避离尘嚣的人生境界。王弘撰五兄王弘嘉早年在父亲王良的教导下走科举之路，但未能中举与及第，“精举子业，而数奇不遇”，明清易代，“放情山水，筑园碧云溪畔，莳花竹，构手蓉阁，藏

① （清）郭庆藩撰，王孝鱼点校：《齐物论》，《庄子集释》，第113页。

书甚富，邀宾客饮啸其中”①。王士祯《为王山史赋独鹤亭》亦云：“园林华山下，水石远人间。独鹤来江海，萧然相对闲。博台残雪散，仙掌片云还。骑向三峰顶，遥遥不可盘。”② 这些小型私人园林成为王氏兄弟游心艺文、读书著述之地，也为隐居期间社会名流、文苑名士聚会提供一个惬意的空间，抚慰遗民苦寂的心灵。

遗民躬耕陇亩并非完全出于生计，乡间的生活可以为其提供皎然绝俗、雅尚玄远的生活环境，在这种环境下对乡村描述和体味已异于他们反映战争离乱等现实主义的诗作，这些诗作反映了乡居期间闲适恬淡、空旷平和的意境。李因笃晚年归乡隐居，心境渐趋平和，诗风转向和婉，《即事再别张、宋二绝句》其二：“东来柳丝细如蚕，欲去桃花放正酣。独有多情牵暮雨，消魂千尺是江潭。”③ 亦复萧疏散淡，得韵外之致。其《邑里绝句五十首》《田家诗：暇日用杜拟陶得近体二十首》《雨》《元日孙阳弥月》皆质朴清新，闲适自然，深得陶诗之神韵。其中《田家诗：暇日用杜拟陶得近体二十首》其一中写道：“平昔慕农圃，及兹归故园。春风桑拓渌，野望麦禾繁。荷蓧东邻叟，倾壶北牖轩。阴晴聊答问，此外已忘言。”④

李柏对自然及自己的生命有着深邃的体悟，他强调诗文创作的主体性。在和自然所构成的审美关系中，李柏通过感物动情的诗意方式，实现了自己身心与自然的贯通，使全身获得愉悦，并通过虚静的心灵和特定的感悟方式使其生命进入崭新的状态。其山水诗在关中遗民中最具有代表性。

李柏曾长期隐居山林僻乡，早已习惯远离尘嚣的清静生活，因此在描写山水或乡村田园生活时常显得闲适而恬淡，空旷而平和。他在《凤泉别墅》中写道：“斗室无尘竹径幽，柴扉昼夜掩寒流。日沉涧底鱼窥镜，月上松梢鹤踏钩。才薄羞陈三《礼》赋，家贫难买五湖舟。乘闲

① （清）李因笃：《王公云隐先生墓表》，《受祺堂文集》卷四，道光七年刻本。

② （清）王士祯著，李毓、芙牟通、李茂萧整理：《为王山史赋独鹤亭》，《渔洋精华录集释》卷四，第619页。

③ （清）李因笃：《即事再别张、宋二绝句》，《受祺堂诗集》卷二五，第699页。

④ （清）李因笃：《田家诗：暇日用杜拟陶得近体二十首》，《受祺堂诗集》卷三二，第721—722页。

且看南飞鸟，归宿层峰最上头。”[①] 居室不大，但清洁无尘。竹径幽深，在其间咏哦“三《礼》赋”，山人既有“幽居”之乐，而且还有读书之娱，更为重要的是虽生活困顿，但无法使他放弃在闲暇之时观鸟看山，没有放弃对自然的仰观俯察。“日沉涧底鱼窥镜，月上松梢鹤踏钩”之语，呈现在大家面前的是一幅生机勃勃、充满情趣的隐居之致，给生活一种虚远的意境，李柏也正是在这样平淡而切实的生活中获得一种理性的诗意。而不同于士族文人的是，李柏又以真实的生活为依托，使虚远流化的玄虚理论和对生活审美的感受不失于空洞和浮泛。由此，李柏得到了一种具体而玄远的、思想的、艺术的境界，不仅安顿了疲惫的身心，慰藉了忧愁的灵魂，从而他的诗文也正是因这样一种境界，而体现出淡中有厚的清俊异彩。

李柏田园山水诗特有的清淡之风还表现在他状物选词的清新与自然，如《春日独酌浴泉山》：“白云曾有约，引我入松门。欲觅溪边句，先开石上罇。水澄花写貌，林霁鸟争言。解得空山意，剪萝结小轩。”[②] 诗人以“约”字写云动，以“引”字写“感触”，以“写”字写花影的投射，以“争”字写鸟的鸣叫，以“解”字写感悟，用字鲜活，状物生动，生趣盎然，清姿濯濯。李柏山水诗的这种平淡、清美风格的产生与其气质、人生的态度及社会思潮的影响有关，同时还跟诗人物象、意境的创造相一致，他所反映的是一种遗世而独立的生命意趣，一种与世俗纷扰相对立的超脱境界，一种尚清远浊、全性葆真的品格特征，这种人生意趣主要得之于道家。

① （清）李柏：《凤泉别墅》，《槲叶集》卷五，光绪刻本。
② （清）李柏：《春日独酌浴泉山》，《槲叶集》卷五，光绪刻本。

第五章　公共事件与文学

整体而言，文学作品是人类生产实践过程中人的精神和情感的反映，而人类的实践活动又是在一定的时空下展开，这些实践活动包括一些历史事件、政治事件、文化事件，这些事件往往是一定时期统治者基于统治需要而推行或发生，它们对当时甚至后世社会生活各个层面产生不同的影响。就文学而言，这些事件会影响到文人的荣辱与进退，进而影响到文学生态。明清关中士人无论仕宦还是布衣，在众多的公共事件中都不能置身其外，这就使得明清关中地域文学的形成和发展具有一定的偶然性。

第一节　历史的际会与文学力量的崛起

在谈到明代文学发展史时，黄宗羲在《明文案序》中将其划分为三个阶段："有明之文，莫盛于国初，再盛于嘉靖，三盛于崇祯。国初之盛，当大乱之后，士皆无意于功名，埋身读书，而光芒率不可掩。"① 所谓明初文坛之"盛"，是相对于元末儒雅文学之"衰"而言。在这三个阶段中关中士人直接参与其中并引领风尚者当属第二阶段，关中士人王维桢评价这一阶段曰："弘治时，天子用淳朴为教，其下化之士无靡业，亦无赝儒。于时关中敦本好修之士翔集"，"李空同之在江西，刘西陂之在晋，许少华之在楚，三君者皆关中人，并用督学显名"，"自正德迄今，关中人士代兴迺作，彬彬焉，称盛焉，其敦本好修之实视昔

① （清）黄宗羲：《明文案》上，《黄梨洲文集》，中华书局1959年版，第387页。

人何如也"[①]。

一 文学复古运动前夕的文学

朱元璋作为马上皇帝，其"神武天授，生目不知书，既下集庆，始厌马上。长歌短篇，操笔辙韵，有魏武乐府风。制词质古，一洗骈偶之习"。[②] 朱元璋最喜欢诵读古人的"铿鍧炳郎之作，尤恶寒酸咿嘤龌龊鄙陋"之句[③]。上有所好，下必从焉。一时追求盛世之音，摒弃衰世之调，成为文学的基本要求；铿锵有力，雍容典雅，成为时代的审美风格。以杨士奇（1365—1444）、杨荣（1371—1440）、杨溥（1375—1446）所谓"三杨"为代表的"台阁体"诗文，以朱权（1378—1448）、朱有墩（1379—1439）为代表的北方杂剧创作，"以其和平易直之心，发而为治世之音"[④]。

永乐以降，直至正德年间，社会的精神生活平稳而缺少变化，由御用意识形态诱导出因袭的理学以及乡愿哲学，成为这一时期的新思想，政治、经济呈现出相对上升的态势，出现了所谓的"治平之象"。然而，这时期的诗文不仅没有与政治、经济同步，反而出现了惊人的倒退，出现了文学思想由多元转向单一化，文学的儒雅品位由上升转为沉降的演变轨迹[⑤]。沈德潜《明诗别裁集》有两段话作了如下评述："永乐以还，尚台阁体，诸大老倡之，众人靡然和之，相习成风，而真诗渐亡矣。"[⑥]"永乐以后诗，茶陵起而振之，如老鹤一鸣，喧啾俱废。"[⑦]

台阁体诗人的审美倾向虽然表面上继承刘基，却片面发展到了点缀升平、"润饰鸿业"的廊庙高度。其占主导地位的艺术追求是表现"富贵福泽"之气。到了嘉靖（1522—1566）年间，台阁体已经没有多少市场，何良俊《四友斋丛说》指出："今世谈性理者耻言文辞，工文辞

---

① （明）王维桢：《赠督学李大夫序》，《槐野先生存笥稿》卷四，第 42 页。

② （明）王世贞著，罗仲鼎校注：《艺苑卮言校注》，第 230 页。

③ （清）朱彝尊著，姚祖恩编，黄君坦校点：《明太祖》，《静志居诗话》卷一，第 1—2 页。

④ （明）杨士奇著，刘伯涵、朱海点校：《玉雪斋诗集序》，《东里文集》卷五，中华书局 1998 年版，第 63 页。

⑤ 陈书录：《明代诗文的演变》，第 114 页。

⑥ （清）沈德潜：《明诗别裁集》卷三，第 59 页。

⑦ 同上书，第 75 页。

者厌谈性理"[1]，说明了当时的风气。

台阁体在明初的兴起，同皇帝的喜好有直接关系，并且操文学之柄权者投皇帝之喜好。然而到宣德年间，"治平之象"已经逝去难返。成化、弘治、正德间的朝政也是今非昔比，时运交移，心态代变。李东阳在《茶陵竹枝歌十首》其十中有两句诗，可以引导我们了解其当时心态："莫道茶陵水清浅，年来平地亦风波。"[2] 文人自我意识的高涨和主体精神的张扬，促成了不可抑制的文化权力下移的趋势，以文人为主角的社会文化模式逐渐取代了以贵族为主角的社会文化模式。[3] 这时期操文章贵贱之权，由台阁公卿的专利逐渐被兴起的郎署新秀取代，清人陈田也说："迨李、何起而坛坫下移郎署。"[4] 可以说，操文章贵贱之权的下移和文学流派的兴起是互为因果的，正是操文章之权的下移，使明代文人只能靠独自树立，才得以在文坛上占有一席之地，复古主义逐渐浮出水面。

一种新文风的兴盛，建立在对旧文风弊病的否定之上，旧文风的衰变，是新文风产生的契机；新文风的极盛，又意味着它的衰败。任何文风都不是永恒的。艺术上存在着"一盛则一衰"的规律，而人们的审美心理也存在"厌故喜新"的倾向，这也是制约和推动文风演化的因素[5]。明代的古典主义诗派，其首要特征，即在理论和实践上都以秦汉散文、汉魏古诗、盛唐律诗作为典范。《明史·文苑传》中说："倡言复古，文自西京，诗自中唐而下，一切吐弃，操觚谈艺之士，翕然宗之。"[6] 钱福于弘治三年（1490）进士及第，写于弘治十五年（1502）前后的《陆贾新语序》云："方今承平既久，文章炽兴，有识者或病其过于细而弱也，故往往搜秦汉之佚书而梓之。"[7] 由此可判知此前已经

① 朱谦之撰：《老子校释》七十八章，第 301 页。

② （明）李东阳著，周寅宾点校：《杂记·南行稿·茶陵竹枝歌十首》其十，《李东阳集》卷一，岳麓书社 1985 年版，第 642 页。

③ 郭英德：《明清传奇史》，江苏古籍出版社 1999 年版，第 26 页。

④ （清）陈田辑撰：《明诗纪事》丁签卷一，第 571 页。

⑤ 吴承学：《中国古典文学风格学》，第 78 页。

⑥ （清）张廷玉等撰：《文苑一》，《明史》卷二八五，第 7307 页。

⑦ （明）钱福：《陆贾新语序》，《鹤滩稿》卷三，四库全书存目丛本，齐鲁书社 1997 年版，第 135 页。

存在着宗尚秦汉的风习。

明代中期的李东阳鉴于台阁体末流冗弱平庸的流弊，倡音声格调之说，主张广泛学习古代各家诗体，曾作《拟古乐府》一百零二首，序称："予尝观汉魏间乐府歌辞，爱其质而不俚，腴而不艳，有古诗言志依永之遗意。"[①] 王世贞说："长沙之于何、李也，其陈涉之启汉高乎？"[②] 可见，李东阳是明代中期文学风尚转变的关键人物，他既可看作是台阁体作家的殿军，又可看作是七子派文学复古的先驱。《四友斋丛说》卷二六云："李西涯当国时，其门生满朝。西涯又喜延纳奖拔，故门生罢朝或散衙后，即群集其家，讲艺谈文，通日彻夜，率岁中以为常，公于弘治、正德间为一时宗匠，陶铸天下之士，亦其偶然者哉？"《国雅品》中也说："李文正公以大雅之宗，尤能推毂后进，而李、何、徐诸公作矣。"七子复古从文学发展的角度看，也存在着内在联系，《杨慎诗话》中有一段与此有关：

> 弘治间，文明中天，古学焕日。艺苑则李怀麓、张沧州为赤帜，而和之者多失于流易。山林则陈白沙，庄定山称白眉，而识者皆以为傍门。至李、何二子出，变而学杜，壮乎伟矣。[③]

李东阳、张泰为茶陵派的主将及羽翼。陈献章、庄定山的诗歌，人们称为"陈庄体"。显然，《杨慎诗话》中透露了这样一个信息：茶陵派和陈庄体的负面及流弊，激发了李、何等"前七子"文学上的复古。面对文坛茶陵派"东阳如衰周弱鲁，力不足御强横"[④] 的态势，"前七子"勃兴于弘治、正德间。李梦阳、何景明等人原来是李东阳、杨一清之门，与茶陵派有着密切的关系。而在矫正台阁体平庸肤廓的诗风方面，茶陵派为其先导，七子为其后劲。

将推崇秦汉文看作与反对当时靡丽之风相关，并几乎被认为是秦汉文运动的首要，甚至是唯一的原因，可参照张治道所撰的几篇有关康海

---

① （明）李东阳：《拟古乐府》，《李东阳集》卷一，第 1 页。

② （明）王世贞著，罗仲鼎校注：《艺苑卮言校注》卷六，第 300 页。

③ （明）杨慎著，杨文生校笺：《杨慎诗话校笺》卷四，第 100—102 页。

④ （清）永瑢等撰：《怀麓堂集提要》，《四库全书总目提要》卷一七〇，第 1490 页。

的文章，如其《对山先生集序》即将康、李首倡复古定在这样一个背景下："及于弘治，气渐纷靡，斗巧争能，芜没先进，竞一韵之艰，争一字之巧，上倡下和，一趋百随。"[①] 其中所指，很明显是李东阳等的朝中倡和之风。前七子中的一些人在未正式确立复古意向之前，也曾沉迷于字句层面上的审美追随，这样的解释基本符合康海等的原意，如康海《渼陂先生集序》论复古之因由便云："明文章之盛，莫极于弘治、时所以复古昔而变流靡者，惟时有六人焉。"[②] 即将"变流靡"置于复古运动目标的中心。王九思对复古运动动因的解释也与此一致，如其自序己集时所云："予为翰林时，诗学靡丽，文体萎弱，其后德涵、献吉导予易其习。"[③] 鉴于康、王是这一运动的直接参与者，张治道长期以来与康、王的交往密切，因而三人的说法看似无异。李梦阳虽然未如此明确地讲述文宗秦汉的原因，但从其《凌溪先生墓志铭》中叙述的七子派与李东阳对峙的起因来看，如其云"柄文者承弊袭常，方工雕靡丽之词，取媚时眼"[④]，至少应当承认这一因素是存在的。张治道《翰林院修撰对山康先生行状》曰："是时孝宗皇帝拔奇抡才，右兴文治，厌一时为文之陋，思得真才雅士，见先生策谓辅臣曰，我明百五十年，无此文体，是可以变今追古矣。遂列置第一。而天下传诵则效，文体为之一变。"[⑤] 弘治时期，君王勤政，士风高昂，出现了所谓的"弘治中兴"，在文学方面，台阁体的写作方式受到来自官方的不满与责难，其文学特权已处于涣解之中，文宗秦汉的复古运动获得官方的首肯和支持，影响了前七子的理论与创作。即使具有复古意向的茶陵派代表人物李东阳也受到来自以关中士人为主的复古士人的挑战，"是时李西涯为中台，以文衡自任，而一时为文者皆出其门，罔不模效窃仿，以为前无古人，（康海）先生独不之仿。乃与鄠杜王敬夫、北郡李献吉、信阳何

---

① （明）康海：《对山先生集序》，《康对山先生集》，明嘉靖二十四年吴孟祺刻本（文中除特别注出，《康对山先生集》皆为续修四库全书本）。

② （明）王九思：《渼陂先生集序》，《渼陂集》卷首，第3页。

③ 同上。

④ （明）朱应登：《凌溪先生墓志铭》，《凌溪先生集》附录，道光七年金陵刻本。

⑤ （清）黄宗羲：《翰林院修撰对山康先生行状》，《明文海》卷四三三，第4547页。

仲默、吴下徐昌谷为文社，讨论文艺，诵说先王，西涯闻之，亦大衔之”①，这一危及李东阳文坛霸主地位的挑战行为在随后的刘瑾事件中就受到李东阳的还击。

二　关中士人的性格与担当意识

所谓“士者，人才之本源，立国之命系焉”②，“士风之盛衰，风俗之枢机系焉”③。一个时期的士风，就是该时代的时代精神，士风之振作与颓靡，即时代精神的振作与颓靡。从明诗发展历程来看，永乐至弘治诗坛风尚的转移比较缓慢，在一定程度上与引领风尚的杨士奇、李东阳二人稳固的政治地位不无关系，赵翼在《廿二史札记》卷三三“明大臣久任者”条云，“耆艾满朝，老成接迹”的社会风气，社会自然出现“太和元气”④，产生典雅平和的台阁体文风也就在情理之中。政治风云瞬息万变，多变的政治环境，加上郎署官员的政治经历变动较大，使得文坛的风尚很难保持连续性和一贯性。门生对座主的依附关系，是李东阳维持自己在文坛盟主地位的一个关键因素。同时，也使以李东阳为代表的茶陵诗风具有较强的稳定性。后来李梦阳等人在文学上崛起而反对李东阳，正是通过摆脱对台阁辅臣的依附关系而实现的。

弘正之间，李梦阳等人突破了馆阁对文坛的控制后，文坛主流由台阁下移到郎署，李梦阳、康海、何景明等人是一群充满了道德热忱的士大夫群体，他们的个体意识在文学复古运动前夕觉醒和高涨。前七子成员大都出身一般仕宦家庭，跻身郎署，对国家命运和个人前途充满信心，具有锐意进取的精神，他们寻求个人尊严和进取欲望的自由表达，对于“痹痿”缺乏阳刚之气的台阁体、山林诗双重血统的茶陵派，语气不逊地表达了其不满。何良俊在《四友斋丛说》卷二十三中说：“我朝相沿宋元之习，国初之文，不无失于卑浅。故康李二公出，极力欲振之。二公天才既高，加发以西北雄俊之气，当时文体为之一变。”卷二

---

① （清）黄宗羲：《翰林院修撰对山康先生行状》，《明文海》卷四三三，第4545页。

② （宋）叶适：《科举》，《别集》卷十三，《叶适集》卷，中华书局1961年版，第798页。

③ （元）佚名：《宋史全文》（下）卷二六（下），黑龙江人民出版社2004年版，第1854页。

④ （清）赵翼：“明大臣久任者”条，《廿二史札记》卷三三，第481页。

十六又说："我朝如杨东里、李西涯二公，皆以文章经国，然只是相沿元人之习。至弘治间李空同出，遂极力振起之，何仲默、边庭实、徐昌谷诸人相与附和，而古人之风几遍域中矣。律以古人，空同其陈拾遗矣。"① 可见，何良俊的描述是符合实情的。

关于李梦阳的个性，其《宣归赋》云，"疾余生之蠢特兮，性重刚而习坎。吾既婞直获斯历兮，孰复讼心于颇颔"②，钱谦益《列朝诗集小传》云，"献吉生休明之代，负雄鸷之才，僩然谓汉后无文，唐后无诗，以复古为己任。信阳何仲默起而应之"③。李梦阳在复兴"古学"的过程中作用至关重要。其《朝正倡和诗序》说："诗倡和莫盛于弘治。盖其时古学渐兴，士彬彬盛矣，此一运会也。"④ 作为文学复古运动的领袖，李梦阳以其非凡的热情为古学兴起鼓吹，早在弘治间，李梦阳就从正宗的文学观念出发，热情讴歌了明初文坛的盛况："高皇挥戈造日月，草昧之际崇儒绅。英雄杖策集军门，金华数子真绝伦。"⑤ 李梦阳当是前七子之中较早向东阳发难者，《明史·文苑传》称："梦阳才思雄鸷，卓然以复古自命。弘治时，宰相李东阳主文柄，天下翕然宗之，梦阳独讥其萎弱，倡言'文必秦汉，诗必盛唐，非是者弗道。'与何景明、徐祯卿、边贡、朱应登、顾璘、陈沂、郑善夫、康海、王九思等号'十才子'，皆卑视一世，而梦阳尤盛。"⑥ 他们试图在文学领域掀起一场复古运动，通过推尊汉魏，来改变其时萎靡不振的诗风，从而振奋士气，共创盛世。从这个角度看，前七子的文学复古是一场政治革新运动。

正德元年（1506）六月，李梦阳为东阳六十初度作《少傅西涯相公六十寿诗三十八韵》对其书法推崇有加，而对文学言之甚少，此时的李东阳在文坛的地位如日中天，而李梦阳在这首祝寿诗中视而不见，独

---

① （明）何良俊：《诗》，《四友斋丛说》卷二六，第233—234页。

② （明）李梦阳：《宣归赋》，《空同集》卷一，第11页。

③ （清）钱谦益：《李副使梦阳》，《列朝诗集小传》丙集，第311页。

④ （明）李梦阳：《朝正倡和诗序》，《空同集》，第543页。

⑤ （明）李梦阳：《徐子将适湖湘余实恋恋难别走笔长句述一代文人之盛兼寓祝望焉》，《空同集》卷一九，第452页。

⑥ （清）张廷玉等撰：《文苑传》，《明史》卷二八六，第7348页。

称赞李东阳书法，其中对李东阳轩轾之意甚为明显。同时康海倡导古文，重在情志，而不在词句的模仿，他批评明代前期的诗文说："明兴百六十年，其文遐哉盛矣。然作者接辙于域中，其敦致古昔，遡称先王，人人能矣。而义意繁偎，溢于往训；模仿标敓，远于事实，予尤以为过云。"① 这一批评的矛头也指向李东阳为首的茶陵派。

康海性格放荡不羁，抱有凌云之志，作于弘治七年（1494）的《梦游太白山赋序》说："余历览载籍所志，古人之辞由屈原、宋玉以来不可胜计，而浮靡侈放之辞，盖托讽寓兴者之所共趋。上林之后益芜益漫，无能尔雅，志士之所贱也。余感风人之义，因梦游太白山，历见奇瑰骇异之状，孚于人言，退而作赋，凡若干言，虽极假借，要皆自喻其迹，少有虚谬谀驾凌绝之病。"② 弘治九年（1496），他在《秋夜宴符园十四首》中说："丈夫处人世，所贵得其大"，"雕鹗不举翮，谁能识雄雌。"③ 罢官之后在追忆青年时的理想时也说："忆昔同游日，疏狂欲上天。必将清瀚海，志欲勒燕然。"④ 王世懋《康对山先生集序》云："文至弘、正间盛，于是关中称十才子而康先生德涵为最。"⑤ 康海的诗文以"质直"、"疏爽"为特色，反对六朝靡丽之诗文，其尊汉崇唐、振兴古文的锋芒所向是"流靡"、"萎弱"的文风，这就难免与当时秉海内文柄的李东阳等内阁诸公发生抵触。"自李西涯为相，诗文取絮烂者，人才取其软者，不惟诗文趋下，而人才亦随之矣。对山崛起而横制之，天下始知有秦汉之古作，而不屑于后世之恒言"⑥。何景明自己后来也称康海是："矫矫龙头士，腾跃在明时。群游慕豪放，栖志固有期。"⑦ 王九思在《漫兴十首》之四中也说："成化以来谁擅场？豪杰争趋怀麓堂。不有李康持藻鉴，都令后世落门墙。"⑧

---

① （明）康海：《何仲默集序》，《康对山先生集》卷二八，第 311 页。

② （明）康海：《梦游太白山赋》，《康对山先生集》卷二，第 102 页。

③ （明）康海：《秋夜宴符园十四首》，《康对山先生集》卷六，第 136 页。

④ （明）康海：《寄李宗易六首》，《康对山先生集》卷十二，第 182 页。

⑤ （明）康海：《对山先生集序》，《康对山先生集》卷首，第 68 页。

⑥ （明）李开先著，路工辑校：《对山康修撰传》，《闲居集》卷十，《李开先集》，第 593 页。

⑦ （明）何景明著，李叔毅等点校：《六子诗》，《何大复集》卷八，第 85 页。

⑧ （明）王九思：《漫兴十首》之四，《渼陂集》卷六，第 227 页。

前七子中王九思也积极参与其中，“王渼陂、郑少谷、孟有涯氏诸君子又相与驰骛艺囿，羽翼词场，然后圣代文章洋洋焉，炳炳焉，近陵晋魏，逖轧汉周矣”①。这一时期的关中士人吕柟、韩邦靖、张治道、马理、许宗鲁等成为前七子派中的重要人物，其中张治道的复古意识和复古主张较李梦阳更为激烈，“仆自垂髫，即有文艺之好，而谓古道不兴，俗鸣争倡，见世之作者，专门探奥，终诡风人。驰心慕古者有蹈袭之弊，自立标格者堕元、宋之网，虽盈箧累椟，皆不足观。仆才虽不逮，功则倍之，粗仿古人，妙契前代。”② 在张治道看来，诗歌产生的时间越久远，其成就就越高，“今以李、杜视汉魏，汉魏视《骚》《雅》，等第之辽，不啻百蓰”，对于文章取法应该以古为矩镬，对于不尊此法度者提出严厉的批评，“今不法《骚》《雅》而法汉、魏，不法汉、魏而法李、杜，趋向既卑，蹈历斯下，鞭策虽勤，围范难逃，益见其难也。”③

三　“复古运动”中关中士人及其后继者

明代中期前七子的文学复古运动与后七子不同，其兴也骤，其衰也速。弘治末至正德初十年之间是其全盛期，胡缵宗之子胡初在《雍音跋》云：

> 近山刘公玑、平川王公承裕皆户部，苑洛韩公邦奇、西陂刘公储秀皆兵部尚书，泾野吕公柟、西玄马公汝骥、三渠王公用宾皆礼部，谿田马公理光禄卿，平田管公揖都察院右副都御史，太华何公栋、少华许公宗鲁、石叠李公宗枢皆右佥都御史，定原吕公颛应天府尹，蒙谿胡公侍鸿胪少卿，对山康公海、泾原赵公时春、槐野王公维祯皆翰林院，皆修撰，渼陂王公九思、河滨段公炅、玉垒王公元正皆检讨，终南王公元凯兵科给事中，伎陵张公凤翔户部，海山田公澜兵部，太微张公治道刑部，皆主事，东谷张公潜山东，三石乔公世宁河南皆参政，崆峒李公梦阳江西、白阁王公九峰山西皆宪

① （明）徐九皋：《刻孟有涯集序》，《孟有涯集》卷首，四库全书存目丛书本，集部第58册，齐鲁书社1997年版，第122页。

② （清）黄宗羲：《答友人论诗书》，《明文海》卷一六〇，第1611页。

③ 同上书，第1612页。

副，五泉韩公邦靖山西参议，彭衙王公讴河南佥事，皆进士，太白孙君一元羽士。[①]

这一冗长的名单列出了明代中期文学复古运动中关中士人，这一点虽常被学者所引用，但其中所含关中士人政治力量与文学力量崛起的关系往往被忽视，这一时期关中文学力量“其兴也骤，其衰也速”与当时关中士人在政坛的沉浮有直接关系，这些关中士人无疑可以看作一个关系密切的作家群体，一个以地域为中心的有着相同或相近文学追求的作家群体。此后，刘瑾事件中前七子中关中士人康海、王九思被诬为刘瑾同党，逐渐远离文坛中心。随着七子的星散，其活动便趋于低潮，李梦阳的《朝正倡和诗跋》称：“自正德丁卯之变，缙绅罹惨毒之祸，于是士始皆以言为讳，重足累息，而前诸倡和者，亦各飘然萍梗散矣。”[②]李梦阳和何景明之间的文学争论使得二人关系逐渐变得疏远甚至互为仇雠，这样极大地削弱了复古群体在诗坛的凝聚力和影响力。当时在七子派的追随者中，鲜有真正能绍述并发扬七子之见者，只有郑善夫评杜，黄省曾反对雕模，尚属有一得之见。至于胡缵宗虽然也标榜李梦阳、康海高张复古之说，然所论一以典雅醇正为归，究其实，已不能算是七子派了。[③] 这就使复古运动逐渐衰弱。

明代前七子的文学活动跨越了正、嘉之际，但他们的诗文倡和、诗文实绩及其理论批评，主要发生在弘治十五年到正德年间的一段时间。正德末年，何、李之争透露出复古思潮分化的趋势，何景明在嘉靖前夕辞世，意味着文学复古运动暂时告一段落，尽管李梦阳后期在开封一代活动至嘉靖八年，王廷相、康海和王九思等人直至嘉靖中期去世，但在文学复古期间意气风发的状态已经一去不复返，王廷相醉心于道学，康海和王九思沉湎于优伶杂剧，前七子的诗文事业在正、嘉之际已然式微，后继崛起的关中诗人主要有王维桢、乔世宁和赵时春。

---

① （明）胡缵宗：《雍音跋》，《雍音》后序，第 376 页。

② （明）李梦阳：《朝正倡和诗跋》，《空同集》卷五九，四库全书本（除单独标出，其余《空同集》为明代论著丛刊本），第 544 页。

③ 王运熙、顾易生主编：《中国文学批评史 · 明代卷》，上海古籍出版社 1981 年版，第 166—167 页。

王维桢（1507—1555），陕西华州人（今陕西华阴），被视为李梦阳的后继者。王维桢其人其文品格之高洁在其身后已有广泛认同。窥其诗文可以看出，王维桢是一个有着入世情怀、志在经世济民的儒士形象，他“谙知九边要害，扼腕时事，慷慨用壮，又好使酒嫚骂，人多畏而去之。为文慕好太史公，盱衡抵掌，沾沾自喜。论诗服膺少陵，自谓独得神解，尤深于七言近体，以为有照应、开阖、关键、顿挫，其意主兴”。[①] 他的门生孙陞对其诗文作了简单概括：“君所为诗文，率类李空同氏。李步武古人，而君步李，譬则燕途入秦，车辙所历，可循而至，谁则改之？仆睹君近制，日异月殊，去李自当不远。”[②] 认为王维桢诗学有源，遥接李、杜，近接李梦阳。何良俊在《四友斋丛说》中说：“盖此老学杜，余尝听其论诗，必要有照应、有开合、有关键、有顿挫，而南人唯重音调，不甚留意于此。”[③] 对明嘉靖时期文风士风产生了积极的影响。王维桢之“人品不群”实在与关学精神的浸润密不可分。

嘉靖前期，乔世宁被视为继何景明之后的另一位较有影响的关中诗人，董份《与学宪寿斋乔公》云：

> 份不肖，窃谓明兴以来，作者沿袭元代，气弱而辞卑，未足以称盛事之选。自空同氏起，始能上法楚骚，远追秦汉，泱泱乎有古人之风。此后则槐野二三公相继振轶，学古者取衷焉。乃若尊翁三石公，则与李接踵，与王比肩。其学粹，其意深，其才达。二三公者，所造不同而各有所至，号称名家，皆关西产也。[④]

董份将他看成是李梦阳、王维桢之后陕西最著名的诗人，大体与嘉靖前期诗坛的实际情况相符。

赵时春为“嘉靖八才子”之一。所谓“八才子”是嘉靖前期成长

① （清）钱谦益：《王祭酒维桢》，《列朝诗集小传》丙集，第384页。

② （明）孙陞：《与王太史论文书》，《孙文恪公集》卷十四，四库全书存目丛书本，集部第99册，齐鲁书社1997年版，第745页。

③ （明）何良俊：《诗》，《四友斋丛说》卷二六，第235—236页。

④ （明）董份：《与学宪寿斋乔公》，《董学士泌园集》卷二四，四库全书存目丛书本，集部第107册，齐鲁书社1997年版，第418页。

起来的一代文人，一般指嘉靖五年（丙戌）进士及第的王慎中、赵春时；嘉靖八年进士及第的唐顺之、李开先、陈束、吕高、熊过和任翰。他们是朱厚熜“亲为品题”的青年才俊，又是“史馆起家”的翰林文人，在嘉靖十二年前后，相与酬唱，刻励古学。嘉靖才子与“权贵人”的对立，从根本上是政治斗争与人格理想的冲突。李开先在《潘春谷传》中说：“尝以事触忤台臣，助而攻之者，更有改宫僚未成之众，萋菲之谤，薏苡之疑，始之者一吠，和之者百声。同罢者又如张玄泉、王南江，皆齐名屡腾荐剡者。刘涵江所谓，虽出内批，孰不知为权贵人所为。前后如吕江峰、罗念庵、唐荆川、赵浚谷、谢右溪，以及春谷，事虽不同，同黜于一人之毒手，台臣竟以事败戮，天之报应如此。”① 上述“后七子”中包括赵世春在士人同“前七子”一样，也未能摆脱政治的风波所导致他们在文坛上的沉浮，也使明代关中士人又一次失去在文坛崭露头角的大好机会，致使关中士人逐渐在文坛上成为沉默的一群。

综上所述，明中期弘治和正德朝文治的兴起打破明初以来文坛沉闷的气氛，彻底扭转了台阁体为主的文风，同时也为关中士人走向文坛的中心提供了广阔的历史舞台，形成了以李梦阳、康海、王九思等人为核心的文学复古团体“前七子”，他们引领风骚，所代表的文学风格和文学批评在一定时间形成时风众势，影响到有明以来的文学，尽管时间较短，但其影响延至清代，影响了几代关中文人的文学创作活动。

第二节 “刘瑾事件”与关中文学的命运

文学思潮是时代精神状况的映射，受特定的政治、文化影响很大。政治关涉士人的生存命运，文化传统塑造文人的精神品格。政治制度对文学生态的影响，大致体现在两个方面。一个是较表层的，即制度力量

① （明）李开先著，路工辑校：《潘春谷传》，《闲居集》卷九，《李开先集》，第543—544页。

对官方文学的直接干预和对私人创作的间接引导；另一个是较深层的，即制度构建下的政治思维格局对士大夫文学思想的内在影响。就“政治影响文学生态”这一论题来说，根据其中政治元素的不同，又可分为政治事件、政治人物、政治思想、政治制度等方面。弘治、正德年间的宦官专权与武宗荒淫，使明王朝又落入“珰毒方深，人心易震”① 的“危病”之中。这在正直的朝官及士人中造成了“求治”希望破灭与失望加剧的痛苦，前七子正是在这种痛苦中煎熬与抗争，这一心路历程中关中士人与内臣刘瑾、持文柄者李东阳微妙的人际关系起着决定性的作用。

一　刘瑾与李东阳的关系

明代是中国历史上宦官专权最为严重的朝代之一，黄宗羲曾评论道：“阉宦之祸，历汉、唐、宋而相循无已，然未若有明之为烈也。”②正德皇帝朱厚照即位，宦官势力急剧膨胀，阁臣刘健极陈其弊，刘健、谢迁、李东阳欲共谋除掉包括刘瑾在内的“八党”，由于吏部尚书焦芳告密事败，刘健、谢迁、李东阳三人上疏求去，刘瑾矫诏独留李东阳。正德初期，刘瑾乱政，在政治上复古派受到了刘瑾和李东阳的双重打击，复古派部分主将与李东阳关系进一步恶化，结果或下狱，或贬谪，或罢官，群体四散，京师结社倡和宣告结束③，嘉靖中前期的才子们的这一选择总体上看是复古运动的流产。在这次事变中，李东阳的身份和地位显赫一时，他与刘瑾关系、与关中士人的关系颇显诡秘，李、刘二人与此次文学复古运动中关中士人的夭折有直接关系。

正德朝并不乏贤相，李东阳、杨一清、杨廷和等大都勤政务实，贤明练达，但是朱厚照对这些人视若无物，日与近佞嬉戏于豹房，“政令纷拏，百臣争之不足，数幸坏之有余”④。正德十四年，黄巩上疏：“陛下临御以来，祖宗纪纲法度一坏于逆瑾，再坏于佞幸，又坏于边帅之手，致是将当然无余矣。天下知有权臣而不知有陛下，宁忤陛下而不敢

① （清）谷应泰：《宸濠之叛》，《明史纪事本末》卷四四，第171页。
② （清）黄宗羲：《奄宦上》，《明夷待访录》，《黄宗羲全集》第1册，第44页。
③ 何宗美：《文人结社与明代文学的演进》，第232页。
④ （清）谷应泰：《刘瑾用事》，《明史纪事本末》卷四三，第164页。

忤权臣，陛下勿知也。乱本已生，祸变将起，窃恐陛下知之晚矣。”[①] 顾璘《拟上风俗议》说：“臣自弘治丙辰入仕之初，先辈已叹风俗之变，犹是非明白，士知趋向。自焦芳居内阁，行排挤援引之术，士皆务奔竞而耻廉退。张彩居吏部，用飞扬捷疾之士，士皆尚虚华而鄙道义。江河之变，日趋日下。”[②] 从上述两则材料来看，此时已朝政日非，而此时的李东阳“明违其间”[③]，和刘瑾为首的内臣保持着微妙的关系。

当刘健、谢迁、李东阳等人密谋除却刘瑾事败之后，三人上书隐退，结果李东阳被皇帝挽留，其间意味令人回味，时臣批评李东阳“以依违诟”、“尾蛇避祸”[④]。翻阅刘瑾乱政期间李东阳奏疏发现，其间无一言直指刘瑾，且语言和缓，政治立场含糊，和刘健、谢迁、李梦阳等人形成鲜明对比。刘瑾专权期间追赠祖上，造坟祭葬，其间许多“诰命、祭文，皆内阁所撰”[⑤]，《明史纪事本末》说得更为清楚，“所命祭文，皆李东阳撰，台谏不敢言”[⑥]。从这一点可以看出李东阳“依违其间”是历史史实。更为重要的是，根据陈洪谟记载，韩文弹劾刘瑾，引发刘瑾清洗士人的告密者并非如《明史》与《明史纪事本末》所载的焦芳，而是李东阳，“瑾素与李阁老东阳有旧，重其诗文，密以韩文等所劾询以东阳，得其大略。瑾等惊觉，遂趋志御前，俯伏哀号”，“后人传瑾于朝阳门外创造玄真观，东阳为制碑文”，极其称颂，“人始信前日泄捕瑾等之事不诬也”[⑦]。韩邦奇引王琼言在《双溪杂记》中也有相同的记载：“正德初，韩中定率九卿伏阙请刘瑾等八人下狱，内则太监王公岳，外则大学士刘健合谋，已得旨，但是日天晚，候明早即宣旨送出瑾等，而瑾等不知也。大学士李公东阳泄其谋于瑾，瑾等始大惊。”[⑧]《双溪杂记》的作者王琼言时为户部右侍郎，后为吏部左侍郎，

---

① （清）谷应泰：《江彬奸佞》，《明史纪事本末》卷四九，第 188 页。

② （明）顾璘：《拟上风俗议》，《息园存稿文》卷九，《顾华玉集》，四库明人文集存刊本，上海古籍出版社 1993 年版，第 605 页。

③ （清）张廷玉等撰：《文苑》，《明史》卷二八六，第 7345 页。

④ （清）张廷玉等撰：《李东阳传》，《明史》卷一八一，第 4822 页。

⑤ （明）陈洪谟：《继世纪闻》卷二，中华书局 1985 年版，第 84 页。

⑥ （明）谷应泰：《刘瑾用事》，《明史纪事本末》卷四三，第 167 页。

⑦ （明）陈洪谟：《继世纪闻》卷一，第 72 页。

⑧ （明）韩邦奇：《见闻考随录》，《苑洛集》卷十九，第 656 页。

直至正德三年调南京吏部，应为知情者，其说当为可靠。另《明史》载："初健、迁持议欲诛瑾，词甚厉，惟东阳少缓，故独留。健、迁濒行，东阳祖饯泣下。健正色曰：'何泣为？使当日力争，与我辈同去矣。'"[①] 这些文献完全可以解释刘健和谢迁引去，而李东阳独留的原因。李东阳代刘健为首相，受到时人的讥讽，"有一监生以诗献之云：'文名应与斗山齐，伴食中书日已西。回首湘江春草绿，鹧鸪啼罢子规啼。'盖讥其'行不得也哥哥'，'不如归去'之意。及瑾诛，御史张芹劾称'当瑾擅权乱政之时，东阳礼貌过于卑屈，词旨极其称赞，贪位慕禄，不顾名节'等语，人颇然之。李至丙子年卒，赠太师，恩礼极厚，又得谥文正。是欤？否欤？"[②] "行不得也哥哥"、"不如归去"是鹧鸪与子规啼叫的谐音，监生的这首诗暗讽李东阳贪恋权位是事实。后来刘瑾被诛，关中士人成为"瑾党"，其间李东阳所起到的"推动"作用是一个不容忽视的因素，同时，通过"逆瑾"事件，李东阳的声望也一落千丈。

二　关中士人与刘瑾的关系

明代关中士人继承关学中"以礼教为本，崇尚气节"[③] 的传统，王恕、王承裕父子的讲学，崇尚气节，不为空谈，故"其门下多以气节著，风土之厚，而又加之学问者也"[④]，如马理、雒昂与张原等人，皆因上疏谏议而遭受廷杖，雒、张二人并因此而丧生。后来，富平的杨爵更是以气节闻名。冯从吾说：杨爵"险夷如一，初终不贰；磨礲精光，展拓胸次，其所涵养者诚深，故鼎镬汤火，百折不回，完名全节，铿鍧一代不偶也。彼世之浅衷寡蓄，耽耽以气节自多者，视先生当愧死矣"[⑤]，因而，重气节也是明代关学的一个特征，和刘瑾同为关中人的诸多士人，大都同刘瑾保持一定距离，不为刘瑾所牢笼。

正德初年，刘瑾就开始擅权，臣工多出其门，时王承裕任吏课给事中，虽同为关中人，但王承裕和刘瑾保持相当距离，且上书皇帝"进君

① （清）张廷玉等撰：《李东阳传》，《明史》卷一八一，第4822页。
② （明）陈洪谟：《继世纪闻》卷一，第74页。
③ （清）张廷玉等撰：《宦官》，《明史》卷三百四，第7792页。
④ （清）黄宗羲著，沈之盈点校：《三原学案》，《明儒学案》卷九，第158页。
⑤ （明）冯从吾撰，陈俊民、徐兴海点校：《斛山杨先生》，《关学编》卷四，第55页。

子、退小人，及诸不法事”[①]，招致刘瑾的愤恨，被罚粟三百石输边，刘瑾“恨犹未自已，会先生以外艰去，始免”[②]。刘瑾被诛，王承裕以原官迁太仆少卿、南太常卿。

李梦阳个性鲜明，疾恶如仇，为户部郎“以上书论寿宁侯事下狱，赖上恩得免。一夕遇醉侯于大市街，骂其生事害人，以鞭梢击堕其齿。侯恚极，欲陈其事，为前疏未久，隐忍而止”。献吉后有诗“半醉唾骂文成侯，盖指此事也”[③]。正德元年（1506），李梦阳因反对刘瑾而下狱，几乎被杀。李梦阳在正德元年代礼部尚书韩文起草的奏疏中说：“伏睹近岁以来，太监马永成、谷大用、张永、罗祥、魏彬、刘瑾、丘聚、高凤等，置造伪巧，淫荡上心，或击球走马，或放鹰逐兔，或俳优杂剧错陈于前，或导万乘之尊与人交易，狎昵媟亵，无复礼体，日犹不足，夜以继日，劳耗精神，亏损盛德。”[④] 因赖康海的说情而获释。

康海与刘瑾关系比较微妙，二人认识较早，且有往来，“康在翰林，才望倾天下，瑾欲借之弹压百僚”[⑤]。但康海对刘瑾一般都采取敬而远之的态度。“一日，瑾令亲密者谓先生曰：‘主上欲以汝为吏部侍郎。’先生曰：‘我服官才五越岁矣，翰林未有五越岁而升部堂者，请为我辞之，事遂寝而瑾嫌其不附内，益衔之’”[⑥]。李梦阳弹劾刘瑾下狱，有杀身之祸，康海为救李梦阳，至刘瑾处说情，“先生往所，瑾闻先生至，倒履迎之，留饮谈话，久之，瑾谓先生曰：‘人谓自来状元俱不如先生，真为关中增光’”[⑦]。尽管如此，康海视刘瑾非同路之人，与其保持一定的心理距离。“瑾之用事也，盖尝数以崇秩诱我矣，当是时持数千金寿瑾者而不能得一级，而彼自区区于我，我固能谈笑而却之，使饕虓巇崄之人卒不敢加于我，此其心与事亦雄且甚大矣”[⑧]。

吕柟中正德三年（1508）进士，赐进士第一，授翰林院修撰，状

① （明）冯从吾撰，陈俊民、徐兴海点校：《平川王先生》，《关学编》卷三，第 38 页。
② 同上。
③ （明）王世贞著，罗仲鼎校注：《艺苑卮言校注》卷六，第 306 页。
④ （明）李梦阳：《代劾宦官状疏》，《空同集》卷四十，第 356 页。
⑤ （明）何良俊：《史》，《四友斋丛说》卷十五，第 126 页。
⑥ （明）李开先：《康王王唐四子补传》，《闲居集》卷十，《李开先集》，第 634 页。
⑦ （清）黄宗羲：《翰林修撰对山康公先生状》，《明文海》卷四三三，4546 页。
⑧ （明）康海：《与彭济物书》，《康对山先生集》卷二二，第 252 页。

元及第，刘瑾以同乡“欲致之，谢不往。又因西夏事，疏请帝入宫亲政事，潜消祸本，瑾恶其直，欲杀之，引疾去”①。韩邦奇也拒绝讨好刘瑾，《明儒言行录》载：“（韩邦奇）初举进士，值刘瑾乱政，朝士夺气。同年多往谒，有约公者，卒不往，为时所重。”② 胡缵宗中正德戊辰（1508）进士，殿试为三甲第一名。后以二甲、三甲各第一名，俱授翰林检讨，仍取二甲邹锐、黄芳等五人，三甲李志学等三人，俱授庶吉士。因二甲第一名焦黄中为当时吏部尚书焦芳之子，此事被认为是“倚中官刘瑾势”，“实假众市公也”③。其实胡缵宗和刘瑾根本没有交集，并非同路人。乾隆《直隶秦州新志》载：“正德戊辰进士，殿试策对拟一甲，有权宰私庇其子，抑置三甲一名，李东阳怜其才，请同一甲，传胪，即授翰林院检讨”④，“小注曰：是日（授翰林院检讨之日），予未报名谢恩，次日，始谢，瑾亦不之问”。因此中进士之事胡缵宗根本没受到刘瑾的庇护，而是李东阳“怜其才，请同一甲”。后命其参修《孝宗实录》，因记事得罪擅权的刘瑾。正德五年，刘瑾被诛，“言者弹劾朝士”，胡缵宗也未能幸免，正德五年八月，贬谪嘉定州判官，开始了他的外放生涯。刘瑾事件中受牵连的关中士人还有都御史杨武、检讨段炅。刘瑾败，言者以杨武为刘瑾乡人为由，杨武由此罢归。段炅受李东阳之诬被罢黜，二人皆豪杰之士。

在关中士人中也有依附刘瑾者。张彩，弘治三年进士。授吏部主事、文选员外郎、郎中，被劾家居。焦芳以其为刘瑾同乡，极力推荐。不数月，擢佥都御史、吏部侍郎。正德四年（1590）六月代刘宇为吏部尚书，十一月加太子少保。日出刘瑾之家，进退人才，唯刘瑾之意是从。不时考察内外官员，诸所迭补，不循旧格，率意变乱，贿赂肆行。正德五年八月十四日刘瑾被劾下狱，十五日亦逮其下都察院狱，同年十月十六日死于狱。诏戮尸于市，流其家海南。

① （清）张廷玉等撰：《儒林一》，《明史》卷二八二，第 7243 页。

② （清）沈佳：《韩邦奇苑洛先生恭简公》，《明儒言行录》卷四，明代传记丛刊本，台湾明文书局 1991 年版，第 62 页。

③ （明）张萱：《西园见闻录》卷九十九，台湾明文书局 1991 年版，第 334 页。

④ （清）费廷珍纂修：《人物》，《秦安新志》，成文出版社有限公司 1935 年版，第 1123 页。

三 “刘瑾事件”的实质

明初文坛之盛，主要是指雅文学（诗文等）崇儒复古之盛①，何良俊《四友斋丛说》卷十五记“李西涯长于诗文，力以主张斯道为己任。后进有文者，如江石潭、邵二泉、钱鹤滩、顾东江、储柴墟、何燕泉辈，皆出其门。独李空同、康浒西、何大复、徐昌谷自立门户，不为其所牢笼，而诸人在仕路亦遂偃蹇不达”。②

七子虽然名义上出自李东阳之门，但事实上并不存在文学上的师承关系。这可以从张治道《翰林院修撰对山康先生》，李先开《李崆峒传》《何景明传》《对山康修撰传》《渼陂王检讨传》以及王九思《渼陂集自序》、《漫兴十首》（其四）等文献材料中得到有力依据③，因此面对李东阳在文坛上的擅权，关中士人表现出相对的对立性，这样就招致李东阳的不满，李开先《渼陂王检讨传》曰：

是时西涯当国，倡为清新流丽之诗，软靡腐烂之文，士林罔不宗习其体，而翁亦随例其中，以是知名，得授翰林院检讨，故曰：“上有三老，下有三讨。”自以为是矣。及李崆峒、康对山相继上京，厌一时诗文之弊，相与讲订考证，文非秦汉不以入于目，诗非汉魏不以出诸口，而唐诗间亦效仿之，唐文以下无取焉，故其自叙曰：“崆峒为予改诗稿今尚在，而文由对山改者尤多，然亦不止于予，虽何大复、王浚川、徐昌谷、边华泉诸词客，亦二子有以成之。称之者则以其叙事似司马子长，而不琐屑于言语之末，议论似孟子舆，而能从容于抑扬之际，至其因怀陈致，寄景道情，则又出入乎风雅骚选之间，而振迅于开元天宝之上。士夫虽倾心，然不免有侧目者矣。刘晦庵虽不喜诗，然犹爱才，而李西涯则直恶其异己，蓄怒待时而发。”④

---

① 陈书录：《明代诗文的演变》，第 35 页。

② （明）何良俊：《史》，《四友斋丛说》卷十五，第 127 页。

③ 何宗美：《文人结社与明代文学的演进》，第 299 页。

④ （明）李开先著，路工辑校：《渼陂王检讨九思传》，《闲居集》卷十，《李开先集》，第 598 页。

李东阳以刘瑾事件为契机，在文坛上对关中士人进行了毁灭性的打击。“逆瑾”事件中受到伤害最深者无疑是康海和王九思，这一方面和康海质直的性格有关，康海亢直孤介，不懂圆滑世故；另一方面也同李东阳对失去文学控制权力所产生的忧惧而借刘瑾之刀“杀”关中士人的伎俩有关。

康海中状元后踌躇满志，想有一番大作为，对朝中党争表现出厌恶和不屑之情，据《泾野先生文集》卷二一《与康太史德涵书》中曰：“其有今日，祗因言语之肆耳。夫言行一也，古之人未有不谨于言而能美其行者，惟望吾兄非不言已成大业。固非若是以要誉干禄也，吾儒之法自当尔耳。”[①] 张治道《翰林修撰对山康公先生状》载：“孝宗时谢阁老迁见知主上，其子丕为翰林编修，文亦有名。焦阁老芳，其子黄中亦为翰林检讨，争胜于谢，各树党与，互为标榜。焦欲引先生为附，一日置酒厚请先生。先生往，见客座皆邪媚者，曰：‘此为排谢招我耶?’遂正言责之，座客皆愧服。”[②] 李开先补充说：“其废也，不止为友，与夫以文为累。在官日，论事无所回护，有不如意，则怒骂不置，又好面斥人过失，后虽屡有荐章，当道者明知其才，弃而不用也。”[③]《四友斋丛说》卷十五载：“康对山以状元登第，在馆中声望籍甚，台省诸公得其謦咳以为荣，不久以丁忧去。大率翰林官丁忧，其墓文皆请之内阁诸公，此旧例也。对山闻丧即行，求李空同作墓碑，王渼陂、段德光作墓志与传。时李西涯方秉海内文柄，大不平之，值逆瑾事起，对山遂落籍。”[④] 据李贽《修撰康公》云：“（康海）在史馆凡三年，凡诸著作，必宗经而子史，以宋人言为俚，以唐为巧，以秦汉为伯仲，而有驳焉。故同进者忌，伪以国老文就而正之，实祸之也。海不疑，笔削而授之，十存一二焉，故诸老咸病海。”[⑤] 其中“诸老”中就有李东阳。

---

① （明）吕柟：《与康太史德涵书》，《泾野先生文集》卷二〇，第96页。

② （清）黄宗羲：《翰林修撰对山康公先生状》，《明文海》卷四三三，第4546—4547页。

③ （明）李开先著，路工辑校：《对山康修撰传》，《闲居集》，《李开先集》，第599页。

④ （明）何良俊：《史》，《四友斋丛说》卷十五，第126页。

⑤ （明）李贽：《文学名臣·修撰康公》，《续藏书》卷二十六，中华书局1959年版，第500页。

康海遭贬，当时同在朝者皆知其冤，正德九年霍韬在嘉靖时参修《武庙实录》，他在详细考察了刘瑾窃权后，认为康海被冤是得罪了大学士李东阳之故，因而上书举荐康海。罢官之后，康海义愤填膺，“抱璞空怀失路悲”[①]，其《答沈崇实书》中曰：“士之所哀，莫甚于名丧节靡而身死不与也。今不肖已丧名靡节矣。即使长生百年，有颜回、曾子之行，程伯、朱季之作，亦不可自明于千世之下，此固志士之深悲也。”[②] 王九思说得更为直接：“公在翰林时，论事无所逊避，事有不可辄怒骂，又面斥人过，见修饰伪行者又深嫉之，然人亦此嫉公。”[③] 所以刘瑾事败，连及康海，庙堂之上少有为康海辩白者。

王九思的诗风开始取效李东阳，后来康海和李梦阳举起复古大旗，王九思转而倡导复古，这对李梦阳而言不啻是背叛，“既而康、李辈出，唱道古学，相与訾馆阁之体，敬夫舍所学而从之，于是始自贰于长沙矣。敬夫之再谪，以及永锢，皆长沙秉国时”[④]。

正德五年（1510）八月，刘瑾事败被诛，诸翰林俱复旧职，独王九思不动。当时李东阳表面上倡言“既官至正郎，不必复可也”，暗地里却告诉自己的心腹给事中李贯“瑾党九思，恶得无劾”，李贯便串通言官弹劾王九思“堂上堂下，一陕而三吏部，非瑾党，何以得此”[⑤]。又有忌者唆言，九思遂被降谪寿州同知。

逆瑾事件后，王九思对事件的实质比较清楚，写《游春记》抒发愤懑之情，王世贞在《曲藻》中说：“敬夫有隽才，尤长于词曲，而傲睨多脱疏。人或谗之李文正（李东阳），谓敬夫尝讥其诗。御史追论敬夫，褫其官。敬夫编《杜少陵游春》传奇剧骂。李闻之，益大恚。虽馆阁诸公，亦谓敬夫轻簿。遂不复用。”[⑥] “盛年屏弃，无所发怒，作为歌谣，及《杜甫春游》杂剧，力诋西涯，流传腾涌，关陇之士，杂然

① （明）康海：《华州逢焦视远还周至》，《康对山先生集》卷一五，第204页。

② （清）康海：《答沈崇实书》，《康对山先生集》卷二四，第274页。

③ （明）王九思：《康公神道之碑》，《渼陂续集》卷中，《渼陂集》，第912—913页。

④ （清）钱谦益著：《王寿州九思》，《列朝诗集小传》丙集，第314—315页。

⑤ （明）李开先：《渼陂王检讨九思传》，《闲居集》卷十，《李开先集》，第599页。

⑥ 中国戏剧研究院编：《曲藻》，《中国古典戏曲论著集成》（四），第34—35页。

和之”[1]。李开先在《渼陂王检讨传》中也记载：“嘉靖初年，将征之纂修实录。而同罢吏部者，摘取《游春记》中所具人姓名，毁于当路：‘李林甫固指李西涯（即李东阳），而杨国忠得非杨石斋（即杨廷和），贾婆婆得非贾南坞（即贾泳）耶?’坐此竟已之。翁闻之，乃作小词自嘲，殊无尤人之意。”[2] 在《杜子美沽酒游春》第二折，有一段卫大郎与杜甫的对话：“久闻先生高作，好便好，只是忒深奥些。我闻得先父尝说，李林甫丞相的诗最好，清新流丽，人人易晓，先生曾见来么?”杜甫怒曰：“你说那李林甫做甚么，他是个奸邪之徒，专一嫉贤妒能，把朝廷的事都坏了，我试说与你听咱。［朝天子］他狠心似虎狼，潜身在凤阁。几曾去正纲纪，明天道。风流才子显文学，一个个走不出浸天套。暗里编排，人前谈笑，把英雄都送走了。”[3] 实际上，《金堂诗》只收了李林甫三首诗，李林甫并没有什么诗名，而“清新流丽”却正合李东阳的诗歌风格，而剧中杜甫接下来的痛斥，也有暗指李东阳之嫌。

胡缵宗于正德五年被诬为“瑾党”，贬为嘉州判官，在四川五年，正德十年至南京户部。官至都察院右副都御史。嘉靖十八年归里。康海诗中有“吕也卧不出，胡亦远辞秦。间关蜀道恶，栖迟清渭滨”[4] 之句，大有同为天下沦落人之感。

李梦阳虽然五次锒铛入狱、两次罢官还乡，但直接的原因主要是他在政治上反对阉党和权贵。至于他在文学上时而偏向于张扬人欲的主张、“情之自鸣”，其直接的原因是鉴于自己在宗汉崇唐中失误的教训而进行的自我调节。康海则不同，但他由于宗汉崇唐、振兴古文而得罪了当时主文坛的台阁诸公，而这些当权者又借清洗阉党的机会，打击文学领域的异己分子，致使被罢官的康海背着党附刘瑾的罪名，在政治上、文学上都不得翻身。可见，后期的康海转向放纵自恣、缘情自鸣的直接动因主要是文学流派之间的斗争，即日趋萎弱的茶陵派与以复古振兴古文的前七子之间的斗争。

---

① （清）钱谦益：《王寿州九思》，《列朝诗集小传》丙集，第314页。

② （明）李开先：《渼陂王检讨传》《闲居集》卷十，《李开先集》，第601页。

③ （明）沈泰编，李平整理，张培恒审阅：《盛明杂居》，山东画报出版社2004年版，第481页。

④ （明）康海：《怀吕仲木与胡孝思两君子》，《康对山先生集》卷四，第115页。

四 政治生命与文学生命

文人主体的身份变化会带来实际创作的变化，这种变化表现在写作的态度、内容、艺术等方面。刘瑾事件与京城诗坛即由政治因素而连接，也就容易由于政治因素而流散。在京城做官，相互间诗酒酬唱，自是一件盛事。而一旦仕途迁转，这一群体就失去了赖以存在的凭依。这一点，在“前七子”复古诗人那里有明显的体现。李梦阳在《朝正倡和诗跋》中曾有描述：

> 诗倡和莫盛于弘治。盖其时古学渐兴，士彬彬乎盛矣，此一运会也。余时承乏郎署，所与倡和则扬州储静夫、赵叔鸣，无锡钱世恩、陈嘉声、秦国声，太原乔希大，宜兴杭氏兄弟，郴李贻教、何子元，慈溪杨名父，余姚王伯安，济南边廷实。其后又有丹阳殷文济，苏州都玄敬、徐昌谷，信阳何仲默，其在南都则顾华玉、朱升之其尤也，诸在翰林者以人众不叙。自正德丁卯之变，缙绅罹惨毒之祸，于是士始皆以言为讳，重足参息，而前诸倡和者，亦各飘然萍梗散矣。①

将整个明中期的文宗秦汉思潮作为考察的对象可以看出，随着时间的推移，李梦阳的地位得到进一步的凸显，而康海则渐次退于后列。这有几个原因可以陈述：首先出于康海在刘瑾事变后被贬退西北，醉心声妓，逐渐边缘化，而不像李梦阳一直活跃于文坛的中心。袁袠有一篇序文就表现出这一景象：“弘治间，君臣一德，夷夏清晏，奇英妙哲，方轨并驱，文体始变，力追元古。于时有关西李梦阳、姑苏徐昌谷、信阳何仲默相与表里，以鸣国家之盛。今中丞顾公华玉崛起金陵，颉颃其间，埙铿篪应，莫敢轩轾。又如希哲之宏博，伯虎之奇俊，继之之古淡，盛之之精工，太初之清旷，履吉之丽逸，玄敬之冲泊，伯时之醇图，钦佩之隽质，叔鸣之新警，咸号名家，素称国手。”② 从顾璘的选

① （明）李梦阳：《朝正倡和诗跋》，《空同先生集》卷五十九，四库全书本，第 543—544 页。

② （明）顾麟：《国宝新编序》，《国宝新编》卷首，第 2 页。

取人物来看，“前七子”中关中士人康海与王九思未选，代之以孙一元。考察文学复古运动中康海开风气之先，王九思力倡的史实，再结合袁袠这篇序文，可以看出刘瑾被诛后关中士人在文坛失落的景象。

刘瑾事件后，因“党附”刘瑾而被罢黜震撼着康海的心灵，道德声望急遽下降，也直接引发了他的文学观念的大起大落，遂放浪自恣。征歌选妓，于文章不复精思，诗尤颓废。从前期的过分认真，近乎天真的振兴古文、以文益国，转变为后期的任情轻率，放纵自恣。王九思与康海二人自正德年间罢官家居后，其文学创作主要以词曲、杂剧为主，原本并不昭著的诗名，到了嘉靖前期越发黯淡。尽管他们年寿颇高，但在嘉靖前期诗坛却并无多大影响。

王九思在一定程度上缺乏独立的文学主张。他参加复古又有文学以外的原因。他早期从李东阳学诗，后来又因为与康海的个人关系，而与复古诸子相往来。被罢官后，他更明确地站到了复古派阵营中来，是因为复古派诸子此时已经开始攻击李东阳的诗文，而他也因为罢官对李东阳心怀不满。大概在正德初年，由于追随李、康的缘故，他也力图“炼句证体”，讲究作品的格调，写过一些模古的作品，如《杂诗》十五首，但正如王世贞《国朝诗评》卷六所评，“如汉武求仙，欲根正染，时复遇之，终非实境”①。不久，随着他生活态度的颓然自放，他的创作态度也露出擅以俗体写俗情的本来面目。他自述晚年的创作状况是：“引睡书过眼随抛，写怀诗信口胡嘲。”② 据张治道《渼陂先生续集序》，王九思晚年双目失明，“而求文与诗者日踵其门”③，往往由王九思口授，书者代笔，这种草率的应酬性诗文，自然不可能有什么文学价值。

“逆瑾事件”是明清众多政治事件之一，但其对关中地域文学的影响在众多历史事件中恐怕难出其右。后人评曰：“瑾诛，刑及大冢宰，遣累陕之搢绅几尽。”④ 刘瑾权倾一时，关中士人也有投于其门下者，诸如张彩，但大部分关中士人秉承关中士人的气节，同刘瑾保持一定距

---

① （明）王世贞著，程兆胤录：《国朝诗评》，中华书局1985年版，第4页。

② （明）王九思：《雨中偶成》，《碧山乐府》卷一，《渼陂集》，第1106页。

③ （明）王九思：《渼陂先生续集序》，《渼陂续集》卷首，《渼陂集》，第673页。

④ （明）李开先著，路工辑校：《泾野吕亚卿传》，《闲居集》卷九，《李开先集》，第568页。

离甚至冒死弹劾。基于当时复杂的政治环境，文坛的权利争斗裹挟其中，以李东阳为代表的馆阁文人为维护其文坛的霸主地位，利用“逆瑾事件”打压关中士人，使关中士人在这次政治斗争中失去文坛和政坛的立足之地，关中士人再也不能像复古运动中意气风发，执文坛之牛耳，影响力日趋衰落，其后虽有赵时春、王维桢、乔世宁等人活跃于文坛，但其影响力绝非如复古运动中李梦阳、康海等人。到清代，关中士人在文坛的影响更加式微，这一境遇的形成与逆瑾事件或多或少也有点关系。

第三节 博学鸿词科与文学

文化体制的发展和变迁对明清文学的发展产生一些阶段性的影响。如明中期翰林士人对政治权力的分享影响到当时以歌咏升平、雍容典雅的台阁体文风的形成；康熙和乾隆帝为笼络汉族士人而开设的博学鸿词促进了清词创作与研究的发展；康乾年间对士人排满情绪的压制导致清代文字狱频频发生，给清代文学的发展带来很大的负面影响，诸如此类的文学发展特征往往受特定历史条件和文化体制影响，具有很强的时代特征。

一 清初的文治政策与士风、文风的转变

清朝入主中原后，强力推行“薙发易服”政策，对汉人的抵抗进行了血腥镇压，如“扬州十日”“嘉定三屠”，这些带给士人的不只是国破家亡的伤痛，更多的是心灵的极大震撼，他们已陷入孔子所谓的“被发左衽”的绝境。安定人心，特别是安抚文人儒生之心，是入关后清帝的基本策略，昭梿《啸亭杂录》云：“仁皇天资纯厚，遇事优容，每以宽大为政，不事豁刻。厚待儒臣，如张文瑞英，高江村士奇等，朝夕谈论，无异友生。与李文贞光地谈《易》，每至子夜，诸诗人多枕戈以待。”① 清初帝王的怀柔态度还表现在如何看待明代先帝上：“仁皇帝

① （清）昭梿：《优容大臣》，《啸亭杂录》卷一，《清代史料笔记丛刊》，上海古籍出版社1987年版，第7页。

（康熙）六巡江浙，每至江宁，必幸明孝陵，拜谒如议。尝曰：‘明太祖一代人杰，不可亵慢’，其它如辽、金诸陵，亦皆如明陵制，其雅慕先代如此。”① 对明陵的祭拜，对抗清义士的敬重，无论入关的新主主观意图如何，其间多少对汉族士人施以某种善意，加快了清初文人政治转向的步伐。

在文化政策上，康熙实行“崇儒重道”的方针，开经筵、设日讲起居注官，其目的不仅在学习汉族传统的统治方法，其本身还是一种策略性的举动，正如孟森先生指出，这是“圣主善驭天下士”的表现之一。他说：“康熙间讲学之风大盛，研求性理，此时已用熊赐履开其先声，纂修经义，明天文算学，皆于此开其端，以天子谆谆与天下通儒为道义之讲论，实为自古少有，其足以系汉人之望者如此。而考其时势，则正复黔、秦、蜀、湘尽陷，东南浙、闽、两广、江西蠢蠢思变，方于十三岁杪议亲征而未发之时，无论其为镇定人心与否，要能无日不与士大夫讲求治道，其去宦官宫妾蔽锢深宫之主远矣。”②

康熙七年（1668）十月颁谕礼部，将“崇儒重道”国策明确化，提出了“文教为先”的《圣谕十六条》作为治国纲领。康熙九年令进经筵日讲，不久复设起居官，形成了较稳定的帝王教育制度。康熙十七年（1628）正月二十二日，康熙郑重谕内阁：

> 自古一代之兴，必有博学鸿词振起文运，阐发经史，润色词章，以备顾问著作之选。朕万机时暇，游心文翰，思得博洽之士用资典学。我朝定鼎以来，崇儒重道，培养人才，四海之广岂无奇才硕颜，学问渊通，文藻瑰丽，可以追踪前哲者？凡有学行兼优、文词卓越之人，无论已未出仕，住在京三品以上及科道官员、在外督抚布按各举所知，朕将亲试录用，其余内外各官果有真知灼见，在内开送吏部，在外开报于该督抚为题荐。务令虚公延访，期得真才，以副朕求贤右文之意。尔部即通行传谕遵行，特谕钦此。③

① （清）昭梿：《拜明孝陵》，《啸亭杂录》卷一，《清代史料笔记丛刊》，第8页。

② 孟森：《明清史讲义》下，中华书局1981年版，第420页。

③ （清）李集：《康熙十七年正月二十二日内阁奉》，《鹤徵录》卷首，四库未收书辑刊本，第2辑第23册，北京出版社2000年版，第563页。

各地举荐的有名望的士人共143人，取中50余人，入翰林。此次征召，康熙对应试者的待遇极为优厚，表现在试前、授职和升迁的各个环节中。试前，考虑到现任官员外，“官人，布衣各给月俸银三两，米三斗。”应试当天，先赐宴，“设高桌五十张，每张设四高椅，光禄寺设馔十二色，皆大盘高攒，相传给值四百金。先赐茶两通，时果四色，后用馒首、卷子、红绫饼、粉汤各两套，白米饭各一大盂，又赐茶，讫复就试，时陪宴者太宰满汉二员，掌院学士满汉两员。”宴后举子方参加考试，“其夕出十余人，皆给烛竣事”①。正是得益于博学鸿词科的征召，以及提供的修史机会，才使全国各地的学者汇聚京师，广结朋友，他们集中交流诗文，接受新的文学观念。

二　被征召中的关中士人及其态度

康熙帝的这次征辟被举荐的士人除去丁忧和疾病的人员外，最终有131人应试②。黄宗羲、吕留良、李颙、阎若璩、朱彝尊、施闰章、潘耒、曹溶、傅山、戴延栻等人皆在被荐之列。此次被推荐的陕西人共有10位，分别是李颙、李因笃、王弘撰、王孙蔚、李念慈、李大春、孙枝蔚以及赵廷锡、赵廷飏、程必升。10人中李颙未赴京，王弘撰赴京未参加考试，其余8人中只有李因笃1人试中，孙枝蔚由于年龄，特授内阁中书，其余6人皆未中。李因笃以布衣被荐，“上尝问内阁及内直诸臣以布衣四人名字，即富平李因笃、慈溪姜宸英、无锡严绳孙与秀水朱彝尊也。后公卿荐举，独宸英不得予”③。面对朝廷征召，李因笃推辞不就，理由是母亲年老多病，弟弟因材已经过继给堂叔，自己身为独子，需要在家养亲尽孝。其挚友顾炎武在致李湘北信中说：“关中布衣李君因笃，顷承大疏荐扬，既征好士之忱，尤羡拔尤之鉴。但此君母老且病，独子无依，一奉鹤书，相看哽咽。虽趋朝之义已迫于戴星，而问寝之私倍悬于爱日，况年逾七十，久困扶床。路隔三千，难通啮指。”④此处顾炎武劝说李因笃坚辞征召之意非常明显。七月康熙下诏曰：“吏

① （清）张潮等编：《制科杂录》，《昭代丛书》戊集续编，上海古籍出版社1990年版，第914页。

② 赖玉芹：《博学鸿词与清初学术转向》，中国社会科学出版社2010年版，第18页。

③ （清）王士祯：《李因笃》，《池北偶谈》卷二，中华书局1982年版，第251页。

④ （清）顾炎武：《与李湘北书》，《亭林文集》卷三，《顾亭林诗文集》，第51页。

部题各省题荐人员，原令其作速起程，今陕西李因笃、王弘撰，江南汪琬、张九徵、周庆、曾彭贵、潘耒、嵇宗孟、张新标、吴元龙、蔡方炳，直隶杜越、范必英，浙江应撝谦，山西范鄗鼎，江西魏禧并以疾辞，李因笃以老母辞，相应咨催赴京。得旨，李因笃等既经诸臣以学问渊通、文藻瑰丽荐举，该督抚作速起送来京，以副朕求贤之意。”①诏试“揭晓，李因笃名列一等第七，命撰修《明史》，诏授检讨，旋乞养，具呈礼部及通政司，皆不纳。不得已，冒封事上之。帝鉴其诚，许之，不以违制罪也”②。

面对清廷的数次征召，李颙皆以疾辞，“康熙十二年，陕督鄂善以隐逸荐，有诏起之，固辞以疾。十八年，诏举博学鸿词，礼部以海内真儒为荐，大吏亲至其家促之起，舁床至省。容绝粒六日，至拔刀自刺，大吏骇去，乃得予假治病”，“自是闭关不与人接，惟昆山顾炎武及同邑惠思诚至则款之”③。李因笃被荐就征，和李二曲话别，见“官吏汹汹，严若秋霜，恐先生坚执撄祸，劝先生赴都，一时缙绅爱先生者，咸以‘明哲保身’为言，先生闭目不答，遂绝食。”“李太史（李因笃）为先生危甚，涕泣以劝，先生笑曰：‘人生终有一死，惟患死不得耳，今日乃吾所死也！’遂以后事为托”④。当李因笃劝说李二曲应诏时，顾炎武借用他人之言善意批评曰：“关中人述周制府之言曰：‘天生自欲赴召可尔，又何力劝中孚，至述之利害？殆是蘧伯玉耻独为君子之意。’窃谓足下身蹑青云，当为保全故交之计，而必援之使同乎己，非败其晚节，则夭其天年。”⑤在此次博学鸿词征召过程中，二曲的极端行为，在明遗民中产生了非常大的影响。

王弘撰被征召赴京，也非出于本心。康熙十七年戊午（1678），“召集天下儒者京师，修石渠、虎观故事，廷尉张公若给谏诸公，佥以先生重荐牍，或摭其迹，犹曰国子生，索鸿鹄于泽中而不知其翔天表久

---

① （清）法式善撰：《陶庐杂录》卷二，中华书局1959年版，第27页。

② （清）吴怀清编著，陈俊民点校：《关中三李年谱》，第349—350页。

③ 王钟翰点校：《儒林传》，《清史列传》卷六十六，第5246页。

④ （清）李颙著，陈俊民点校：《历年纪略》，《二曲集》卷五，第587页。

⑤ （清）顾炎武：《答李子德》，《顾亭林文集》卷四，《顾亭林诗文集》，第76页。

矣。先生辞疾不获，迟迟抵燕，寓远寺僧僚，王公大人非就访，罕窥其面”①。王弘撰到京后寓郊外昊天寺，“虽同寓不数数见也”②，最终与纪灵二人“称疾未与试”③。他在给顾炎武的诗中说：“临风每忆陶元亮，恐负东篱晚节香”④，以此明志。

孙枝蔚被荐后有记其“喜动颜色，脂车秣马，惟恐后时”⑤，但同时赵永纪《清初诗歌》一书中转引了郑方坤《变雅堂诗钞小传》对此文的评论：“孙得书惭恚弥月。既逼于朝命，不得辞，应试不终幅而出。”⑥ 李念慈“己未与孙豹人俱以荐举待诏京师，后同考落，余即就部辞官，仍赴楚后代，豹人虽受中书职衔，从不被章服，乘舆马”⑦，因此其好友杜浚作了《与孙豹人书》，说：“今所效于豹人者，质实浅近，一言而已，一言谓何，曰：勿作两截人。不作两截人有道，曰忍痒，忍痒有道，日思痛”⑧，劝他要铭记国家破亡之痛，不要为清廷的引诱所动。此文被收入《清文选》，刘世南、刘松来在此文后作了简单的评论：“杜此信虽苦苦相劝，终难阻止，这可以看出威武不屈之难，但也可尽显杜浚风节之高”⑨ 也点出了孙枝蔚最终还是北上了。孙枝蔚《夜过汪舟次寓居，适邓孝威、吴天章亦至，因留饮赋诗》后注中有：“客主同因被征留长安”之语，点出了北上的原因。他的《阅邸报见群公荐表滥及野老姓名将修辞启先成二诗》说明这时他已看到邸报，十分感慨。他在《见征入京后作》中写道：“布衣老死甘云壑，岂料遭逢类荔枝。”⑩ 最后感叹自己像荔枝一样被“运”到京城，要供“翠眉之一

① （清）李因笃：《王徵君山史六袠序》，《续刻受祺堂文集》卷二，清道光十年杨松林刻本。

② （清）王弘撰撰，何本方点校：《山志》初集卷五，第130页。

③ （清）秦瀛：《卷首》，《己未词科录》，清代传记丛刊本（学林类），台北明文书局1985年版，第30页。

④ （清）顾炎武著，王蘧常辑注，吴丕绩标校：《和王山史寄来燕中对菊》附《燕台观菊寄亭林先生》，《顾亭林诗集汇注》卷六，上海古籍出版社1983年版，第1187页。

⑤ 刘世南、刘松来：《与孙豹人书》，《清文选》，人民文学出版社2006年版，第13页。

⑥ 赵永纪：《清初诗歌》，光明日报出版社1993年版，第204页。

⑦ （清）李念慈：《挽孙豹人中翰四首》其二自述，《皖江集》，《谷口山房诗集》卷三十一，第792页。

⑧ 刘世南、刘松来：《与孙豹人书》，《清文选》，第13页。

⑨ 同上书，第13—14页。

⑩ （清）孙枝蔚：《见征入京后作》，《溉堂集续集》卷六，《溉堂集》，第921页。

笑"。孙枝蔚对功名看得很淡，其《书怀》云："老日林泉味颇谙，年来士卒战犹酣。身如橘柚病于北，心似鹧鸪飞向南。陇上全家能习苦，床前稚子待分甘。出山久笑深源误，入肆将寻季主谈。曾看作赋类俳优，只藉长吟一散愁。宋玉登朝宁优异，陶潜在野本无求。不闻老马能千里，敢问仙人聚十洲。"① 诗中流露出思归之情。《再逢项眉山学士》云："老懒惟应着鹤冠，何心作赋对金銮"②，也表达了自己想过闲云野鹤般的生活，不愿在金殿之前作赋承欢。《出京》："自笑身如老牛，黄金岂可笼头"，"往日名衔不恶，今成添足之蛇"，更有悔恨之意。在得知被授中书衔之后，他就在诗中说："拜谢须朝服，羞惭对钓竿"，"他时戒吾子，不必上铭旌"③，都可看出他对自己得了"中书舍人"这个"尊荣"之衔毫无欣喜之意。

孙枝蔚也为自己的进京行为感到羞惭，有"素衣今已缁，顾之窃有愧"④ 句，得知李颙等拒不应诏时，更自检讨"平生未识李中孚，只道相逢在帝都。不上征车拼饿死，闻风愧煞懦顽夫"⑤，"入都，以年老求免试，不许。及试，被落南归。会诏下吏部，令视与试诸人有年高学赡者授京衔以宠其行，部拟初授正字，特授内阁中书舍人以归"⑥。

以上四人对康熙帝的这次征召所表现出的气节受到时人的赞誉，王士祯称他们为"关中四君子"，"顷征聘之举，四方名流，云会辇下，蒲车玄纁之盛，古所未有，然自有心者观之，士风之卑唯今日为甚。如孙樵所云'走健仆，囊大轴，肥马四驰，门门求知者盖什而七八。'其自重以重吾道、重朝廷者廑有之矣。独关中四君子卓然自挺于颓俗之表。二曲（李颙）贞观丘壑，云卧不起；先生（王弘撰）褐衣入都，屏居破寺，闭门注《易》，公卿罕识其面；焦获（孙枝蔚）迹在周行，情耽林野；频阳（李因笃）独为至尊所知，受官之后抗疏归养，平津

① （清）孙枝蔚：《书怀》，《溉堂集续集》卷六，《溉堂集》，第922页。

② （清）孙枝蔚：《再逢项眉山学士》，《溉堂集续集》卷六，《溉堂集》，第925页。

③ （清）孙枝蔚：《出京》，《溉堂后集》卷一，《溉堂集》，第1282页。

④ （清）孙枝蔚：《咏怀十三首》，《溉堂后集》卷一，《溉堂集》，第1242页。

⑤ （清）孙枝蔚：《处士三人被召不至，美之以诗各一绝》，《溉堂后集》卷一，《溉堂集》，第1284页。

⑥ （清）沈青崖、吴廷锡等：《人物九·儒林》，《陕西通志》卷三十六，第857页。

阁中，独不挂门生之籍。四君子者出处虽不同，而其超然尘壒之表，能自重以重吾道、重朝廷者则一也”[①]，且王士祯认为“关中形势完固，风土淳淑，代有伟人，恐不能过今时也。”[②]

“关中四君子”在陕西参加博学鸿词科十人中属于布衣，其余六人王孙蔚、李念慈、李大春、赵廷锡、程必升、赵廷飏皆为入清后仕清者，他们对于此次的博学鸿词基本持积极参与态度。

李念慈仕途不顺，经济一直处于困顿之中，“残年辞我去，更无重来时。白发总经春，岂能变为丝。堂上亲日老，归省当何期。仕宦行吾学，禄养亦所资。两者罕一遂，折腰空两为。犹复辱荐剡，愧之宏博辞。旅进到辇下，内顾还自嗤。今夕当除旧，前途哪自知。把酒醉天公，倘得遂私人。尚能负都米，为亲供晨炊”[③]。对李念慈而言，征召博学鸿词是为解决当时贫困状态的燃眉之急，他对这次征召充满期待，“栖迟燕市冬春改，待诏金门感激增”，“学士捧题天陛降，中官传旨圣心凭。銮舆斜转趋长乐，赭盖晨飞难夙兴。阁外挥毫拟碧落，殿头赐座啖红绫”（是日于体仁阁下特赐高坐丰宴）[④]。但考试过程中，李念慈染疾，最终以病告，辞官得允。未中后的李念慈在心理方面有一种解脱感，“逝欲求解脱，归养泾河滨”[⑤]。王孙蔚，陕西临潼人，顺治九年壬辰（1652）进士，历官福建布政使、湖广提学道佥事，康熙十六年，王孙蔚回家丁忧，康熙十七年，征召博学鸿词，对于这次征召王孙蔚比较积极。

关于以下四人，其征召的记载寥寥：

> 程必升，字东旭，陕西韩城人，顺治乙未进士，授山东栖霞县知县。[⑥]

---

① （清）王弘撰撰，何本方点校：《外大吏》，《山志》二集卷五，第281页。

② 同上，第281页。

③ （清）李念慈：《戊午长安除夕》，《谷口山房诗集》卷十七，第678页。

④ （清）李念慈：《应诏后述怀二十韵》，《金门集》，《谷口山房诗集》卷十七，第683页。

⑤ （清）李念慈：《赠家容斋学士兼述所怀》，《金门集》，《谷口山房诗集》卷十七，第676页。

⑥ （清）秦瀛辑：《纪事》，《己未词科录》卷八，第469页。

赵廷锡，一名廷飏，字玉谱，陕西肤施人，顺治辛丑进士，除浙江天台县知县，调顺天府良乡县知县，候补内阁中书舍人。[①]

赵廷飏，字□□，陕西肤施人，拔贡生，原授巩昌府文县教谕，候补国子监学正。[②]

李大春，一名人椿，又名大椿，候选知县。[③]

三　士人在京城的文学活动

诗文有名于当世，是鸿儒受荐举的原因之一。征召前，各地文人才士相当活跃，彼此往来频繁，酬唱应和，蔚为风气，及至众多文人雅士云集京城，借此一展风采，同时也借机自发联谊交游，举行规模盛大的文学宴集活动。

在此次举博学鸿词之前，王弘撰、李因笃和孙枝蔚可能从未谋面，在京城才得相见。孙枝蔚《张幼南廷尉兼送之归娶》诗云："廷尉君家旧有声，重闻掌法最宽平。独看结袜寻常事，未必王生胜李生。"[④] 其中王生和李生即王弘撰和李因笃，张幼南即张云翼，为靖逆侯张勇次子，曾推荐李颙、李因笃、王弘撰等举鸿博。此诗作于此次博学鸿词科期间，可见孙枝蔚已知晓他们二人。李因笃也曾说："吾秦风气，在家则驽钝，而出门则千里也。献吉生北地而长于大梁，遂为故明三百年文人之冠。……而焦获孙豹人浮家广陵，亦声震江淮矣。"[⑤]

王弘撰入京居昊天寺虽"谢宾客"，但是与同在京的士人多有往还，其中包括在京的蔚州魏环溪（象枢）、新城王阮亭（士祯）、宣城施愚山（闰章）、潍州汤潜庵（斌）、清苑陈蔼公（僖）、山阳阎百诗（若璩）、秀水李良年（武曾）、三原孙豹人（枝蔚）、泾阳李屺瞻（念慈）等均往还。康熙十八年己未（1679）冬，王士祯"同愚山，蔼公集王弘撰昊天寺寓舍观唐棣《水仙图》"。先生有诗《同施愚山、陈蔼

① （清）秦瀛辑：《纪事》，《己未词科录》卷八，第466页。

② 同上书，第474页，赵廷锡、赵廷飏在《己未词科录》系两人存以俟考。

③ （清）秦瀛辑：《纪事》，《己未词科录》卷一，第83页。

④ （清）孙枝蔚：《张幼南廷尉兼送之归娶》，《溉堂续集》卷六，《溉堂集》，第924页。

⑤ （清）吴怀清编著，陈俊民点校：《艾悔斋诗集序》，《李天生年谱》附录，《关中三李年谱》，第478页。

公集山史昊天寺观唐子华水仙图》，诗曰："先生旧隐三峰椒，太乙玉女时招邀。秦都汉畤一蚁垤，日玩《易》象穷昏朝。蒲车应诏谢宾客，城西古寺风萧萧。"①

李因笃此次进京，声名大震，"关中李天生因笃己未鸿词科，为三相国所荐，至京师名重一时，容斋以同姓年长兄视之，天生居之不疑"②。康熙十八年二月四日，李因笃参加京师文坛盟主王士祯招饮的聚会，作《二月四日雪后王侍读阮亭招同诸子集饮，属赋古体五章即景拈"积素广庭闲"之句为韵》以纪，此次宴集，除李因笃外，尚有潘耒、梅庚、董俞、邵长衡等文坛名家参加。二月十四日，又应主事曹广端招饮的大型聚会，李因笃作诗《曹主事正子招集属赋近体二首》以纪。此次规模较之前次更加庞大，据徐釚所作《花朝前一日曹正子招同李天生、孙豹人、邓孝威、尤悔庵、彭羡门、李屺瞻、陈其年、汪舟次、朱锡鬯、李武曾、杨六谦、李渭清、王仲昭、陆冰修、沈融谷、陆云士、顾赤芳、吴天章、潘次耕、董沧水、田髯渊、吴星若诸君宴集园亭二首》③。除徐釚和李因笃外，还有孙枝蔚、邓汉仪、尤侗、彭孙遹、李念慈、汪楫、朱彝尊、李良年、王嗣淮、陆嘉淑、沈皞日、陆慈云、杨还吉、李澄中、顾景星、吴雯、潘耒、董俞、田茂遇、吴学炯等人，共计二十二人，与会人士均为清初文坛大家。除上述官员外，李因笃的荐主李天馥府和他居住的张云翼府是他聚会的大本营，孙枝蔚、王又旦等人常来此相聚。通过交游，李因笃结交了一批海内知名的文人学者，他的文学成就和学术造诣得到充分展现，深受时人推崇。

孙枝蔚在京师期间，同诸多士人宴饮赋诗，留下许多纪实性的诗篇。施闰章、毛奇龄、汪楫、朱彝尊都是当时文坛名流，其中多人是孙枝蔚故交，他们都参加博学鸿词征召，在京城逗留期间都有文学活动。

① （清）王士祯：《同施愚山、陈蔼公集山史昊天寺观唐子华水仙图》，《渔洋山人精华录》卷三，第69页。

② （清）秦瀛辑：《纪事》，《己未词科录》卷二，第108页。

③ （清）徐釚：《花朝前一日曹正子招同李天生、孙豹人、邓孝威、尤悔庵、彭羡门、李屺瞻、陈其年、汪舟次、朱锡鬯、李武曾、杨六谦、李渭清、王仲昭、陆冰修、沈融谷、陆云士、顾赤芳、吴天章、潘次耕、董沧水、田髯渊、吴星若诸君宴集园亭二首》，《南州草堂集》卷六，台湾学生书局2008年版，第243页。

《溉堂续集》卷六《施尚白少参招同邓孝威、毛大可、汪舟次饮寓斋赋诗》云："音息旷已久，会面复临觞。年齿在桑榆，此乐宁率常。京洛多宴会，但见车骑忙。宾客满华筵，形骸谁相忘。"《溉堂续集》卷六《读梦愚堂记长歌赠施尚白使君》、《夜过汪舟次寓舍适邓孝威、吴天章亦至，因留饮赋诗》、《送黄俞邰奔太孺人丧归金陵》、《送王子侧归新城》、《送陈六谦任安邑丞》、《赠李湘北学士》三首、《寿李书云都谏》二首、《送郑方且虞部榷税韶州》二首、《赠张幼南廷尉兼送之归娶》六首、《再逢项眉山学士》六首、《除夕饮吴维申舍人寓》二首、《元日同毛大可、陈其年、朱锡鬯、汪舟次、乔石林、吴天章集饮曹颂嘉斋中同用青咸韵》。清康熙十八年（1679）元宵节，王士祯、施闰章等人约孙枝蔚作踏歌之游，孙枝蔚有诗《元夕早寝，施尚白使君、王贻上侍读同梅耦长、吴天章、洪昉思诸子过访，颇见怪讶，且拉之作踏歌之游，灯火萧然，败兴而返，因成二绝》，其二云"踏歌朝士最能文，鸥鹭鸳鸯许作群。不见开元诸子弟，方知战伐久纷纭。"[①] 在这首诗中透露出一个信息，即当时诗坛宗唐派和宗宋派之间争论异常激烈。孙枝蔚来京师之时，随身携带黄庭坚之《山谷集》，明确昭示其诗学宗尚，而参加此次踏歌之游的施闰章是坚定的宗唐派诗人、诸诗人之间的文学宗尚不同所导致的争论，导致此游"败兴而归"。

李念慈虽未中，但也参与文学宴集，在其《金门集》中记载了其文学活动："酒既清肴复，盈冬之夜会。群英卷轴出，灯烛擎貌旧。"[②]《长安早春游冯相公亦园登万柳堂五首》《赠姚濮阳给谏》《仲春长安雪霁赠房慎庵枢部》《曹正子部曹招同诸子盛集高斋》等诗都记录了其在京城的文学活动。

四　对关中士风、文学声誉的影响

关中士人在康熙十七年的"博学鸿词科"被选中的李因笃留京将近一年，孙枝蔚很快离职归乡，加上未赴京的李二曲的行止在士人群体

① （清）孙枝蔚：《元夕早寝，施尚白使君、王贻上侍读同梅耦长、吴天章、洪昉思诸子过访，颇见怪讶，且拉之作踏歌之游，灯火萧然，败兴而返，因成二绝》，《溉堂后集》卷二，《溉堂集》，第1283—1284页。

② （清）李念慈：《长安冬夜乔石林招集高斋出其先柱史公柘溪草堂图索题漫成》，《金门集》，《谷口山房诗集》卷十七，第678页。

中产生了相当的反响，李因笃“出都之日，士大夫诗文赠送者数百人，天下莫不高之”[①]。王士祯对他们的人格之高贵给予高度评价，在送孙豹人归广陵的诗中写道：“领取头衔贵，名高身更闲。虽蒙秘书拜，祗似白衣还。诗即杜陵叟，官如陈后山。鬓眉无恙在，归去卧商颜。”[②]在给王弘撰的送别诗中写道：“华山丹顶鹤，清唳向西峰。不羡三株树，长栖千岁松。林峦有佳色，眠起日高舂。石上流泉好，菖蒲方紫茸。”[③]李因笃的《乞终养疏》让其名动天下，震惊士林，刘廷玑在其《在园杂志》中曰：“本朝乙未，诏试博学鸿词最为盛典。其中人才德业，理学政治、文章词翰、品行事功、无不备悉，洵足表章庙廊，矜式后世，可以无惭鸿博，不负圣明之荐拔，诚一代伟观也，而最恬退者李检讨因笃，于甫受官日，旋陈情终养。”[④] 钮琇《觚剩》中认为李因笃此次诏试之《陈情表》为本朝文章之冠，“本朝两大文章，叶方伯《映榴绝命疏》与李因笃之《陈情表》也”[⑤]。沈德潜《清诗别裁集》中曰：“授官后，即以母老辞，不许，表三上乃许，情辞恳恻，比之李令伯之《陈情》又过之。圣主之仁，人之孝子，宇内共称不止，羡其鸿轩凤举也。”[⑥]“关中三李”之李柏为儒家的隐者，他虽没有参与此次征召，但通过李因笃的延誉，使得被外界所知晓。李因笃在京期间“数称先生（李柏）贤，始有知之者”[⑦]。

康熙十七年的博学鸿词征召并非第一次，康熙十三年李二曲就被征召，陕西总督鄂善“欲荐先生，知先生凤翔千仞之操，不可荣以禄，念系地方高贤，又不敢蔽，乃密戒学宪及郭丞勿泄，遂会同抚台阿疏于朝”[⑧]。对于这次征辟，李二曲坚辞不应，给总督及抚台等人上《辞荐

① （清）余金辑：《熙朝新语》卷三，嘉庆刻本。

② （清）王士禛：《送孙豹人授正字归广陵》，《渔洋续诗集·诗文集之四》，《王士禛全集》第2册，第913页。

③ （清）王士禛：《送山史从兄归华山》，《渔洋续诗集·诗文集之四》，《王士禛全集》第2册，第914页。

④ （清）刘廷玑著，张守谦点校：《在园杂志》，中华书局1993年版，第37页。

⑤ （清）江藩：《李因笃》，《国朝宋学渊源记》卷上，中华书局1983年版，第160页。

⑥ （清）沈德潜选编，李克和等点校：《李因笃》，《清诗别裁集》卷十一，第191页。

⑦ （清）李柏：《太白山人传》，《槲叶集》附录，清光绪重刻本。

⑧ （清）吴怀清编著，陈俊民点校：《二曲先生年谱》，《关中三李年谱》卷二，第62—63页。

举书》六封。顾炎武在给二曲的信中给予高度赞扬："先生龙德而隐确乎不拔，真吾道所倚为长城，同仁所望山斗也，今讲学之士，其笃信而深造者，惟先生。异日'九畴'之访，丹青之受，必有可以赞后王，而垂来学者。"① 对康熙十七年的征辟，顾炎武在《答李紫澜书》中写道："李君中孚遂为上官逼迫，舁至近郊，至卧操白刃，誓欲自裁。关中诸君有以巨游事言之当事，得为谢病放归，然后国家无杀士之名，草泽有容身之地，真所谓威武不屈。"②

康熙年间的"博学鸿词科"作为政治一统的辅助手段，其效果明显：昌明盛世，士林必有向化之意，使汉族士人认识到清统治者崇儒重道的诚意。然历经康雍而至乾嘉之际，政治一统的压迫，致使博大恢宏的清初经世之学嬗变为细密烦琐的辞章考据之学。康熙帝实行博学鸿词科的目的在于淡化民族矛盾，在文学创作方面开始有意树立"神韵说"为正统的意欲，王士祯作为馆阁文臣，自然以辅佐康熙帝的"文治"为己任，自觉地以"神韵说"来引导诗坛创作走向，因此此次士人集聚京师所创作诗文中宣示黼黻太平的"盛世清音"为主要内容，这标志着康熙诗坛风尚变迁：清初遗民诗的激愤之情稍微歇息，国是淡化，"神韵"理论逐渐成为文学理论和文学批评的主流。同时"博学鸿词科"为清初学者提供了一次聚集和交流的机会，关中士人通过不同程度的参与，提高了他们在文坛的影响力，在清初的士林中赢得了很高的声誉，"关中四君子"以不仕贰朝的遗民气节声动大江南北，引导士林风气。

---

① （清）顾炎武：《与李中孚手札》，《亭林佚文辑补》，《顾亭林诗文集》，第243页。

② （清）顾炎武：《答李紫澜书》，《亭林诗文集》卷三，《顾亭林诗文集》，第64页。

第六章　与文学相关的其他文化形式

在中国传统的话语体系中，士人的作品很难严格将其区分为文学、历史还是哲学，这些作品都蕴含丰富的文学、历史、哲学思想。中国文学中文与质的关系、文与道的关系的讨论就其实质来讲就是探讨文学、历史、哲学三种形式表达的话语权问题。明清理学与文学的论争主要基于世道人心与文学表达中富丽辞藻能否实现“传道”的功能以及传道应该借助的途径和手段。明清所兴起的修志现象继承史迁的传统，试图达到文史、文道、文质的统一。另外明清文学基于宋元以来戏曲的繁盛，增强了文学活力，士人纷纷参与戏曲创作，丰富了明清文学内容。

第一节　关中理学与文学

明代伴随着程朱理学统治地位的逐渐确立，宗经、载道成为明前期的主要文学思潮。刘基明确提出“文以理为主，而气以摅之。理不明为虚文，气不足则理不能驾”① 的思想。而在当时，“世之治举业者，以《四书》为先务，视《六经》为可缓；以言《诗》，非朱子之传文弗敢道也；以言《礼》，非朱子之家礼弗敢行也；推是而言，《尚书》、《春秋》，非朱子所授，则朱子所与也”，“言不合朱子，率鸣鼓而攻之”②。宋濂在《徐教授全集序》中，更是直截了当地将“六经”作为文学的

① （明）刘基：《苏平仲文稿序》，《诚意伯文集》卷一，万有文库本，商务印书馆 1936 年版，第 126 页。

② （清）朱彝尊：《道传录序》，《曝书亭集》卷三五，第 434—435 页。

本体，从终极的意义上肯定了文学的基本内蕴。方孝孺在《读朱子感兴诗》中，特别强调“增乎纲常之重”和“关乎治乱之教”的作用。[①]总之，言必朱子，这实等于理学把朱学的教条化。教条化，永远是扼杀思想生命力的无刃之剑。

一　传统关学学者的文学态度

冯从吾在《关学编·自序》中说道：“我关中自古称理学之邦，文、武、周公不可尚已，有宋横渠张先生崛起眉邑，倡明斯学。”[②] 同在此书的《后序》中张舜典说道：“吾乡居天下之西北，脊坤灵淑粹之气自吾乡发，是以庖羲画卦，西伯演《易》，姬公制礼，而千万世之道源学术自此衍且广。”[③] 这说明关中的理学有其深厚的历史文化基础和渊源。清人在续编《关学编》时，也遵循《关学编》撰写过程中的取舍标准，唯理学是尊，“不载独行，不载文辞，不载气节，不载隐逸，而独载理学诸先生，炳炳尔尔也；不论升沉，不计崇卑，而学洙泗、祖羲文者，无不载焉”[④]。这说明明清关中士人具有更为浓烈的理学意识，文辞不是其关注的重点。

明代关中理学名儒中，同守程朱理学除河东学案诸人外，还有三原大儒王恕。三原士人多从其学，名儒马理“得其指授”[⑤]，王恕之子王承裕讲学于三原弘道书院，从者纷纭，“弟子至不能容”[⑥]。与此同时，马理亦讲学于三原武安王祠、嵯峨书院。由于这些学者云集三原，后被称为“三原学派”。在胡缵宗的表述中，马理、吕柟被作为西北复古运动中的一个特殊分支而专意列出，二人曾介入七子的文学复古运动，但二人主要以从事关中理学而闻世。马理从学王恕，故其学术属三原学派，就其为“笃实之学”而言，则又近于吕柟。吕柟不同于其他理学家，他一般不否认诗文的作用，而是以政教论标准裁夺之，就统绪而

① （明）方孝孺著，徐光大校点：《读朱子感兴诗》，《逊志斋集》卷四，宁波出版社1996年版，第121页。

② （明）冯从吾撰，陈俊民、徐兴海点校：《关学编自序》，《关学编》，第1页。

③ 同上书，第62页。

④ 同上书，第62页。

⑤ （清）张廷玉等撰：《儒林传》，《明史》卷二八二，第7349页。

⑥ （清）黄宗羲著，沈之盈点校：《三原学案》，《明儒学案》卷九，第164页。

言，主要限在周汉诗歌，此后则多持否定态度。康海与李、何等人刻意文采、追求格调不同，但质直疏爽，以发明事理为重，这也正是何、韩、吕等理学中人的一贯主张。这一偏重博学与事功的理学倾向，均明显受到关中理学的影响，在思想倾向上向关中之学靠拢。前七子中康海和李梦阳往往以文为胜，被视为文学巨匠，恰恰是这一点掩盖了其理学思想。作为关中士人，其身上所反映的文学理念在某种程度上说正是关学“质实”特征的体现，他们对当时空谈心性的理学就已提出批评，康海在《光训堂记》中就谈道，“夫学士大夫日颂说周公孔子之道，将以成己成物，尊上而裕下也。乃腾布口说，挟道饰奸，其人虽三尺之童，唾口羞道；乃又著为邪说，指斥前进”①，其《廷对策》的成功或许就在于此。康海此后为文，“文”仍被视为载道的工具，且将其落实于道德践行之中，如在《送文谷先生序》中说道：“学不求诸其心，徒以言语文字之细贸贸焉，终日以为道在是矣，亦不远乎？”② 从以上两则引文可以看出，康海的为文之道既是其文学复古中实践的指归，又与其追求浑融敦厚的文风相符。

据《关学编》之《泾野吕先生》记载，吕柟少时即有志圣贤之学。及长有言曰：“文必载道，行必顾言。毋徒举业以要利禄，毋徒任重弗克有终。”③ 吕柟一方面秉承程朱理学，与马理、何塘、王廷相等理学学者交善，相与论学，讲明理学；另一方面他秉着一切从躬行践履、笃志力行的角度出发，大倡躬行笃实。当时著名学者，吕柟好友王廷相盛赞吕柟“笃契往哲，几于圣轨”④。吕柟在为文、求道、践行三方面强调三者的统一，“君子习文不如习行，习行不如习心。习心以忠信，而文、行在其中矣”⑤。在“德”和“言”之间强调前者的首要作用，“德在言先者，其言亦易喻；言在德先者，虽三令五申，莫之能听矣；

---

① （明）康海：《光训堂记》，《康对山先生集》卷二五，第285—286页。

② （明）康海：《送文谷子序》，《康对山先生集》卷二八，第313页。

③ （明）冯从吾：《泾野吕先生》，《关学编》卷四，第41页。

④ （明）王廷相：《送泾野先生尚宝考绩序》，《王氏家藏集》卷二二，《王廷相集》，第420页。

⑤ （明）吕柟：《云槐经社语》，《泾野子内篇》卷一，中华书局1992年版，第7页。

行在文先者，其文亦易明。文在行先者，虽摘章绘句，亦无所于用矣”[①]。据此可以看出吕柟不否定“文”的重要作用，但其和“德”、“行”相较仍居于从属地位。冯从吾所撰《关学编》中除吕柟之外，还有韩邦奇、韩邦靖、南大吉等人持有相近的观点，这也是儒家传统的文道观。

到了明末清初，随着社会“天崩地裂”的剧变，关中士人的学术旨趣、行为方式都发生了巨大的变化，吴怀清在《关中三李年谱》自序中说道：“吾秦当有清之初，人文颇盛，隐逸为多，王山史、孙豹人、王复斋、雷伯吁诸贤，其卓卓者，而当时雅重，尤以三李之道为最尊”，“盖三先生身遭易代，惓念先朝，至今读其遗书，故国旧君之思，油然溢于楮墨。道德文章，均足信今传后，国史列之儒林有以也。”[②] 吴怀清在这段序言中所透露的信息是易代之际关中是一个遗民情结较为浓烈的地区，从所列人物中还可以发现，这些遗民中以文学著称的孙枝蔚和雷士俊寓居江南，王弘撰和李因笃游走南北，而本地的士人李二曲和李柏、王建常三人中李柏以隐逸闻名，李二曲和王建常以理学名盛，他们的共同之处在于对晚明社会士风的反思和批判，王弘撰、李二曲、王建常不甚留意文学，而致力于“经世致用”之学，在一定程度上加剧了关中士人在文坛处于势弱状况，而这一时期关学出现复兴之势，关学中的理学色彩更浓，多数士人笃志理学，潜心性命，把道德修养放在了首位。李二曲基于对现实人性所进行的分析，强调“悔过自新”说，主张从日用常行着手，随事磨炼，使尊德性的“上达”与道问学的“下学”之工夫更加周详缜密与笃实正大。李二曲主要以“讲学”作为其“阐明学术”、“救正人心”的实践形式，这一观点既坚持朱子道问学的传统，又强调了陆王心学尊德性的意旨，对中晚明以来的王学末流废修言悟的学风具有一定的批判意义，显示出二曲的学术思想对程朱理学与陆王心学融摄的特征。关中士人的这一状况反映出明清之际他们对待文学的态度，即文学或是他们抒发郁郁不快之情的手段，或是处于从属地位，而反身内省和经世致用是他们为学的主要方面，留有明显的时代

① （明）吕柟：《解梁书院语》，《泾野子内篇》卷五，第36页。

② （清）吴怀清编著，陈俊民点校：《吴怀清自序》，《关中三李年谱》卷首，第6页。

印迹。

二　亦理亦文的士人传统

儒家人格理想，表现为文学主体意志，在于教化，其要领缘于上古《诗》教之“其为人也，温柔敦厚而不愚，则深于《诗》者也”[①] 的传统。文学家注重意象的优美，辞藻的华丽精工；理学家关注的则是道理的传播，至于诗文，只要能直抒胸臆，信笔而作即可。同时文学家关注文学著作，理学家则将经学、史学置于更为重要的位置。嘉靖前期诗坛理学思潮流行，一方面表现为性气诗人群体的迅速扩大，如罗洪先、吕柟、马理等人，在当时都有很大的影响；另一方面表现为这一时期不少有影响的文学家，或弃文从理，或重道轻文，或以理、道作为诗文成就高下的标准，薛蕙、唐顺之、王慎中等人是其中的代表。二者相互交错，相互影响，在嘉靖前期诗坛兴起了一股“以诗言理”“以理入诗”的风气，部分地改变了嘉靖前期诗坛的面貌[②]。

明清时期，关中学术文化承续宋代理学研究传统不变，关于这一点，清代理学家曰：“自横渠张子以礼为教，关学之盛与濂、洛并称，同时如蓝田吕氏。有明则韩恭简（字苑洛，名邦奇，朝邑人），吕文简（字泾野，名柟，高陵人），冯恭定（字少墟，名从吾，长安人），国朝李中孚（名容，周至人），王丰川（名心敬，鄠人）。率皆践履笃实，不愧圣人之徒。今者流风未泯，岐阳，渭涘间必有笃行之儒，抱道自重如古人者。”[③] 明代文学复古运动时期的关中士人绝大部分亦文亦理，朱应登即有诗云：“文章康李传新体，驱逐唐儒驾马迁。”[④] 康海曾就读于张载创办的绿野书院，对张载的学说深有研究，亲自整理版刻《横渠先生经学理窟》并作序。康海在读书求仕和供职翰林期间，由于受到了“孝弟忠信”、“通达世务”的家风[⑤]和“好谈经济大略”[⑥] 的杨一清等

① 韩经太：《理学文化与文学思潮》，中华书局 1997 年版，第 91 页。

② 余来明：《嘉靖前期的诗坛研究（1522—1550）》，第 73 页。

③ （清）王锡祺辑：《莎车行记》四，载《小方壶斋舆地丛钞》第 2 册，杭州古籍书店 1985 年版，319 页。

④ （清）朱彝尊：《朱应登》，《静志居诗话》卷十，第 268 页。

⑤ （明）康海：《先公墓碑》，《康对山先生集》卷三五，第 398 页。

⑥ （明）张廷玉等撰：《列传》，《明史》卷一九八，第 5225 页。

训师的影响，确立了礼乐教化、济世益国的儒家理想。这集中体现在他考进士时的《廷对策》。张治道曾论其文云："对山论文以理为主，以气为辅，出于身心，措诸事业，加诸百姓，有益人国，乃为可贵。"[①]康海论文重实，重情志，为学重实历，当与此有一定的关系。嘉靖十七年戊戌（1538），湛若水曾寄《格物通》与《学训》二文于康海，王崇庆又以己作寄康海，康海作《海樵子序》，称其"谈理辩义，精详垦切，有甘泉氏之风"[②]。《序》曰："予居浒西别业三十年矣。耕凿饮食之外，所知者农圃药医之细尔。而举所谓道与器者，不识何物也。予友湛甘泉氏寄予《格物通》及《学训》，乃知君子之道非高明不居如此，予之荒唐益可笑也。乃端溪王君友以《海樵子》寄予，谈理辩义，精详恳切，有甘泉氏之风。"

文学复古运动中关中代表人物吕柟和马理的理学深受士人赞誉，吕柟被康海称为"千人器宇，绝代豪贤"[③]，马理被称为"关西凤羽，世上真儒"[④]，嘉靖时有朝鲜国使节奏称："状元吕，主事马理为中国人才第一，朝廷宜加厚遇，乃乞颁赐其文，使本国为式。"[⑤] 韩邦奇是文学复古期间学问比较庞杂的一位关中士人，《明儒言行录》记载："（韩邦奇）性好学，老不释卷，尤精于律数"，"其学以精一为宗，以培养夜气为本，以修明礼乐为要，旁通天文、地理、太乙、六壬、奇门、兵阵诸家。"[⑥] 在学术的取向方面，韩邦奇以理学为主，在明代关中理学一派具有相当的地位，《明儒学案》载："先生天资高明，学问精到，明于数学，胸次洒落，大类尧夫，而论道体乃独取横渠。少负气节，既乃不欲为奇节一行，涵养宏深，持守坚定，则又一薛敬轩。"[⑦] 在文学方面，韩邦奇深受文学复古运动中关中士人的影响，极力推崇春秋、秦汉时期的文章，认为宋代的文章枯涩萎弱，不值得学习，这一看法和文学

① （明）康海：《廷对策》，《康对山先生集》卷一，第102页。

② （明）康海：《海樵子序》，《对山文集》卷四，第196页。

③ （明）康海著，赵俊玠校注：《中吕·普天乐·有怀十君子词》，《浒东乐府校注》，三秦出版社1995年版，第96页。

④ 同上书，第95页。

⑤ （明）冯从吾撰，陈俊民、徐兴海点校：《泾野吕先生》，《关学编》卷四，第3页。

⑥ （清）沈佳撰：《韩邦奇苑洛先生恭简公》，《明儒言行录》卷四，第634页。

⑦ （清）黄宗羲著，沈之盈点校：《三原学案》，《明儒学案》卷九，第165—166页。

复古思潮的主旨没有根本区别。在嘉靖年间关中文坛代表人物赵时春在阳明学者极具宗教精神的讲学活动的影响下，弃文入道，成为其时关中心学思潮的代表人物。

清代"关中三李"中李颙为关学在清代的殿军人物，其理学在整个清初具有极其的重要影响，"三李"中李因笃的文学声誉掩盖了其理学思想，其讲学虽不及李颙讲学影响之深远，实有其不可忽视的重要意义。关中学者王维戊对此作过一番评价："当时关中讲学者，二曲为最盛，成人亦最多，太史人知为文章之士，而不知固讲圣贤之学者，宜其品诣之卓绝也。夫学之不讲，圣人犹忧，同心者当急思有以复之。"[①] 李柏作为一"独行君子"，在传统理学家眼中属放浪形骸之流，《眉县志》载："（李柏）时往来山中，或雪后独上高峰看月，熊罴虎豹，叫啸前后。性郁孤愤，与世龃龉不可合。亦好为大言，奇服诡行以耀于时。于河东买大牛，高八尺，头尾长一丈二尺，骑牛入城市中，儿童噪且随之。牛归卧场圃，柏便坐牛髀胁间，击缶被发，歌呼乌乌。"[②] 从这段记载中可以看出李柏放诞的一面，但同时有时人提出"先生为国之遗老，入本朝不肯随俗仰俯，宜人以为怪诞，然其皎然自立，志在圣贤，则人罕有其识者"[③]。李柏的行止并非是真正放诞不经，而是作为一个遗民所表现出的狂狷气象。虽未列入《关学编》，但其理学思想宏富，是关中理学的代表者，"贯穿百家而惟守关闽之学为宗旨"[④]，李柏的"学业文章，诚足羽翼六经，发蒙振聩"[⑤]。

三 文与道、文与情

宋元以来理学盛行，元代统治者出于巩固政权的需要，持续地尊奉理学，故论诗者大都以温柔敦厚为宗，明代中后期包括七子在内的部分士人由文转道，这一点不可能仅限于文学方面的意义，而与社会精神结

---

① （清）吴怀清编著，陈俊民点校：《天生先生年谱》，《关中三李年谱》卷七，第374页。

② （清）吴怀清编著，陈俊民点校：《雪木年谱》，《关中三李年谱》卷五，第252页。

③ （清）吴怀清编著，陈俊民点校：《王仙洲太白山人传跋》，《关中三李年谱》卷五，第265页。

④ （清）吴怀清编著，陈俊民点校：《沈杏卿重刊〈槲叶集〉叙》，《关中三李年谱》卷五，第263页。

⑤ （清）李柏：《〈槲叶集〉叙》，《槲叶集》卷首，清光绪重刻本。

构的转换有关，反映了正、嘉之际智识生活的总体走势，出现一股反审美主义的思想趋势，这是以实用主义的理由、以道德主义的理由、以心性主义的理由（理学内容）进而是以义理主义（即理学形式）的理由来反对文学的审美功能，而这多种理由均有其坚定的逻辑[①]，即与正德以来政治恶化和道德失落直接相关。

中国古代文艺是以“道”为核心的，反映在文艺理论上就是中国文学批评史上首屈一指的“文道论”。关中自古就有重道的传统，冯从吾在其《关学编·自序》中就写道：“我关中自古称理学之邦，文、武、周公不可尚已，有宋横渠张先生崛起郿邑，倡明斯学，皋比勇撤，圣道中天。”[②] 在文、道关系方面，大都认为“文”仅仅是辅翼“道”，“古今不朽之事，立功与尚德矣，其次则疏经翼道，有裨后学，斯为立言之实耳”[③]，“惟读书研理于中确有所得，道积而章，斯左宜右，有无所往而不逢其源，即一应接赠答间，其醇漓邪正亦自可辨”[④]，以文为要务。李念慈认为忽视“理”，文就会沦为“技”，“原萦心世务，心与理弗洽，虽多读书，笔墨敷赡，而读之漫漫，然罕所醒发，作者亦不能自道其命意立言之所在，后何述焉”[⑤]，“若徒以与世周旋，因境会事，物之交而吟咏敷陈，集成卷帙，其至焉者流传后世，未至焉者抑或流播一时，极者止为文人词客之胜技而未可以立言者也。然当其交于外也，必中有所存，乃相感焉。即感而不能已于怀，作为诗文，行乎其所不得不行，止乎其所不得不止，事也。而理具物也，而道存赋颂，赠答毋过其实，毋戾于正。或有所引，喻以相规；或有所表章，以风世外之所著，适如其中之所感。无所诡饰，则仍归于一己性情之事，而非将以狥人。求名者其传与弗传，皆可勿论也”[⑥]。“文”要紧扣住社会现实生活，要有教化作用，这实际上强调了文学现实主义的功能和意义。忽视

① 黄卓越：《明永乐至嘉靖初诗文观研究》，北京师范大学出版社 2001 年版，第 270 页。

② （明）冯从吾撰，陈俊民、徐兴海点校：《关学编》，第 1 页。

③ （清）李念慈：《自序》，《谷口山房诗集》，第 513 页。

④ （清）李念慈：《吴晞斋青简斋集序》，《谷口山房文集》卷二，《谷口山房集》，第 836 页。

⑤ 同上，第 836 页。

⑥ （清）李念慈：《自序》，《谷口山房诗集》，第 513 页。

现实，过分追求文，就会导致“文以害道”。雷士俊在《再答周盛际书》中写道，“书中极言诗文之可薄而自谓有志于道。足下撰著雄伟冠世，今鄙弃以为不足为”，“孔门在今未尝轻诗文也，然玩物丧志，耽逐诗文，先儒等之玩物丧志。盖务诗文者，其气必浮，其行必纵，其意必傲，虽不尽然，而世俗之务诗文者，十如此六七，气浮行纵，加以之傲，入于恶不难，此所谓丧志也”①。

在明代中期的文学复古运动期间，就有复古派中的部分士人改弦易辙，重振理学一途。王阳明正是其中最先知者。早在弘治十五年，即怅然叹曰：“吾焉能以有限之精神为无用之虚文”，“遂弃而入讲学之门”②。这从根本上解决了个体性命之道，并以此贯穿于其礼乐实践之中。继阳明之后，何瑭、崔铣、吕柟、顾璘、王廷相、黄佐等，纷纷弃文从道，与王学相辩难，或变而随之，或另立门户，各自之礼乐实践因此异彩纷呈。

康海作为一亦文亦理的关中士人，其对“文”与“理”的关系和传统儒家保持一致，其理学观点自然会作用于他的文论立场。关于后者，试举几个例子。如正德七年（1512）所著《浚川文集序》即论证文不离道，以为：“夫言者心之声，文者言之章也。士自始学以及于其老，莫不唯道焉是致，道不可以无著也。莫不唯文焉是业，君子所以布其心志于天下后世者，文而已也。然天下后世读其书，则有以考其德；考其德，则有以识其人，是文所以为文者以学而不以夸，以所能至而不以其所徒闻。”③ 其中所云，相比台阁文论观，在文道关系中已较多考虑“文”的比重，但依然未出文以载道的范畴，并将其落实到道德践行的实处。如《潚川子序》中云：“于人以言而不及乎道，芬章绘什奚补焉，抉奇穷瑰奚传焉，侈益泛浩、宏博伟大奚关焉。”④ 合于道，关于世即是落实到质实之处。《送文谷先生序》与《休庵诗集序》，一作于嘉靖十三年（1534），一作于嘉靖十六年（1537），是其后期之作，从文中看，其论文的重点依然放在对浮丽文风的批判，如前文曰：

① （清）雷士俊：《再答周盛际书》，《艾陵文钞》卷十一，第125页。

② （明）王守仁撰，吴光等编校：《年谱》一，《王阳明全集》卷三三，第1351页。

③ （明）康海：《浚川文集序》，《康对山先生集》卷二九，第328页。

④ （明）康海：《潚川子序》，《康对山先生集》卷三二，第366页。

"《左氏》、《国语》，一时之言，其精粗虽异，而大指无谬于事实，故或微有出入，亦不害其有物之言也。今之士大夫窃取其语，似而未通其大指，故泛焉荡焉，不能自得所依，盖好古之过也。于乎斯言也，岂寻常所能识哉？孔子曰：巧言令色，鲜矣仁。仁者心之德也，学不求诸其心，徒以言语文字之细贸贸焉，终日以为道在是矣，亦不远乎？"[①] 综合两篇文章的表述，有两种新的倾向值得注意，一是开始将批评直指前一阶段的复古之风，二是开始对前一阶段受到指斥的韩欧唐宋文作重新肯定。其中可以看到其时唐宋派兴起的影响，甚至也兼取了类似于唐宋派的一些观点，但其所主张的"事实""有物"等，则仍然可看作是其一贯思想的体现，并与偏主"理""道"的宋明理学有所差异。从其嘉靖十八年（1439）即逝世前一年所作《光训堂记》的内容看，他依然是要以关中理学为指归。

嘉靖二十七年（1548），谢兰为胡缵宗所编《雍音》作序，对诗道关系予以纲领式的论述："夫道在天下，经制之为谟烈典章，若三圣列王；践修之为忠孝节义，若子卿辈；乃至慷慨激发，讽诵规谏，则点缀为诗，若李、杜辈。是诗固道之华，不可后经制、践修而观之也。按艺文志，古者诸侯卿大夫交际，必称诗喻意，别贤不肖，观盛衰焉。故曰：王迹熄而《诗》亡。"[②] 将诗与经制之书、践修之行同列为"道"的承载，其目的固然是提高诗的地位，为自己编辑诗集提供合法性，然而就文坛发展的实际情况来看，谢兰对以诗歌所包含的道德属性的强调，是整个明代尤其是成化以后诗歌发展的一个重要方向。在知识界理学知识日益浓厚的背景下，诗人及其创作如何面对理学的渗透问题又重新摆在时代的前面，由此而产生的一些现象，是我们解析嘉靖前期诗坛时所不能回避的。

钱钟书的《谈艺录》（补订本）九一《论难一概》就说："有明弘正之世，于文学则有李、何之复古模拟，于理学则有阳明之师心直觉，二事根本抵牾，竟能奇驱不倍。"[③] 嘉靖前期，性气诗人群体的领军人

---

① （明）康海：《送文谷先生序》，《康对山先生集》卷二八，第 313 页。

② （明）胡缵宗：《雍音》卷首，《"国立中央"图书馆善本序跋集录》，集部第 3 册，"国立中央"图书馆 1994 年版，第 112 页。

③ 钱钟书：《谈艺录》，中华书局 1984 年版，第 303 页。

物主要有崔铣、黄佐、吕柟、何瑭、薛应旂、罗洪先等，他们在诗学主张上承袭邵雍以来的理学诗人“诗以明道”、“吟咏性情”的传统，作诗强调“理趣”。在正德年间，李梦阳、何景明先后交口称扬民间歌谣，李梦阳还第一次将《西厢记》与屈原的《离骚》并列[①]。肯定感情的自然流露，即主张不必像先儒用先验的理念去约束情感，那么，当情感冲破“发乎情，止乎礼仪”的传统规范时，也必然得到肯定。李梦阳《结肠操谱序》以陈鳌的话说：“天下有殊理之事，无非情之音。何也？理之言常也，或激之乖，则幻化弗测，《易》曰：‘游魂为变’是也。乃其为音也，则发之情而生之心者也。……感于肠而起音，罔变是恤，固情之真也。”[②] 李梦阳有时偏向于张扬人欲等新思潮的理论，主要是“情之自鸣”说：“夫天地不能逆寒暑以成岁，万物不能逃消息以就情，故圣以时动，物以情征。窍过则声，情遇则吟，吟以和宣，宣以乱畅，畅而永之而诗生焉，故诗者吟之章而情之自鸣者也。”[③]

正因为李梦阳有时面向日常生活，所以他往往疏离甚至背离“存天理，灭人欲”的庙堂文化，张扬现实中人的物欲。李梦阳以“格调”言诗，从美学层面关注诗歌，反对以道德理性作为诗歌的衡量标准，对于旨在“穷理尽性”的性气诗，李梦阳曾予以严厉批评：

> 宋人主理，作理语，于是薄风云月露，一切铲去不为。又作诗话，教人人不复知诗矣。诗何尝无理？若专作理语，何不作文而诗为邪？今人有作性气诗，辄自贤于“穿花蛱蝶”、“点水蜻蜓”等句，此何异痴人前说梦也。即以理言，则所谓“深深”、“款款”者何物邪？诗云“鸢飞戾天”、“鱼跃于渊”，又何说也[④]。

在这一点上，他首先是从重新发掘先秦儒学和宋明理学中的“人情”因素着手：“孟子论好勇，好货，好色，朱子曰此皆天理之所有而

① （明）徐渭：《曲序》，《徐文长三集》卷一九，《徐渭集》，中华书局1983年版，第531页。

② （明）李梦阳：《结肠操谱序》，《空同集》卷五十一，第468页。

③ （明）李梦阳：《鸣春集序》，《空同集》卷五一，第473页。

④ （明）李梦阳：《缶音序》，《空同先生集》卷五一，第477—478页。

人情之所不能无者。是言也，非浅儒所识也。空同子曰：此道不明于天下而人遂不复知理欲同行而异情之义。”① 对李梦阳这一倾向，正德、嘉靖时期的理学家颇有微词。如《泾野子内篇》卷一云：“霄问何子仲默。先生曰：‘其诗有汉魏之风，是可取也；其文袭六朝之体，不可取也，然而其人则美矣。’问李献吉。曰：‘为曹、刘、鲍、谢之业，而欲兼程、张之学，可谓系小子失丈夫矣。’”② 欧阳德为薛应旂文集作序，记述了同一件事实：“余因忆王玉溪尝谓吕泾野曰：李献吉真奇才也，一为歌行近体即如李、杜，一为古乐府即如曹、刘、阮、谢，一为赋记序书即如屈、宋、贾、马，其殆可传也已！泾野曰：惜哉！向使其一为《定性》、《订玩》即如程张，一为《大学》、《中庸》即如曾、思，不尤愈乎？”③

事实上，早在正德时期，李梦阳、徐祯卿等人就开始对理学产生了兴趣，对早年一味倡导文学运动而忽视理道进行反思。魏校《与霍渭先生书·别纸》记述了自己与李梦阳之间的论学经过：

> 盖晚而与校论学，自悔见道不明，且曰：“昔吾汩于辞章，今而厌矣。静中时恍有见，意味迥其不同，则从而录之。”校曰：“录后意味何如？”献吉默然良久，惊而问曰：“吾实不自知，才劄记后，意味渐散，不能如初，何也？校因与之言天根之学，须培养深沉，切忌漏泄。因问平生大病安在。”曰：“公才甚高，但虚志与骄气，此害道之甚者也。”献吉曰：“使吾早见二十年，讵若是哉？”④

魏校在此细致地描绘了李梦阳同自己谈道论理并欲弃文入道的口吻和心态，魏氏之言是否可信，今人尚持异议。然而他说李梦阳晚年曾关注理学，则确有其事。据朱安氿《李空同先生年表》载李梦阳在五十六

① （明）李梦阳：《论学》，《空同集》卷六六，第606页。

② （明）吕柟：《云槐精舍》，《泾野子内篇》卷一，第6页。

③ （明）薛应旂：《题方山文录》，《方山先生文录》卷首，四库全书存目丛书本，集部第102册，齐鲁书社1997年版，第227页。

④ （清）黄宗羲著，沈之盈点校：《崇仁学案三》，《明儒学案》卷三，第61页。

岁时“闵圣远言湮，异端横起，理学亡传，于是著《空同子》八篇，其旨远，其义正。该物就理，可以发明性命之源，学者宗焉”[1]，可谓向理学家转化过程中做出的最大努力。今存《空同集》中有《空同子内外篇》两卷，其中《论学》两篇即多言及理学。

四　对士风与文风的批判与反思

批评精神与理想主义情怀构成弘治、正德至嘉靖前期社会精神生活的突出特征。嵇文甫对此谈道：“大概明中叶以后，学者渐渐厌弃烂熟的宋人格套，争出手眼，自标新异。于是乎一方面表现为心学运动，另一方面表现为古学运动，心学与古学看似相反，但其打破当时传统格套，如陆象山所谓‘扫俗学之风陋’，其精神则一。”[2] 在实学思潮的冲击下，明末文学家逐渐从主情思潮的狂想中清醒过来，重视政治现实，提倡求实致用的文学，表现出鲜明的批判现实和忠诚伦理救世的思想。明末关学集大成者冯少墟批评王学末流，认为“近世学者，多驰骛于虚见，而概以规矩准绳为循迹，其弊使人猖狂自恣，流于小人而无忌惮，此关系人心世道”[3]，以弘扬“圣学”为己任，自觉地担当起挽救学术之偏的时代责任，倡言“痛惩末世废修言悟，课虚妨实之病”[4]。时关中有所谓“四绝”的说法，即王端毅之“事功”，杨斛山之“节义”，吕泾野之“理学”，李空同之“文章”。冯从吾认为唯“理学”为根本，说“夫事功、节义、理学、文章，虽君子所并重，然三者皆其作用，理学则其根本也。根本处得力，其作用自别。”[5]

明清易代，对于明遗民具有切肤之痛，对明末空疏的学风进行深入的批判，将明亡归结为当时的学风，顾炎武对此谈道：“不习六艺之文，不考百王之典，不综当代之务，举夫子论学、论政之大端一切不问，而曰‘一贯’、曰‘无言’。以明心见性之空言，代修己治人之实学。股

① 杨讷、李晓明编：《李空同先生年表》，文渊四库全书补遗本，集部第 6 册，北京图书馆出版社 1997 年版，第 219 页。

② 嵇文甫：《晚明思想史论》，东方出版社 1996 年版，第 156 页。

③ （明）冯从吾：《答逯确斋给事》，《少墟集》卷十五，第 256 页。

④ （明）冯从吾：《少墟集序》，《冯恭定全书》卷首，光绪刻本。

⑤ （明）冯从吾：《渭滨别言赠毕东郊侍御》，《少墟集》卷十六，第 285 页。

肱惰而万事荒，爪牙亡而四国乱，神州荡覆，宗社丘墟。”① 空疏的学风虽不是明亡的直接诱因，但通过顾炎武的批判足见此对当时士风的危害，关中士人对此也进行了反思和批判。李颙为挽救儒学危机，匡正时务，提出了“道不虚谈，学贵实效”的主张，倡导经世致用、反对空谈性理，认为“治乱生于人心，人心不正，则致治无由”②。李因笃积极倡导关学经世致用的思想，同样认为明代社会的衰亡是空疏学风所导致，王学末流在其中起到了推波助澜的作用。李因笃在其所著《圣学》《潜运》《治河》《荒政》《钱法》等文中贯穿崇实没虚的主张，为关中经世思潮的代表人物。李柏认为尽管诗歌为道性情之作，但必须本之于“道”，它关涉世道人心，是人修身之大本。另外基于对亡国的反思，部分关中士人追悔曾经对诗文的迷恋。李颙早年也曾喜欢文艺，偶读《周钟制义》，见其发理透畅，言及忠孝节义则慷慨悲壮，遂留连玩摹，极为赞赏。既而闻周钟失节不终，则气愤不已，以为“文人不足信，文名不足重，自是绝口不道文艺，厌弃俗学，一意求圣贤之道”③。二曲视时文、文艺皆视为俗学，且予以彻底摒弃，并且将这种决绝的态度坚持了一生。李颙初有志济世，著《帝学宏纲》《经筵僭拟》《经世蠡测》《时务急策》等书，既而尽焚其稿，又著《十三经注疏纠谬》《二十一史纠谬》《易说象数蠡测》等书，认为这些无当身心，不宜示人。王弘撰“少攻举子业，时有酒色之失。寻遭寇乱，狂惰自废，德业靡成。年逾四十，始知为学”④，追悔之余出现焚烧诗稿的极端举动，他在“三兄（弘嘉）逝后，无日不怆然于中，且自警自慑。故于庚戌（康熙十四年）元旦，谨告先灵：凡一切逾分违理事，必不敢为”⑤，焚烧诗稿以自警，后来其子王宜辅在辑纂《砥斋集》时，仅得诗二卷，不及所著十分之三。从以上三者分析可以看出，尽管三者或从文，或焚烧诗稿，或绝口不道文艺，其落脚处一致，都基于对世道人心的关注，基于对明亡沉痛的反

① （清）顾炎武著，黄汝成集释，栾保群、吕宗力点校：《夫子之言性与天道》，《日知录集释》卷七，第402页。

② （清）李颙：《历年纪略》，《二曲集》卷四五，第571页。

③ 同上书，第557—558页。

④ （清）王弘撰撰：《明善》，《山志》初集卷一，第1页。

⑤ （清）王弘撰撰：《自励》，《山志》初集卷一，第23页。

思。他们力图通过加强自身内心的修养，来纠正明末以来恣情纵欲、盛谈玄虚的社会风气，重建儒家的道德秩序。

第二节　明代关中修志与文学

明代史志的编修远超唐宋，达到一个顶点，帝王对编纂地方志都十分重视，在地方政府的倡导下，各级布政使司不敢怠慢，着力督促下级认真编修。明代的志书包括一统志、地方志、官署志等，这些志书虽然不尽出于官修，但其中绝大多数为官方组织修纂，或者官方委托私人修纂，基本上应属官修书籍的范围。文史不分是中国文化的一大传统，从司马迁到郭沫若，历代的文人从事地方志撰写和研究代不乏人，他们撰写和研究历史促进了文学创作，从事文学创作也促进了对历史的研究。

一　明清关中的修史之风

明清的地方志的撰写之风盛行有多重原因，其一是明政府对修地方志的重视。明承元代，修志事业更趋发展，从中央到地方都对地方志的修纂极为重视，洪武三年（1370），朱元璋下令仿唐、宋、元修总志的旧例，将天下州郡地理形势、降附始末类编为书，十二月书成，名《大明志书》。十七年（1384）又编《大明清类天文分野之书》。后继诸帝，也都视修志为大事，永乐年间，成祖诏修天下郡、县、工、所志书，并且颁布了《纂修志书凡例》，规定志书类目的名称、每个类目的内容和如何编纂方志等事项。代宗景泰六年（1455），诏令纂修地理总志，次年便纂成《寰宇通志》，两年后，英宗命李贤等儒臣重修，于天顺五年（1461）成书后，赐名《大明一统志》。明代由于皇帝相继倡导修志，各地修志之风盛行，到万历年间，便出现了“凡郡国县道，靡不有志”[①] 的局面。在明代诸帝王的推动下，地方官吏也以修志为己任。

其二是行政区域变化所带来的修志便利，即明朝初年，为提高行政效率，朱元璋着手对地方官制进行整饬，废都卫、行中书省、设三司，

① （明）余士奇、谢存仁纂修：《祁门县志序》，《祁门县志》卷首，万历刻本。

既分权鼎立，又互相牵制，大大加强了中央对地方的控制能力。为郡县编纂地方志提供了便利条件，关中地区官方和民间适应这一趋势，修志之风颇盛。纵览明代，关中全省编修的志书有42种。其中省志有嘉靖二十一年赵廷瑞、马理编修的《陕西通志》40卷本，明万历三十九年汪道亨、周宇、冯从吾纂修的《陕西通志》35卷本。此外，具有通志性质的还有嘉靖元年何景明的《雍大记》36卷，万历二十五年李应祥、俞安期的《雍胜略》24卷。同时，编修了大量的府、州、县志。如弘治年间李宗仁、杨怀的《延安府志》，嘉靖年间张良知的《汉中府志》等。县志中最有名的有8部。即康对山的《武功志》，乔三石的《耀州志》，韩邦靖的《朝邑志》，张光孝的《华州志》，吕泾野的《高陵志》，孙丕扬的《富平志》，刘九经的《眉县志》，王九思的《户县志》，时称"陕西八志"。

清代康熙、雍正年间，清王朝曾下令各省、府、州、县编辑志书，并规定各省府州县志六十年一修，所以整个清代编纂志书更加发达。清代，全省编修的志书达285种。在编修志书中，大量利用了地方衙门的各种档案：康熙六年，由贾汉复主修、李楷总纂的《陕西通志》；雍正十三年，由刘于义主修、沈青崖编纂的《敕修陕西通志》有100卷；乾隆年间，毕沅在陕西时，钱坫主纂《朝邑县志》《韩城县志》，洪亮吉主纂《澄城县志》《淳化县志》《长武县志》，严长明主纂《西安府志》《汉中府志》，孙渊如主纂《礼泉县志》《三水县志》；道光七年，由王志沂纂修的《陕西志辑要》有6卷，附《秦疆治略》《关中汉唐存碑跋》等。除大量的府、州、县志外，还有不少专业志，如《关中胜迹图志》《关中金石记》《陕西古迹志》《忠武侯祠墓志》《华岳志》《秦边记略》等。

其三是方志编修的意识在士大夫的心目中大大加强，从洪武至弘治间，大批士人基于礼乐教化的目的，担负起传播文化的责任，将方志作为构建文化知识体系的主要方式。是时关中士人有感于方志的缺失或不全，萌发修志的激情，这一现象在上述关中志书序言中往往被提及。

早在康海幼年时，康海对史志故事就表现出异乎寻常的爱好："予自龆龀，见古昔先生之名，必稽问所自，以征其生始，故凡天下郡邑之记靡不究矣”[①]，本人也以史迁自许，“昔者司马氏世为太史，谈未及者，迁毕其论著，为史家独步。我康长公曾作《武功志》，散失不存，对山太史继而成之。其繁简取舍，咸得精守，说者谓不愧司马父子，其知言哉”[②]，如此可知康海之推崇司马迁，并不仅仅在于古文之法，还在于鼓吹其立言垂后世之意。一部《武功志》，精华尤在“官师志第五”，秉笔直书，劝诫自形，而成一地政教之实录，其余地理、建置、祠祀、田赋、人物、选举，都以此为中心。吕柟《高陵县志》诸序中云：“旧有志十余页，弗传。未成书也。弘治庚戌，邑人太守刘公尝修之，又弗传，亦未成书也。辛酉，吾友泾野吕子宾兴于乡，始更创志草。后及第为太史氏，志成，又历三十年”[③]；“高陵旧无志，但有抄本，率多缺遗，漫无统纪，不足以信今而传后，识者惜之”，“县久无志，旧志虽美，亦多踈略”[④]；“秦邑无志，间有之，即漫纪者”，正德间“尝纂辑成帙，然则列款分类犹夫俗笔耳”[⑤]。韩邦奇颇有几分磊落不平之气，故其行和康海似乎有着更多的相似性。康海对其《朝邑志》作序曰：“备极其改革，省见其疾苦，景行已行，察识其政治”，而“非以夸灵胜之迹，崇奖饰之细也”[⑥]；乔世宁撰写《耀州志》是由于“慨古风之日变，伤末俗之日偷，举一隅而概诸四海，有遗论焉。君子不忘斯世，达人耻于独善，意寓言表矣”[⑦]；吕柟撰《高陵志》“为是志也，以之其诸异乎人之志与。凡我同方之士，若徒玩心于其章，美之炳蔚而忘有事于敦本务实，意或罔诚心、罔正顽，弗诚廉懦，弗诚立焉，殊无得于泾野公之志，终亦古之弃也。有志于服古教化者敬之哉!”[⑧]同时吕柟见“近年圣皇御制孔子祀典，记说未入会典，穷乡下邑之士安得闻之？以柟从礼官之后，尝习闻于公所，故因而志之，不敢隐也。其

① （明）康海：《邠州志序》，《康对山先生集》卷三三，第378页。

② （明）康海纂修：《原跋》，《武功县志》，第123页。

③ （明）吕柟纂修：《高陵县志序》，《高陵县志》卷首，第1页。

④ 同上书，第19页。

⑤ （明）胡缵宗修：《跋》，《秦安县志》，第359页。

⑥ （明）康海：《朝邑志序》，《康对山先生集》卷三四，第382页。

⑦ （明）李廷宝修，乔世宁纂：《乔三石耀州志序》，《耀州志》卷首，成文出版社有限公司1976年版，第6页。

⑧ （明）吕柟纂修：《刻高陵县志序》，《高陵县志》卷首，第9页。

附于县俗者，且本礼仪以示必须耳。职官之考，亦以存旧章也"①。

另外，关中士人注重地方志的政治与教化功能也是修志盛行的一个原因。明代随着社会经济的发展，传统的道德观念受到严重冲击，为挽救江河日下的世风，具有资治、教化作用的志书编修兴盛起来，修志的真正目的在于鉴古知今，化导百姓，惩恶扬善，拯救颓靡的风气。关中诸志中非常强调志之教化作用。正德五年二月，康海因母丧返乡守制，得见池氏《邠州志》，一读之下颇为称赏，并亲自作序，第一次明确提出撰修史志以文简事彰为尚，其意义则在："能以事实训于其乡人。"②吕柟序康海《武功志》中云：

> 夫美稼不废硗埆，修松不挺培嵝，斯已然矣。若乃桢高而筑堵不继，表正而式影弗端，则求诸嗣有政教者焉。夫后稷政之祖，横渠教之宗，官无后稷之心者，皆忍夫？师无横渠之志者，皆货客。如仁义之有托，即政教之咸兴。紧兹人物，有不恒茂者乎？虽然政不必皆官，识法者即可立；教不必皆师，见道者即可端，故陈烈之政，亦行太原；绵驹之歌，能教齐右。武功之志，几以忧夫此也。志七篇，地理约而不漏，建置则而有据，祠祀先今而后古，官师直书而劝解自形，人物之志，浩乎其无穷也。君子于是乎思古，于是乎征今，于是乎开来，其志已勤矣，选举崇义而黜利，盖志之良者也。学者观其志目，亦思过半矣。③

吕柟还把《志》的撰写与"道"的传承结合起来，"《语》曰：'君子疾殁世而名不称焉。'凡以慎其实于生前也，原陵偶陵亦名称乎？曰：'道虽不足位，则有余故事有以位存者，此之谓也，又以见执政者之防微也，微能防，则免夷狄猾夏而无原陵偶陵矣'"④，"志首地理附以渠堰，欲其知王政以民食为先也。次建置，欲其知因各以思古虑今也。祠庙寺观，崇正道以辟邪说也。户租兵匠物产，验登耗以制征赋

① （明）吕柟纂修：《刻高陵县志序》，《高陵县志》卷首，第22页。
② （明）康海：《邠州志序》，《康对山先生集》卷三三，第378页。
③ （明）康海：《原序》，《武功县志》卷首，第3—4页。
④ （明）吕柟纂修：《原序》，《高陵县志》卷首，第24页。

也。历数天时，以作人事也。礼仪风俗，以正礼教也。职官官师，以定法称也。人物节妇，以端风化也。科贡恩荫，以考忠爱也。终以邸宅陵墓者，欲其知生有实，则殁有令名也。次第颠末，雅有深意”①。

二　地方志的文学色彩

文体，即适用不同需要而形成的语文体式，也即文章的体裁。地方志的文体是记述体，明代修志对文体的把握曾经受到时人的诟病，原因是记述过程中缺乏史志应有的严肃性，这在一定程度上既有损于史志的信史功能，又破坏了史志的文学色彩。顾千里认为，“降及明叶，末流滋弊，事既归官，成由借手，府县等诸具文，撰修类皆不学”②，于修志，“明代文人见解，又多误作应酬文墨。近代渐务实学，凡修方志，往往侈为纂类家言。纂类之书，正著述之所取资，岂可有所疵议？而鄙心有不能惬者，则方志纂类诸家，多是不知著述之意，其所排次襞积，仍是地理专门见解”③。纪昀在《安阳县志序》中就地方志的“谬甚”说：“参互考校，求唐宋元之志不甚谬，至明而谬始极；当代通都大邑之志不甚谬，至僻邑而谬益甚。考证详确者，千百之一二耳。”④ 清代由于朴学之兴，以及众多学者参与修志，继承发扬了宋代地方志朴实严谨的文风。而与此同时，出于俗吏与乡曲陋儒之手的大多数志书则表现出一种不良的文风。贪奇炫文，这在明代地方志中表现得较为明显，如何景明将文学复古之风带入地方志，所纂《雍大记》沿革志改称“考易”，艺文志变作“志贲”，人物志易为“志献”，名胜古迹志更名“考迹”。章学诚所以反对文人修志，就是怕崇逐辞藻，因文害实。章学诚说：“志者，识也，典雅有则，欲其可以诵而识也。”⑤ 认为“方志一家，宋元仅有存者，率皆误为地理专书，明代文人见解，又多误作应酬文墨”⑥。

---

① （明）吕柟纂修：《高陵县志序》，《高陵县志》卷首，第 15 页。

② （清）汪中著，田汉云点校：《序》，《广陵通典》，广陵书社 2004 年版，第 1 页。

③ （清）章学诚：《报黄大俞先生》，《章氏遗书》卷二二，民国嘉业堂刊本。

④ （清）纪昀：《安阳县志序》，《纪文达公遗书》卷八，嘉庆刻本。

⑤ （清）章学诚：《为毕制府撰〈湖北通志〉序》，《章氏遗书》卷二十四，民国嘉业堂刊本。

⑥ （清）章学诚：《报黄大俞先生》，《章氏遗书》卷二二，民国嘉业堂刊本。

关于地方志的文风，章学诚在《修志十议》中提出的“八忌”、“四要”，就是对修志要求最全面简要的概括。八忌：忌条理混杂，忌详略失体，忌偏尚文辞，忌妆点名胜，忌擅翻旧案，忌浮记功绩，忌泥古不变，忌贪载传奇；四要：要简、要严、要核、要雅。简，指简明简要，内容精当，无冗语浮词；严，是严格体例，严于取舍；核，内容要核实，要言必有据，准确无误；雅，是语言规范，格调高、不粗俗，而非卖弄文采，故作风雅。关中士人所修的地方志在一定程度上避免了上述不足，体现出章学诚所言之“八忌”与“四要”。

康海长于散文，其散文的价值在很大程度上又缘于作者正直的个性气质与高爽的胸襟气魄，于康氏而言其曲不如文，而文又极于《武功县志》一种。此志自正德十四年入梓后，一再重刊，乾隆时还有孙景烈的校注、评点本。时人杨武言“其繁简取舍，咸得精守，论者谓不愧司马父子”[①]。孙景烈进而分析，康海“以史才而见于邑志，宜其志之法，扶世教、正人心，埒于良史，而传之独可久焉，岂以文哉？或谓先生史官也，故以史体为志体，是第见其官师篇，美恶并书，别于他志”，“学者不知史迁之法，乌知斯志之即史？知迁史之法，而徒事摹拟者，亦乌知斯志之为史法？史才而不袭迁史之貌也，于乎善哉！”[②]《武功志》以《史记》善序事理之笔，记地舆之沿革，写风俗之情貌，无不翔实，又以《左传》《史记》等不虚美、不隐恶的精神，对官师美恶并书，即使是明代官师也不例外。不仅有史才、史法，而且王士祯谓其“文简事核，训词尔雅”[③]。总之，后期的康海疏离汉唐、缘情自鸣的文论作用于创作实践，往往是不期而遇地复臻古雅，弘扬《左传》《史记》的精神，这也是前七子在理论上“无意插柳”却在创作实践中“柳成荫”的一个典型的例子。

吕柟《高陵县志》曰：“七卷，凡十有四则。其言约而尽，其事核而彰，其议论允而确，太史氏笔也。”乔世宁所撰的《耀州志》以“博”、“直”见闻当世，“夫志者，纪事之文也，而其文必史才识备焉，

① （明）康海纂修：《原跋》，《武功县志》，第125页。
② （明）康海纂修：《新刊康对山先生武功县志序》，《武功县志》卷首，第15—16页。
③ （清）永瑢等撰：《武功志提要》，《四库全书总目提要》卷六八，第602页。

故能博综古今，尽物理人情之变，以达于政，非苟而已也。要其指归，惟在审核事实，阙疑传信，究切当世之务已矣，而作者或夸诞其辞，剽奇饰美，离于本真，何以示究远哉。经济者亦无取焉，余窃以为过矣。及观景叔之作，然后乃知文在兹也，博而有要，直而能核，兹不为善志耶"①。《陕西志辑要》也以文简为要，"许宗鲁论曰：累迭不秩则案牍尔；诙谐不情则滑稽尔；采览不充则盲馈尔；去取不专则胥徒尔。旨哉，言志之难为也"②。胡缵宗《秦安志》以"文辞隽逸"著称，"每一志出，世英窃叹其文辞隽逸，理致渊蓄，有沛然若出江河，有巍然若出山岳处"③。

三 地方志中的人物志与艺文志

经世致用，是我国史家的优良传统。史家写史都是想从历史的成败得失、荣辱兴衰中了解并吸取经验教训，这就是史家以史为鉴的目的。在各卷"人物"条目下，他都要为杰出之士立传，以旌昭仁贤、显善惩恶，我国历代史志文献中，人物传、人物志、人物卷向来占有重要地位，显示出重要作用。我国第一部纪传体史书《史记》就是以人物为中心的，全书130篇，人物列传70篇，加上记载帝王的"本纪"12篇，记载贵族王侯的"世家"30篇，约占全书篇幅的86%。④ 艺文志是历代地方志中不可缺少的重要组成部分。从地方志记载艺文内容的历史来看，最早在汉代就已经出现了。如汉章氏的《三秦记》、《秦地图》，应劭的《地理风俗记》等，一为记地，一为记人，记载了大量历史文献资料。晋挚虞的《畿服经》，不仅志书体例有重大突破，而且增加了社会和人文方面的内容。北齐、北周间人宋孝王的《关东风俗传》中专置《坟籍志》，"其所录皆邺下文儒之士，雠校之司，所列书名，唯取当时撰者"⑤，开后世地方志系统记载艺文的先河。地方志首用"艺文志"者当推《太平寰宇记》，历代方志必将艺文视为重要内容。

在旧志中，艺文志或经籍志又称"艺文考""艺文略""典籍志"

① （明）李廷宝修，乔世宁纂：《乔三石耀州志序》，《耀州志》卷首，第1—2页。
② （清）颜伯焘撰，王志沂辑：《陕西志辑要序》，《陕西志辑要》卷首，第1页。
③ （明）胡缵宗纂修：《秦安县志序》，《秦安县志》卷首，第1页。
④ 杨军昌：《中国方志学概论》，贵州人民出版社1999年版，第160页。
⑤ （唐）刘知己：《书志》，《史通笺注》卷三，贵州人民出版社1985年版，第69页。

“经籍志”“文献辑存”等。专门记载本地区历代有影响、有价值的著作，文章的年代、作者、卷目和内容提要，记载金石的年代、作者、文字、行状；或专门辑编诗文等。艺文志在学术上有重大的借鉴和实用价值，其对保存和了解一地历史文献和文化发展水平具有积极意义，它反映一个时代学术发展之大势，是其他著作所无法代替的。章学诚在《方志立三书议》中提出方志的“志”“掌故”“文征”三议，其中“文征”是为了辑录艺文，与志书互证。仿文选、文鉴的体例，备一方之文征，它包括文征、奏议、论说、诗、赋等①。地方志自宋代以来始设艺文志，其收录的诗文内容广泛，题材多样，基本以歌咏本地风物为主，提供了较丰富的历史和地情资料，代表一个地方文化水平的艺文资料在此得以汇编，为后人了解和研究当地历史和人文保存了大量珍贵的史料，有着重要的实用价值。

中国古代私人著述和私人保存的资料，包括笔记、文稿、日记、书札、回忆录、调查记录等。这些资料不论已刊或未刊，其中不少对编史修志有较大价值，往往能够弥补档案资料的不足，是应当十分注重搜集和利用的文字资料。古代文学家及其作品流传下来的只是少数名望较高之人，而一般文人及其作品被湮没于历史中，地方志对这些文人及其作品的保存提供了有效的载体，使这些文人的事迹得以流传，他们的作品也得以保存，这在一定程度上弥补了正史所不载或载而不全的人物及其作品的不足，为后世的研究提供了珍贵的资料。在关中诸志中，艺文志所载士人非常丰富，这些人往往是地方的文化精英，对他们的了解是研究一地文化与文学不可或缺的一个环节，而这些士人在州志和国家志中很少看到，地方志中对他们事迹和艺文的记载为我们的研究提供宝贵支持，在关中诸多志书中，这类士人比比皆是：

“阎正叔、侯伯正俱渭南人，泰定中同举进士，正叔授五经博士，伯正授太常博士，后以乱辞官，隐居田里。洪武初，并被征致京，深衣幅巾入见，以年高辞不仕，明太祖礼之使归，俱以寿终”②。“王维藩，户人，神姿清异，家苦贫，从人借读后竟淹贯。嘉靖甲子举于乡，或勉

① 薛虹：《中国方志学概论》，黑龙江人民出版社1984年版，第67—68页。

② （清）舒其绅等修，严长明等纂：《人物志》，《西安府志》卷三十七，第1986页。

以就职，藩曰："入官以行道也，其次为禄养亲，今道之未成，而亲又不吾待，五斗禄将焉用之，教授里中，为子弟讲孝弟"①。"黄如吁，咸宁人，高才能文章，善声律，隐居终南山，自谓太乙逸叟"②。"马天章，字季襄，三原人，少从学温恭毅，立志端亮，孝事孀母，善诗赋，尤工篆隶，栖迟衡门，不求闻达，人谓烟姿霞韵，前有游岩，后有季襄"③。"梁文映，三原人，明经温恭毅，居总宪欲荐于朝，文映固辞，酣歌退隐，人高其节"④。"董旭兆，长安人，读书谈琴，淡于世味，草书得二王遗意，以布衣终"⑤。"费家铸，字子范，咸宁人，旷逸不羁，植竹筑圃以丘壑自怡，宾客往来不谈世务，事兄甲鏸尤尽礼，好吟咏，工书画，著有《西湖草》。"⑥ 以上诸人在正史上鲜有记载，那些保存在地方志的艺文志中难以计数的珍贵文献，记录和承载着博大精深的地域文化，是研究历代学术盛况不可或缺的重要参考、研究地域文学不可或缺的宝贵资料。另外，通过对地方志中艺文志的研究，可以为我们提供当地的艺文状况，也可以勾勒当时士人的存在状况及其文学活动。

艺文志既是一个地区人杰地灵、人文荟萃的集中体现，又是一个地方文化是否发达的重要的、直接的标志。艺文志的编修，有助于增强人们对家乡的自豪感和热爱之情，提高人们对学习科学文化知识的认识水平，激励人们奋发向上，致力于地方文化事业建设。通过艺文志的编辑、著录，可以反映出一个地区某一时代学术发展之大势，学派之盛衰，各类著作数字的变化，直接反映了一个地区学术文化发展的状况和趋势，可以起到"辩章学术，考镜源流"的作用。地方志中保存了大量的神话和传说资料，丰富了文学创作的种类和内容。

四　明代关中士人修志的社会影响

关中士人修志质量和学术的价值受到后人的肯定，《四库全书总目

① （清）舒其绅等修，严长明等纂：《人物志》，《西安府志》卷三十七，第 1987 页。
② 同上。
③ 同上书，第 1988 页。
④ 同上书。
⑤ 同上书。
⑥ 同上书。

提要》中，有“明代陕西诸志，皆号有法”① 的评语。“论者谓秦多名志。如康对山之于武功，韩五泉之于朝邑，王渼陂之于户，乔三石之于耀与泾野子之于高陵，皆名重一时，为读志者所莫能外。天下郡县不知凡几，舆图所载一二名胜，险要之区，有以供游览而资考证。恒足介士大夫之齿颊。其在通都大邑，无事物可纪，一过而辄忘其名者，曷可胜道。若武功、若朝邑、若户、若耀，乃因若人之书之存，并其地亦彰。”② 雍正间沈青崖在《高陵县志序》中曰：“有明一代，关中鼎元二人，一为康对山，一为吕泾野。各负文名重望，而为其桑梓撰邑乘，此武功高陵两志所以噪于寰中也。”③

正德十四年，自七月至八月，康氏穷一月心力，撰《武功县志》一种。此志仅七篇，然而，在纷纷梓行的明代郡县邑志中，却声誉最隆，后来志乘，大抵都以之为法制。《四库全书总录》卷六八云“朝邑县志”条云：“后来志乘，多以康氏为宗。”“王太史敬夫撰《户志》，康太史德涵撰《武功志》，可泉太史撰《秦安志》，其立例命义大略相符，真可以信当时传后世也”④。其中原因何在？王士祯称其“文简事核，训词尔雅”，石邦教誉之“义昭劝鉴，尤严而公”⑤。其实，类似的议论都没有真正触及《武功》一志的真义，倒是卷首吕柟与何景明二序颇中窾窍。何景明道：“先王之政，撰志以‘察时变’、‘慎其渐’，康氏之旨正在效先王之政，而一部《武功志》也正有明政治由盛而衰之见证。”吕柟《高陵县志》“体裁格律，醇正典雅。后之继此而操翰者，不较武功为尤难哉。虽然史记家法，以左马为宗，班范而下，渐不逮古，将遂废史软。”⑥

清初的王士祯也对关中士人修史给予高度评价，曰：“以余所闻见，前明郡邑之志，不啻充栋。而文简事核，训词尔雅，无如康对山志武

---

① （清）永瑢等撰：《雍录提要》，《四库全书总目提要》卷七〇，第620页。

② （清）程维雍修，白遇道纂：《重修高陵县志序》，《高陵县续志》，成文出版社有限公司1976年版，第24—26页。

③ （清）丁应松修，樊景颜纂：《高陵县志叙》，《重修高陵县志》卷首，雍正十年刻本。

④ （明）胡缵宗纂修：《跋》，《秦安县志》，第364页。

⑤ （清）永瑢等撰：《秦安志提要》，《四库全书总目提要》卷六八，第602页。

⑥ （清）丁应松修，樊景颜纂：《高陵县志叙》，《重修高陵县志》卷首，雍正十年刻本。

功。其他若王渼陂志户、吕泾野志高陵、韩五泉志朝邑、乔三石志耀、胡可泉志秦、赵浚谷志平凉、孙立亭志富平、汪来志北地、刘九经志郿、张光孝志华，其地率秦地，其人率秦人也。故予尝谓前明郡县之志无逾秦者，以其犹有黄图决录之遗焉。"[①] 康熙年间贾汉复负责所修《关中志》，被视为修史之矩镬，"贾汉复，字胶侯，曲沃人，巡抚陕西。暇日延至名流，搜罗掌故，纂修《通志》。书成，敬呈，饬行各直省，以《关中志》为式"[②]。

从所罗列的文献来看，明清关中士人所修方志秉承史迁"考证谬误、秉笔直书"的撰写传统，受到了高度的评价，成为时人修志的典范，但其间也存在一些问题：士人在各《志》的序言中基于友情，对志书的评价往往有过誉之词，这在一定程度上会掩盖这些志书的不足，贻误后学。

康海曾对已有的一些志书提出批评，认为其"繁而不能详，晦而不能白，乱而不能理"[③]。康海对当时地方志所存在的问题认识比较到位，从宣扬名教的角度来看，地方志的简略可以达到其目的，但从史学角度来看，这一做法略有不足。章学诚对此明确批评："夫康氏以两万许言，成书三卷，作一县志，自以为高简矣。今观其书，芜秽特甚。盖缘不知史家法度，文章体裁，而惟以约省卷篇，谓之高简，则谁不能为高简邪？志乃史裁，苟与事理无关，例不滥收诗赋，康氏于名胜古迹，猥登无用诗文，其与俗下修志以文选为艺文者，相去有几？"[④] 章学诚批评《朝邑县志》曰："志乘之简，无有过于此者。"[⑤] 除章学诚之外，近代学者梁启超在《中国近三百年学术史》一书中也对此志提出了批评："地方志之通患在芜杂，明中叶以后有起而矫之者，则如康海之《武功县志》仅三卷，二万余言，韩邦靖之《朝邑县志》仅二卷，五千七百

① （清）崔懋修，严濂曾纂：《新城县志序》，《新城县志》卷首，第18—19页。

② （清）颜伯焘撰，王志沂辑：《省志·宦绩》，《陕西志辑要》卷首，第40页。

③ （明）韩邦奇：《朝邑县志序》，《朝邑县志》卷首，成文出版社有限公司1976年版，第5页。

④ （清）章学诚著，叶瑛校注：《书〈武功志〉后》，《文史通义校注》卷八，中华书局2004年版，第905页。

⑤ （清）章学诚著，叶瑛校注：《书〈朝邑志〉后》，《文史通义校注》卷八，第911页。

余言，自诧为简古，而不学之文士如王渔洋、宋牧仲辈震而异之，比诸马班，耳食之徒，相率奉为修志模楷，即《四库提要》亦亟称之。”[①]今考《武功县志》，章学诚与梁启超的批评确实是有根据的，他们的评价基本上也是符合事实的。地方志是一个地方数百年，甚至上千年历史的记载，过于简略往往存在挂一漏万的问题，为后来撰志的人带来一些文献方面的困难，从康海《武功县志》和韩邦靖的《朝邑县志》来看，前者三卷两万言，后者两卷五千言，尤其是后者无论如何无法为后来学者或撰志者提供较为全面的材料支持，这或是其美中不足之处。另外章学诚批评康海“不知史家法度、文章体裁”[②]，批评《朝邑县志》“不可以为志，直是一篇无韵之《朝邑赋》，又是一篇强分门类之《朝邑考》，入于六朝小书短记之中，如《陈留风俗》、《洛阳伽蓝》诸传记，不以史家正例求之，未始不可通也”[③]。其间虽不乏真知灼见，但在一定程度上掩盖了二志本有的学术价值，这是值得我们认真甄别的。

第三节　明清关中的戏曲与演剧

明代关中的戏曲与演剧袭元代戏曲之余绪，在太祖与成祖强化礼乐宗法治国观念的推动下有一定发展。藩府演剧的繁荣、乐户制度的松动，尤其是商业经济的发展所引起观念的嬗变推动了士大夫参与戏曲的创作与演艺，民间的演剧也出现繁盛之势。致仕官员诸如康海、王九思在关中地区掀起一个戏曲创作的高潮，使关中地区成为全国戏曲创作与表演的中心之一，他们所创作的戏曲在内容和形式上对明代戏曲的发展都产生了深远的影响。

一　演剧的土壤与条件

元末战乱后造成了社会经济的凋敝，元代演剧曾经的辉煌至此也便

① （清）梁启超：《中国近三百年学术史》，人民出版社 2008 年版，第 247 页。

② （清）章学诚著，叶瑛校注：《书〈武功志〉后》，《文史通义校注》卷八，第 905 页。

③ 同上书，第 911 页。

黯淡。明初朱元璋以恢复生产、发展经济为首务，重农抑商，强化以礼乐、宗法治国，对演剧由禁止逐渐转向许可，演剧有其赖以滋生的土壤。《明太宗实录》记，成祖继位的当月（建文四年七月），“敕礼部臣曰：‘昔太祖高皇帝封建诸王，其仪制服用俱有定着。乐工二十七户，原就各王境内拨赐，便于供应。今诸王未有乐户者如例赐之，有者仍旧，不足者补之’。”① 明成祖以武力登基，遂不得不假礼乐制作以重建自身继位的正当性，其礼乐制作较其父已明显发生了变化，他明确以“永保富贵、共享太平”为旨鼓励宴乐，提倡筵席间的戏曲表演，礼乐观念的转变最终促进了教坊杂剧的繁荣，为明代戏剧的繁荣提供了相应的社会条件。

关中地区在明代有着非常重要的战略地位，因此朱元璋在分封诸王的过程中，充分考虑到这一因素。朱元璋有二十六子，其中二子樉，“洪武三年封，十一年就藩西安”②；十四子楧，“洪武十一年封汉王。二十四年命偕卫、谷、庆、岷五王练兵临清。明年改封肃。又明年，诏之国，以陕西各卫兵未集，命驻平凉。二十八年始就藩甘州”③；十六子㮵，“洪武二十四年封，二十六年就封宁夏。以饷未敷，命驻庆阳北古韦州城，就延安、绥、宁租赋。二十八年诏王理庆阳、宁夏、延安、绥德军务”④；二十二子楹，“洪武二十四年封，永乐六年就藩平凉。十五年薨，无子，封除”；“洪熙初，韩恭王（作者按：太祖二十子韩宪王之子）改封平凉”⑤。从上面的资料来看，朱元璋二十六子中有四子的封地在陕西境内，其中秦王樉的封地和安惠王楹的封地就在关中地区，而十四子楧、十六子㮵封地虽然不在关中平原，但他们曾在关中活动过。按照《明太祖实录》的记载，各藩王府中的乐工人数在总量上不少，演剧的活动也很频繁，赵翼曾记：“康德涵六十生日，召名妓百人为百年会，各书小令付之，使送诸王府，皆厚获。”⑥ 对于藩王而言，

---

① 李国祥、杨昶主编：《明实录类纂·宫廷史料卷》，武汉出版社1992年版，1413页。
② （清）张廷玉等撰：《诸王一》，《明史》卷一一六，第3560页。
③ （清）张廷玉等撰：《诸王二》，《明史》卷一一七，第3585页。
④ 同上书，第3588页。
⑤ （清）张廷玉等撰：《诸王三》，《明史》卷一一八，第3607页。
⑥ （清）赵翼：《明中叶才士傲诞之习》，《廿二史札记》三四，第494页。

随着朝廷对乐籍制度管理的松懈，各王府所属乐户，尤其是女乐，其实已有家乐的色彩。“原设立富乐院尽数变卖入官，乐工编籍当差，乐妇改良从嫁”①。既然所革除藩乐需另行编籍入官，可见，藩府乐籍已趋私有化。

明代隶属宫廷的乐户人数众多，而地方及民间的乐户数目更是庞大。明代律例严禁军民子弟演习戏剧，也严禁“买良为娼”（《大明律》卷二十五刑律八“禁买良为娼”），这样便在客观上保证了乐籍的纯粹性，活跃在京师—藩国—州府这一演剧系统中的始终是乐籍中人。至少在景泰时有关良人入籍的禁令逐渐松动，明英宗天顺三年（1457）五月，“放教坊司乐工、乐妇四百八十六名，各还原籍从良”，② 甚至大量平民开始汇入娼优业，这在一定程度上促进了民间戏曲和演剧的发展。

关中地区的乐户有一定的规模。康海杂剧《王兰卿》中主人公有生活原型，据明人梅鼎柞《青泥莲花记》记载，康海有感于周至一伎（乐户）之死而作此剧。明人王圻《续文献通考》载：英宗天顺三年（1459）十月，选“山西、陕西乐户赴京应役”。英宗天顺三年，教坊司奏：“恭遇大祀天地山川，导驾迎引及正旦冬至圣节，合用乐工两千余人，今本司止存乐户八百余，乞行南京并顺天府、陕西布政使，于乐户内选娴习乐艺者送京备用。”③ 这里所说的乐户，就是指教坊司供奉皇室乐舞之人。而关中地区民家乐户也有庞大数量。据张治道《祭康对山先生亡妻张氏文》载“后辛卯，先生纳韩女子”④，蒋一葵在其《尧山堂外纪》中揭示“韩女子”身份系青楼出身：“对山有四姬，目为随身四帅，其名为金菊、小斗、芙蓉、彩莲。初，对山无子，适有妓鬻于市，又有召公饮者，妓在也。公擅琴，妓亦能之，试弹一曲，公大喜，招其母来，授二百金，四币纳焉。即生子，成孝廉”⑤。以上记载可以

① （明）张萱：《西园闻见录》第 36 册，哈佛燕京学社 1940 年版，第 26 页。

② 李国祥、杨昶主编：《明实录类纂 · 文教科技卷》，武汉出版社 1992 年版，第 382 页。

③ （明）王圻纂辑：《历代乐制》，《续文献通考》卷一〇四，上海商务印书馆 1936 年版，第 3721 页。

④ （明）张治道：《祭康对山先生亡妻张氏文》，《太微后集》卷四，嘉靖二十年刻本。

⑤ （明）蒋一葵：《国朝 · 康海》，《尧山堂外纪》卷九二，续修四库全书本，第 1195 册，上海古籍出版社 1991 年版，第 1816 页。

推出韩氏系乐户出身，而“四帅”为家班乐姬。另外，乐籍流动也逐渐普遍化，何乔新《椒邱文集》卷三二“奏议集略”曾有一篇长文记录成化间四川杨爱叛乱案，文曰：“成化六年，月日不等，有陕西乐户刘首、刘鉴、郭福亮、张顺，为因本处困难，各不合，逃来本部趁食。”①

永乐以来，官妓侑酒之风日恣，朝野上下，禁官妓之声亦日益高涨。宣宗准顾佐奏，下诏礼部出榜禁约官员挟妓饮酒。“祖宗时，文武官之家不得挟妓饮宴，近闻大小官私家饮酒，辄命妓歌唱，沉酣终日，怠废政事，甚至留宿，败礼坏俗，尔礼部揭榜禁约，再犯者必罪之”②。史载“宣德初，臣僚宴乐，以奢相尚，歌妓满前”③，这一风气很快在全国流行，关中地区也不例外，何良俊记述说：“西北士大夫，饮酒皆用伎乐”，又说：“北方士大夫家，闺壶女人皆晓音乐，自江以北皆然。”④ 这种习尚的形成，既与金元时代北方盛行院本、杂剧有关，也与明代大量乐户散布各处有着密切的关系。

明代戏曲创作的大盛是在正德、嘉靖以后出现的。这时的社会经济渐趋繁荣，特别是中后期商品经济和手工业生产突飞猛进，为戏曲的繁荣兴旺创造了优越的条件，出现了《宝剑记》《浣溪沙》《鸣凤记》三部杰出的传奇作品。王世贞有一段话曾提及南北风气之渐：“河南、淮北、山陕诸郡士大夫多仍王威宁、康德涵之习，大小会必呼伎乐，流连宿饮，至著之词曲不以为怪。”⑤ 从现有的记载来看，明代戏剧在城市的传播主要在以下一些场所进行：曲院、会馆、神庙、官厅、家庭。此外，茶馆、酒楼以及其他一切公共场所也可以是戏剧的传播场所。

二　明代关中演剧的地位

昔人论及明代中叶北曲之复兴时，往往以弘正间康海、王九思为代表。论曲史者往往以康、王并提。其实，就精神而言，王九思远远不及

① （明）何乔新：《椒邱文集》，四库全书本，第 1249 册，上海古籍出版社 1991 年版，第 483 页。

② （明）余继登：《典故纪闻》卷九，中华书局 1981 年版，第 167 页。

③ （清）张廷玉等撰：《刘观列传》，《明史》卷一五一，第 4185 页。

④ （清）何良俊：《杂记》，《四友斋丛说》卷十八，第 160 页。

⑤ （明）王世贞：《觚不觚录》，新兴书局有限公司 1986 年版，第 8 页。

康海，后者实可以说是明中叶曲家最值得一提的人物。任讷指出，“明初散曲，大致殆偏于端谨矣，自后则康海为一派，冯惟敏为一派，王盘为一派，沈仕为一派，皆各有面目，未见雷同”①。梁乙真在其《元明散曲小史》中同样也提道：“自汤舜民、朱有墩‘豪丽两兼’一派以后，到了弘治正德间昆曲未起之前，北曲作家忽又像风起泉涌似的出了不少，北派曲坛上顿时呈现了蓬勃的气象。在这时的散曲坛上，豪放的、流丽的仍然远承马致远。张可久两派，分道扬镳，而各自集团的向外发展，康（海）、王（九思）、李（开先）、常（伦）……是继承马致远豪放一派，而至冯惟敏而达于‘大成’。”② 以上所言关中康海、王九思为明中期北曲殿军人物无疑，得到学界的共同认可。

康海和王九思的曲作从时间和地域来看主要集中在归里后的关中地区。康海的高祖为燕府长史，据云因此而收藏了大量的曲本③。康海中进士后，优游翰林，并曾特别留意当时馆阁所藏元杂剧旧本，其在仕宦期间就从事散曲创作，如作于正德二年（丁卯年）的《骂玉郎》《感皇恩》《采茶歌》。相对于康海，王九思稍迟，康海在王九思的《碧山乐府序》中云“山人旧不识此体，自寿州后始为之”④。王九思以瑾党谪寿州同知，又于正德六年冬被迫致仕，由于路途多阻，直到正德七年才回到关中，精力主要集中到词曲创作上来，“王渼陂欲填北词，求善歌者至家，闭门学唱三年，然后操笔。余最爱其散套中‘莺巢湿春隐花梢’，认为金元人无此一句”⑤。而此时康海已罢归在家，于是二人“往来浒东、户杜间，相与过从谈燕，征歌度曲，以相娱乐”⑥。吴梅村评价康海：“琵琶急响多秦声，对山慷慨称入神。同是渼陂亦第一，两人失志遭迁谪。绝调康王并盛名，昆仑摩拏无颜色。”⑦ 同时关中诸如吕

① 转引自金宁芬《康海研究》，崇文书局2004年版，第332页。

② 梁乙真：《元明散曲小史》，商务印书馆1934年版，第267页。

③ 《康对山先生集》卷六“先公墓碑”称其“文章稽古之事，辞赋曲艺之细，曷非可传也”。

④ （明）王九思：《碧山乐府序》，《碧山乐府》卷首，《渼陂集》，第1071页。

⑤ （明）何良俊：《词曲》，《四友斋丛说》卷三七，第340页。

⑥ （清）钱谦益：《王寿州九思》，《列朝诗集小传》丙集，第315页。

⑦ （清）吴伟业：《琵琶行》，《吴梅村诗集》卷四，万有文库本，商务印书馆1937年版，第106页。

柟、韩邦奇、韩邦靖，康海的堂弟康河、外甥张炼等皆有曲作传世，其中韩邦奇当时即以曲名，尤精音律。这些关中士人使关中地区成为当时北曲的一个创作中心，也促进了关中地区演剧的繁荣。康海、王九思假词曲以寄怫郁，重振了正嘉时期的北曲，晚年二人与李开先酬唱往来，奖掖后辈，唯恐不及。

就演剧的形式而言，王九思开启了短杂剧之风。王九思的《中山狼》是一部只有一折的短杂剧，并题名为“院本”。以一折构成一本的杂剧，并非从王九思开始，应始自明初詹时雨《围棋闯局》，不过该剧在名义上仍是增补《西厢记》之作，而王九思《中山狼院本》则是真正独立的单折剧本。王九思的这一做法，对其后的杂剧创作有着深刻的影响，自此以后，短杂剧作为一种新的戏剧体裁蓬勃地出现在剧坛上。而这部剧题名为“院本”，更说明明代杂剧在向南戏融合的同时，还从历史上各种戏剧载体中吸取了有益的滋养，而明杂剧向宋金杂剧的学习，主要是由于院本浑然一体和短小的两个特点，正切合了明中期文人自由随意地表达感情的要求，由此，许多剧作家效法该剧的做法，投入到自身的戏曲创作实践中，短小的抒情剧也因此而成为明代杂剧的创作流风。① 不过，这一取向由王九思开始，最终由李开先完成。

三　关中演剧的形式

现当代的研究者一般将戏曲班社分为职业戏班、家庭戏班和宫廷戏班三类，家班指的是由私人置办，并主要用于娱乐消遣的戏曲演出团体，它也是明代藩府和士大夫家庭演剧的主要形式。

我国古代并没有“家班”这一称呼，私家蓄养并主要用于娱乐消遣的演出团体被称为“家乐”“家部”“家梨园”“某家乐部”“某家梨园”等②。士绅阶层开始蓄妓，其时大约较晚，从目前的记载来看，始于弘治，渐行于正德，而大盛于嘉靖。据何良俊云，其祖、父辈时即蓄有家乐，论时当在弘治间；又云，小时所见王西园，“曾教妆戏者数人”③，则王氏始蓄家乐也当在弘治末正德初。文人介入创作和传奇数

① 戚世隽：《明代杂剧研究》，广东高等教育出版社 2011 年版，第 194 页。

② 杨惠玲：《戏曲班社研究：明清家班》，厦门大学出版社 2006 年版，第 11 页。

③ （明）何良俊：《史》，《四友斋丛说》卷十七，第 150 页。

量庞大皆植根于戏曲的广泛演出。士大夫置办家乐，其实在江浙地区是极其普遍的，大凡有声律嗜好又有物质保障的士大夫莫不如此。江南的这一风气很快波及关中，且成时风众势，“秦城多女妓，号曰‘乐户’，士大夫召客，必以女妓奉觞”①。

康海正德间因故罢归，“以山水声伎自娱，间作乐府小令，使二青衣被之弦索，歌以侑觞”，“居恒征歌选妓，穷日落月”②。《沜东乐府自序》也云：“予自谢事山居，客有过予者，辄以酒肴声伎随之。”③《明史》卷二八六《文苑传》云：“九思尝重赀购乐工学琵琶，海搊弹优善，后人传相仿效，大雅之道微矣。”④ 据以上两条记载，康海和王九思的家乐只是传统的歌舞班子。何良俊《四友斋丛说》卷一五载王维桢和康海宴饮事：“近午，对山起曰：‘今日老夫贱降，客不可无公。然吾与令亲辈每燕必有妓乐，不当以此累公。今诸公将至，不敢久留矣。’吾辞出，侍御辈至，歌妓并进，酣饮达旦。”⑤ 李开先在《词谑》中记载了他造访王九思的所见所闻：

> 渼陂设宴相邀，扮《游春记》。开场唱《赏花时》，予即驳之曰：“四海讴歌百姓欢，谁家数去酒杯宽，两注脚韵走入桓欢韵。”……至“唐明皇走出益门镇”，予又驳之曰：“平声用阴者犹不足取，况用‘益’字去声乎?”复请改之。上句乃“太真妃葬在马嵬坡”，拘于地名，急无以为应。若用“夷门”字倒好，争奈不曾由此去耳。因戏之曰：“非是王渼陂错做了词，原来唐明皇错走了路。”满堂大笑，扮戏者亦笑，而散之门外。⑥

这些“扮戏者”应是康海的家班和王九思的家班。许宗鲁致仕家

① （明）何良俊：《经》，《四友斋丛说》卷二，第12页。

② （清）钱谦益：《康修撰海》，《列朝诗集小传》丙集，第313页。

③ （明）康海著，陈靝沅编校，孙崇涛审定：《康海散曲集校笺》，浙江古籍出版社2011年版，第3页。

④ （清）张廷玉等撰：《文苑》，《明史》卷二八六，第7349页。

⑤ （明）何良俊：《史》，《四友斋丛说》卷十五，第127页。

⑥ 中国戏曲研究院编：《词谑》，《中国古典戏曲论著集成》，第278—279页。

居也有家班的记载："家本秦人，承康王之流风，罢官家居，日召故人，置酒赋诗，时时作金元词曲，无夕不纵倡乐。关中何栋，西蜀杨石，浸淫成俗。熙朝乐事，至今士大夫犹艳称之。"① 何栋于嘉靖三十三年（1554）因病致仕，"王维桢偶过何中丞栋，值其生辰。将宴客，留王饭。且曰：'能少留以待诸公之集乎?'顾视两廊，绿窗朱户，坐而理丝调竹者，皆家姬。外舍黛绿衣者二十余人，皆征妓"②，上面的记载说明明代的关中地区，在藩府、官僚和士大夫的家庭家班的演剧形式已经很普遍了。

随着社会经济的发展，演剧由宫廷、士大夫家班向更为下层的公共场所延伸，关于这一点从剖析社会结构入手，日本学者田仲一成先生已取得十分突出的成绩，田仲氏从整个明代戏剧演出的环境入手，分别从"乡村""宗祖""市场地"来考察演剧的变迁，包括演出形态的变化、版本的演变，剧目类型的差异以及其间文化内涵的变迁。他指出，明初的演剧主要建立在里社制度之上的乡村祭祀演剧，或称地缘演剧，故呈现出与元代相近的朴拙风貌；从演剧内容来看，随着宗法势力在地缘集团中的加强，则处于由英雄冤魂祭祀演剧向孝妇贤女冤魂祭祀过渡的阶段；从版本上来看，则属于文字素材、思想尚未受到过多宗法思想浸染的古本系统③。

从一些资料来看，明初的乡村祭祀及演剧，是由官府直接参与并组织的。明代的城隍信仰被列入国家祀典中，并要求城隍庙"高、广各视官署厅堂，其几案皆同，置神主于座，旧庙可用着修改为之"④，这些城隍庙内大都建有演剧的戏楼，城隍庙的演剧承应祭祀乐舞与演剧，蓝田县"有城隍神会，元宵前后城内四街分门为傩"⑤，三原县城隍庙正月望有灯山会，在此会上同样有演戏。明清地方的祭祀、婚丧节庆，其

---

① （清）钱谦益：《许副都宗录》，《列朝诗集小传》丙集，第362页。

② （明）李绍文：《皇明世说新语》，明文书局1991年版，第488页。

③ 这一观点是田仲氏在其一系列文章、著作中反复提到的，主要参见于田仲氏著《十五十六世纪地方戏的演变》、《中国演剧史》、《明清的戏曲》等书。

④ （明）姚广孝：《明太祖实录》卷五三，台湾"中研院"历史语言研究所，1962年，第1050页。

⑤ （清）宋伯鲁等撰：《风俗四》，《续陕西通志稿》卷一九八，第6019页。

仪礼及用乐，朝廷都有严格的规定，可以说，地方演剧的分化与发展，不仅是摆脱官方意识形态的过程，而且是首先摆脱官方控制地方演剧机构的过程。在这一过程中，地方缙绅、商人以何种方式参与地方演剧，或与官员携手，抑或地方自为，显然都发挥着重要作用。

康海由于刘瑾事件被放逐，“放逐后流连声伎，不复拘检垂二十年，虽乡党自好者莫不耻之”①，他在谪居家乡之后，“尝病武功贸易之寂寥，乃于城东神庙报赛，数日间，乐工集者千人，商贾集者千余人，四方宾客男女长幼来观者数千人”②。三原县庙会规模大，持续的时间长，其中八月中大会，起于七月上旬，止于九月上旬，历时二月有余，这样大规模的庙会当时是由“商贾分行，醵资演戏”③。高陵县的冬至之会是全县最大规模的庙会，举办于县城东郊，“行之五街，商家轮充会长，演戏祀后土”④。清初的屈大均经由泾阳时曾见到泾阳的一次市场的演剧状况：“（二月二日）观会于汉桃洞，洞于泾阳六七里，有东岳祠。士女至多数万，百戏纷纶，迭呈妙幻，若走絙、打碟，相演元人院本杂剧，弹大小琵琶，歌讴《风花雪月》、《锁南枝》、《玉娥郎》，凡数十队，多边塞音声。明日又观会北城，妇女装束如三吴，以千万计，率骑而不舆，不带眼纱，色多美而颀长。”⑤ 由此可以看出在明清关中民间以商业的庙会为载体，民间的演剧甚为广泛，甚至一地一年四季都有庙会的演剧，华州“春一乡傩逐疫，夏以演剧报赛各有期。地州城内四月、朔八月、二腊月，三有城隍会。暑前三月中旬有清明会，州西赤水镇二月初有药王会，六月有火神会。西南乡高塘镇有十月一会。州西关二月、六月有药王火神会，州北大张镇三、八月有西岳神会；东南复成山二、八月有祀少华神会；西南良候堡三月有商山四皓会，十月有祀东方朔会，皆演剧”⑥；耀州“每年二月大会于城东五台山，八月大会于

① （明）康海：《答寇子惇》，《康对山先生集》卷二二，第255页。

② （明）李开先：《康王王唐四子补传》，《闲居集》卷十，《李开先集》，第634页。

③ （清）宋伯鲁等撰：《风俗四》，《续陕西通志稿》卷一九八，第6020页。。

④ 同上书，第6019页。

⑤ （清）屈大均：《翁山文外》，人民文学出版社1996年版，第12页。

⑥ （清）宋伯鲁等撰：《风俗四》，《续陕西通志稿》卷一九八，第6021页。

城内南街，演戏焚香，连宵达旦”[①]；《陕西通志》载：“长武八月城乡报赛，举县若狂，城中城隍庙演戏月余，乡间繁盛之村，均讲秋赛”[②]。演戏之风极盛，在一定程度上会影响地方风俗与民风，嘉庆年间陕西巡抚陈宏谋多次出示檄文，禁止演夜戏，其中清乾隆十年（1745）《陕西巡抚陈宏谋巡历乡村兴除事宜檄》中云：“陕省向有演夜戏恶习，于广阔之地，搭台演唱，日唱不足，继以彻夜，聚集人众，男女杂众，奸良莫辨。”[③]

四 关中曲家与南派曲家的比较

明中后期杂剧的变异集中体现为南曲化的过程。这一点目前并无异议，但不容忽视的是，明中后期杂剧作家的探索与追求并不只限于南曲化，还体现在对包括宋金杂剧院本的模仿和学习。这一时期仍有恪守元人法度的作家，沈德符《万历野获编》则对整个明代时调的流行做了如下的概述：

> 元人小令，行于燕赵，后浸淫日盛。自宣（德）、正（统）至成（化）、弘（治）后，中原又行“锁南枝”、“傍妆台”、“山坡羊”之属。李崆峒（梦阳）先生自庆阳徙居汴梁，闻之以为可继国风之后。何大复继至，亦酷爱之。
>
> 比年以来，又有“打枣杆”、“挂枝儿”二曲，其腔调约略相似，则不问南北，不问男女，不问老幼良贱，人人习之，亦人人喜听之，以至刊布成帙，举世传诵，沁人心腑。其谱不知从何而来，真可骇叹。又“山坡羊”者，李、何二公所喜。今南北词俱有此名，但北方为盛。
>
> 今京师妓女，惯以此充弦索北调。其语秽亵浅鄙，并桑濮之音，亦离去已远[④]。

---

① （清）宋伯鲁等撰：《风俗四》，《续陕西通志稿》卷一九八，第6020页。

② 同上书，第6022页。

③ 中国戏曲志编辑委员会：《陕西巡抚陈宏谋巡历乡村兴除事宜檄》，《中国戏曲志·陕西卷》，中国ISBN中心1995年版，第815页。

④ （明）沈德符：《词曲、时尚小令、杂居》，《万历野获编》卷二五，中华书局1959年版，第647页。

从曲场的演唱来看，可以说，终明一世，北曲一直没有退出歌坛。如沈德符《万历野获编》卷二十五《词曲》条曾记载说："嘉、隆间，度曲知音者，有松江何元朗，蓄家童习唱，一时优人俱避舍。然所唱俱北词，尚得金元蒜酪遗风。予幼时，犹见老乐工二三人，其歌童也俱善弦索，今绝响矣。何又教女鬟数人，俱善北曲，为南教坊顿仁所赏。顿曾随武宗入京，尽传北方遗音，独步东南；暮年流落，无复知其技者。"① 王骥德在《曲律·杂论》中论及明中叶散曲名家时也表达了同样的境况：

> 近之为词者，北词则关中康状元对山、王太师渼陂，蜀则杨状元升庵，金陵则陈太师石亭、胡太师秋宇、徐山人髯仙，山东则李尚宝伯华、冯别驾海浮，山西则常延评楼居，威扬则王山人西楼，济南则王邑佐舜耕，吴中则杨议部南峰。康富而芜；王艳而整；杨俊而葩；陈、胡爽而放；徐爽而未汰；李豪而率；冯才气勃勃，时见纰颣；常多侠而寡驯；西楼工短调，翩翩都雅；舜耕多近人情，兼善邪谑；杨教粗莽。诸君子间作南调，则皆非当家也。南则近金陵陈大声、金在衡。武林沈青门，吴唐伯虎、祝希哲、梁伯龙，而陈、梁最著。唐、金、沈小令，并斐□有致；祝小令亦佳，长则草草；陈、梁多大套，颇著才情，然多俗意陈语，伯仲间耳。余未悉见，不敢定其甲乙也②。

王骥德共论述了18位散曲作家，被其认定为北曲作家的12位，被其认定为南曲的作家只有6位，乍一看，给人的印象显然是南曲不敌北曲之盛。其实，在王骥德所列12位北曲作家中，存曲较多，历来为论者所瞩目而作为主流作家论述中，只有康海、王九思、杨慎、李开先、冯惟敏、常伦、王磐等，7人中除王磐专作北曲外，其余6人皆南北兼擅，且有大量南曲存世，并非只"间作南曲"，如康海现存南曲50首、王九思215首、杨慎203首、常伦45首、李开先216首，冯惟敏201

① （明）沈德符：《词曲、时尚小令、杂居》，《万历野获编》卷二五，第641页。

② （清）王骥德：《曲律》，湖南人民出版社1983年版，第218—220页。

首。而且，其中有的作家北曲作品极少，如李开先的北曲才 16 首，杨慎 38 首，可以说，李、杨二人基本是南曲作家。倒是王骥德所记南曲作家，如唐寅、沈仕、祝允明、梁辰渔等，才基本上是专作南曲的作家，只有陈铎、金銮两人南北兼作。[①] 作为关中士人的康海、王九思以北曲为主，金銮以南曲为主，但他们都南北兼通，这一情况的出现和明代中期以来的另一趋势有直接关系，即嘉靖、隆庆年间，魏良辅改革昆山腔，南曲与北曲逐渐形成分庭之势而逐渐成为曲坛的主流。据王骥德讲，南曲“婉丽妩媚，一唱三叹”，于是“美善兼至，极声调之致，始犹南、北画地为角，迩年以来，燕赵之歌童舞女，咸弃其捍拨，尽效南声，而北词几废”[②]。王骥德叙述的明代曲体文学史，展现了明代曲文学转折和鼎盛的概况：其云“北词”诸家，均是从正德、嘉靖、隆庆到万历年间的人，在这一时期的初期，南北曲尚“画地相角”、“南戏”尚未成为文人普遍的“文墨之游”，而到万历以后，南曲终成为曲文化的主流。从此时起，除少数文人尚有北曲的散曲作品外，绝大多数文人“弃北就南”，从而形成南曲鼎盛的局面。弘治以来，金陵以陈铎、徐霖为代表，吴中以祝允明、唐寅为代表，这些南方曲家游弋于歌宴之中，其创作多仿歌儿舞女之口，或矜音律，或逞才藻，放达任诞之余，并以俗趣相尚，而与当时日益活跃的江南经济及其社会思想背景（譬如王学的兴起）迅速合流，甚至假之以图生计，而颇杂市井气息。其体裁于北曲之外，渐以南曲为主，在江浙地区深受南戏的影响，沾染了南曲风格，南戏大有向北浸染的势头，因此该期实现了由正、嘉时期南、北曲并驱到万历中期后南戏一枝独秀的转变。而北曲正如沈德潜所描述的在北方仍有一定的势力，故而沈德潜的描述和王骥德的描述似乎相矛盾，但这恰恰反映出这一历史时期南北曲并行或力量的此消彼长，这一状况反映在曲家的身上就是他们对南北曲的兼通，这样北曲的作家涉足南曲就不难理解。

由于南曲和北曲的并行，二者的风格也截然不同，王骥德在比较南北戏曲时说：“北剧之于南戏，故自不同。北词连篇，南词独限。北词

① 赵义山：《明清散曲史》，人民出版社 2007 年版，第 24 页。

② （清）王骥德：《论曲源第一》，《曲律》卷一，第 30 页。

如沙场走马，驰骋自由；南词如揖逊宾筵，折旋有度。连篇而芜蔓，独限而局蹐，均非高手。韩淮阴之多多益善，岳武穆之五百骑破兀术十万众，存乎其人而已。”① 就北曲与南曲的艺术风格而言，王骥德的总结大致不错，南北相较：北派多激越豪放之吟，南派多凄厉清婉之调；北派承元代豪放一派衣钵，继续保持散曲文学通俗自然、诙谐俏皮的“蒜酪”之味，南派承元代清丽一派传统，进一步向雅词的清雅婉丽复归。结合上面所讨论过的以康海和王九思为代表的关中士人兼通南北的状况，他们的曲作中既充满了北曲狂放的风格，但也不乏南曲的柔媚。就北曲的狂放而言，跟关中士人的地域文化及其人生的经历不无关系，同时同他们对元曲的深刻体会也有直接的关系，这正如郑振铎谓康海“曲中的苏辛，殆足当之无愧”②。同时康海散曲中又能多种风格并存，除本色豪放者外亦有清俊疏朗、蕴藉含蓄、婉约柔媚等多种风格，只不过南曲中的这一特质在王九思的身上比康海更加强烈一些罢了，正如王世贞所言：“敬夫与康德涵俱以词曲名一时，其秀丽雄爽，康大不如也。评者以敬夫声价不在关汉卿、马东篱下。”③ 当然鉴于篇幅的原因，关中散曲和演剧中的风格问题远比上述状况复杂，这也说明当时南北作家相互兼取创作经验和北曲、南曲势力消长的现实。

在明代中后期杂剧南曲化的过程中，关中的士人戏曲创作体现出对包括宋金杂剧院本的模仿和学习，他们的作品在和南曲并行的过程中凸显了北曲的地域性特质。相对于金元杂剧的繁兴，明初的戏曲与演剧显得有点沉寂，随着永乐与宣德间以朱有燉为首的剧作家所创作的北杂剧在宫廷的盛行，北杂剧逐渐出现复兴之势。到了弘正间随着文学复古运动的兴起，北杂剧的创作也达到了高潮，而在这一过程中作为关中士人的康海和王九思对北杂剧的发展产生了非常深远的影响。作为远离政治、文化、经济中心的关中地区，它的戏曲创作和演剧方面呈现出繁盛的局面，在明代的戏曲史上具有十分重要的地位。

① （清）王骥德：《曲律》，第211页。

② 郑振铎：《插图版中国文学史》，中国社会科学出版社2009年版，第684页。

③ 中国戏剧研究院编：《曲藻》，《中国古典戏曲论著集成》，第35页。

参考文献

古籍部分

L

（秦）吕不韦编，高诱注，毕沅校，余翔标点：《吕氏春秋》，上海古籍出版社 1996 年版。

B

（汉）班固：《汉书》，中华书局 1962 年版。

S

（汉）司马迁：《史记》，中华书局 1982 年版。

Y

（汉）应劭撰，王利器校注：《风俗通义校注》，中华书局 1981 年版。

Y

（北齐）颜之推著，王利器集注：《颜氏家训集注》，中华书局 2003 年版。

B

（唐）白居易撰，顾学颉点校：《白居易集》，中华书局 1979 年版。

L

（唐）李百药：《北齐书》，中华书局 1972 年版。

（唐）刘知己：《史通笺注》，贵州人民出版社 1985 年版。

W

（唐）魏征：《隋书》，中华书局 1973 年版。

G

（宋）郭熙：《林泉高致》，山东画报出版社 2010 年版。

H

（宋）洪迈：《容斋随笔》，上海古籍出版社 1978 年版。

（宋）洪兴祖撰，白化文等点校：《楚辞补注》，中华书局 2012 年版。

L

（宋）李心传：《建炎以来系年要录》，中华书局 1956 年版。

S

（宋）舒璘：《舒文靖公类稿》，清同治刻本。

Y

（宋）叶适：《叶适集》，中华书局 1961 年版。

Z

（宋）庄绰：《鸡肋编》，中华书局 1983 年版。

（宋）郑刚中：《西征道里记》，中华书局 1985 年版。

（宋）朱熹：《四书章句集注》，中华书局 1983 年版。

（宋）张载：《张载集》，中华书局 1978 年版。

D

（金）董解元：《古本董解元西厢记》，上海古籍出版社 1984 年版。

L

（金）刘祁撰：《归潜志》，中华书局 1983 年版。

Y

（金）元好问：《元遗山先生全集》，读书山房刻本。

Y

（元）袁桷：《清容居士集》，涵芬楼景印元刻本。

（元）佚名：《宋史全文》，黑龙江人民出版社 2004 年版。

Z

（元）张养浩著，王佩增笺：《云庄休居自适小乐府笺》，齐鲁书社 1988 年版。

C

（明）陈邦瞻：《宋史纪事本末》，中华书局 1977 年版。

（明）陈洪谟：《继世纪闻》，中华书局 1985 年版。

（明）陈束：《陈后冈文集》，四库全书存目丛书本，齐鲁书社 1997 年版。

（明）陈子龙等：《皇明诗选》，华东师范大学出版社，1991 年版。

（明）崔铣：《洹词》，钦定四库全书本，台湾商务印书馆 1986 年版。

D

（明）董份：《董学士泌园集》，四库全书存目丛书本，齐鲁书社 1997 年版。

（明）邓原岳：《西楼全集》，明崇祯刻本。

F

（明）冯从吾：《少墟集》，四库明人文集丛刊本，上海古籍出版社 1991 年版。

（明）冯从吾：《冯恭定全书》，光绪刻本。

（明）冯从吾撰，陈俊民、徐兴海点校：《关学编》，中华书局 1987 年版。

（明）方孝孺著，徐光大点校：《逊志斋集》，宁波出版社 1996 年版。

G

（明）顾璘：《顾华玉集》，四库明人文集丛刊本，上海古籍出版社 1993 年版。

（明）顾璘：《国宝新编》，中华书局 1985 年版。

（明）高叔嗣：《苏门集》，钦定四库全书本，台湾商务印书馆 1986 年版。

（明）归有光：《震川先生集》，上海古籍出版社 2007 年版。

H

（明）韩邦靖：《韩五泉诗》，清刻本。

（明）韩邦奇：《朝邑县志》，成文出版社有限公司 1976 年版。

（明）韩邦奇：《苑洛集》，四库明人文集丛刊本，上海古籍出版社 1993 年版。

（明）贺复徵：《文章辨体汇选》，文渊阁四库全书本（电子版），上海人民出版社 1999 年版。

（明）何景明撰，李叔毅等点校：《何大复集》，中州古籍出版社 1989 年版。

（明）何良俊：《四友斋丛说》，中华书局 1959 年版。

（明）何良俊：《何翰林集》，四库全书存目存书本，齐鲁书社 1997 年版。

（明）何乔新：《椒邱文集》，四库全书本，上海古籍出版社 1991 年版。

（明）何心隐著，容肇祖整理：《何心隐集》，中华书局1960年版。
（明）黄景昉：《国史唯疑》，上海古籍出版社2002年版。
（明）黄省曾：《五岳山人集》，四库全书存目丛书本，齐鲁书社1997年版。
（明）胡广等纂修：《明太祖实录》，台湾“中研院”历史语言研究所，1962年。
（明）胡应麟：《少室山房笔丛》，中华书局1959年版。
（明）胡应麟：《诗薮》，上海古籍出版社1958年版。
（明）胡应麟：《诗薮》，中华书局1958年版。
（明）胡缵宗：《雍音》，四库全书存目丛书本，齐鲁书社1992年版。
（明）胡缵宗：《雍音》，“国立中央”图书馆1994年版。
（明）胡缵宗修：《秦安县志》，成文出版社有限公司1976年版。

J

（明）靳贵：《戒庵文集》，四库全书存目丛书本，齐鲁书社1997年版。
（明）焦竑著，吴相湘主编：《国朝献征录》，台湾学生书局1984年版。
（明）蒋一葵：《尧山堂外纪》，续修四库全书本，上海古籍出版社1991年版。

K

（明）康海著，赵俊玠校注：《沜东乐府校注》，三秦出版社1995年版。
（明）康海著，陈靝沅编校，孙崇涛审定：《康海散曲集校笺》，浙江古籍出版社2011年版。
（明）康海：《康对山先生集》，明嘉靖二十四年吴孟祺刻本。
（明）康海：《对山文集》，伟文图书出版社有限公司1976年版。
（明）康海：《康对山先生集》，续修四库全书本，齐鲁书社1997年版。
（明）康海：《武功县志》，成文出版社有限公司1976年版。

L

（明）来俨然：《自喻堂集》，上海古籍出版社1987年版。
（明）朗瑛：《七修类稿》，中华书局1959年版。
（明）李东阳著，周寅宾点校：《李东阳集》，岳麓书社1984年版。
（明）李东阳：《历代诗话续编》，中华书局1983年版。
（明）李开先著，路工辑校：《李开先集》，中华书局1954年版。

（明）李梦阳：《空同先生集》，伟文图书出版社有限公司 1976 年版。
（明）李梦阳：《空同集》，四库明人文集丛刊本，上海古籍出版社 1991 年版。
（明）李攀龙：《李攀龙集》，齐鲁书社 1993 年版。
（明）李绍文：《皇明世说新语》，明文书局 1991 年版。
（明）李廷宝修，乔世宁纂：《耀州志》，成文出版社有限公司 1976 年版。
（明）李维桢：《大泌山房集》，四库全书存目丛书本，齐鲁书社 1997 年版。
（明）李贽：《焚书》，中华书局 1974 年版。
（明）李贽：《续藏书》，中华书局 1959 年版。
（明）刘基：《诚意伯文集》，商务印书馆 1936 年版。
（明）刘宗周：《刘宗周全集》，浙江古籍出版社 2007 年版。
（明）陆容：《菽园杂记》，中华书局 1985 年版。
（明）吕柟：《泾野先生文集》，四库全书存目丛书本，齐鲁书社 1997 年版。
（明）吕柟：《泾野子内篇》，中华书局 1992 年版。
（明）吕柟：《泾阳县志》，成文出版社有限公司 1976 年版。
（明）吕柟：《高陵县志》，成文出版社有限公司 1976 年版。

M

（明）马理：《谿田文集续补》，关中丛书刊本。
（明）马理：《谿田文集》，四库全书存目丛书本，齐鲁书社 1997 年版。
（明）马理等纂，董健桥等校注：《陕西通志》，三秦出版社 2006 年版。
（明）马汝骥：《西玄集》，四库全书存目丛书本，齐鲁书社 1997 年版。

O

（明）欧大任：《广陵十先生传》，北京图书馆珍本古籍丛刊本，书目文献出版社 1998 年版。

Q

（明）钱福：《鹤滩稿》，四库全书存目丛书本，齐鲁书社 1997 年版。
（明）丘浚：《丘文庄公集》，康熙刻本。
（明）乔世宁：《丘隅集》，嘉靖刻本。

S

（明）申时行等修，赵用贤等纂：《大明会典》，续修四库全书本，上海古籍出版社 2002 年版。

（明）沈德符：《万历野获编》，中华书局 1959 年版。

（明）沈泰编，李平整理，张培恒审阅：《盛明杂居》，山东画报出版社 2004 年版。

（明）宋应星：《野议》，上海人民出版社 1976 年版。

（明）孙陼：《孙文恪公集》，四库全书存目丛书本，齐鲁书社 1997 年版。

T

（明）唐龙：《渔石集》，中华书局 1985 年版。

（明）陶安：《陶学士先生集》，弘治十三年刊本。

（明）陶奭龄：《小柴桑喃喃录》，明崇祯八年刻本。

（明）田汝成：《西湖游览志余》，浙江人民出版社 1980 年版。

W

（明）汪道昆：《太函集》，四库全书存目丛书本，齐鲁书社 1997 年版。

（明）王九思：《渼陂集》，伟文图书出版社有限公司 1976 年版。

（明）王圻纂辑：《续文献通考》，商务印书馆 1936 年版。

（明）王恕：《王端毅公文集》，四库全书存目丛书本，齐鲁书社 1997 年版。

（明）王世懋：《王奉常集》，四库全书存目丛书本，齐鲁书社 1997 年版。

（明）王守仁原著，施邦曜辑评，王晓整理：《阳明先生辑要》，中华书局 2008 年版。

（明）王世贞著，程兆胤录：《国朝诗评》，中华书局 1985 年版。

（明）王世贞：《觚不觚录》，新兴书局有限公司 1986 年版。

（明）王世贞著，罗仲鼎校注：《艺苑卮言校注》，齐鲁书社 1992 年版。

（明）王世贞：《弇州山人四部稿》，明代论著丛刊本，伟文图书出版社有限公司 1976 年版。

（明）王守仁撰，吴光等编校：《王阳明全集》，上海古籍出版社 2011 年版。

（明）王廷相：《王廷相集》，中华书局 1989 年版。
（明）王维桢：《槐野先生存笥稿》，明万历三十四年刻本。
（明）王维桢：《槐野先生存笥稿》，上海古籍出版社 2002 年版。
（明）王维桢：《王氏存笥稿》，四库全书存目丛书本，齐鲁书社 1997 年版。
（明）王兆云：《皇明词林人物考》，明万历刻本。
（明）卫泳编评：《晚明百家小品》，中央书店 1935 年版。
（明）温纯：《温恭毅公文集》，明崇祯刻本。
（明）文徵明著，周道振辑校：《文徵明集》，上海古籍出版社 1987 年版。

X

（明）徐九皋：《孟有涯集》，四库全书存目丛书本，齐鲁书社 1997 年版。
（明）徐渭：《徐渭集》，中华书局 1983 年版。
（明）徐祯卿：《迪功集》，钦定四库全书本，台湾商务印书馆 1983 年版。
（明）薛应旂：《方山先生文录》，四库全书存目丛书本，齐鲁书社 1997 年版。

Y

（明）姚广孝等纂修：《明太祖实录》，台湾“中研院”历史语言研究所，1962 年。
（明）姚广孝等纂修：《明太祖实录》，上海书店 1990 年版。
（明）杨鸾：《邈云楼文集》，四库未收书辑刊拾辑本，北京出版社 2000 年版。
（明）杨荣：《文敏集》，文渊阁四库全书本，上海古籍出版社 1987 年版。
（明）杨慎著，王仲镛笺证：《升庵诗话笺证》，上海古籍出版社 1989 年版。
（明）杨慎著，杨文生校笺：《杨慎诗话校笺》，四川人民出版社 1990 年版。
（明）杨士奇著，刘伯涵、朱海点校：《东里文集》，中华书局 1998

年版。

（明）杨士奇等，《太宗实录》，台湾“中研院”历史语言研究所，1962 年。

（明）杨一清：《石淙诗稿》，四库全书存目丛书本，齐鲁书社 1997 年版。

（明）杨一清著，唐景坤、谢玉杰点校：《杨一清集》，中华书局 2001 年版。

（明）叶盛撰，魏中平校点：《水东日记》，中华书局 1980 年版。

（明）殷士儋：《金舆山房稿》，明万历邵升刻本。

（明）俞弁：《逸老堂诗话》，续修四库全书本，上海古籍出版社 2002 年版。

（明）余继登：《典故纪闻》，中华书局 1981 年版。

（明）余士奇、谢存仁纂修：《祁门县志》，万历刻本。

（明）袁宏道著，钱伯城笺校：《袁宏道集笺校》，上海古籍出版社 1981 年版。

（明）袁袠：《卫藩重刻胥台先生集》，四库全书存目丛书本，齐鲁书社 1997 年版。

（明）袁中道著，钱伯城点校：《珂雪斋集》，上海古籍出版社 1989 年版。

Z

（明）张朝瑞：《皇明贡举考》，四库全书存目丛书本，齐鲁书社 1997 年版。

（明）张大复：《笔记小说大观》，江苏广陵古籍刻印社 1983 年版。

（明）张瀚：《松窗梦语》，上海古籍出版社 1986 年版。

（明）张时彻：《皇明文选》，四库全书存目丛书本，齐鲁书社 1997 年版。

（明）张萱：《西园见闻录》，台湾明文书局 1991 年版。

（明）张萱：《西园见闻录》，哈佛燕京学社 1940 年版。

（明）张治道：《太微嘉靖集》，嘉靖刻本。

（明）张治道：《太微后集》，嘉靖二十年刻本。

（明）赵时春：《浚谷先生集》，四库全书存目丛书本，齐鲁书社 1997

年版。
（明）赵时春：《赵浚谷文集》，四库全书存目丛书本，齐鲁书社 1997 年版。
（明）朱应登：《凌溪先生集》，道光七年金陵刻本。
（明）朱元璋撰，胡士萼点校：《明太祖文集》，黄山书社 1991 年版。

B

（清）毕沅、傅应奎纂修：《韩城县志》，成文出版社有限公司 1976 年版。

C

（清）查继佐：《罪惟录》，浙江古籍出版社 1986 年版。
（清）常毓坤修，李开甲纂：《孝义厅志》，成文出版社有限公司 1976 年版。
（清）曹溶：《丛书集成初编》，中华书局 1991 年版。
（清）曹溶辑，陶樾增：《学海类编》，上海涵芬楼影印本 1920 年版。
（清）陈田：《明诗纪事》，上海古籍出版社 1993 年版。
（清）陈文述：《颐道堂文钞》，续修四库全书本，上海古籍出版社 2002 年版。
（清）陈子龙等编：《皇明诗选》，华东师范大学出版社 1991 年版。
（清）陈子龙等：《明经世文编》，中华书局 1962 年版。
（清）陈子龙：《陈忠裕公全集》，嘉庆八年簳山草堂刻本。
（清）程康庄：《自课堂集》，康熙刻本。
（清）崔懋修、严濂曾纂：《新城县志》，成文出版社有限公司 1976 年版。
（清）陈维崧著，陈振鹏标点，李学颖校补：《陈维崧集》，上海古籍出版社 2010 年版。
（清）程维雍修，白遇道纂：《高陵县续志》，成文出版社有限公司 1976 年版。

D

（清）丁廷楗修，赵吉士纂：《徽州府志》，成文出版社有限公司 1976 年版。
（清）丁应松修，樊景颜纂：《重修高陵县志》，雍正十年刻本。

（清）董诰等：《全唐文》，上海古籍出版社1990年版。
（清）董含：《三冈识略》，辽宁教育出版社2000年版。
（清）杜登春：《社事始末》，丛书集成初编本，中华书局1991年版。

F

（清）法式善撰：《陶庐杂录》，中华书局1959年版。
［清］方文：《方嵞山诗集》，黄山书社2010年版。
（清）费廷珍纂修：《秦安新志》，成文出版社有限公司1935年版。
（清）傅山：《霜红龛集》，续修四库全书本，上海古籍出版社2002年版。

G

（清）高廷法修，陆耀遹等纂：《咸宁县志》，成文出版社有限公司1976年版。
（清）葛晨纂修：《泾阳县志》，乾隆四十年刻本。
（清）顾炎武：《顾亭林诗文集》，中华书局1959年版。
（清）顾炎武：《顾亭林诗文集》，中华书局1983年版。
（清）顾炎武著，王蘧常辑注，吴丕绩校：《顾亭林诗集汇注》，上海古籍出版社1983年版。
（清）顾炎武著，黄汝成集释，栾保群、吕宗力点校：《日知录集释》，上海古籍出版社2006年版。
（清）谷应泰：《明史纪事本末》，上海古籍出版社1994年版。
（清）龚鼎孳：《定山堂诗集》，康熙刻本。
（清）郭廷修主修：《松江府志》，康熙二年刻本。
（清）郭庆藩著，王孝鱼点校：《庄子集释》，中华书局2006年版。

H

（清）韩诗：《学古堂集》，明崇祯刻本。
（清）侯方域：《壮悔堂文集》，商务印书馆1937年版。
（清）胡绍棠选注：《陈眉公小品》，文化艺术出版社1996年版。
（清）黄湘、王格纂修：《嘉庆江都县续志》，江苏古籍出版社1991年版。
（清）黄宗羲：《黄梨洲诗集》，中华书局1959年版。
（清）黄宗羲：《黄梨洲文集》，中华书局1959年版。

（清）黄宗羲：《黄宗羲全集》，浙江古籍出版社 1985 年版。
（清）黄宗羲著，沈之盈点校：《明儒学案》，中华书局 1985 年版。
（清）黄宗羲：《明文海》，中华书局 1987 年版。
（清）黄宗羲：《明夷待访录》，浙江古籍出版社 1985 年版。
（清）黄宗羲：《明夷待访录》，中华书局 1981 年版。
（清）惠栋撰：《渔阳山人自撰年谱注补》，清红豆斋刻本。

J

（清）纪昀：《纪文达公遗书》，嘉庆刻本。
（清）姜宸英：《湛园集》，影印文渊阁四库全书本（电子版），文渊阁四库全书本（电子版），上海人民出版社 1999 年版。
（清）江藩：《国朝宋学渊源记》，中华书局 1983 年版。
（清）焦云龙修，贺瑞麟纂：《三原县新志》，成文出版社有限公司 1976 年版。

K

（清）康乃心：《王山史先生年谱》，清光绪华阴王敬义堂刊藏本。

L

（清）雷士俊：《艾陵文钞》，四库禁毁书丛刊本，北京出版社 1997 年版。
（清）雷士俊：《艾陵诗钞》，四库禁毁书丛刊本，北京出版社 1997 年版。
（清）李柏：《槲叶集》，清光绪重刻本。
（清）李苞：《洮阳诗集》，清嘉庆四年刻本。
（清）李道平撰，潘雨廷点校：《周易集解纂疏》，中华书局 1994 年版。
（清）林逢泰修，文倬天纂：《三水县志》，康熙十六年刻本。
（清）李集：《鹤徵录》，四库未收书辑刊本，北京出版社 2000 年版。
（清）李季：《复社纪略》，《中国内乱外祸历史丛书》，神州国光出版社 1936 年版。
（清）李楷著，李元春选：《滨河诗选》，清嘉庆刻本。
（清）李念慈：《谷口山房集》，四库全书存目丛书本，齐鲁书社 1997 年版。
（清）李因笃：《受祺堂文集》，道光七年刻本。

（清）李因笃：《受祺堂诗集》，四库全书存目丛书本，齐鲁书社 1997 年版。

（清）李因笃：《续刻受祺堂文集》，道光十年杨松林刻本。

（清）李因笃著，张扶万校：《受祺堂诗集卷四补遗》，1927 年鸳鸯七志斋本。

（清）李颙著，陈俊民点校：《二曲集》，中华书局 1996 年版。

（清）李元春：《关中两朝文钞》，道光刻本。

（清）李元春：《关中两朝诗钞》，道光刻本。

（清）梁启超：《梁启超全集》，北京出版社 1999 年版。

（清）梁启超：《饮冰室合集全编》，上海广益书局 1948 年版。

（清）梁启超：《中国近三百年学术史》，人民出版社 2008 年版。

（清）刘壬：《戒亭诗草》，乾隆刻本。

（清）刘绍攽：《二南遗音》，四库全书存目丛书本，齐鲁书社 1997 年版。

（清）陆世仪：《复社纪略》，续修四库全书本，上海古籍出版社 2002 年版。

（清）刘廷玑著，张守谦点校：《在园杂记》，中华书局 1993 年版。

（清）卢坤辑：《秦疆治略》，台湾成文出版社 1970 年版。

（清）鲁九皋：《山木居士文集》，道光十四年桐花书屋重刻本。

（清）陆元辅：《陆菊隐先生文集》，清刻本。

N

（清）钮琇：《觚剩》，台湾文海出版社 1982 年版。

P

（清）彭定求编：《全唐诗》，中华书局 1960 年版。

Q

（清）钱谦益：《列朝诗集小传》，上海古籍出版社 1996 年版。

（清）钱谦益：《牧斋有学集》，上海古籍出版社 1996 年版。

（清）钱谦益：《牧斋初学集》，上海古籍出版社 1985 年版。

（清）钱谦益：《绛云楼题跋》，上海古籍出版社 2005 年版。

（清）钱谦益：《绛云楼书目》，上海商务印书馆 1935 年版。

（清）钱谦益撰，钱曾笺注，钱仲联标点：《钱牧斋全集》，上海古籍出版社 1996 年版。
（清）钱仪吉：《碑传集》，中华书局 1993 年版。
（清）秦瀛：《己未词科录》，台北明文书局 1985 年版。
（清）全祖望：《宋元学案》，中华书局 1986 年版。
（清）屈大均：《广东新语》，中华书局 1985 年版。
（清）屈大均：《翁山文外》，人民文学出版社 1996 年版。
（清）屈大均著，欧初、王贵忱主编，李文约校点：《屈大均全集》，人民文学出版社 1996 年版。
（清）屈复：《弱水集》，续修四库全书本，上海古籍出版社 2002 年版。

R

（清）饶应祺修，马先登纂：《同州府续志》，成文出版社有限公司 1970 年版。
（清）阮元校勘：《十三经注疏》，上海古籍出版社 1997 年版。

S

（清）昭梿：《啸亭杂录》，上海古籍出版社 1987 年版。
（清）沈德潜、周准选：《明诗别裁集》，上海古籍出版社 1979 年版。
（清）沈德潜、周准选：《明诗别裁集》，商务印书馆 1933 年版。
（清）沈德潜：《清诗别裁集》，河北人民出版社 1997 年版。
（清）沈德潜选编，李克和等点校：《清诗别裁集》，中华书局 1975 年版。
（清）沈德潜等编：《历代诗别裁集》，浙江古籍出版社 1998 年版。
（清）沈德潜：《说诗晬语》，人民文学出版社 1979 年版。
（清）沈佳：《明儒言行录》，明代传记丛刊本，台湾明文书局 1991 年版。
（清）沈楳：《兼山堂集》，清刻沈氏三代家言本。
（清）沈青崖、吴廷锡等修：《陕西通志》，台北华文书局股份有限公司 1969 年版。
（清）施闰章撰，何庆善、杨应芹点校：《施愚山集》，黄山书社 1993 年版。
（清）史善长：《弇山毕公年谱》，同治十一年刻本。
（清）沈锡荣修，王锡章等纂：《长武县志》，成文出版社有限公司 1969

年版。
（清）沈垚：《落帆楼文集》，道光刻本。
（清）舒其绅等修，严长明等纂：《西安府志》，成文出版社有限公司 1976 年版。
（清）宋伯鲁等撰：《续修陕西通志稿》，华文书局股份有限公司 1969 年版。
（清）宋振麟：《中岩文介先生文集》，四库全书存目丛书本，齐鲁书社 1997 年版。
（清）孙从添：《澹生堂藏书约》，古典文学出版社 1957 年版。
（清）孙枝蔚：《溉堂集》，上海古籍出版社 1979 年版。

T

（清）谈迁：《北游录》，中华书局 1960 年版。

W

（清）王夫之评选，李金善点校：《明诗评选》，河北大学出版社 2008 年版。
（清）汪灏修，钟研齐纂：《续耀州志》，成文出版社有限公司 1976 年版。
（清）王弘撰撰：《砥斋集》，续修四库全书本，上海古籍出版社 2002 年版。
（清）王弘撰撰，何本方点校：《山志》，中华书局 1999 年版。
（清）王骥德：《曲律》，湖南人民出版社 1983 年版。
（清）汪懋麟：《百尺梧桐阁集》，上海古籍出版社 1980 年版。
（清）汪懋麟：《百尺梧桐阁集》，四库全书存目丛书本，齐鲁书社 1997 年版。
（清）王式丹：《楼邨诗集》，雍正四年刻本。
（清）王士禛：《香祖笔记》，上海古籍出版社 1982 年版。
（清）王士禛：《清诗话》，上海古籍出版社 1999 年版。
（清）王士禛：《分甘余话》，中华书局 1989 年版。
（清）王士禛：《陇蜀余闻》，商务印书馆 1936 年版。
（清）王士禛著，张宗柟纂集，戴鸿森点校：《带经堂诗话》，人民文学出版社 1982 年版。

（清）王士禛：《王士禛全集》，齐鲁书社2007年版。
（清）王士祯著，惠栋、金荣注：《渔洋精华录集注》，齐鲁书社1992年版。
（清）王士祯著，李毓芙、牟通、李茂肃整理：《渔洋精华录集释》，上海古籍出版社1999年版。
（清）王士祯：《池北偶谈》卷二，中华书局1982年版。
（清）王士祯：《居易录》，文渊阁四库全书本（电子版），上海人民出版社1999年版。
（清）王锡祺辑：《莎车行记》，杭州古籍书店1985年版。
（清）王先谦：《十朝东华录》，光绪二十五年石印本。。
（清）王先谦：《庄子集解》，中华书局1954年版。
（清）王又旦：《黄湄诗选》，康熙刻本。
（清）王运鹏：《四印斋所刻词》，上海古籍出版社1989年版。
（清）汪中著，田汉云点校：《广陵通典》，广陵书社2004年版。
（清）王晫、张潮辑：《檀几丛书二集》，上海古籍出版社1992年版。
（清）翁方纲著，陈迩冬校点：《石州诗话》，人民文学出版社1981年版。
（清）魏禧著，胡守仁、姚品文、王能宪等点校：《魏叔子文集》，中华书局2003年版。
（清）吴炳纂辑：《乾隆陇州续志》，成文出版社有限公司1976年版。
（清）吴光酉等撰，诸家伟、张文玲点校：《陆陇其年谱》，中华书局2003年版。
（清）吴怀清著，陈俊民点校：《关中三李年谱》，陕西师范大学出版社1992年版。
（清）吴嘉纪著，杨积庆笺校：《吴嘉纪诗笺校》，上海古籍出版社1980年版。
（清）吴伟业：《吴梅村诗集》，万有文库本，商务印书馆1937年版。
（清）吴镇：《松花庵全集》，宣统二年重梓本。
（清）未著修纂人姓氏：《户县乡土志》，成文出版社有限公司1969年版。
（清）未著修纂人姓氏：《华州乡土志》，成文出版社有限公司1969

年版。

X

（清）谢章铤：《赌棋山庄文集》，清光绪十年刻本。
（清）徐枋：《居易堂集》，续修四库全书本，上海古籍出版社 2002 年版。
（清）徐轨：《南州草堂集》，台湾学生书局 2008 年版。
（清）薛所蕴：《桴庵诗》，四库全书存目丛书本，齐鲁书社 1997 年版。
（清）薛所蕴：《澹友轩文集》，四库全书存目丛书本，齐鲁书社 1997 年版。

Y

（清）颜伯焘撰，王志沂辑：《陕西志辑要》，成文出版社有限公司 1970 年版。
（清）杨凤苞：《秋室集》，续修四库全书本，上海古籍出版社 2002 年。
（清）姚椿：《晚学斋文集》，道光二年娄县姚氏刻本。
（清）姚钦明增修，路世美增纂：《澄城县志》，清顺治六年刻本。
（清）姚文田、江藩等纂：《嘉庆扬州府志》，江苏古籍出版社 1991 年版。
（清）叶德辉著，李庆西标点：《书林清话》，复旦大学出版社 2010 年版。
（清）佚名：《清朝野史大观》，上海书店 1981 年版。
（清）永瑢等撰：《四库全书总目提要》，中华书局 1965 年版。
（清）余金辑：《熙朝新语》，嘉庆刻本。
（清）俞汝言：《俞渐川集》，清抄本。
（清）袁枚：《随园诗话》，人民文学出版社 1982 年版。
（清）杨应琚：《西宁新志》，青海人民出版社 1988 年版。

Z

（清）赵宏恩等监修：《江南通志》，华文书局影印本 1967 年版。
（清）赵执信、翁方钢：《谈龙录、石洲诗话》，人民文学出版社 1981 年版。
（清）赵翼：《廿二史札记》，中国书店 1987 年版。
（清）赵翼著，王树民校证：《廿二史札记校证》，中华书局 1984 年版。

（清）张潮等编：《制科杂录》，上海古籍出版社 1990 年版。

（清）张存贤修，董曾臣等纂，《长安县志》，成文出版社有限公司 1976 年版。

（清）张晋著，赵逵夫点校：《张康侯诗草》，兰州大学出版社 1989 年版。

（清）张九钺：《陶园文集》，道光二十三年重刻陶园全集本。

（清）张履祥：《杨园先生全集》，中华书局 2002 年版。

（清）张廷玉等撰：《明史》，中华书局 1974 年版。

（清）张维屏：《国朝诗人徵略二编》，续修四库全书本，上海古籍出版社 2002 年版。

（清）章学诚著，叶瑛校注：《文史通义校注》，中华书局 2004 年版。

（清）章学诚：《章氏遗书》，民国嘉业堂刊本。

（清）张心镜纂修：《蒲城县志》，成文出版社有限公司 1976 年版。

（清）张毓碧修，谢俨等纂：《云南府志》，成文出版社有限公司 1976 年版。

（清）张之洞著，苑书义等编：《张之洞全集》，河北人民出版社 1988 年版。

（清）郑德枢修，赵奇龄等纂：《永寿县志》，成文出版社有限公司 1976 年版。

（清）周铭旂等纂修：《乾州志稿》，成文出版社有限公司 1969 年版。

（清）朱柏庐：《颜氏家训·朱子家训》，山西古籍出版社 2004 年版。

（清）朱轼等：《清实录》，中华书局，1985 年。

（清）朱彝尊：《曝书亭集》，商务印书馆 1936 年版。

（清）朱彝尊著，姚祖恩编，黄君坦校点：《静志居诗话》，人民文学出版社 1990 年版。

（清）卓尔堪辑：《遗民诗》，中华书局 1960 年版。

现代专著部分

［美］彼得·布劳著，孙非等译：《社会生活中的交换与权利》，华夏出版社 1987 年版。

［美］C. 恩伯、M. 恩伯著，杜杉杉译：《文化的变异——现代文化人

类学通论》，辽宁人民出版社 1988 年版。

［英］丹尼·卡瓦拉罗著，张东卫等译《文化理论关键词》，江苏人民出版社 2006 年版。

［英］E. H. 贡布里希著，范景中译：《理想与偶像》，上海人民美术出版社 1989 年版。

［德］汉斯·萨克塞：《生态哲学》，东方出版社 2005 年版。

［德］马克思恩格斯：《马克思恩格斯全集》，人民出版社 1975 年版。

［法］米里拜尔：《明代地方官吏及文官制度》，陕西人民出版社 1994 年版。

［古希腊］亚里士多德、贺拉斯著，罗念生、杨周翰译：《诗学·诗艺》，人民文学出版社 1962 年版。

［美］伊恩·瓦特著，高原等译：《小说的兴起》，生活·读书·新知三联书店 1992 年版。

B

白新良：《中国古代书院发展史》，天津大学出版社 1995 年版。

包亚明主编：《现代性与空间的生产》，上海教育出版社 2003 年版。

C

陈建华：《中国江浙地区十四至十七世纪社会意识与文学》，学林出版社 1992 年版。

陈书录：《明代诗文的演变》，江苏教育出版社 1996 年版。

陈文新主编：《中华大典·明清文学分典》，凤凰出版社 2005 年版。

陈万益：《明清小品》，时报文化出版企业有限公司 1983 年版。

陈寅恪：《隋唐制度渊源略论稿》，上海古籍出版社 1982 年版。

陈寅恪：《唐代政治史述论稿》，上海古籍出版社 1982 年版。

曹之：《中国古籍版本学》，武汉大学出版社 1992 年版。

D

邓之诚：《清诗纪事初编》，上海古籍出版社 1985 年版。

丁福宝辑：《历代诗话续编》，中华书局 1983 年版。

丁锡根编著：《中国历代小说序跋集》，人民文学出版社 1996 年版。

F

方志远：《明代城市与市民文学》，中华书局 2004 年版。

G

郭贵培：《明史选举志考论》，中华书局 2006 年版。

郭皓政：《明代状元与文学》，齐鲁书社 2010 年版。

“国立中央”图书馆：《“国立中央”图书馆善本序跋集录》，“国立中央”图书馆 1994 年版。

郭绍虞编选，富寿荪校点：《清诗话续编本》，上海古籍出版社 1983 年版。

郭英德：《明清传奇史》，江苏古籍出版社 1999 年版。

郭英德：《中国古代文人集团与文学风貌》，北京师范大学出版社 1998 年版。

H

韩经太：《理学文化与文学思潮》，中华书局 1997 年版。

何宗美：《文人结社与明代文学的演进》，人民出版社 2011 年版。

何宗美：《明末清初文人结社研究》，南开大学出版社 2003 年版。

黄卓越：《明永乐至嘉靖初诗文观研究》，北京师范大学出版社 2001 年版。

黄卓越：《明中后期文学思想研究》，北京大学出版社 2005 年版。

J

金宁芬：《康海研究》，崇文书局 2004 年版。

嵇文甫：《晚明思想史论》，东方出版社 1996 年版。

景遐东：《江南文化与唐代文学研究》，人民文学出版社 2005 年版。

蒋寅：《中国古代文学通论》（清代卷），辽宁人民出版社 2005 年版。

蒋寅：《王渔洋事迹征略》，人民文学出版社 2001 年版。

L

梁方仲：《中国历代户口、田地、田赋统计》，上海人民出版社 1980 年版。

李刚：《陕西商帮史》，西北大学出版社 1997 年版。

李国祥、杨昶主编：《明实录类纂·宫廷史料卷》，武汉出版社 1992 年版。

李国祥、杨昶主编：《明实录类纂·文教科技卷》，武汉出版社 1992 年版。

李浩:《唐代园林别业考论》，西北大学出版社 1996 年版。
廖可斌:《明代文学复古运动研究》，上海古籍出版社 1994 年版。
雷梦辰:《清代各省禁书汇考》，书目文献出版社 1989 年版。
李舜华:《礼乐与明前中期演剧》，上海古籍出版社 2006 年版。
刘世南、刘松来:《清文选》，人民文学出版社 2006 年版。
刘师培:《中古文学史》，人民文学出版社 1959 年版。
刘师培著，邬国义、吴修艺校:《刘师培史学论著选集》，上海古籍出版社 2006 年版。
鲁迅:《中国小说史略》，《鲁迅全集》，人民文学出版社 1981 年版。
赖玉芹:《博学鸿词与清初学术转向》，中国社会科学出版社 2010 年版。
梁乙真:《元明散曲小史》，商务印书馆 1934 年版。

M

毛春翔:《古书版本常谈》，上海古籍出版社 2002 年版。
孟森:《明清史讲义》下，中华书局 1981 年版。
梅新林:《中国古代文学地理形态与演变》，复旦大学出版社 2006 年版。

Q

戚福康:《中国古代书坊研究》，商务印书馆 2007 年版。
钱穆:《现代中国学术论衡》，生活·读书·新知三联书店 2001 年版。
钱穆:《中国学术思想史论丛》，生活·读书·新知三联书店 2009 年版。
钱穆:《国史大纲》，商务印书馆 1994 年版。
戚世隽:《明代杂剧研究》，广东高等教育出版社 2011 年版。
钱钟书:《谈艺录》，中华书局 1984 年版。
钱钟书:《管锥集》，中华书局 1979 年版。
钱钟书:《管锥编》，中华书局 1986 年版。

S

商传:《明代文化史》，东方出版中心 2007 年版。
尚学锋、过常宝、郭英德:《中国古典文学接受史》，山东教育出版社 2000 年版。
尚小明:《清代士人游幕表》，中华书局 2005 年版。
商衍鎏:《清代科举考试述录》，百花文艺出版社 2005 年版。
孙之梅:《钱谦益与明末清初的文学》，山东大学出版社 2010 年版。

T

谭正璧：《中国文学家大辞典》，上海书店 1981 年。

田培栋：《明代社会经济史研究》，北京燕山出版社 2008 年版。

田培栋：《粮货大军——陕西商帮》，台湾万象图书有限公司 1995 年版。

田培栋：《明清时代陕西社会经济史》，首都师范大学出版社 2000 年版。

童庆炳：《文学理论新编》，北京师范大学出版社 2010 年版。

童庆炳：《文学理论要略》，人民文学出版社 1995 年版。

W

王标：《城市知识分子的社会形态——袁枚及其交游网络研究》，生活·读书·新知三联书店 2008 年版。

王红：《明清文化体制与文学关系研究》，巴蜀书社 2010 年版。

王颋点校：《庙学典礼》，浙江古籍出版社 1992 年版。

王文才、张锡厚辑：《升庵著述序跋》，云南人民出版社 1985 年版。

王运熙、顾易生主编：《中国文学批评史·明代卷》，上海古籍出版社 1981 年版。

王钟翰点校：《清史列传》，中华书局 1987 年版。

魏隐儒：《中国古籍印刷史》，印刷工业出版社 1984 年版。

吴承学：《中国古典文学风格学》，北京大学出版社 2011 年版。

吴钢：《高陵碑石》，三秦出版社 1983 年版。

吴梅：《吴梅词学通论、吴梅中国戏曲概论》，吉林人民出版社 2013 年版。

吴宗国：《中国古代官僚政治制度研究》，北京大学出版社 2005 年版。

X

谢国桢：《明清之际党社运动》，上海书店出版社 2004 年版。

谢正光：《清初诗文与士人交游考》，南京大学出版社 2001 年版。

熊海英：《北宋文人集会与诗歌》，中华书局 2008 年版。

徐建平：《文学研究的新经济视角与分析方法》，上海古籍出版社 2008 年版。

徐林：《明代中晚期江南士人社会交往研究》，上海古籍出版社 2006 年版。

徐世昌：《晚晴簃诗汇》，中华书局 1990 年版。

徐世昌:《大清畿辅先哲传》,北京古籍出版社 1993 年版。
许承尧纂:《民国歙县志》,江苏古籍出版社 1998 年版。
许建平、祁志祥主编:《中国传统文学与经济生活》,河南人民出版社 2006 年版。
薛虹:《中国方志学概论》,黑龙江人民出版社 1984 年版。

Y

严望耕:《唐代交通图考》,台湾“中研院”历史语言研究所,1985 年。
杨惠玲:《戏曲班社研究:明清家班》,厦门大学出版社 2006 年版。
杨际昌:《清诗话续编》,上海古籍出版社 1983 年版。
杨军昌:《中国方志学概论》,贵州人民出版社 1999 年版。
杨讷、李晓明编:《李空同先生年表》,文渊四库全书补遗本,北京图书馆出版社 1997 年版。
杨义:《文学地理学汇会通》,中国社会科学出版社 2013 年版。
杨遇青:《明嘉靖时期诗文思想研究》,陕西出版集团、三秦出版社 2011 年版。
叶晔:《明代中央文官制度与文学》,浙江大学出版社 2011 年版。
余来明:《嘉靖前期的诗坛研究(1522—1550)》,武汉大学 2009 年版。
余英时:《士与中国文化》,上海人民出版社 2003 年版。

Z

曾大兴:《中国历代文学家之地理分布》,湖北教育出版社 1995 年版。
张道芷等修,曹骥观等纂:《续修礼泉县志稿》,成文出版社有限公司 1970 年版。
张仁福:《中国南北文化的反差:韩愈与欧阳修的文化透视》,中国社会科学出版社 2009 年。
张秀民:《中国印刷史》,上海人民出版社 1989 年版。
赵葆真修,段光世等纂:《户县县志》,成文出版社有限公司 1969 年版。
赵越、段平:《吴镇诗词选注》,甘肃人民出版社 1992 年版。
赵园:《明清之际士大夫研究》,北京大学出版社 1999 年版。
郑振铎:《插图版中国文学史》,中国社会科学出版社 2009 年版。
中国戏曲志编辑委员会:《中国戏曲志·陕西卷》,中国 ISBN 中心 1995

年版。
中国戏剧研究院编：《中国古典戏曲论著集成》，中国戏剧出版社 1959 年版。
周腊生：《明代状元奇谈·明代状元谱》，紫禁城出版社 2004 年版。
周晓琳、刘玉平：《空间与审美——文化地理视域中的中国古代文学》，人民出版社 2009 年版。
周振甫译注：《诗经译注》，中华书局 2002 年版。
赵尔巽：《清史稿》，中华书局 1977 年版。
赵俪生：《顾亭林与王山史》，齐鲁书社 1986 年版。
赵永纪：《清初诗歌》，光明日报出版社 1993 年版。
赵义山：《明清散曲史》，人民出版社 2007 年版。
朱保炯、谢沛霖编著：《明清进士题名碑录索引》，上海古籍出版社 1980 年版。
朱杰人、严佐之、刘永翔主编：《朱子全书》，上海古籍出版社、安徽教育出版社 1999 年版。
朱谦之撰：《老子校释》，中华书局 1984 年版。

论文部分

B

巴兆祥：《明代方志纂修述略》，《文献》1998 年第 3 期。

C

曹松叶：《宋元明清书院概况》，《中山大学语言历史研究所周刊》，1929 年 12 月—1930 年 1 月，第 10 辑第 111—115 期。

F

范金民：《明清地域商人与江南市镇经济》，《中国社会经济史》2003 年第 4 期。

G

高叶青：《关中地区古代书院概况及其功能探微》，《宝鸡文理学院学报》2013 年第 2 期。

J

蒋寅：《清代诗学与地域文学传统的建构》，《中国社会科学》2003 年第

5 期。

L

李润强：《清代进士的时空分布研究》，《西北师范大学学报》（社会科学版），2005 年第 1 期。

梁尔涛：《唐代家族与文学研究》，苏州大学，博士学位论文，2011 年。

M

梅新林：《中国文学地理学导论》，《文艺报》2006 年 6 月 1 日。

P

沛然、秦寰：《中国古代文学中心南北移位通览》，《四川师范院学报》2002 年第 2 期。

R

冉耀斌：《王又旦与清初诗坛》，《西北师范大学学报》（社会科学版）2010 年第 6 期。

冉耀斌：《清代三秦士人群体研究》，南京大学，博士学位论文，2012 年。

S

师海军、张坤：《教育、科举的发展与关陇作家群的兴起》，《西北大学学报》2011 年第 1 期。

W

王雷鸣：《清代关中农村经济之变动》，《西北论衡》1942 年第 10 卷第 1 期。

王水照：《北宋洛阳文人集团与地域环境的关系》，《文学遗产》1994 年第 3 期。

王祥：《试论地域、地域文化、地域文学》，《社会科学辑刊》2003 年第 4 期。

王钟陵：《中国文学史的原生态生长情状》，《学术研究》1994 年第 6 期。

X

夏维中、范金民：《清江南进士研究之二——人数众多原因分析》，《历史档案》1997 年第 4 期。

Y

杨家骆:《中国古今著作名数之统计》,《新中华》1946 年第 7 期。

余晓明:《文学生态学研究》,南京师范大学,博士学位论文,2004 年。

俞兆平、罗伟文:《“文学生态”的概念提出与内涵界定》,《南方文坛》2008 年第 3 期。

Z

张兵:《清初关中遗民诗群的构成与王弘撰李柏的诗歌创作》,《兰州大学学报》(社会科学版)2000 年第 3 期。

张萍:《明清陕西商业地理研究》,陕西师范大学,博士学位论文,2004 年。

周晓琳:《古代文学地域性研究的回顾与前瞻》,《文学遗产》2006 年第 1 期。

祝尚书:《论南宋文学的东西部差异》,《四川大学学报》(社会科学版)2000 年第 5 期。

后　记

由于学术的机缘，本人于2011年6月申请国家社会科学基金项目“明清时期关中士人生存境遇与文学生态研究”获批，项目自启动至完成耗时四载，其后又经过近一年的修改和完善才交付出版社，交付之后丝毫没有如释重负的感觉，倒多了几分忐忑与不安，总是担心自己古典文学领域的处女作能否经得起学界的检验。

项目学科属中国古典文学，相较相近学术专著作者接受过系统文学学术训练，笔者经济学学士、法学硕士、历史学博士、中国语言与文学博士后的学科背景使得学术背景比较复杂，缺乏系统的文学学术训练，因此总是感觉自身研究成果缺乏本学科鸿篇巨制所具有的深度。为了弥补自身缺乏系统文学学术训练的不足，在项目进行的过程中结合自身学术背景和研究方向，及时发现新问题和新思路，当初稿完成后发现自己所撰写的明清关中的文学史从方法论方面讲已经完全不同于传统文学史的书写。

传统文学史的书写主要着眼于文学现象产生的社会背景、作家生活的具体境遇、具体文学作品的分析等方面，这种书写方式具有线性的特征，比较直观和简洁，但其中也存在一些不足：不能全景式地展示文学的生态。文学活动作为人类的一种精神现象具有系统性的特点，它是在特定的时间和空间内展开的，传统的文学史可以从时间方面考察文学的发展与演变，地域文学可以从空间来考察文学的横向分布与演变，对二者结合的研究使文学史的研究步入一个崭新的研究阶段。

地域文学中自然环境、人文环境、经济条件、文学家具体生存境遇与其精神气质等因素都夹杂其中，形成绚丽与多元的文学发展史。从社会生活史、地理学、文化史、文化学等视角研究文学成为当代文学史研究的新趋势，令人耳目一新，极大地丰富了文学史研究的对象、内容和方法，展示了文学研究的广阔前景，同时也解决了传统文学史所未解决的一些问题，产生了一批具有相当学术水准的研究成果。本书就是在这一背景下，以明清关中士人生存境遇为基础，对明清关中文学史作的探索性研究。

自然环境和人文环境对士人的精神气质、文化心理结构、知识结构、审美倾向、艺术感知、文学选择等方面有着至关重要的影响。中国最早的诗歌总集《诗经》就是按照“国风”来分类的，其中“国”即体现出地域文化差异性的一面，在《诗经》中“秦风”“豳风”主要是关中地区的诗歌。关中作为中华民族文化的发祥地之一，其风土人情造就了特定的文化风格，其文学的艺术特色、士人的创作心理与艺术意识明显有别于国内其他地域，历史上产生的许多伟大的文学家推动了具有“秦风”特色的文学创作风格。

纵观文学发展史，文学的发展与经济的发展状况有着“天然”的联系，前者以后者作为基础，文学发展的整体状况、新文体的出现、文学创作题材等因素都是经济发展的另类表现。另外，从文化教育的方面来考察，同样也发现传统社会中影响文学发展的科举、书院、社会风俗等因素和经济状况直接相关。明清关中地区在经济方面较为落后，黄宗羲从文化史的角度比较东南和西北时说道：“古之言形胜者，以关中为止，金陵不与焉，何也？曰：时不同也。秦、汉之时，关中风气会聚，田野开辟，人物殷盛；吴、楚方脱蛮夷之号，风气朴略，故金陵不能与之争胜。今关中人物不及吴、会久矣，又经流寇之乱，烟火聚落，十无二三，生聚教训，故非一日之所能移也。”[①] 黄宗羲的结论一语中的，他说明了经济与文化的直接关系：任何一种文化或文学现象都产生于一定的经济背景下。经济的繁荣为开展文事提供物质保障，对营造文人诗酒倡和的兴致和悠闲乐游的心境起到十分重要的作用。赵翼对此也谈道：“世运升平，物力丰裕，故文人学士得以跌荡于词场酒海间，亦一时盛事也。”[②] 这也从另一个侧面说明在明清之际关中因何缺乏振臂一

① （清）黄宗羲：《建都》，《明夷待访录》，中华书局 1981 年版，第 20 页。

② （清）赵翼著，王树民校证：《明中叶才士傲诞之习》，《廿二史札记校证》卷三四，第 784 页。

呼、天下云集响应的文人雅士。

文学的内涵以社会的政治为依托，具有一定的政治依附性，欧阳修曾言“文学止于润身，政事可以及物”[①]，政治制度的变迁、政治氛围的诡谲、政治区域版图的变化对文学发展的影响不容忽视。明代文学复古的机缘是弘治年间的“文明中天，古学焕日”[②] 的社会文化氛围，此时以李梦阳和康海为首的关中士人宗汉崇唐，振兴古文，其间以李东阳为首的、日益萎弱的茶陵派与复古士人之间争夺文坛话语权的斗争日趋激烈，刘瑾事件成为斗争的转折点，关中士人在文坛风光不再，这一趋势贯穿明中后期与整个清代。康熙年间的博学鸿词科，对关中文学的发展并未产生实质性的影响，只不过关中士人的气节和李因笃的《陈情表》名噪一时，荡起关中文坛的一点涟漪。

地域文学的研究不仅仅着眼于本地士人的文学活动，更要把研究的视界放到更为广阔的空间。本地士人的游走与文学、外地士人在本地的文学活动，其间的文学交流与互动所引起的士人文化心理、文学创作的变化更能展示文学活动的立体性与丰富性，都是地域文学研究的主要内容。明清由于整个社会经济发展、战乱频仍、士人仕宦等因素，加速了士人的空间流动，这一趋势对于文学流派与文学风格之间的了解与互相借鉴提供了一个平台。弘正间复古运动中仕宦京城的关中士人，明清之际流寓江南的关中士人是流动群体中的典型，在明清关中文学史上这两个群体具有举足轻重的地位。

文学的活动需要通过一定的形式来展示，结社、宴集等形式对于文学流派的形成具有十分重要的影响，这一过程也是士人显示才华、一展身手的大好时机，也是促进士人交流的主要途径。文人结社作为文学和文化现象，自中唐以后便日益多见，晚唐、五代，承接风气；宋元时期文人结社蓬勃兴起。这不仅意味着群体意识对文人的思想和创作的制约更加显著，而且意味着文学与社会文化大背景的关系更为密切，这一时期文学观念、文学流派的播迁与流变无不与结社有关。考察明清之际文

① （宋）洪迈：《张浮休书》，《容斋随笔》卷四，上海古籍出版社 1978 年版，第 45 页。

② （明）杨慎著，王仲镛笺证：《胡唐论诗》，《升庵诗话笺证》卷四，上海古籍出版社 1989 年版，第 128 页。

人结社的地域分布可以看出文社分布的重点在三个区域：京师、江南、岭南，明代关中士人京城的结社激发了关中士人蕴藏于内心振兴文风的激情，拉开了明代文学复古运动的序幕。相对于外地，关中地区知名的文社较少。其原因主要有两个方面：其一是文化重心在江南；其二是“秦人慕经学，重处士，持清议，实与他省不同”①。尽管如此，关中遗民并未被摒弃于文社之外，孙枝蔚、王弘撰、李因笃都参与各种文社，其诗文不论从题材、风格方面都受到文社的影响。

传统士人一般对社会的感知能力较常人为强，社会的变迁、身世的沉浮都能在其心里产生涟漪，其对人生的感喟诉之笔端，强化了文学作品的感染力和穿透力，创作出许多传世之作。遗民是一种时间现象和生活方式，他们的生存境遇通过文学表述，留给后人以无穷的想象空间和叙述方式。游幕作为遗民既可以维护人格又能借以生存的一条途径，促成了清初幕府文学的产生和繁荣；隐居作为一种对现实政治的缺憾和无奈，使遗民在孤独中创造一种属于他们自己，更属于历史和文化的审美境界；遗民的结社活动内容及其文学创作也带有明显的时代烙印。遗民的文学既是遗民个人生存的心路历程表达，更重要的是民族求生存意欲的表达，因此最具生命体验、生命情感和生命价值。

以上研究作为关中地域文学研究的一次尝试，已迈出了坚实的一步，所研究的问题历史跨度较大，涉及人物较多，和士人生存境遇相关的许多方面未能一一展示，总有挂一漏万之感，限于学养，只能如此。研究过程中对先贤与时贤的研究成果的分享使我能够站在巨人的肩膀上看得更远，在此对他们首先表示崇高的敬意。研究过程及结果尽管有照瓢画葫芦之迹，但毕竟是自己画出的，忐忑之情恰似唐人朱庆馀在应进士科举前敬呈张籍行卷诗所描写拂晓拜见公婆的新娘“妆罢低声问夫婿，画眉深浅入时无”的矜持与羞涩。学行浅薄，孤陋寡闻，行文多有纰漏，望师友教正。惶恐之际，略表心迹，“知我罪我，其惟《春秋》”。

常新

2016 年初春

① （清）顾炎武：《与三侄书》，《亭林文集》卷四，《顾亭林诗文集》，第 87 页。